Michael Kilian, Heinrich Amadeus Wolff, Peter Häberle

Staatsrechtslehrer des 20. Jahrhunderts

Peter Häberle, Michael Kilian, Heinrich Wolff

Staatsrechtslehrer des 20. Jahrhunderts

Nachtragsband Deutschland – Österreich – Schweiz

Herausgegeben von
Michael Kilian, Heinrich Amadeus Wolff und
Peter Häberle

DE GRUYTER

ISBN 978-3-11-076699-8
e-ISBN (PDF) 978-3-11-076703-2
e-ISBN (EPUB) 978-3-11-076704-9

Library of Congress Control Number: 2023944628

Bibliografische Information der Deutschen Nationalbibliothek
Die Deutsche Nationalbibliothek verzeichnet diese Publikation in der Deutschen Nationalbibliografie; detaillierte bibliografische Daten sind im Internet über http://dnb.dnb.de abrufbar.

Satz: WMTP Wendt-Media Text-Processing GmbH, Birkenau
Druck: CPI books GmbH, Leck

www.degruyter.com

Der *Vereinigung der Deutschen Staatsrechtslehrer* gewidmet.

Vorwort I

Peter Häberle hatte im Jahr 2009 bei der Staatsrechtslehrertagung in Graz die Idee, bedeutende Staatsrechtslehrer und Staatsrechtslehrerinnen der drei mitteleuropäischen Länder in Portraits zu vereinigen. Die Nachkriegsgeneration tritt ab, mit großen Namen. Daher ist ein Ergänzungsband zum Werk Staatsrechtslehrer des Zwanzigsten Jahrhunderts. Deutschland, Österreich, Schweiz, 2. Auflage 2018, mit 81 Portraits nötig geworden. Eine Reihe von solchen Nachträgen ist hier in diesem Band vereinigt. Einige weitere Beiträge sind in Arbeit und unterwegs, fielen bisher aber, vor allem wegen der Auswirkungen der COVID-Pandemie, in die Zeit nach dem technischen Redaktionsschluss des Verlags de Gruyter. So bleibt die Hoffnung auf einen „Ergänzungsband II", der weitere Darstellungen von Staatsrechtslehrern vereinigt. Zu erwarten sind dort Beiträge über Klaus Stern, Wolfgang Böckenförde, Franz Neumann, Cornelia Vismann, Bernhard Raschauer, Eberhart Grabitz und andere.

Die deutsche Staatsrechtslehre und die deutschen, österreichischen und Schweizer Staatsrechtslehrer sind inzwischen vielfach zum Gegenstand von Publikationen geworden.[1] Eine Erscheinung, die zufrieden, aber auch nachdenklich stimmt. Geht doch eine Institution, die sich nach ihrem Aufbau selbst zum Gegenstand nimmt, die Gefahr ein, ihren Höhepunkt überschritten zu haben. Dies wollen wir jedoch nicht hoffen.

Die Vereinigung der Deutschen Staatsrechtlehrer hat zu ihrem hundertjährigen Bestehen im Jahr 2022 eine umfangreiche Festschrift unter dem Titel Streitsache Staat. Die Vereinigung der Deutschen Staatsrechtslehrer 1922–2022 (Verlag Mohr Siebeck, Tübingen) veröffentlicht, die von Pascale Cancik, Andreas Kley, Helmuth Schulze-Fielitz, Christian Waldhoff und Ewald Wiederin herausgegeben wurde.

Alexander Hollerbach, der in diesem Band gewürdigt wird, hat wenige Jahre vor seinem Tod die Bände Öffentliches Recht an der Universität Freiburg in der frühen Nachkriegszeit, Tübingen 2019 und Jurisprudenz in Freiburg. Beiträge zur Geschichte der Rechtswissenschaftlichen Fakultät der Albert-Ludwigs-Universität, Tübingen 2007 (Freiburger rechtswissenschaftliche Abhandlungen, Bd 1) verfasst.

Andreas Kley hat in der Monographie „Das Leben im Werk" Der Staatsrechtslehrer Ivo Hangartner (1933–2013). Ein Beitrag zur Geschichte des öffentlichen Rechts der Schweiz und zur Geschichte der Universität St. Gallen, Zürich 2015,

1 S. etwa Helmuth Schulze-Fielitz, Staatsrechtslehre als Mikrokosmos, 2. A. 2022; ders., Die Wissenschaftskultur der Staatsrechtslehrer, 2022; ders./Eric Hilgendorf (Hg.), Selbstreflexion der Rechtswissenschaft, 2. A. 2021.

https://doi.org/10.1515/9783110767032-003

seinen Lehrer portraitiert. Das Buch enthält zugleich eine kurze Autobiographie Hangartners.

Über Hans Kelsen ist von Thomas Olechowski 2021 eine umfassende Biographie unter dem Titel Hans Kelsen, Biographie eines Rechtswissenschaftlers, erschienen. Eine weitere Monographie zu Werk und Leben Kelsens erschien 2023 von Horst Dreier unter dem Titel Hans Kelsen zur Einführung. Ergänzend soll auf zwei weitere, jüngst erschienene Publikationen zu Staatsrechtslehrern hingewiesen werden: Hannes Pohle Albert Hänel (1833–1918), Wirken und Werk, Berlin 2022, sowie Paul Hüther/André Lepej, Karl Zeidler (1923–1962). Staats- und Verwaltungsrecht in der jungen Bundesrepublik, Berlin, 2023.

Schließlich ist 2021 eine Auswahl der meist unpublizierten Schriften Roman Schnurs von Michael Kilian unter dem Titel Roman Schnur in Osteuropa 1971–1996 eingeführt und herausgegeben worden.

Zugleich für die Mitherausgeber Peter Häberle und Heinrich A. Wolff

Michael Kilian, im Sommer 2023

Vorwort II

Aufgrund der engen Verbindung von Praxis und Theorie in der Schweiz, in Österreich und Deutschland besitzt die wissenschaftliche Durchdringung des Staatsrechtes nicht nur einen akademischen, sondern einen darüber hinausgehenden Wert. Wissenschaftliche Leistungen sind immer personenbezogen. Daher macht sich das beiliegende Sammelwerk, in der Wahlverwandtschaft zu dem von Stefan Grundmann und Karl Riesenhuber herausgegebenen Band „Deutschsprachige Zivilrechtler des 20. Jahrhunderts in Berichten ihrer Schüler" und dem Band „Die deutschsprachigen Strafrechtswissenschaftler in Selbstdarstellungen", herausgegeben von Eric Hilgendorf, zum Gegenstand, 67 namhafte Staatsrechtslehrer der Schweiz, Österreichs und Deutschlands zusammenzustellen. Bereits vor diesen biographischen Darstellungen juristischer Fächer hat der Mitherausgeber dieses Sammelbandes, Peter Häberle, in den von ihm herausgegebenen Jahrbüchern des öffentlichen Rechts der Gegenwart (JöR) Selbstdarstellungen und Würdigungen von Staatsrechtslehrern angeregt. Erstmals geschah dies 1983 im JöR Bd 32, 31 ff. (v. Simson), als weitere Beispiele seien genannt JöR 58, 337 ff. (Bernhardt), 62, 485 ff. (Hangartner), 499 ff. (Fromont), 511 ff. (Oppermann), 528 ff. (Thürer) sowie Bd 61, 599 ff. (Stern).

Als Geehrte fiel die Wahl auf solche Staatsrechtslehrer, deren Wirken schwerpunktmäßig in das 20. Jahrhundert fällt, die mittlerweile verstorben sind und deren Wirken vornehmlich auf wissenschaftlichem Gebiete liegt. Die Autoren wurden zunächst formal danach ausgewählt, ob sie unter die Kategorie der Schülerin oder des Schülers, des Staatsrechtslehrers oder einer sonstigen wissenschaftlichen Verbindung fielen. Die Herausgeber haben sich sowohl bei der Auswahl der Geehrten als auch bei der Auswahl der Bearbeitung bemüht, die genannten formalen Kriterien einzuhalten und in diesem Rahmen möglichst Pluralität zu bewirken. Sie sind sich dabei bewusst, dass jeder Auswahl etwas Willkürliches anhaftet. Sicher gibt es sowohl unter den Staatsrechtslehrern des

20. Jahrhunderts als auch unter denen des 21. Jahrhunderts Persönlichkeiten, deren Mitwirkung in gleicher Weise berechtigt wäre wie die der ausgewählten. Da der Band sich auf maximal 70 Öffentlich-Rechtler der drei Länder beschränken sollte, war eine Auswahlentscheidung jedoch unumgänglich. Zwei Staatsrechtslehrer wurden bzw. werden von Michael Kilian gesondert gewürdigt, so Roman Schnur in: „Roman Schnur – Ein deutscher Staatsrechtslehrer in Polen", erschienen 2012 in P. Kardas/T. Sroka/W. Wrobel (Hg.), Panstwo Prawa I Prawo Karne, Krakauer Festschrift für Andrzej Zoll, Warszawa, Wolters Kluwer Polska, Band I, S. 207–227; sowie Otto Kirchheimer in W. Kohte u.a. (Hg.), Festschrift für Armin Höland, erscheint in Halle im Frühjahr 2015.

https://doi.org/10.1515/9783110767032-004

An dieser Stelle möchten die Herausgeber ganz herzlich all denen danken, die an der Fertigstellung dieses Werkes in vorliegender Form mitwirkten, an erster Stelle zunächst den Autoren und dem Verlag, genannt seien hier Herr Jan Martin Schmidt, Frau Maria Erge und Frau Virginia Engels. Aber auch den Familien der Geehrten sei für das Heraussuchen der Fotos und für die Abdruckgenehmigung ganz herzlich gedankt.

Peter Häberle
Bayreuth

Michael Kilian
Halle (Saale)

Heinrich Amadeus Wolff
Bayreuth

Inhaltsverzeichnis

Inhaltsverzeichnis

Reihenfolge nach dem Alphabet

Bearbeiterverzeichnis

Michael Brenner, Prof. Dr.; geb. 1960; seit 2014 Inhaber des Lehrstuhls für Deutsches und Europäisches Verfassungs- und Verwaltungsrecht, Jena.

Heinrich de Wall, Prof. Dr.; geb. 1961, 1990 Promotion und 1997 Habilitation in Erlangen. Von 1998 bis 2001 Inhaber des Lehrstuhls für Öffentliches Recht, Staatskirchenrecht und Kirchenrecht in Halle/Saale, seit 2001 Inhaber des Lehrstuhls für Kirchenrecht, Staats- und Verwaltungsrecht und Leiter des Hans-Liermann-Instituts für Kirchenrecht an der Friedrich-Alexander-Universität Erlangen-Nürnberg.

Rolf Eckhoff, Prof. Dr.; geb. 1958; seit 2000 Inhaber des Lehrstuhls für Öffentliches Recht, insbesondere Finanz- und Steuerrecht, Regensburg.

Volker Epping, Prof. Dr.; geb. 1959; Universitätsprofessor für Öffentliches Recht, Völker- und Europarecht an der Juristischen Fakultät der Leibniz Universität Hannover, seit 2015 Präsident der Leibniz Universität Hannover.

Michael Fehling Prof. Dr. iur, LL.M. (Berkeley), geb. 1963, seit 2001 Inhaber des Lehrstuhls für Öffentliches Recht mit Rechtsvergleichung an der Bucerius Law School, Hamburg.

Helmut Goerlich, Prof. Dr.; geb. 1943; Studium der Rechtswissenschaft, Geschichte und Philosophie; Dr. iur. in Hamburg 1972; Habilitation 1981 in Hannover – venia für öffentliches Recht; 2017; Dr. iur. h.c. (Istanbul Kültür Universität); richterliche Tätigkeit in der Verwaltungsgerichtsbarkeit; 1992–2008 Lehrstuhl für Staats- und Verwaltungsrecht, Verfassungsgeschichte und Staatskirchenrecht an der Juristenfakultät der Universität Leipzig.

Gusy, Christoph, Dr. jur.; geb. 1955, Universitätsprofessor (seit 1993 an der Uni Bielefeld) für Öffentliches Recht, Staatslehre und Verfassungsgeschichte.

Häberle, Peter, Prof. Dr. Dr. h.c. mult.; geb. 1934, Forschungsstelle für Europäisches Verfassungsrecht, Universität Bayreuth; em. ständiger Gastprofessor für Rechtsphilosophie St. Gallen; Gastprofessuren in Rom und Granada sowie Lateinamerika, Autor von 55 Büchern, Übersetzungen in mehr als 15 Sprachen.

Wolff Heintschel von Heinegg, Prof. Dr.; Lehrstuhl für Öffentliches Recht, insbesondere Völkerrecht, Europarecht und ausländisches Verfassungsrecht Chair of Public Law, in particular Public International Law, European Law and Foreign Constitutional Law Europa-Universität Viadrina.

Stephan Hobe, Prof. Dr. Dr. h.c. Dr. h.c.; geb. 1957, Inhaber des Lehrstuhls für Völkerrecht, Europarecht, Europäisches und Internationales Wirtschaftsrecht, Köln, seit 2023 Vositzender der Deutschen Gesellschaft für Internationales Recht.

Kilian, Michael, Prof. em. Dr.; geb. 1949, Juristische und wirtschaftswissenschaftliche Fakultät der Martin-Luther-Universität Halle-Wittenberg, Richter am Landesverfassungsgericht Sachsen-Anhalt a.D., seit 2014 Rechtsanwalt in Dresden.

Le Divellec, Armel, Prof. Dr. ; geb. 1968, Promotion 1999 an der Universität Paris 2, Agrégation im öffentlichen Recht 2000, Professor für öffentliches Recht an der Universität du Maine 2000–2009, seit 2009 an der Universität Paris-Panthéon-Assas.

https://doi.org/10.1515/9783110767032-007

Markus Möstl, Prof. Dr.; geb. 1969, Studium der Rechtswissenschaft in München und Oxford, Promotion 1998 und Habilitation 2001 an der LMU München, seit 2003 Inhaber des Lehrstuhls für Öffentliches Recht II an der Universität Bayreuth, seit 2013 Direktor der Bayreuther Forschungsstelle für Deutsches und Europäisches Lebensmittelrecht.

Georg Jochum, Prof. Dr., geb. 1968; Lehrstuhl für Öffentliches Recht, Steuer- & Europarecht und Recht der Regulierung, Zeppelin Universität Friedrichshafen.

Eckart Klein, Prof. i.R., Dr. iur. utr.; geb. 1943, ehem. Inhaber des Lehrstuhls für Öffentliches Recht, Völkerrecht und Europarecht an den Universitäten Mainz (1981–1994) und Potsdam (1994–2008), Gründer und Direktor des Menschenrechtszentrums der Universität Potsdam (1994–2009).

Janbernd Oebbecke Prof. Dr.; geb. 1950, Dr. iur. (1979), Verwaltungsbeamter (1979–1981), Leiter des Freiherr-vom-Stein-Instituts an der Universität Münster (1981–1987), Habilitation Univ. Münster (1986), Beigeordneter des Landkreistages Nordrhein-Westfalen (1987–1993), Universitätsprofessor Universität Düsseldorf (1994–1997), Universitätsprofessor für Öffentliches Recht und Verwaltungslehre Universität Münster, Geschäftsführender Direktor des Kommunalwissenschaftlichen Instituts und des Freiherr-vom-Stein-Instituts (1997–2018).

Walter Pauly Prof. Dr., geb. 1960, Univ.-Prof. Dr., Lehrstuhl für Öffentliches Recht, Rechts- und Verfassungsgeschichte, Rechtsphilosophie, Friedrich-Schiller-Universität Jena.

Gerhard Robbers em. Prof. Dr., Professor für öffentliches Recht, Kirchenrecht, Staatsphilosophie und Verfassungsgeschichte an der Universität Trier, zuvor Professor an der Universität Heidelberg. Ehem. Staatsminister der Justiz und für Verbraucherschutz in Rheinland-Pfalz, ehem. Mitglied des Verfassungsgerichtshofs Rheinland-Pfalz.

Ute Sacksofsky Prof. Dr. Dr. h.c., M.P.A. (Harvard), Universitätsprofessorin für Öffentliches Recht und Rechtsvergleichung an der Goethe-Universität Frankfurt am Main, Vizepräsidentin des Staatsgerichtshofs des Landes Hessen.

Kurt Schmoller, Prof. Dr.; Fachbereichsleiter Strafrecht und Strafverfahrensrecht, Paris Lodron Universität Salzburg, 2004–2009 Dekan der Rechtswissenschaftlichen Fakultät, 2007 Korrespondierendes, 2010 Wirkliches Mitglied der Österreichischen Akademie der Wissenschaften.

Harald Stolzlechner, Prof. em. Dr.; Fachbereich Öffentliches Recht, Paris Lodron Universität Salzburg, 1989–2017 Professor für Verfassungs- und Verwaltungsrecht, 2004–2010 Fachbereichsleiter

Christian Waldhoff, Prof. Dr. iur.; geb. 1965; Studium in Bayreuth, Fribourg, München und Speyer; Promotion und Habilitation 1996 und 2002 in München; 2003 bis 2012 Inhaber eines Lehrstuhls für Öffentliches Recht an der Universität Bonn, zugleich Direktor des Kirchenrechtlichen Instituts; seit 2012 Inhaber eines Lehrstuhls für Öffentliches Recht und Finanzrecht an der Humboldt-Universität zu Berlin.

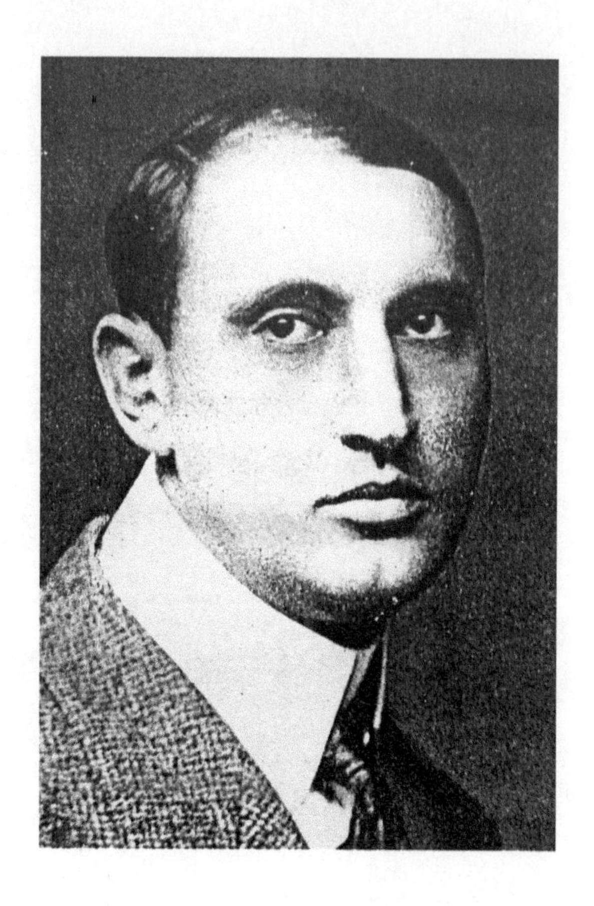

https://doi.org/10.1515/9783110767032-008

I
Robert Redslob (1882–1962)

Armel Le Divellec

Robert Redslob nimmt einen eigenartigen Platz in der Reihe der deutschen Staatsrechtslehrer ein. Er war nämlich nur für eine relativ kurze Zeit an deutschen Universitäten tätig: fünf Jahre wirkte er an der Universität Rostock als ordentlicher Professor (April 1913–November 1918) und zuvor vier Jahre als Privatdozent an der Reichsuniversität Straßburg (1909–1913). Die darauffolgenden fünfunddreißig Jahre, also während des bei weitem größeren Teil seiner akademischen Karriere, war er hingegen Professor an der von Frankreich wiedererlangten Universität Straßburg (1919–1953). Formell kann er jedoch ohne Zweifel zu den „deutschen Staatsrechtslehrern" zählen: im von deutschen Kaiserreich 1871 annektierten Elsass geboren, hatte er automatisch die deutsche Staatsbürgerschaft erhalten.

Seine Präsenz in diesem Band erscheint aber auch deshalb berechtigt, weil er einen gewissen, nicht zu unterschätzten Einfluss auf die Diskussionen der deutschen Staatsrechtlehre in der Weimarer Zeit ausgeübt hat. Mit dem Namen Redslob verbindet man nämlich die theoretischen und verfassungspolitischen Auseinandersetzungen um das parlamentarische Regierungssystem nach 1918. Durch seine sog. „Gleichgewichtslehre" oder „Lehre des wahren und des unechten Parlamentarismus" hat Redslob Stoff für manche verfassungspolitische und verfassungstheoretische Kontroversen geliefert, die sogar noch nachwirkten, als der Elsässer Deutschland schon den Rücken gekehrt hatte. Dieses Frühwerk blieb schließlich sein wichtigster Beitrag an die Staatsrechtslehre, obwohl er danach noch viel publizierte, sich allerdings überwiegend dem Völkerrecht widmete.

Leben: eine eigentümliche akademische Laufbahn zwischen Deutschland und Frankreich

Redslob kommt am 3. Februar 1882 in Straßburg als zweiter Sohn einer evangelischen Familie des elsässischen Bürgertums zur Welt. Er verkörpert wie kein zweiter sein Milieu. Sein Vater, Jules Redslob (gest. 1905) war evangelischer Pastor (wie auch mehrere Vorfahren) in Straßburg. Seine Familie, ursprünglich aus Böhmen stammend, war seit Ende des 16. Jahrhunderts im Elsass fest etabliert. Nach der Annexion von 1871 blieb sie im Elsass, obwohl sie sich kulturell weiterhin als französisch empfand. Der junge Robert besucht das deutsche Gymnasium aber zu Hause wurde französisch gesprochen. Seine Vaterlandsliebe galt in erster Linie Frankreichs, auch wenn Robert seine Neigung zur deutschen Kultur nie geleugnet hat. Seine doppelte Kultur zeichnet den jungen Redslob aus.

Er studiert Jura an der Universität Straßburg (und, nach üblichem Brauch, ein Semester in Berlin). Der anscheinend sehr begabte Redslob entschloss sich früh für die akademische Laufbahn. 1906 promovierte er beim straßburger Strafrechtler Fritz van Calker und wurde 1908 Volljurist. 1909 wurde er Privatdozent in Straßburg; er bekam seine Venia legendi zunächst im Strafrecht und Rechtsphilosophie; sie wurde später auf das Staatsrecht erweitert. Redslob gibt zu, dass sein spezielles Interesse diesem Gebiet galt, weil es die „Peripherie der Jurisprudenz (ist), an der das Recht an Geschichte, Philosophie und Moral grenzt", und weil die Probleme der Grundrechte ihm als Elsässer besonders am Herzen lagen.[1] So konnte er eine freie Vorlesung über die Verfassungen Frankreichs, Großbritanniens und der USA halten, 1911 sogar über das neue Reichsgesetz über die Verfassung Elsass-Lothringens.

Auch wenn Redslob sichtlich guten Kontakt zu den Koryphäen der Universität Straßburg pflegen konnte, waren seine Aussichten auf eine Berufung als Elsässer französischer Prägung in seiner Heimat ziemlich schlecht. Im Hinblick auf seine wissenschaftliche Zukunft veröffentlichte er 1912 ein umfangreiches Buch über *Die Staatstheorien der französischen Nationalversammlung von 1789* um (seine) Bekehrung zum öffentlichen Recht zu verzeichnen. Das gewählte Thema war ein Wagnis, gewissermaßen sogar eine Provokation in der wilhelminischen „Reichsuniversität". Sein elsässischer Patriotismus mag ein Grund gewesen sein, dass seine Bemühungen, eine Professur gleich in Straßburg zu bekommen erfolglos blieben. Doch dank seines guten akademischen Ansehens (der sonst so strenge Paul Laband lobte das Buch in einer Rezension im AöR) und seiner Verwurzelung im evangelischen Milieu erhielt er 1913 einen Ruf als ordentlicher Professor des Staats- und Völkerrechts an der mecklenburgischen grossherzoglichen Universität Rostock. Er zögerte, sich vom Elsass zu entfernen doch Laband ermutigte ihn den Schritt zu wagen, um seine späteren Chancen offen zu halten. Redslobs Traum, in die akademische Karriere richtig einzusteigen wurde Realität, auch wenn es zunächst nicht an seinem gewünschten Ort begann. Er musste nicht weniger als vier Vorlesungen geben: das Staatsrecht des deutschen Reichs und des Großherzogtums, Verwaltungsrecht, Kirchenrecht und Völkerrecht. Im damals noch sehr mittelalterlich geprägten Rostock wurde Redslob wohlwollend aufgenommen. Er genoss das Prestige das damals den Akademikern zukam. Für ein

---

1 *Redslob,* Alma Mater, S. 103–104.

Jahr wurde er sogar (turnusmäßig) Dekan der juristischen Fakultät. 1916 lieferte er (neben u.a. Laband, Piloty, Thoma und Smend) einen Beitrag in der Festgabe für den früher in Straßburg lehrenden Otto Mayer, wohl ein Indiz dafür, dass Redslob damals keineswegs ein „Aussenseiter" in der deutschen Rechtswissenschaft sondern eben gut sozialisiert war.

Dennoch lebte er in einer Art „innere Emigration", musste seine wahren politischen und kulturellen Gefühle verbergen. Die Situation verschärfte sich durch den Weltkrieg erheblich: er wurde sogar polizeilich überwacht und seine Reisefreiheit wurde von den Sicherheitsbehörden allmählich eingeschränkt. Dennoch blieb ihm die größte Herausforderung erspart: aufgrund einer mehrere Jahre zuvor aufgetauchten Nervenkrankheit musste er nicht an die Front. Es ist unsicher, wie er ein solches Dilemma hätte meistern können.

Er bemühte sich weiterhin, sich durch seine Publikationen zu profilieren, wobei er wiederum etwas polemische Themen bevorzugte: das Buch *Abhängige Länder, eine Analyse des Begriffs von der ursprünglichen Herrschergewalt* (1914), ermöglicht ihm, die fehlende Autonomie Elsass' im Deutschen Reich zu unterstreichen. Mit seinem von der Zensur eine Zeit verbotenen Essay *Problem des Völkerrechts* (1917) zeichnet er seine Hoffnungen auf die friedliche Behandlung der Staatenrivalitäten und bekannte sich zu einer pazifistischen Gesinnung, was ihn für die Behörden sicher noch verdächtiger machen konnte.

Im Sommer 1918 veröffentlicht er eine Studie über *Die parlamentarische Regierung*. Redslob hatte sie zunächst auf französisch verfasst; er sah sie als Vorbereitung zu einer Vorlesung die er eines Tages in der straßburger Fakultät zu geben hoffte. Doch, da sich der Weltkrieg verlängerte, unternahm Redslob eine deutsche Übersetzung (die französische leicht erweiterte Fassung publizierte Redslob schließlich 1924 in Frankreich). Es war besonders angebracht, weil die neueste Verfassungsentwicklung im Deutschen Reich seit der von der linksliberalen Mehrheit des Reichstags angenommenen Friedensresolution (März 1917) die Frage der Parlamentarisierung der Reichsleitung erneut stellte und die deutsche Elite wohl ziemlich ratlos mit diesem Regierungssystem stand.

Doch zunächst tobten die geschichtlichen Ereignisse und Redslob musste dramatische Tage erleben: Anfang November 1918 bekam er einen Brief von seinem Schwiegervater, Andreas Kiener, Vorsitzender der Handelskammer in Colmar, der ihm eine rasche Rückkehr in das Elsass aufdrängte. Dabei spielte wohl nicht nur die Befürchtung des Elsässers Redslob, nicht oder zumindest nicht gleich nach Frankreich reisen zu dürfen, sondern vielleicht auch die Angst des bürgerlichen Professors vor den revolutionären Unruhen des untergehenden Reiches eine Rolle.

Genau am 11. November, Tag des Waffenstillstandes, verließ Redslob mit seiner Familie heimlich Rostock per Zug über Hamburg, Frankfurt und Straßburg, und erreichte Colmar, wo seine Verwandten lebten. Offiziell hatte er nur eine vorübergehende Abwesenheit angemeldet; eine Genehmigung der Behörden hatte er aber nicht eingeholt. Das sollte ihm noch einige Schwierigkeiten bereiten: Das für die Universität zuständige Bildungsministerium des inzwischen republikanisch gewordenene Mecklenburg leitete im März ein Disziplinarverfahren gegen ihn ein und schickte ihm eine Vorladung. Redslob antwortete aus Straßburg in einem Brief, um sich zu rechtfertigen: Angesichts der „damals in Deutschland ausbrechenden Revolution" wollte er seine Frau und seine Kinder „in Sicherheit bringen", die bevorstehende „französische Besetzung" des Elsass' nötigte ihn, dort seine „Interessen zu wahren". Er beteuerte, dass er ursprünglich die Absicht hatte, wieder nach Rostock zu fahren, um „das Wintersemester zu Ende zu führen", konnte es jedoch wegen der Sperrung der Grenze nicht machen. Das Schreiben, das er Mitte November nach Rostock geschickt habe, sei ihm Monate später als unzustellbar zurückgekommen. Schließlich gab er bekannt, dass er nunmehr im Elsass bleiben würde und fügte hinzu, dass er seit seiner Jugend „jeden Tag und jede Stunde darunter gelitten habe, einem vergewaltigten Volk anzugehören". Er versichert auch, dass er die Kollegiengelder zurückerstatten werde, was dann auch im April 1919 tatsächlich geschah. Das Verfahren wurde eingestellt.

Kurz nach dem Einmarsch der französischen Armee in Straßburg (22. November) wurde er bald von den provisorischen elsässischen Behörden ersucht: Redslob selbst berichtet, man habe ihm ausgerechnet den Lehrstuhl für Staatsrecht (also sozusagen die Nachfolge des 1917 verstorbenen Laband) angeboten, was er vorsichtig abgelehnt habe, die Klärung der Rechtsverhältnisse im Elsass abwartend. Im Januar 1919 wurde die nunmehr französische Universität Straßburg wieder errichtet. Doch Elsässer, die sich mit dem wilhelminischen Reich abgefunden hatten wurden mit einem gewissen Misstrauen angesehen. Redslob bekam also zunächst nur einen Lehrauftrag als Chargé de cours, was einer Degradierung gleichkam.[2] Dennoch wurde er schnell akzeptiert und schon im Januar 1920 wurde er Professeur adjoint ernannt, und ab 1922 erlangte er seinen Stand als Ordinarius (professeur titulaire) zurück. Allerdings bekam er nicht den Lehrstuhl Labands (dieser wurde dem anderen Elsässer Raymond Carré de Malberg, dessen Familie Elsass nach 1870 verlassen hatte und der bis 1919 an der Universität Nancy lehrte, angetragen) sondern einen Lehrstuhl für Geschichte der internationalen Verträge (*Histoire des traités*) angeboten; ab 1929 wechselte er auf den Lehrstuhl für Völkerrecht. Bis zu seiner Emeritierung 1953 wird Redslob nunmehr Völkerrecht lesen und fast nur noch in diesem Fach veröffentlichen.

2 Im ersten Jahr gab er eine Vorlesung über die deutschen Institutionen in Elsass-Lothringen; später über lokales Strafrecht, diplomatische Geschichte und lokale Zivilverfahren.

Nach fast zwanzig fleißigen aber ruhigen Jahren in seinem geliebten Elsass erlebte der Straßburger aber noch einmal eine grosse Tragödie: 1939 wurde Elsass erneut in das deutschen Reich eingegliedert. Die Universität verlagerte sich bis 1945 nach Clermont-Ferrand. Redslob gehörte zu den Professoren, die dort für Kontinuität sorgten und unter den schwierigen Umständen der deutschen Besatzung weiterarbeiteten. Im November 1945 wurde er zum Dekan der juristischen Fakultät ernannt und erwarb sich große Verdienste bei der Wiedererrichtung der Universität. Erst nach dem zweiten Weltkrieg reiste er wieder nach Deutschland: er wurde zu Vorträgen an die Universitäten Freiburg i.B., Heidelberg, Tübingen, Mainz, München und Berlin eingeladen und besuchte sogar einmal Rostock als Privatmann. 1953 wurde er emeritiert. Nach einigen Schwierigkeiten wurde der „deutsche Teil" seiner Universitätskarriere für die Pension berücksichtigt: das französische Bildungsministerium akzeptierte es, seine Nominierung als Privatdozent 1909 als den Beginn seiner akademischen Laufbahn anzusehen und seinen Ruf nach Rostock 1913 als Äquivalent für seine Verbeamtung (Titularisation) als Ordinarius anzuerkennen.[3] Er verstarb am 6. Juni 1962 in Straßburg im Alter von 80 Jahren.

Neben seiner akademischen Tätigkeit war Redslob außerdem ein leidenschaftlicher Wanderer und ein kunstliebender Mensch: er veröffentlichte zahlreiche Bücher und Aufsätze über die elsässische Landschaft, die Stadt Straßburg und die Vogesen. Das hat wahrscheinlich seinen Schreibstil geprägt, der sich durch eine gewisse Emphase, die Benutzung vieler Sinnbilder aus der Natur oder aus der Kunst verzeichnet. Manchmal auf Kosten der Stringenz seines Denkens.

Zwischen Verfassungsrecht und Völkerrecht: das paradoxale Schicksal eines wissenschaftlichen Werkes

Das wissenschaftliche Werk von Robert Redslob zeichnet sich durch ein gewisses Paradox aus: sein Name ist hauptsächlich wegen seines (vom Umfang her sogar das kürzeste) Buchs über die parlamentarische Regierung in Erinnerung geblieben, obwohl seine Schriften zahlenmäßig überwiegend dem Völkerrecht gewidmet waren.

3 Zu diesem Zweck benutzte Redslob den Brief, den Laband ihm 1913 geschrieben hatte, um ihn zu überzeugen, den Ruf in Rostock anzunehmen.

In der Tat war Redslob ein „Generalist“, d.h. er war ursprünglich nicht grundsätzlich auf einem Teilgebiet des öffentlichen Rechts spezialisiert. Dass er in Straßburg einen Lehrstuhl für Völkerrecht erhielt mag damals wahrscheinlich ein Zufall gewesen sein. Dennoch hatte er schon vor 1920 mehrfach über völkerrechtliche Themen geschrieben. 1911 hatte er die Gründung des Verbands für internationale Verständigung mit großem Interesse verfolgt und auf ihrer Tagung in Heidelberg 1912 seinen Kollegen, der spätere Richter am internationalen Gerichtshof, Walther Schücking kennengelernt. Die Initiativen solcher Art im Sinne der Haager Konferenzen von 1899 und 1907 hatte er in verschiedenen Rezensionen insb. im *Archiv des öffentlichen Rechts* begrüßt und zu diesem Thema auch noch das schon erwähnte Buch *Das Problem des Völkerrechts* 1917 veröffentlicht. Redslob bevorzugte übrigens die alte Bezeichnung „droit des gens“ (*Jus Gentium*), obwohl sie schon seit dem Ende des 19. Jahrhunderts in den französischen Rechtsfakultäten weniger gebräuchlich war. Er wurde gleich zweimal (1924 und 1931) nach Den Haag eingeladen, um eine Vorlesung an der prestigeträchtigen Akademie für Völkerrecht zu geben. Neben zahlreichen Aufsätzen verfasste er in den Jahren 1920–1954 mehrere Bücher (alle nur auf Französisch), darunter eine weitgefasste Geschichte der Prinzipien des droit des gens seit der Antike und bis zum Vorabend des ersten Weltkrieges (1923), eine Theorie des Völkerbundes (1927), die Prinzipien der Nationalitäten (1930, wofür er auf der Haager Akademie für Völkerrecht vortragen durfte) und zwei Lehrbücher (Les principes du droit des gens moderne, 1937 und Traité du droit des gens, 1950). Doch wird man all diese Schriften nicht als besonders markant bezeichnen können und der Völkerrechtler Redslob ist heute größtenteils in Vergessenheit geraten, sowohl in Frankreich wie in Deutschland. Auch seine völkerrechtlichen Schriften werden kaum noch zitiert.

Auf dem Gebiet des Staatsrechts, insb. des Verfassungsrechts, ist die Situation eine völlig andere: Hier spielte Redslob lange Zeit eine nennenswerte Rolle, und zwar in Deutschland noch mehr als in Frankreich. Dies ist wie gesagt auf die besondere Resonanz zurückzuführen die seine „Theorie des wahren Parlamentarismus“ eine Zeit lang genoss, und zwar nicht nur im engen Kreis der akademischen Staatsrechtslehre sondern auch, weil sie im Verfahren der Weimarer Verfassungsgebung herangezogen und mehrfach zitiert wurde. Dieser letzte Faktor ist wohl entscheidend für das außergewöhnliche Fortleben des Namens Robert Redslob, insb. in Deutschland.

Nehmen wir zunächst diese „Theorie“ kurz in den Blick: Redslob argumentiert von vorneherein ziemlich abstrakt und behauptet gleich am Anfang seines Buchs, dass „die parlamentarische Verfassung“ ein „System des Gleichgewichts zwischen der exekutiven und der legislativen Gewalt“ sei. Das wichtigste Mittel, um es aufrecht zu erhalten, sei die Auflösung des Parlaments; das Volk ist souverän und entscheidet über die möglichen Konflikte zwischen beiden Organen, aber erst durch ein abhängiges Staatsoberhaupt (Monarch oder Staatspräsident) könne dieses Gleichgewicht aufrecht erhalten werden in dem er das Ministerium bestellt und allein über die Auflösung bestimmen kann. Nur dadurch kann das parlamentarisch verantwortliche Kabinett nicht in völlige Abhängigkeit der Kammer verfallen und so zu einem bloßen Ausführungsorgan derselben degradiert werden. Letztere Situation sei eben die des Systems der französischen III. Republik, die Redslob deswegen als „unechte Form“ des Parlamentarismus’ nennt.

Es mag verwundern, dass der frankophile Redslob sich so kritisch über den französischen Parlamentarismus äußert. Man könnte es auf den indirekten Einfluss der überwiegend kritischen Einstellung der deutschen Verfassungswissenschaft der Kaiserzeit zum republikanischen Frankreich zurückführen. Oder hier allgemein die Prägnanz des für Deutschland besonders charakteristischen „konstitutionellen Verfassungsdenkens“ diagnostizieren. Oder aber man könnte es der geistigen Unabhängigkeit Redslobs zuschreiben, dem seine Neigung zu den französischen Grundprinzipien der Politik gerade nicht seine Urteilskraft im Staats- und Verfassungsdenken verfälscht hat.

Wie dem auch sei: Redslobs Gleichgewichtslehre scheint sich in verfassungstheoretischer Hinsicht hauptsächlich auf Léon Duguit, den damals wohl führenden Staatsrechtslehrer Frankreichs zu stützen. Doch ist diese von Redslob halbzugegebene Inspirationsquelle etwas zweifelhaft: Duguit charakterisierte in seinem Lehrbuch zum Verfassungsrecht zwar das parlamentarische System abstrakt als ein System der wesentlichen „Gleichheit“ (égalité) zwischen Parlament und Regierung, so dass normalerweise ein „Gleichgewicht“ (équilibre) zwischen ihnen besteht. Dies sei aus verschiedenen Gründen im gegenwärtigen Frankreich eben nicht der Fall, so dass, laut Duguit, „Frankreich zur Zeit nicht (wirklich) das parlamentarische System“ praktiziert oder zumindest nicht in „richtiger“ Hinsicht. Redslob machte sich also diese (nicht ganz wissenschaftlich-objektive) Meinung zu eigen, radikalisierte jedoch Duguits Ansatz. Darüber hinaus kann man im Großen und Ganzen sagen, dass die „Theorie“ von Redslob sich in den Bahnen des seit dem 19. Jahrhundert in Frankreich vorherrschenden liberal-konservativen und mechanistischen Verfassungsdenkens bewegte, das im frühviktorianischen England das Idealtypus eines gesunden Verfassungswerks ansah. Dass dieses Idealbild längst nicht mehr den tatsächlichen Verfassungszuständen im Mutterland des Parlamentarismus’ entsprach, wie es schon mehrere Autoren registriert und berichtet hatten (allen voran bereits 1867 der Engländer Walter Bagehot), schienen die französischen Staatsrechtslehrer und Redslob selbst zu ignorieren. Nicht als verfehlt kann also die spätere, berühmte Kritik von Ernst Fraenkel angesehen werden: „Redslob ist dafür verantwortlich, dass im Jahre 1919 nicht die englische Verfassung, sondern die Glosse rezipiert worden ist, die französische Monarchisten zu ihr geschrieben haben".[4]

Aber zunächst bekam Redslob Zuspruch aus der Politik: Bekanntlich versuchte der eigentliche „Weimarer Verfassungsvater" Hugo Preuss die Konstruktion seines Verfassungsentwurfs – im Kern: dem Parlament einen volksgewählten und mit zahlreichen Befugnissen ausgestatteten Reichspräsidenten gegenüber zu stellen – mit einer redslobchen Formel zu rechtfertigen: in seiner am 3. Januar 1919 veröffentlichten Denkschrift zum Entwurf des allgemeinen Teils der Reichverfassung äußerte er: „Im Gegenteil kann man dieses französische System treffend als unechten Parlamentarismus bezeichnen. Der echte Parlamentarismus setzt nämlich zwei einander wesentliche ebenbürtige höchste Staatsorgane voraus…". Während der Plenumsdebatte in der Nationalversammlung am 24. Februar wiederholte er das Argument: „Man hat ganz mit Recht staatsrechtlich den französischen Parlamentarismus einen unechten Parlamentarismus genannt, weil er tatsächlich die Monokratie des Parlaments ist, der Präsident auch nur Vertrauensmann des Parlaments ist". Ganz in diesem Sinne bekräftigte der Abgeordnete Bruno Ablass, Berichterstatter des Verfassungsentwurfs, diese Position und nannte Redslob beim Namen: „Deshalb hat nach meiner Überzeugung Redslob recht, wenn er sagt, dass der französische Parlamentarismus wie er in der Verfassung niedergelegt ist, am Ende vollständig entartet ist".

Ob Preuss wirklich von der Theorie Redslobs überzeugt war, bleibt fraglich. Festzuhalten bleibt die Tatsache, dass sie ihm als Argument nutzte, um seine Konstruktion zu rechtfertigen und die möglichen Befürchtungen vieler Mitglieder der Nationalversammlung auf die angebliche Gefahr eines „Parlamentsabsolutismus" nach französischer Art zu entschärfen. Die Figur eines „starken" Reichspräsidenten als „Gegengewicht" zum Reichstag war ein zentraler Punkt in Preuss' Entwurf und der französische Parlamentarismus mit seinem „schwachen" vom Parlament gewählten Staatspräsident diente als negatives Kontrasttypus; insofern war diese Rechtfertigung mit der redslobschen Theorie passend, auch wenn etwas künstlich und vereinfacht.

In der Weimarer Staatsrechtslehre wurde die Theorie Redslobs vielfach erwähnt und manchmal (aber nicht immer ausführlich) diskutiert und kritisiert. Zahlreiche namhafte deutsche Staatsrechtslehrer der Zeit zitierten ihn (u.a. Kaufmann, Hasbach, Thoma, sogar Smend und Carl Schmitt). Leo Wittmayer zählte zu den schärfsten Kritikern, nannte seine Theorie eine „Irrlehre", die „völlig aus der

4 Die repräsentative und die plebiszitäre Komponente im demokratischen Verfassungsstaat, in: Deutschland und die westlichen Demokratien, Frankfurt, Suhrkamp, 1991, S. 200.

Luft gegriffen" sei.[5] Auch Ulrich Scheuner setzte sich mit der These des „wahren" und „unechten" Parlamentarismus auseinander; ihm gelang auch eine treffende Kritik.[6]

Trotz vieler kritischer Stimmen in der deutschen Staatsrechtslehre, passte jedoch Redslobs These unter verfassungspolitischen Gesichtspunkten in den Zeitgeist und zu der in Deutschland weit verbreiteten Skepsis hinsichtlich des Parlamentarismus. So wurde er sogar von der Rechtsprechung explizit zitiert, nämlich in dem Urteil des Staatsgerichtshofes des Landes Oldenburg vom 21. April 1925 über die Verfassungsmäßigkeit der Landtagsauflösung, die das Gericht, Redslobs These des Gleichgewichts heranziehend, als verfassungskonform erachtet.[7]

In Frankreich erhielt Redslob ebenfalls viel Zuspruch aber auch Kritik insbesondere von René Capitant und Boris Mirkine-Guetzévitch die zurecht auf die überholte dualistische Auffassung der Verhältnisse von Exekutive und Parlament aufmerksam machten.

Auch wenn Redslob mit einem gewissen Stolz seinen „Einfluss" auf die Weimarer Konstruktion wahrnahm, fiel sein Gesamturteil über die Reichsverfassung merkwürdigerweise eher negativ aus:[8] insb. die „plebiszitären" Elemente (Volksbegehren und Volksentscheid) schienen ihm zufolge das „normale" Zusammenspiel von Parlament, Regierung und Reichspräsident zu stören. Alles in allem meinte er nicht ganz zu Unrecht, dass es eine Art „Parallelverfassung" im Weimarer Text gebe, die unter Umständen das parlamentarische System aushöhlen könnte. Die Geschichte zeigt, dass sein Pessimismus in dieser Hinsicht nicht ganz unbegründet war. Neben der Kritik zur technischen Ausgestaltung der Verfassungsorgane zueinander fügte Redslob andere Argumente hinzu, nämlich hinsichtlich der „Psychologie der Deutschen", die noch ziemlich unreif für den Parlamentarismus seien, was auch nicht ganz unrichtig war.

Nicht verwundern hingegen kann Redslobs kritische Beurteilung der neuen preußischen Verfassung von 1920: die Direktwahl des Ministerpräsidenten durch den Landtag, das Fehlen eines eigenständigen Staatsoberhauptes sowie die Hindernisse die der Landtagsauflösung entgegen standen, konnten für den Doktri-

5 Die Weimarer Reichsverfassung, Tübingen, Mohr, 1922, Neudruck Scientia Verlag Aalen 1974. S. 47 (Fn 15) und 318.

6 Über die verschiedenen Gestaltungen des parlamentarischen Regierungssystems. Zugleich eine Kritik der Lehre vom echten Parlamentarismus, in: AöR, NF 13, 1927, S. 209–233 und 337–380. Auch zutreffend: *Erich Hula*, Deutscher und englischer Parlamentarismus, Zeitschrift für öffentliches Recht, 1931, S. 368–377.

7 Text in: AöR, NF 9, 1925, S. 224–247.

8 Le régime parlementaire en Allemagne, Revue du droit public, 1923, S. 511–559.

nären Redslob das ersehnte Gleichgewicht der Gewalten überhaupt nicht fördern.[9]

Schließlich kann noch erwähnt werden, dass Redslob viel später die Ausgestaltung des parlamentarischen System im Grundgesetz 1949 weitgehend negativ beurteilt hat.[10] Ganz im Sinne seiner früheren „Gleichgewichtstheorie" bemängelte er die Techniken der Direktwahl des Bundeskanzlers durch den Bundestag (Art. 63 GG) sowie das konstruktive Misstrauensvotum (Art. 67 GG) und ferner die Begrenzung der Bundestagsauflösung des Art. 68 GG. Auf dieser Weise sei ihm zufolge sogar „die Logik" des parlamentarischen Systems preisgegeben worden. Zugegeben: Ähnliche Fehlurteile waren damals in der französischen Staatsrechtslehre auch nicht selten.

Soweit ersichtlich veröffentlichte Redslob nach 1919 nie mehr in einer deutschen juristischen Fachzeitschrift bzw. in einem Sammelband. Sowohl von deutscher Seite wie auch aus der Perspektive Redslobs kann man das leicht nachvollziehen. Seine „Versöhnung" mit Deutschland brauchte Zeit. Nach 1945, also in einem ganz anderen geistigen und politischen Kontext als demjenigen der 20er und 30er Jahre, wurde der frühere Rostocker Professor in mehrere deutsche Universitäten eingeladen. Und erst 1960 schrieb er auf Deutsch ein kleines Essay *Deutsche und französische Geistigkeit. Bausteine zum geeinten Europa*, dessen Untertitel nunmehr neue und positive Perspektiven in Aussicht stellte und Redslobs persönlichen Frieden mit Deutschland bekundete.

Sein Tod wurde nur noch von den französischen Völkerrechtlern öffentlich zur Kenntnis genommen: „es ist eine bestimmte Auffassung des Völkerrechts, die zwischen den beiden Weltkriegen sehr beliebt war, die verschwindet"; seine „Auffassung der internationalen Beziehungen" war dadurch gekennzeichnet, dass „philosophischer Idealismus und diplomatische Geschichte mehr Raum einnahmen als die juristische Technik", resümierte Charles Rousseau.[11] Eine Einschätzung die auch auf Redslobs Verfassungsdenken übertragbar ist.

---

9 La Constitution prussienne, Revue du droit public, 1921, S. 177–196.

10 La Charte de Bonn. Son caractère en doctrine constitutionnelle, Revue internationale d'histoire politique et constitutionnelle, 1952, S. 157–170.

11 Revue générale de droit international public, 1962, S. 695.

Auswahlbibliographie

Ausgewählte Schriften von Robert Redslob

Die Staatstheorien der französischen Nationalversammlung von 1789. Ihre Grundlagen in der Staatslehre der Aufklärungszeit und in den englischen und amerikanischen Verfassungsgedanken, Leipzig, Veit & Comp., 1912, 368 S.

Abhängige Länder. Eine Analyse des Begriffs von der ursprünglichen Herrschergewalt. Zugleich eine staatsrechtliche und politische Studie über Elsass-Lothringen, die österreichischen Königreiche und Länder, Kroatien-Slavonien, Bosnien-Herzegowina, Finnland, Island, die Territorien der nordamerikanischen Union, Kanada, Australien, Südafrika, Leipzig, Veit & Comp., 1914, 352 S.

Völkerrechtliche Ideen der französischen Revolution, in: Festgabe Otto Mayer, Tübingen, Mohr, 1916, S. 273–301.

Das Problem des Völkerrechts. Eine Studie über den Fortschritt der Nationen zu einem universalen Staatensystem, Leipzig, Veit & Comp., 1917, 329 S.

Die parlamentarische Regierung in ihrer wahren und in ihrer unechten Form. Eine vergleichende Studie über die Verfassungen von England, Belgien, Ungarn, Schweden und Frankreich, Tübingen, Mohr, 1918, 186 S.

Le régime politique de l'Alsace-Lorraine sous la domination allemande », Revue du droit public (Paris), 1921, S. 5–63.

Histoire des grands principes du droit des gens depuis l'Antiquité jusqu'à la veille de la grande guerre, Paris, Rousseau, 1923, 606 S.

Le régime parlementaire. Etude sur les institutions d'Angleterre, de Belgique, de Hongrie, de Suède, de France, de Tchécoslovaquie, de l'Empire allemand, de Prusse, de Bavière et d'Autriche, Paris, Marcel Giard, 1924, 356 S.

Théorie de la Société des Nations, Paris, Rousseau, 1927, 349 S.

Le principe des nationalités. Les origines, les fondements psychologiques, les forces adverses, les solutions possibles, Paris, Sirey, 1930, 276 S.

Entre la France et l'Allemagne. Souvenirs d'un Alsacien, Paris, Plon, 1933.

Les principes du droit de gens moderne, Paris, Rousseau, 1937, 329 S.

Traité de droit des gens, Paris, Sirey, 1950 473 S.

La Charte de Bonn. Son caractère en doctrine constitutionnelle, in: Revue internationale d'histoire politique et constitutionnelle, 1952, S. 157–170.

Alma Mater. Mes souvenirs des universités allemandes, Paris, Berger-Levrault, 1958.

Sekundärliteratur

Beaud, Olivier, Comment Robert Redslob, professeur alsacien, vécut à Rostock l'épreuve de la Première Guerre Mondiale, *in: Droit international et culture juridique. Mélanges offerts à Charles Leben*, Paris, Pédone, 2015, S. 391–422.

Friedrich, Manfred, Plan des Regierungssystems für die deutsche Republik. Zur Lehre vom „echten" und „wahrem" Parlamentarismus, in: Detlef Lehnert, Christoph Müller (Hg), Vom Untertanenverband zur Bürgergenossenschaft, Baden-Baden, Nomos, 2003, S. 189–201.

Glum, Friedrich, Das parlamentarische Regierungssytem in Deutschland, Grossbritannien und Frankreich, München, C.H. Beck, 1965.

Le Divellec, Armel, Robert Redslob, juriste alsacien entre la France et l'Allemagne, *Jahrbuch des öffentlichen Rechts*, Bd. 55 N.F., 2007, S. 479–507.

Ders., Robert Redslobs Parlamentarismustheorie. Eine einflussreiche verfassungsvergleichende „Irrlehre"?, in: Detlef Lehnert (Hg), Verfassungsdenker. Deutschland und Österreich 1870–1970, Berlin, Metropol Verlag, 2017, S. 107–138.

Stronk, Detlef, Gleichgewicht und Volkssouveränität: eine Untersuchung an Hand der Parlamentarisumstheorie Robert Redslobs, Bonn, Eichholz, 1976.

https://doi.org/10.1515/9783110767032-009

II
Hans Liermann (1893–1976)

Heinrich de Wall

I. Überblick über Leben und Wirken Hans Liermanns

Hans Liermann gehört nicht zu den Staatsrechtslehrern, die durch markante Thesen zum Staats- und Verwaltungsrecht oder als prägende Köpfe einer besonderen Richtung in der Staatsrechtslehre bekannt geworden sind. Das geltende staatliche öffentliche Recht der drei staatsrechtlichen Epochen, in denen er gewirkt hat – Weimarer Republik, Nationalsozialismus, Bonner Grundgesetz – stand vielmehr am Rande seines wissenschaftlichen Wirkens und ist auf einige Arbeiten zu Beginn seiner wissenschaftlichen Karriere konzentriert. Der Schwerpunkt seines Schaffens lag vielmehr im Evangelischen Kirchenrecht, im Staatskirchenrecht und in der Rechtsgeschichte, ihrerseits mit kirchlichem Schwerpunkt. Er hat aber einige Arbeiten zu grundlegenden Fragen des Staatsrechts vorgelegt, die seine Aufnahme in den Kreis der „Staatsrechtslehrer des 20. Jahrhunderts" rechtfertigen.

Hans Liermann wurde am 23.04.1893 in Frankfurt am Main geboren.[1] Er war Sohn des Chirurgen und späteren Hofarztes der Herzöge von Anhalt, Professor Dr. Wilhelm Liermann. Seine Kindheit und Jugend verbrachte er in Frankfurt am Main und in Dessau, wo er auch 1911 das Abitur ablegte. In den Jahren 1911 und 1912 begann er das Studium der Rechtswissenschaft in Freiburg im Breisgau, das er 1913/14 in Halle an der Saale fortsetzte. Das Anhaltische Referendarexamen legte er 1914 in Naumburg ab. An das Examen schloss sich Liermanns Zeit im 1. Welt-

1 Zum Leben Liermanns s. die Würdigungen durch *Dietrich Pirson*: ZRG Kan. Abt. 93 (62) 1976, S. 545–549; ZevKR 22 (1977) S. 1–5; NDB 14 (1985) S. 536 f.; *Wolfgang Leiser*, ZRG Germ. Abt. 93 (1978) S. 581–584 sowie DBE 6 (1997) S. 392; *Karl Schwarz*: Liermann, Hans. In: Biographisch-Bibliographisches Kirchenlexikon (BBKL). Band 5, Herzberg 1993, Sp. 45–46; dazu *Bettina Kudlich*, Juraprofessorin an der Universität Erlangen 1933–1945, Aachen 2015, S. 163 ff. Liermann selbst hat unter dem Titel „Erlebte Rechtsgeschichte", Neustadt/Aisch 1976, eine Autobiographie vorgelegt. Ein (nicht ganz vollständiges) Schriftenverzeichnis findet sich in der Festschrift für Hans Liermann zum 70. Geburtstag, hrsg. v. Klaus Obermayer u. Hans-Rudolf Hagemann, Erlangen 1964. Eine Auswahl wichtiger Aufsätze und Gutachten in: Hans Liermann, Der Jurist und die Kirche, hrsg. v. Martin Heckel, Klaus Obermayer, Dietrich Pirson, München 1973.

krieg an. 1914 bis 1916 war er Soldat, nach Verwundung und Krankheit dann bis zum Ende des Krieges Schreiber bei der Militärgerichtsbarkeit. Nach dem Krieg nahm er noch einmal das Studium auf, um sich auf das Badische Referendarexamen vorzubereiten, das er für den Eintritt in den dortigen Vorbereitungsdienst benötigte – er folgte damit seiner Mutter, die nach dem Tod seines Vaters 1915 in ihre Heimatstadt Freiburg zurückgekehrt war. Nach dem Badischen Examen 1919 wurde er Referendar und legte 1921 sein Assessorexamen ab. Im selben Jahr wurde er in Freiburg promoviert mit einer Arbeit über „Die Finanzhoheit des Reiches und der Länder". Anschließend war er als Rechtsanwalt tätig und hat daneben bei Wilhelm van Calker eine Habilitationsschrift angefertigt über „das Deutsche Volk als Rechtsbegriff im Staatsrecht der Gegenwart". 1926 erhielt er dafür die Venia Legendi für Öffentliches Recht. Seit er 1925/26 die Vorlesung im Kirchenrecht für seinen akademischen Lehrer Wilhelm van Calker[2] übernommen hatte, war er mit dem Kirchenrecht in Berührung gekommen und hat auch wissenschaftliche Arbeiten dazu vorgelegt, so dass seine Venia legendi auf das Kirchenrecht erweitert wurde. Liermann wurde 1928 in die Vereinigung der Deutschen Staatsrechtslehrer aufgenommen, erhielt 1929 den Rufe nach Prag und Erlangen und nahm denjenigen auf den Lehrstuhl für Kirchenrecht, Deutsche und Bayerische Rechtsgeschichte in Erlangen an. Trotz späterer Rufe nach Jena und Königsberg blieb er der Erlanger Universität bis zu seiner Pensionierung 1961 treu. Hans Liermann war seit 1923 verheiratet mit Margarete Liermann, geb. Steiger. Das Paar hatte zwei Töchter und einen Sohn.

In den Jahren zwischen 1933 und 1945 hat Liermann wichtige Universitätsämter bekleidet, insbesondere war er in den Kriegsjahren, vom Herbst 1939 bis zur Schließung der Universität 1945, Dekan der Erlanger Juristischen Fakultät.

Hans Liermann wurde zu Beginn des zweiten Weltkriegs in die Wehrmacht eingezogen. Er wurde hier in einem Bürojob in der „Etappe" in Deutschland verwendet und nach kurzer Zeit wieder in sein universitäres Lehramt entlassen.

In der unmittelbaren Nachkriegszeit hat sich Liermann große Verdienste bei der Wiederaufnahme des Universitätsbetriebs erworben. Er war für kurze Zeit (1946) auch kommissarischer Rektor der Universität Erlangen.

Seine wissenschaftlichen Meriten kommen darin zum Ausdruck, dass ihm die Theologische Fakultät in Erlangen zu seinem 60. Geburtstag die Ehrendoktorwürde verlieh und dass er ordentliches Mitglied in der Bayerischen Akademie

---

2 Über ihn und seine Bedeutung für Liermann s. *Alexander Hollerbach*, Hans Liermanns Wissenschaftlichen Anfänge in Freiburg, in. H. de Wall/M. Germann (Hrsg.), Bürgerliche Freiheit und Christliche Verantwortung. Festschrift für Christoph Link zum 70. Geburtstag, Tübingen 2003, 51 ff.

der Wissenschaften war. Überdies war er im Winter 1966/67 Gastprofessor an der Georgetown University Washington D.C. Seine Verdienste um Wissenschaft und Praxis des Kirchenrechts sind durch die Benennung des Kirchenrechtlichen Instituts der FAU mit seinem Namen im Jahr 1983 besonders gewürdigt worden, mit der das Bayerische Staatsministerium im Einvernehmen mit der Universität einer Bitte des Landeskirchenrats der Evangelisch-Lutherischen Kirche in Bayern entsprach.

Neben seinem besonderen Engagement für die FAU und im akademischen Bereich – Mitgliedschaften und Vorstandstätigkeit in wissenschaftlichen Gesellschaften – ist bei Liermann sein kirchliches Engagement besonders hervorzuheben, das natürlich mit seiner wissenschaftlichen Tätigkeit als Kirchenrechtler zusammenhing, aber doch auch weit darüber hinausging: Er war Mitglied im Kirchenvorstand der (Erlangen-) Neustädter Kirchengemeinde, Mitglied der Landessynode und des Landessynodalausschusses der Bayerischen Landeskirche. Nach dem Krieg ist er der erste Präsident des Verfassungs- und Verwaltungsgerichts der Vereinigten Evangelisch-Lutherischen Kirche Deutschlands geworden und hat so Wissenschaft und Praxis miteinander verbinden können.

Hans Liermann verstarb 1976, 82-jährig, in Erlangen.

II. Hans Liermann und der Nationalsozialismus

In den vergangenen Jahren sind kritische Anfragen an das Verhalten Hans Liermanns im Nationalsozialismus gestellt worden.[3] Anlass dafür war seine Mitgliedschaft in NS-Organisationen, über die u.a. im seiner Person gewidmeten Artikel im online-Lexikon „wikipedia“ berichtet wurde.[4] Er selbst hatte sie nicht in Abrede gestellt und auch selbst auf seine Förder-Mitgliedschaft in der SS zu Beginn der dreißiger Jahre hingewiesen.[5] Er gibt an, dass er nicht freiwillig eingetreten ist und im übrigen sein Engagement in der Zahlung eines geringen Mitgliedbeitrags bestand. Die unsäglichen Verbrechen der SS fanden weit später statt. Seine übrigen Mitgliedschaften bezogen sich auf akademische und berufsständische Vereinigungen, waren im Rahmen des üblichen und lassen keine Rückschlüsse auf nationalsozialistisches Engagement oder eine entsprechende Gesinnung zu. Er selbst und sein Umfeld sahen ihn nicht als Unterstützer, sondern als Gegner

3 „Dunkle Flecken auf der weissen Weste?“, Erlanger Nachrichten vom 28.04.2021, S. 27.
4 https://de.wikipedia.org/wiki/Hans_Liermann (17.01.2023).
5 *Liermann*, Erlebte Rechtsgeschichte (Fn 1), S. 137

des Nationalsozialismus.[6] Allerdings hat sich seine ablehnende Haltung nicht in aktiven Widerstandshandlungen geäußert. Auch gegen rassistische Maßnahmen des nationalsozialistischen Staates, die in fundamentaler Weise seinen eigenen, vorher veröffentlichten Anschauungen widersprachen, hat er nicht öffentlich Stellung genommen. Seine wissenschaftlichen Veröffentlichungen sprechen, wie noch zu zeigen sein wird, nicht für eine Nähe zum Nationalsozialismus. Allerdings war er in seinen universitären Ämtern auch in nationalsozialistische Maßnahmen verwickelt, die als Unrecht mit rassistischem und antisemitischem Hintergrund zu bewerten sind – insbesondere in Entziehungen des Doktorgrades.[7] Auch wenn er dabei keine eigene Entscheidungsgewalt besaß, kann man die Erwähnung der Depromotionen in seiner Autobiographie mit dem Titel „Erlebte Rechtsgeschichte" ohne deutliche Stellungnahme zu seiner eigenen Rolle aus heutiger Sicht nur als wenig reflektiert bewerten.[8]

Kritisch beurteilt wurde auch sein Vortrag auf dem Festakt der 200-Jahrfeier der FAU,[9] die im November 1943 in Anwesenheit des Reichsministers für Wissenschaft, Erziehung und Volksbildung, Bernhard Rust und des die Geschäfte u.a. des Bayerischen Staatsministers für Unterricht und Kultus führenden Gauleiters und bayerischen Ministerpräsidenten Paul Giesler stattfand. Hans Liermann gab hier einen Überblick über die Geschichte der Universität Erlangen. Am Ende des bis dahin von politischen Bezugnahmen freien Vortrags kommt Liermann auf die Studierendenschaft der FAU zu sprechen. In diesem Zusammenhang ist dann unter anderem die Rede davon, dass „die Erlanger Studentenschaft den hohen Idealen, die heute (1943, HdW) die Welt bewegen, seit der Führer im Jahre 1922 zum ersten Mal hier sprach, aufgeschlossen (war) und sich Ihnen mit dem sicheren Gefühl, das der Jugend für das große Zukünftige eigen ist, frühzeitig zuge-

6 In seiner Geschichte des Öffentlichen Rechts, Bd 3, 1999, S. 264, schätzt Michael Stolleis ihn ein als „liebenswürdige Erlanger „Institution", für manche Doktoranden in der Zeit des Nationalsozialismus wohl auch eine Art Asyl durch Ausgabe unpolitischer Dissertationsthemen." Die große Zahl rechtshistorische Dissertationen mit einem gewissen lokalhistorischen Schwerpunkt sprich für diese Einschätzung. Ebenso viele mündliche Zeugnisse dem Autor gegenüber von Juristen, die noch bei Liermann gehört haben.

7 Dazu *Mertens, Bernd/Feketitsch-Weber, Margareta*, Die Aberkennung von Doktorgraden an der Juristischen Fakultät der Universität Erlangen im Nationalsozialismus, 2020, insbes. S. 39 ff. zu Liermanns Rolle.

8 Das gilt auch für die in der Autobiographie vorhandenen Überlegungen, die er anlässlich eines Besuchs beim Nürnberger Haupt-Kriegsverbrecherprozess angestellt hat und in denen die Situation der Nazi-Verbrecher mit derjenigen Napoleons in der Verbannung auf Elba verglichen wird.

9 *Hans Liermann*, Der Weg der Universität Erlangen durch zwei Jahrhunderte Deutscher Geschichte, Friedrich Alexander Universität Erlangen, Feldpostbriefe, Sommer-Semester 1944.

wandt (hat).“[10] Weiter heißt es, dass dann der Ausbruch des 2. Weltkriegs wiederum die Studentenschaft und viele Männer aus den Reihen der Dozenten und Beamten zu den Waffen rief. Und wiederum beseelte sie der Gedanke, dem einst Walter Flex, der Erlanger Student und Dichter des 1. Großen Krieges, Formen gegeben hatte: „Ich bin nicht mehr ich selbst. Ich war, ich bin ein Glied der Heiligen Schar, die sich dir opfert, Vaterland!“. Die Rede schließt mit den Worten: „Wir können für das neue Jahrhundert, das für die Friedrich-Alexander-Universität im Lärm der Waffen beginnt, unserer Alma Mater keinen besseren Wunsch mitgeben, als diesen, der ihr schon in die Wiege gelegt ist: Stehe fest und harre aus!“.[11] Diese Art von Pathos erscheint heute fremd und unangemessen. Die Rede war wohl ein Grund dafür, dass Liermann 1946 für einige Monate durch die amerikanische Besatzungsmacht seiner Ämter enthoben wurde. Liermann schreibt dazu, dass die Rede ihm als „militaristisch“ vorgehalten wurde. Er selbst hat dazu kommentiert, dass er „was der geschichtlichen Wahrheit entsprach, gesagt (hatte), dass die Erlanger Studenten bei Ausbruch beider Weltkriege freiwillig zu den Fahnen geeilt seien.“[12]

Resümierend kann man sagen, dass bei Liermann keine Anzeichen für eine nationalsozialistische Gesinnung oder ein besonderes Engagement für den Nationalsozialismus erkennbar waren.[13] Man kann Hans Liermann kaum als „Nazi“ bezeichnen. Wie viele seiner Generation war er deutschnational geprägt. Rassistische, führerverklärende, die Würde des Menschen negierende Äußerungen sind seinem Werk nicht zu entnehmen. Seine Mitgliedschaft in NS-Organisationen lässt keine Rückschlüsse auf eine nationalsozialistische Haltung zu. Seine eigenen Ausführungen über den Nationalsozialismus und seine Rolle in ihm befriedigen aber aus heutiger Sicht nicht.

---

10 *Liermann*, Der Weg (Anm. 9), S. 13 f., dort alle hier wiedergegebenen Zitate aus der Rede Liermanns.

11 Das bezieht sich auf eine Inschrift auf einer Gedenkmünze zur Gründung der Erlanger Universität: „persta atque obdura“.

12 Erlebte Rechtsgeschichte, S. 164.

13 Vor dem Hintergrund ihrer Ausführungen in: Juraprofessoren an der Universität Erlangen (Anm. 1), S. 177 ff. nicht frei von innerer Widersprüchlichkeit aber die Bewertung Bettina Kudlichs, dass Liermann zu den Erlanger Professoren gehört habe, die durch nationalsozialistisch geprägte Werke in den Jahren 1933–45 hervorgetreten seien (ebd. S. 201 f.). Das lässt sich vor dem Hintergrund ihrer eigenen Analysen kaum nachvollziehen.

III. Das staatsrechtliche Werk Liermanns

Dem Charakter dieses Sammelbandes entsprechend, wird bei der Zusammenfassung des wissenschaftlichen Werks Liermanns ein Schwerpunkt auf seine Arbeiten im Staatsrecht seiner Zeit gelegt. Allerdings tritt das geltende öffentliche Recht seit der Berufung Liermanns nach Erlangen, also noch am Anfang seines akademischen Wirkens, zurück. So erscheint es in seinem gesamten Opus als verhältnismäßig schmales Frühwerk.

Am Beginn von Liermanns wissenschaftlichem Schaffen steht seine von Wilhelm van Calker betreute Freiburger Dissertation „Die Finanzhoheit des Reiches und der Länder“, die er bereits 1920 vorgelegt hat – 2 Jahre nach Kriegsende und nachdem er zwischenzeitlich das Badische Staatsexamen absolviert und den Vorbereitungsdienst angetreten hatte. Es handelt sich um eine nur in Maschinenschrift vorliegende, nicht im Druck veröffentlichte, knappe Arbeit von 68 Seiten Umfang. Ausgehend von der Aussage, dass die Finanzhoheit zu den Wesensmerkmalen der Staatsgewalt gehört, analysiert Liermann das Finanzsystem, wie es durch die Weimarer Verfassung und die Erzbergerschen Reformgesetze von 1919 grundgelegt und geformt wurde. Zur Zeit der Entstehung war das ein hochaktuelles, anspruchsvolles Thema. Alexander Hollerbach bezeichnet die Schrift es als eine „außerordentlich konzentrierte, gar nicht anfängerhafte, sondern schon bemerkenswert reife Darstellung“.[14]

1. Das Deutsche Volk als Rechtsbegriff

Das gewichtigste staatsrechtliche Werk Liermanns ist seine Habilitationsschrift „Das Deutsche Volk als Rechtsbegriff im Reichs-Staatsrecht der Gegenwart“, 1927. Damit hatte sich Liermann ein ebenso grundlegendes wie politisch brisantes Thema vorgenommen, in dem sich soziologisch-politische und juristische Fragestellungen kreuzen. Die Arbeit ist stark von der von Ferdinand Tönnies entwickelten Gegenüberstellung von Gemeinschaft und Gesellschaft geprägt und versucht den juristischen Ertrag und die juristischen Konsequenzen aus dieser Modellbildung zu ziehen, die zwischen ursprünglich bestehenden Gemeinschaften und zweckrational gebildeten Personengesamtheiten als Gesellschaften unterscheidet. Damit steht die Arbeit nicht allein – sie ist aber wegen ihrer Anwendung auf und Konkretisierung durch die Weimarer Verfassungsordnung eine Pionierleistung. Sie steht ferner unter dem Einfluss der genossenschaftlichen Deutung des Staates

14 *Hollerbach*, Wissenschaftliche Anfänge (Anm. 2), S. 53

und beschäftigt sich dementsprechend etwa mit der Frage, inwiefern „das Volk als reale Gesamtpersönlichkeit“[15] zu verstehen sei – insofern steht sie in der Tradition Otto von Gierkes.

Nach einer allgemeinen Einführung zum allgemeinen Sprachgebrauch und zum soziologischen Volksbegriff wendet sich Liermann dem juristischen Volksbegriff zu.[16] Auch in diesem Abschnitt ist die Darstellung keineswegs rein dogmatisch-positivistisch, sondern sucht, die Ambivalenz und das Schillern des Volksbegriffs im Recht nachzuweisen. Am Ende dieses Abschnitts führt Liermann die Unterscheidung ein, die er für die Analyse des „Deutschen Volks als Rechtbegriff“ zugrunde legt: nämlich diejenige von Gesellschaftsvolk und Gemeinschaftsvolk.[17] Damit wird die Tönnies´sche Unterscheidung von Gesellschaft und Gemeinschaft zum zentralen Ausgangspunkt der Analyse der Verfassung. Dabei ist vor dem Hintergrund der vorherigen Ausführungen an sich klar, welchem Volksbegriff seine Sympathie gehört: nämlich dem genossenschaftlichen Volksbegriff, der das Volk nicht als Summe gewaltunterworfener Individuen versteht, sondern als eine vorausgesetzte, als real empfundene, auf gemeinsamem Zusammengehörigkeitsbewusstsein gründende Gemeinschaft. Das Gesellschaftsvolk stellt dagegen die Summe der Individuen dar, die sich aus zweckrationalen Erwägungen auf der Grundlage eines Gesellschaftsvertrages zu einer staatlichen Gemeinschaft verbunden haben. Zwar hält Liermann diesen von ihm selbst als „naturrechtlich“ klassifizierten Volksbegriff des Gesellschaftsvolkes für historisch überholt; dennoch legt er ihn zur Analyse der Verfassung neben dem für an sich richtig erkannten Gemeinschaftsvolksbegriff an. Die Begründung dafür ist historisch-pragmatisch: denn „wir müssen also neben dem genossenschaftlichen Volksbegriff, den wir als den richtigen erkannt haben, im positiven Recht noch mit einem anderen, letzten Endes auf das Naturrecht zurückgehenden Volksbegriff rechnen, der nicht Generationen umfassende Gemeinschaft, sondern Summierung koexistierender Menschen ist“.[18] Die Verwendung des seiner Ansicht nach veralteten Begriffs des Gesellschaftsvolks ist für ihn zum Verständnis des Rechts erforderlich und zugrunde zu legen, da „frühere Rechtsanschauungen, selbst wenn man sie als Unrecht erkannt hat, [...] im geltenden Recht auf irgendeine Art weiter (leben), wenn die Theorie längst über sie hinweggegangen ist. [...] Sie (können) mit einer Zähigkeit, die in Erstaunen setzt, noch jahrhundertelang im positiven Recht sich halten“.

15 *Hans Liermann*, Das Deutsche Volk als Rechtsbegriff im Reichs-Staatsrecht der Gegenwart, 1927, S. 73 ff.

16 *Liermann*, Das Deutsche Volk (Anm. 8), S. 32–101.

17 *Liermann*, Das Deutsche Volk (Anm. 8), S. 83 ff.

18 *Liermann*, Das Deutsche Volk (Anm. 8), S. 83

Dafür gibt er sogleich ein Beispiel aus dem positiven Staatsrecht der Weimarer Reichsverfassung. Er weist darauf hin, dass das deutsche Volk in Art. 20 WRV, wonach der Reichstag aus dem Abgeordneten des deutschen Volkes besteht, etwas Anderes ist, als das deutsche Volk der Präambel, „einig in seinen Stämmen und von dem Willen beseelt, sein Reich in Freiheit und Gerechtigkeit zu erneuern und zu festigen“.

Vor diesem Hintergrund legt er dann auch dar, dass in der (i.w. auch heute im Grundgesetz verwendeten) Formulierung der Reichsverfassung „die Staatsgewalt geht vom Volk aus“ (Art. 1 II WRV) „Volk“ nicht demokratisch gemeint sei, wobei hier Volk als Gemeinschaftsvolk zu verstehen sei, als eine „Gemeinschaft frei wollender Menschen“.[19] Art. 1 II der Reichsverfassung enthält seiner Auffassung nach den Gedanken der Volkssouveränität deshalb nicht eigentlich im demokratischen Sinn, „weil er dem Volk keine Gewalt verleiht, sondern er ist demozentrisch, weil er das Volk zum Mittelpunkt des Staates und Ausgangspunkt alles staatlichen Lebens macht“.[20] Es ist nicht Träger, sondern Quelle der Souveränität. Allerdings will Liermann nicht leugnen, dass die Weimarer Republik eine demokratische Republik ist. Dies ergebe sich allerdings „nicht so sehr aus der Vorschrift des Art. 1 II als vielmehr aus dem organisatorischen Aufbau des Reiches in den weiteren Artikeln“.[21] Seine Herleitungen beruhen im Übrigen nicht auf rein verfassungsphilosophischen Erwägungen, sondern er greift auch wesentlich auf eine Analyse der Diskussionen um den Verfassungstext in der Nationalversammlung zurück, also auf historisch-genetische Argumente.

Aus heutiger Sicht wird die Gefahr dieses Verständnisses des (Staats-)Volkes, die Volksgemeinschaft zu überhöhen und zu verabsolutieren, deutlich, wenn Liermann am Schluss der Arbeit resümiert: „in unserem Recht ist das seit Jahrhunderten durch die „Vernunft“ unterdrückte Gemeinschaftsvolk im Emporsteigen. Es ist daran, die beiden Pole, um die sich das staatliche Leben auch in den Demokratien bisher allein drehte, Individuum und Staat, durch ein neues Zentrum zu ersetzen, die vom Recht der anerkannten und von ihm zur Grundlage des Staates gemachte Volksgemeinschaft. Individuen und Staat sind nicht mehr Selbstzweck, sondern dienen einem höheren Zwecke, dem Volk. Der Staat, den das Naturrecht nur demokratisch gestalten konnte, ist demozentrisch geworden“.[22]

---

19 *Liermann*, Das Deutsche Volk (Anm. 8), S. 243 in Anlehnung an den von Ihm hoch geschätzten Rudolf Stammler.

20 *Liermann*, Das Deutsche Volk (Anm. 8), S. 181.

21 *Liermann*, Das Deutsche Volk (Anm. 8), S. 182.

22 *Liermann*, Das Deutsche Volk (Anm. 8), S. 242.

Diese Überhöhung des Volkes, die Bedeutung, die der Volksgemeinschaft zugewiesen wird, und die Ablösung des demokratischen Prinzips von diesem Volksbegriff (und vice-versa) ist dem heutigen Leser auf der Grundlage der Erfahrung des Missbrauchs des Begriffs der Volksgemeinschaft schwer nachvollziehbar. Allerdings sind diese Erwägungen bei Liermann nicht als Rechtfertigung für die Unterdrückung von nicht der Volksgemeinschaft Zugehörigen und zur Diskriminierung von Minderheiten gedacht und gemeint. Dies stand außerhalb seiner Vorstellungswelt, wie aus den sonstigen Ausführungen und aus späteren Schriften deutlich wird. Der Volksbegriff selbst knüpft nicht etwa an bestimmte rassistische oder ethnizistische Kriterien an:[23] Vielmehr bilden „die Gemeinschaft des deutschen Volkes (...) alle, denen das Deutsche Reich der Staat ist“[24] Auch ist seine Staatsvorstellung nicht auf die Volksgemeinschaft und die durch ihn betonte Art von „Volksstaatlichkeit“ beschränkt. Sie wird vielmehr ergänzt durch das Prinzip der Rechtsstaatlichkeit. Allerdings ist auch dieses nur dann vollendet, wenn der Staat, „neben sich und über sich das Recht der ihm verbundenen und von ihm anerkannten größten und höchsten Genossenschaft des Volkes stellen lässt“.[25]

Liermann hat eine heute vergiftete, zu seiner Zeit aber noch akzeptierte und akzeptable Begrifflichkeit zugrunde gelegt und auf dieser Grundlage durchaus erhellende Analysen für Herkunft und Sinn des Volksbegriffs in der Verfassung geliefert. Es ist vor diesem Hintergrund allerdings auch wenig verwunderlich, dass die an sich auch heute noch grundlegenden Fragestellungen berührende Schrift Liermanns nicht zu den Grundlagenwerken der deutschen Staatsrechtswissenschaft geworden sind.[26]

---

23 *Oliver Lepsius*, Die gegensatzaufhebende Begriffsbildung. Methodenentwicklungen in der Weimarer Republik und ihr Verhältnis zur Ideologisierung der Rechtswissenschaft im Nationalsozialismus, 1994, S. 21.

24 *Liermann*, Das Deutsche Volk (Anm. 8), S. 49, *Hollerbach*, Wissenschaftliche Anfänge (Anm. 2), S. 54.

25 *Liermann*, Das Deutsche Volk (Anm. 8), S. 242, dazu *Hollerbach*, Wissenschaftliche Anfänge (Anm. 2), S. 54.

26 Allerdings wurde sie verarbeitet bei Udo Steiner, Verfassungsgebung und verfassunggebende Gewalt des Volkes, 1966. Mit Liermann setzte sich auseinander auch Oliver Lepsius, Die gegensatzaufhebende Begriffsbildung. Methodenentwicklungen in der Weimarer Republik und ihr Verhältnis zurIdeologisierung der Rechtswissenschaft im Nationalsozialismus, 1994. S.a. *Hollerbach*, Wissenschaftliche Anfänge (Anm. 2), S. 55.

2. Rasse und Recht, das Minderheitenproblem

Dass der Missbrauch der von ihm zugrunde gelegten Begrifflichkeiten zu rassistischen Diskriminierungszwecken außerhalb seiner Vorstellung lag, wird an zwei weiteren Schriften deutlich, die im zeitlichen Umfeld der Habilitationsschrift erschienen sind. Durch seinen Titel erregt auch und gerade heute noch sein Aufsatz „Rasse und Recht" Aufsehen – eine Überschrift, der heute nur sehr schwer anders als mit prinzipieller Ablehnung begegnet werden kann.[27] Zu ihrer Entstehungszeit war aber der Begriff der „Rasse" noch nicht eine allseits abgelehnte Kategorie. Zudem ist Liermann in seinem Urteil in auch aus heutiger Sicht wünschenswerter Weise deutlich: „eine unterscheidende Rassegesetzgebung innerhalb eines historisch gewachsenen Volkskörpers steht mit dem Wesen des modernen Staates in Widerspruch" (S. 299), sodann: der „Nationalstaat verträgt keine Rassentrennung, weil Rassentrennung die Nation zerreißt".[28] Und schließlich die Rasse „ist gänzlich ungeeignet, als Rechtsbegriff zu dienen. Wo es trotzdem versucht wird, liegt die Gefahr sehr nahe, dass Willkür, äußerlich in die Formen des Rechts gekleidet, den Sieg davonträgt".[29] Wie bereits erwähnt, hat sich Liermann zu den seinen Einsichten diametral zuwiderlaufenden rassistischen Maßnahmen des Nationalsozialismus nicht öffentlich geäußert. In seinem Aufsatz „das Minderheitenproblem"[30] stellt er nicht nur das geltende Minderheitenrecht dar, sondern tritt für „Kulturelle Autonomie in weitestem Umfang" nationaler Minderheiten sowie für die nationale Toleranz ein, auch wenn er sich gegen politische Autonomierechte von Minderheiten wendet.[31]

3. Die rechtliche Natur der Vereinbarungen politischer Parteien, Sonderrechte des einzelnen Landes

Ein anderes, zu seiner Zeit noch weitgehend unbearbeitetes Thema mit bis heute erheblicher praktischer Bedeutung ist Gegenstand eines Aufsatzes Liermanns: „Über die rechtliche Natur der Vereinbarungen politischer Parteien untereinan-

---

27 *Hans Liermann*, Rasse und Recht, Zeitschrift für die gesamte Staatswissenschaft 85, 1928, S. 247–315.

28 *Liermann*, Rasse (Anm. 27), S. 306.

29 *Liermann*, Rasse (Anm. 27), S. 315, s.a. dazu Hollerbach, Wissenschaftliche Anfänge (Anm. 2), S. 57 f.

30 *Hans Liermann*, Das Minderheitenproblem, Volk u. Reich der Deutschen 1928, S. 85–105.

31 *Liermann*, Minderheitenproblem (Anm. 30), S. 105, dazu Hollerbach, Wissenschaftliche Anfänge (Anm. 2), S. 58.

der".[32] Anknüpfend an die schon der Habilitationsschrift zugrundeliegenden Unterscheidungen stuft er solche Vereinbarungen als „genossenschaftliches Recht" ein, weil sie nicht unterhalb der Autorität einer Obrigkeit stehen. Deshalb sind sie auch keine Verträge, sondern Vereinbarungen und bringen anders als Verträge selbst Recht hervor. Sie schaffen Staatsrecht. Als Beispiel dafür nennt Liermann die Geschäftsordnung des Reichstags, der eben lediglich auf einer Vereinbarung der im Reichstag vertretenen Parteien beruhte.[33] Da also nach der Auffassung Liermanns Vereinbarungen zwischen Parteien keine Obrigkeit unterlagen, liegt die Parallele zu völkerrechtlichen Vereinbarungen nahe, die Liermann auch tatsächlich zieht. Neben einer Typologie solcher Vereinbarungen, gibt der Aufsatz auch Aufschluss über das Rechtsverständnis Liermanns. Er schließt sie nicht mangels Erzwingbarkeit aus seinem Rechtsbegriff aus, sondern behandelt sie als rechtsgültig, auch wenn sie ihre Verbindlichkeit nur aus dem Grundsatz „pacta sunt servanda" erlangen.[34] In einer weiteren, zu seiner Zeit hochaktuellen Arbeit beschäftigt er sich mit „Begriff und Wesen der Sonderrechte des einzelnen Landes im neuen Reichsstaatsrecht".[35] In diesem Zusammenhang grenzt er diese Sonderrechte nicht nur von den Reservatrechten der Reichsverfassung von 1871 ab, sondern charakterisiert grundsätzlich die Weimarer Reichsverfassung als ein „System des aggressiven Unitarismus"[36] (S. 49).

4. Liermanns Position in der Staatsrechtslehre

Neben diesen trotz ihrer Grundlagenerwägungen auf das geltende Recht orientierten Schriften beschäftigt sich Liermann auch rechtspolitisch mit dem Zustand des Rechtssystems seinerzeit. Dabei konstatiert er eine „Krise des Rechts" wie er sie in einer Schrift von 1929 bezeichnet.[37] Dabei bemängelt er den Gesetzesdschungel, die staatliche Gesetzgebungsmaschine, die „mit immer zunehmender Geschwindigkeit [...] Gesetz über Gesetz" produziere und bedauert, dass es an einem ge-

---

32 *Hans Liermann*, Über die rechtliche Natur der Vereinbarung politischer Parteien untereinander AöR NF 11, 1926, S. 401–417)

33 *Liermann*, rechtliche Natur (Anm. 32), S. 411.

34 *Liermann*, rechtliche Natur (Anm. 32), S. 412.

35 *Hans Liermann*, Begriff und Wesen der Sonderrechte des einzelnen Landes im neuen Reichsstaatsrecht, in: Die Reichsgerichtspraxis im deutschen Rechtsleben. Festgabe der Juristischen Fakultäten zum 50jährigen Bestehen des Reichsgerichts, hrsg. v. Otto Schreiber, Bd 1: Öffentliches Recht, Berlin und Leipzig 1929, S. 33–49. S. *Hollerbach*, Wissenschaftliche Anfänge (Anm. 2), S. 59.

36 *Liermann*, Begriff (Anm. 35), S. 49.

37 *Hans Liermann*, Die Krisis des Rechts, Die Tatwelt 1929, S. 45–50.

meinsamen Rechtsideal fehle. Das Bestreben nach klaren und einfachen Regeln findet dann in einigen zustimmenden Äußerungen zu nationalsozialistischer Gesetzgebung zu Beginn der nationalsozialistischen Herrschaft Ausdruck.[38]

Insgesamt sind die Arbeiten Liermanns zum aktuellen Staatsrecht geprägt von einem sehr grundsatzbezogenen Zugriff. Seine Meisterschaft und seine Wissenschaft erweisen sich darin, dass er seine Aussagen zum positiven Recht in eine grundsätzliche rechts- und staatsphilosophische Grundlage einbettet. Zum Grundlagenstreit der Weimarer Staatsrechtslehre, der zeitlich an den Beginn seiner akademischen Karriere fällt und den er als Auseinandersetzung zwischen Hans Kelsen „reine positivistischen Rechtslehre" einerseits und dessen Gegnern, von denen er Heinrich Triepel als den „anderen führenden Staatsrechtslehrer jener Zeit" hervorhebt, andererseits charakterisiert, hat er nur am Rande direkt Stellung genommen.[39] Dabei hat er deutlich gemacht, dass eine positivistische Staatsrechtswissenschaft für ihn zu kurz griff.

Seine eigenen Werke entsprechen dieser Positionierung. Für ihre sehr aktuellen Fragestellungen knüpft Liermann an Diskussionen und Begrifflichkeiten an, die auf, von der Weimarer Verfassung aus gesehen, vorkonstitutionelle Verhältnisse zurückgehen. Die für seine Erwägungen grundlegende Unterscheidung von Gemeinschaft und Gesellschaft steht dafür als wichtigstes Beispiel. Das hat dann dazu geführt, dass ebenso, wie diese Begrifflichkeiten und die ihnen zugrunde liegenden Diskussionen an Bedeutung für das geltende Staatsrecht verloren, auch Liermanns Schriften an Zeitgemäßheit einbüßten. Dies dürfte dazu beigetragen haben, dass seine gedankenreichen staatsrechtlichen Arbeiten wenig rezipiert wurden. So erklärt sich auch, dass trotz der Aktualität ihrer Fragestellungen und des grundlagenbezogenen Zugriffs Liermanns Arbeiten nicht als Referenzwerke der deutschen Staatsrechtlehre herangezogen wurden. Seine Publikationstätigkeit in diesem Bereich endet in der Mitte der dreißiger Jahre. Er hat seine Positionen daher auch nicht näher expliziert und an aktuellen Fragestellungen verdeutlicht. Wegen der Machtergreifung durch die Nationalsozialisten und die damit verbundenen Umwälzungen der Verfassung und des Rechtssystems bestand dazu auch weder Anlass noch Gelegenheit. Die Zeit und die Umstände sind über sein staatsrechtliches Werk hinweggegangen.

---

38 *Hans Liermann*, Wandlungen des Rechts, Zeitwende 1934, S. 65 -69; s. dazu *Bettina Kudlich*, Juraprofessoren (Anm. 1), S. 172 ff.
39 S. Erlebte Rechtsgeschichte, S. 118.

IV. Kirchenrecht, Rechtsgeschichte und Stiftungsrecht

Das gilt nicht, oder jedenfalls nicht in selbem Maße, für sein kirchenrechtliches und sein rechtshistorisches Werk, zu denen hier nur knappe Hinweise gegeben werden sollen.[40] Seine wichtigste kirchenrechtliche Schrift ist das Lehrbuch „Deutsches Evangelisches Kirchenrecht", in dem Liermann eine geschlossene Darstellung des Rechts der Evangelischen Kirchen der Weimarer Zeit vorlegt. Im Zeitpunkt seines Erscheinens im März 1933 stand zwar noch nicht fest, dass diese Epoche sozusagen beendet war – Liermanns Buch stellt gleichwohl die abschließende Darstellung des evangelischen Kirchenrechts der Weimarer Zeit dar und blieb auch darüber hinaus als Gesamtdarstellung lange Zeit konkurrenzlos. Für das evangelische Kirchenrecht der Weimarer Zeit stellte sich die Aufgabe, nach dem mit dem Ende der Monarchie 1918 verbundenen Ende des landesherrlichen Kirchenregiment und damit des staatskirchlichen Charakters der Evangelischen Kirchen eigenständige Grundlagen zu entwickeln und dabei insbesondere das spezifisch kirchliche, aber auch das spezifisch evangelische dieser Rechtsordnung herauszuarbeiten. Damit war insbesondere die Aufgabe verbunden, das Verhältnis der kirchlichen Rechtsnormen zu den theologischen Grundlagen im evangelischen Bekenntnis zu definieren. Zu letzteren zählt, dass man die rechtliche Gestalt der Kirche nicht als „ius divinum" aus rechtsverbindlichen göttlichen Anordnungen der Heiligen Schrift ableiten kann, gleichwohl aber vor dem Bekenntnis zu legitimieren und aus diesem Konsequenzen für das Recht abzuleiten sucht. Liermann versucht diese Aufgabe zu bewältigen, indem er einerseits die normative Bedeutung des evangelischen Bekenntnisses für die Rechtsordnung der Kirche nicht einfach leugnet, sondern seine Bedeutung dafür betont, andererseits aber das Bekenntnis nicht einfach als rechtlich wirksame Norm versteht. Er unterscheidet daher zwischen Rechtsnormen, zu denen eben auch die Vorschriften des Evangelischen Kirchenrechts gehören und Religionsnormen, zu denen die auch für das evangelische Kirchenrecht bedeutsamen Normen zählen, die aus dem Bekenntnis ableitbar sind.[41] Im Übrigen sieht er das Kirchenrecht durch gegenläufige Tendenzen herausgefordert: durch einen bloßen Gesetzespositivismus einerseits, der die spezifische Eigenart des kirchlichen Rechts zu verfehlen droht einerseits, anderer-

---

40 S. näher *de Wall/Germann*, Kirchenrecht und Staatskirchenrecht in Erlangen, in: dies (Hrsg.), Bürgerliche Freiheit und Christliche Verantwortung. Festschrift für Christoph Link zum 70. Geburtstag, Tübingen 2003, S. 19–48, insbes. S. 32 ff.; *Renate Penßel*, Hans Liermann, in: Philipp Thull (Hrsg.), 60 Porträts aus dem Kirchenrecht, 2017, S. 444–455.

41 *Hans Liermann*, Deutsches Evangelisches Kirchenrecht, 1933, S. 31–40.

seits aber auch durch übermäßiges Theologisieren, wodurch die Aufgabe des Kirchenrechts, „alltägliche“ praktischer Probleme der Kirche und ihrer Organisation zu lösen, gefährdet wird.[42] Trotz der Bedeutung, die er den Religionsnormen für das evangelische Kirchenrecht zuschreibt, befürwortet er daher durchaus von eine „positivistisch“ erscheinenden, an den geltenden Normen orientierten Herangehensweise. Allerdings legt er in seinen Schriften einen besonderen Akzent auf die geistesgeschichtlichen Herleitung und Einordnung dieser Normen. Die thematische Spannbreite seiner kirchenrechtlichen Schriften ist dabei, ebenso wie die zeitliche Spanne ihres Erscheinens, beträchtlich. Als besonderen Schwerpunkt kann man dabei neben den Konsequenzen aus der Bekenntnisbindung des Kirchenrechts die ökumenischen, das partikulare Kirchentum überwindende Aspekte nennen. Neben dem inneren evangelischen Kirchenrecht steht seine Beschäftigung mit dem Staatskirchenrecht, zu dem er ebenfalls grundlegende Beiträge geleistet hat.[43] Allerdings steht er in der staatskirchenrechtlichen Diskussion der Weimarer Zeit eher im Hintergrund.[44]

Seine rechtshistorischen Schriften beziehen sich vor allem, aber nicht nur auf die Geschichte des Kirchenrechts. Hier hat er etwa grundlegende Arbeiten zu „Das kanonische Recht als Gegenstand des gelehrten Unterrichts in den protestantischen Universitäten Deutschlands“,[45] oder zum Sakralrecht des protestantischen Herrschers vorgelegt.[46] Auch die fränkische Rechtsgeschichte spielt in seinem Schaffen eine nicht unerhebliche Rolle, z.B. mit einer Schrift: Franken und Böhmen[47] oder mit dem bereits erwähnten Vortrag zur Geschichte der Universität Erlangen.[48] Eine Reihe unter seiner Betreuung angefertigter rechtshistorischer Dissertationen mit lokalgeschichtlichem Schwerpunkt charakterisiert seine Interessen ebenso.

42 *Hans Liermann*, Die gegenwärtige Lage der Wissenschaft vom evangelischen Kirchenrecht, ZevKR 8 (1961/62), S. 290–302.

43 S. insbesondere *Hans Liermann*, Staat und evangelisch-protestantische Landeskirche in Baden, 1929; *ders.*, Das evangelische Konkordat, AöR NF 13, 1929, S. 401–417.

44 Dazu *Heinrich de Wall*, Auf der Suche nach dem kirchenpolitischen System der Reichsverfassung – Die Wissenschaft vom Staatskirchenrecht der Weimarer Zeit, ZRG 137 (2020), KA 106, S. 50–69.

45 In: Studia Gratiana III, 1955, 541 ff.

46 Untersuchungen zum Sakralrecht des protestantischen Herrschers, ZRG KA 30 (1941), S. 311–383.

47 *Hans Liermann*, Franken und Böhmen – ein Stück deutscher Rechtsgeschichte. Erlangen 1939, 100 S.

48 *Liermann*, Der Weg der Universität Erlangen (Anm. 9).

Seine 1963 erschienene Geschichte des Stiftungsrechts, neben dem Deutschen Evangelischen Kirchenrecht wohl das bekannteste Werk Liermanns, markiert seine Hinwendung zu diesem Rechtsgebiet gegen Ende seiner akademischen Tätigkeit ebenso wie seinen rechtshistorischen Schwerpunkt.[49] Das Buch ist bis heute ein Standardwerk, der erste Band eines auf zwei Bände angelegten Handbuchs des Stiftungsrechts.

Liermann ist insgesamt weniger als Staatsrechtler hervorgetreten. Mit dem aktuellen Staatsrecht hat er sich in seinen Qualifikationsschriften und einigen Folgeschriften am Beginn seiner Karriere beschäftigt, später aber nicht mehr daran angeknüpft. Der Schwerpunkte seiner bedeutenden Wissenschaftlichen Verdienste liegen im evangelischen Kirchenrecht und in der Rechtsgeschichte.

Schriftenverzeichnis

Ein (nicht ganz vollständiges) Schriftenverzeichnis findet sich in der Festschrift für Hans Liermann zum 70. Geburtstag, hrsg. v. Klaus Obermayer u. Hans-Rudolf Hagemann, Erlangen 1964.

Die Finanzhoheit des Reiches und der Länder. Diss. Mschr. Freiburg i. B., 1920, 68 S.

Das deutsche Volk als Rechtsbegriff im Reichs-Staatsrecht der Gegenwart. Habilitationsschrift, Berlin und Bonn 1927, 251 S.

Staat und evangelisch-protestantische Landeskirche in Baden währen und und nach der Staatsumwälzung von 1918. Veröffentlichungen des Vereins für Kirchengeschichte in der evangelischen Landeskirche Badens, Bd 2, 1929, 87 S.

Deutsches evangelisches Kirchenrecht, Stuttgart 1933, 397 S.

Sind die preußischen Brüdergemeinden Körperschaften des öffentlichen Rechts? Ein Rechtsgutachten. Herrnhut 1937, 48 S.

Franken und Böhmen – ein Stück deutscher Rechtsgeschichte. Erlangen 1939, 100 S.

Der Weg der Universität Erlangen durch zwei Jahrhunderte Deutscher Geschichte, Friedrich Alexander Universität Erlangen, Feldpostbriefe, Sommer-Semester 1944, 14 S.

Handbuch des Stiftungsrechts, 1. Band: Geschichte des Stiftungsrechts. Tübingen 1963.

Über die rechtliche Natur der Vereinbarung politischer Parteien untereinander AöR NF 11, 1926, S. 401–417).

Das evangelische Konkordat, AöR NF 13, 1927, S. 381–431.

Das Minderheitenproblem, Volk u. Reich der Deutschen 1928, S. 85–105.

Rasse und Recht, ZStW 85 (1928), S. 247–315.

Die Krisis des Rechts, Die Tatwelt 1929, S. 46–50.

49 *Liermann* berichtet von seinem praktischen, politikberatenden Wirken im Stiftungsrecht, namentlich bei der Gesetzgebung des bayerischen Stiftungsgesetzes 1955 in: Erlebte Rechtsgeschichte (Anm. 1), S. 179.

Begriff und Wesen der Sonderrechte des einzelnen Landes im neuen Reichsstaatsrecht, in: Die Reichsgerichtspraxis im deutschen Rechtsleben. Festgabe der Juristischen Fakultäten zum 50jährigen Bestehen des Reichsgerichts, hrsg. v. Otto Schreiber, Bd 1: Öffentliches Recht, Berlin und Leipzig 1929, S. 33–49.

Staat und Kirche in den Lateranverträgen zwischen dem Heiligen Stuhl und Italien vom 11.2.1929, AöR NF 18, 1930, S. 379–410.

Ökumenisches Kirchenrecht, Zeitwende 1930, S. 225–234

Volkskirche und Ökumene AöR NF 26, 1935, S. 155–175

Das geschichtliche Bauernrecht nach den fränkischen Weistümern (Zschr. f. Bayer. Landesgeschichte 1937, S. 374–394)

The Anglican Communion. Ein Beitrag zur Rechts- und Verfassungsgeschichte des Anglikanismus, ZRG 57 Kan. Abt. 26, 1937, S. 376–431.

Recht und Sittlichkeit, AöR NF 29, 1938, S. 178–190.

Das evangelische Bischofsamt in Deutschland seit 1933, ZevKR. 3, 1954, S. 1–29.

Das kanonische Recht als Gegenstand des gelehrten Unterrichts in den protestantischen Universitäten Deutschlands, Studia Gratiana III, 1955, S. 541–566.

Die kirchliche Mitgliedschaft nach geltendem evangelischen Kirchenrecht, ZevKR 1955, S. 382–399.

Föderalismus und Unitarismus im deutschen Staatskirchenrecht ÖAKR 6, 1955, S. 56–69.

Das kanonische Recht als Grundlage europäischen Rechtsdenkens ZevKR 6, 1957, S. 37–51.

Grundfragen des ökumenischen Kirchenrechts, ZRG 76 Kan. Abt. 45, 1959, S. 278–300.

Evangelisches Kirchenrecht und staatliches Eherecht in Deutschland. Rechtsgeschichtliches und Gegenwartsprobleme (Existenz und Ordnung. Festschrift für Erik Wolf, Frankfurt am Main 1962, S. 109–121)

Eine Auswahl seiner sonstigen Kirchenrechtlichen Aufsätze und Rechtsgutachten in: Der Jurist und die Kirche, hrsg. v. Martin Heckel, Klaus Obermayer, Dietrich Pirson, München 1973.

https://doi.org/10.1515/9783110767032-010

III
Rudolf Bernhardt (1925–2021)

Eckart Klein

I. Jugendjahre und berufliche Wegfindung

Rudolf Bernhardt gehört zu der Generation von Staats- und Völkerrechtlern, deren Jugend vom totalitären Staat des Nationalsozialismus und Zweiten Weltkrieg überschattet war. Waren sie durch das Inferno lebend gekommen, haben sie, zunächst vielleicht eher unbewusst, einen Beruf gewählt, der es ihnen ermöglichte, auf ihre je eigene Weise am Aufbau und Funktionieren eines anders gearteten Staates und einer diesen umgebenden internationalen Ordnung mitzuwirken. Bernhardt hatte durch sein reiches, langes Leben viele Möglichkeiten, in diesem Sinn tätig zu werden. Er hat die Wissenschaft vom international verflochtenen Staat und vom Völkerrecht selbst wesentlich bereichert und konnte sich darüber hinaus als Richter am Europäischen Gerichtshof für Menschenrechte (EGMR) sehr konkret über viele Jahre hinweg an der Festigung des Fundaments beteiligen, das nach dem Krieg für den Neuaufbau Europas als unabdingbar angesehen wurde, der Europäischen Konvention zum Schutz der Menschenrechte und Grundfreiheiten (EMRK).

Geboren wurde Rudolf Eduard Bernhardt am 29. April 1925 in Kassel als zweites Kind des Gymnasiallehrers Paul Bernhardt und dessen Ehefrau Elisa geb. Jung, beide stammten aus Frankfurt a.M. Nach dem frühen Tod der Mutter, kurz vor dem ersten Geburtstag, und der Wiederverheiratung des Vaters mit Hanna geb. Albrecht, wuchs Bernhardt mit zwei Schwestern liebevoll umsorgt von den Eltern in Kassel in zwar gesicherten, aber nicht eben komfortablen Umständen auf. Politische Debatten wurden zuhause nicht geführt, aber die sich ändernden politischen Verhältnisse wurden ihm mit dem Übergang in das Realgymnasium immer stärker bewusst. Über eine wohl kaum zu vermeidende Mitgliedschaft im NS-Jungvolk hinaus war Bernhardt, der sich später selbst als scheuen, eher zurückhaltenden Jungen bezeichnete, nicht engagiert. Aber dies entsprang wohl mehr einer Haltung der Indifferenz als direkter Ablehnung. Mit dem Kriegsbeginn und dem Einzug des Vaters zur Wehrmacht rückte die bedrückende Wirklichkeit noch näher an die Familie heran. Nachdem seit 1942 immer mehr Mitschüler eingezogen worden waren, bewarb sich Bernhardt im Sommer 1943 mit einem Notabitur (Reifevermerk) in der Tasche freiwillig und zunächst mit Erfolg zu einer Ausbildung zum Luftwaffenoffizier. Nach der Grundausbildung und einigen Segelflugkursen in Werder (Havel) endete jedoch diese Laufbahn abrupt, da er als „nicht soldatisch genug" eingeschätzt wurde. Zur weiteren Verwendung wurde er an mehreren Stellen im südlichen Teil des Reiches für Räumungsarbeiten nach Bombenangriffen eingesetzt. Zuletzt war er dann wieder in Werder bei Potsdam stationiert, wo er am 1. Mai 1945 in sowjetische Kriegsgefangenschaft geriet. Ein im Jahr 1947 geschriebenes Gefangenentagebuch gibt Aufschluss über die zwei Jahre Gefangenschaft, die Bernhardt zumeist etwas östlich von Moskau (Gebiet von Petrowsk) mit schweren Wald- und Holzarbeiten verbringen musste. Nach schwerer Erkrankung wurde er im Frühsommer 1947 entlassen und per Bahn nach Deutschland zurück transportiert. Am 1. Juli traf er bei seinen Eltern in Kassel ein. Das folgende Jahr war der dringend notwendigen Rekonvaleszenz und ausführlichen Aufzeichnungen über die Zeit der Gefangenschaft gewidmet.

Mit Beginn des Wintersemesters 1948 konnte Bernhardt das Studium an der Juristischen Fakultät der Johann-Wolfgang-Goethe-Universität in Frankfurt a.M. aufnehmen, nicht zuletzt, weil er dort bei der Großmutter unterkommen konnte. „Das Jura-Studium war eigentlich eine Verlegenheitslösung, es begann mehr tastend als zielbewusst. Immerhin meldete ich mich gegen Ende des siebten Semesters zum ersten Staatsexamen, es wurde im Sommer 1952 gut abgeschlossen." Das wirkliche Interesse an der Jurisprudenz wurde erst, wie es häufig der Fall ist, im Lauf des Studiums durch die Begegnung mit einzelnen Professoren, vor allem durch den Besuch von Seminaren geweckt; an allererster Stelle ist hier Hermann Mosler zu nennen, der zweifellos einen zeitlebens prägenden Einfluss auf Bernhardt wie auf viele andere – ganz ohne Schulenbildung – ausübte. Die enge Bindung an Mosler war bestimmend für die Öffnung Bernhardts für das öffentliche Recht insgesamt, insbesondere für das Staats- und Völkerrecht. Als Mosler im Jahr 1954 als neuer Direktor des Max-Planck-Instituts für ausländisches öffentliches Recht und Völkerrecht von seinem Frankfurter Lehrstuhl nach Heidelberg wechselte, nahm er den Referendar Bernhardt mit, der damit seine beruflich-wissenschaftliche Karriere als Assistent am Institut begann. Schon vor dem Wechsel im Herbst 1954 hatte Bernhardt die Dissertation „Der Abschluß völkerrechtlicher Verträge im Bundesstaat" in Frankfurt vorgelegt. Nach dem zweiten Staatsexamen folgte ein mehrmonatiger Aufenthalt an der Harvard Law School im Jahr 1959, bevor 1962 die Habilitation mit der Schrift „Die Auslegung völkerrechtlicher Verträge" durch die Juristische Fakultät der Universität Heidelberg erfolgte. Damit war die Grundlage für eine eigenständige wissenschaftliche Karriere gelegt.

II. Berufliche Entfaltung

1965 folgte Bernhardt dem Ruf auf einen neugeschaffenen Lehrstuhl für öffentliches Recht an die ihm schon bekannte Frankfurter Universität. Es waren die Jahre der ganz überwiegenden Lehrtätigkeit im Staats- und Verwaltungsrecht, da ältere Kollegen bevorzugten, selbst das Völkerrecht zu lesen. Freilich riss die Verbindung zum Völkerrecht nicht ab. Schon 1967 war Bernhardt Auswärtiges Wissenschaftliches Mitglied des Max-Planck-Instituts geworden und blieb damit in die Arbeit des Instituts involviert. In die Zeit seines Dekanats an der Frankfurter Juristischen Fakultät 1967/68 fiel der Beginn der durch die Diskussion der „Notstandsverfassung" angeheizten Studentenrevolte. Hier war der Dekan besonders gefordert, übrigens auch als rechtlicher Berater anderer hessischer Hochschulen. Im Jahr 1969 erreichten Bernhardt mehrere Rufe, darunter nach Heidelberg als Mitdirektor des Max-Planck-Instituts und als Persönlicher Ordinarius an der Heidelberger Juristenfakultät. Dem Ruf nach Heidelberg 1970 zu folgen dürfte ihm nicht schwergefallen sein. In der Tat konnte er sich in dieser Position als Wissenschaftler voll entfalten. Die kollegiale Leitung dauerte faktisch bis 1976, als Mosler wegen seiner Wahl in den Internationalen Gerichtshof in Den Haag als Direktor beurlaubt werden musste, und endete rechtlich mit Moslers Emeritierung im Jahr 1981. Danach bildeten Bernhardt und die Professoren Dr. Karl Doehring und Dr. Jochen Abr. Frowein ein Direktoren-Triumvirat, nach der Emeritierung Doehrings trat Prof. Dr. Steinberger 1987 in das Triumvirat ein. Bernhardt selbst erreichte 1993 die Altersgrenze und schied damit nach 23 Jahren aus dem Direktorium aus. Die Schwerpunkte, die er während seiner Tätigkeit als Direktor des Instituts gesetzt hatte, völkerrechtliche und rechtsvergleichende Forschung, spiegelten sich im Vorsitz der Deutschen Gesellschaft für Völkerrecht (jetzt Deutsche Gesellschaft für Internationales Recht) in den Jahren 1973–1977 und im Vorsitz der Gesellschaft für Rechtsvergleichung von 1984–1989. Seit 1987 war er Mitglied des Institut de Droit International. 30 Jahre lang gehörte er dem völkerrechtswissenschaftlichen Beirat des Auswärtigen Amtes an.

Eine besonders bedeutende völkerrechtspraktische Aufgabe übernahm Bernhardt im Jahr 1981 als Nachfolger Moslers im Amt des deutschen Richters am Europäischen Gerichtshof für Menschenrechte in Straßburg, das er nach damals möglicher zweimaliger Wiederwahl durch die Beratende Versammlung des Europarats bis zum Inkrafttreten der Bestimmungen über die Reform des Rechtsschutzsystems der EMRK am 1. November 1998 ausübte, seit 1992 als Vizepräsident und während der letzten Monate als Präsident des Gerichtshofs. Bernhardt hat diese Tätigkeit als „wohl die interessanteste Aufgabe" seines Berufslebens bezeichnet. Die Wahl zum Richter, aber auch die internen Wahlen zum Vizepräsidenten und Präsidenten bezeugen die Achtung, die Bernhardt international genoss. Rolv Ryssdal, langjähriger Präsident des EGMR, hat die gerichtliche Tätigkeit Bernhardts in der ihm zugedachten Festschrift 1995 ausführlich gewürdigt. Als Experte war er schon während der Richterzeit, aber auch noch später vom Europarat in verschiedene osteuropäische Länder entsandt worden, um zusammen mit anderen Experten zu prüfen, ob die (menschen-)rechtlichen Voraussetzungen zur Aufnahme dieser Länder in den Europarat vorhanden waren; darunter waren Litauen, Russland und Serbien/Montenegro. Im Ergebnis wurden alle diese Staaten trotz festgestellter Mängel aufgenommen; den Ausschluss Russlands aus dem Europarat nach Beginn des Angriffskrieges gegen die Ukraine am 24. Februar 2022 hat Bernhardt nicht mehr erlebt. Er ist am 1. Dezember 2021 im hohen Alter von 96 Jahren in Heidelberg gestorben.

III. Das wissenschaftliche Werk

Bernhardt hat anders als manch anderer großer Jurist neben der Dissertation und Habilitationsschrift kein monographisches Hauptwerk hinterlassen, vielmehr bis ins hohe Alter mit zahlreichen kleineren Arbeiten wie Festschriftbeiträgen für wichtige Bereiche des Völker- und Staatsrechts Akzente gesetzt. Dabei waren es vor allem Fragen, die im Schnittbereich von Völkerrecht und Staatsrecht liegen und die gegenseitige Beeinflussung erkennen lassen, die Bernhardt besonders interessierten. Ein Hauptwerk gibt es allerdings sehr wohl. Dabei handelt es sich um die von Bernhardt herausgegebene Encyclopedia of Public International Law, die zunächst nach Themenbereichen gegliedert in 12 Instalments (1981–1990) und schließlich in den Jahren 1992 bis 2000 nach alphabetisch geordneten Stichwörtern und wo nötig aktualisiert in 4 Bänden plus Registerband (2003) bei North Holland in englischer Sprache publiziert wurde. Im Folgenden wird zunächst dieses Werk vorgestellt, bevor auf die wichtigsten Einzelschwerpunkte seiner wissenschaftlichen Arbeit einzugehen ist.

1. Encyclopedia of Public International Law (EPIL)

Ein Projekt wie das der Herausgabe einer Enzyklopädie des Völkerrechts, die neben der Darstellung des gesamten geltenden Völkerrechts auch seine geschichtliche und geistige Grundlage und Entwicklung umfasst, erfordert nicht nur den Erwerb der notwendigen personellen und finanziellen Mittel und die Gewinnung geeigneter Autoren, sondern vor allem den überlegenen Überblick über die ganze Breite des zu bearbeitenden Gebiets (Auswahl der Stichwörter) und die in diesem Feld arbeitenden Wissenschaftler. Der überwiegende Teil der über 500 Autoren kam aus dem deutschsprachigen Bereich, aber auch zahlreiche sonstige Mitarbeiter konnten gewonnen werden. Das Heidelberger Max-Planck-Institut mit seinen weitreichenden Verbindungen in Wissenschaft und Praxis war natürlich die bestmögliche Institution, die ein solches Unternehmen in Angriff nehmen konnte. Die Aufgabe hatten Mosler und Bernhardt zunächst gemeinsam geschultert, doch war nach Moslers Wahl zum Richter in den IGH Bernhardt allein verantwortlich. Die ganze Bedeutung des Werks für das Völkerrecht erschließt sich natürlich nur durch die Lektüre aller Artikel, die ihren Gegenstand nicht nur zu beschreiben, sondern auch wissenschaftlich frei zu würdigen hatten. Die damit vorausgesetzte unabhängige Stellung der Autoren schloss die Mitarbeit von Personen aus, bei denen nicht davon auszugehen war, dass sie sich unbeeinflusst von offiziellen staatlichen Ansichten äußern würden. Eine Völkerrechtsdarstellung „aus einem Guss", wie sie das Lehrbuch eines einzelnen Autors hätte bieten können, konnte die Enzyklopädie mit ihren vielen hundert Stichwörtern nicht sein und sollte sie nicht. Sie sollte vielmehr die ganze Breite der wissenschaftlichen Bemühungen um das Völkerrecht vor Augen führen, auch die nach 1945 erfolgten Veränderungen deutlich machen, wie vor allem die erfolgte rechtliche Bindung souveräner Staatsgewalt durch das Verbot der Drohung mit und Anwendung von militärischer Gewalt im zwischenstaatlichen Verhältnis und durch die Menschenrechte, Regeln, die auf regionaler und globaler Ebene vertraglich vereinbart sind, aber zum Teil auch gewohnheitsrechtliche Bedeutung erlangt haben. Auch die zunehmende Institutionalisierung des Völkerrechts durch die Gründung internationaler Organisationen und die Etablierung regionaler und universeller Gerichtsbarkeiten sollte dargestellt werden. So viele Kollegen zu einem solchen Werk motiviert und zur Abgabe der versprochenen Beiträge gebracht zu haben, zeugt nicht nur von großem organisatorischem Geschick des Herausgebers, sondern auch von dem diesem von den Autoren gezollten fachlichen und persönlichen Respekt, die es als Ehre angesehen haben, an diesem Werk mitarbeiten zu dürfen. Bernhardt selbst hat neben seiner Tätigkeit als Herausgeber neun wichtige Beiträge geliefert, auf die teilweise noch später einzugehen ist. Zustande gekommen ist ein bis dahin einzigartiges Werk, dessen weltweite Ausstrahlung auf das Völkerrecht unbezweifelbar ist. Das Völkerrecht ist dadurch in seiner wissenschaftlichen Durchdringung – gerade auch aus der Feder deutscher Völkerrechtler – und ebenso in seiner praktischen Handhabung gestärkt worden – ungeachtet all der Rückschläge, die es auch früher gab und die gerade derzeit (2022) sowie gewiss auch in Zukunft zu beobachten sind. Es ist daher sinnvoll, dass diese Enzyklopädie, die ihrerseits einen Vorgänger hatte, fortgesetzt wurde, und diese Fortsetzung erneut vom Max-Planck-Institut besorgt wird.

2. Völkerrechtsquellen, Interpretation und richterliche Rechtsfortbildung

Die Rechtsquellen des Völkerrechts, insbesondere die Verträge und das ungeschriebene Völkerrecht, dabei vor allem das Gewohnheitsrecht, haben Bernhardt immer wieder beschäftigt. Gerade völkerrechtliche Verträge bilden Paradebeispiele für das von ihm immer wieder thematisierte Zusammenspiel nationaler (verfassungsrechtlicher) und völkerrechtlicher Regelungen. Zwar kann man auf Verträge von jeder Seite her Zugriff nehmen, wird ihnen aber nur gerecht, wenn man beide berücksichtigt. Dies zeigt sich etwa beim Abschluss völkerrechtlicher Verträge und bei ihrer Beendigung, bei der Frage konkludenter Vertragsänderung, bei der Erklärung von Vorbehalten und ihrer Rücknahme, bei Konflikten zwischen verfassungsrechtlichen Erfordernissen und völkerrechtlicher Verpflichtung und auch bei der gerichtlichen Kontrolle. Die Auffassung Bernhardts zu diesen Problemen ist jeweils stets auf eine gründliche Analyse des geltenden Völkerrechts gegründet, die ihrerseits sorgfältige Interpretation der einschlägigen Normen voraussetzt. Bereits die Habilitationsschrift über die „Auslegung völkerrechtlicher Verträge“ (1963) hatte die Methoden und Mittel der Vertragsauslegung eindrücklich dargestellt. Abgelehnt, allenfalls subsidiär anerkannt, wird schon dort die Auffassung, dass vertragliche Verpflichtungen im Sinne der auf die Souveränität der Vertragsparteien zurück geführten Maxime „in dubio mitius“ einschränkend auszulegen seien. In dem späteren Enzyklopädie-Artikel zur Vertragsauslegung wird dieser Grundsatz dann ganz zurückgewiesen, nun natürlich auch unter Hinweis auf seine Nichterwähnung in den Art. 31 und 32 der Wiener Vertragsrechtskonvention von 1969. Überhaupt und zu Recht stellt und bejaht Bernhardt implizit die Frage, „ob nicht die Gemeinschaftsbindung, das rechtliche Gebot zur Beachtung der Gemeinschaftsbelange, in stärkerem Maße als bisher als Grundprinzip der Völkerrechtsordnung anzuerkennen ist, bei gleichzeitiger Einschränkung – nicht aber völligen Ausschaltung – der überkommenen Souveränitätsvorstellungen.“ Als die zunächst maßgeblichen Auslegungsmethoden werden vielmehr die Textinterpretation im Sinne der Erfassung des zu interpretierenden Gegenstands und die Berücksichtigung des Normzwecks (object and purpose) identifiziert.

Durchaus bemerkenswert für die Betrachtungsweise Bernhardts ist die Berücksichtigung der den völkerrechtlichen Vertrag umgebenden Rechts- und Lebensordnung einerseits, die Berücksichtigung der internationalen Lage auch bei der Beurteilung verfassungsrechtlicher Fragen andererseits. Für Bernhardt war dies deshalb wichtig, weil er damit soweit überhaupt möglich die ganze Realität erfassen wollte, die allein Grundlage richtiger Rechtsfindung sein kann. Besonders deutlich ist diese Haltung bei der mehrfachen Beschäftigung mit der deutschen Frage zum Ausdruck gekommen. In seinem Vortrag vor der Vereinigung der Deutschen Staatsrechtslehrer über „Deutschland nach 30 Jahren Grundgesetz" (1979) hat Bernhardt wegen der sich seit 1949 geänderten internationalen Lage, insbesondere wegen der in den 1970er Jahren geschlossenen Ostverträge und vor allem des Grundlagenvertrags mit der DDR, keine Anhaltspunkte mehr für auch noch staatsrechtlich geprägte Rechtsbeziehungen zwischen der Bundesrepublik Deutschland und der DDR sehen, diese Beziehungen daher nur vollständig dem Völkerrecht unterstellen können. Wohl zutreffend hat man ihm in der Diskussion entgegnet, dass im Völkerrecht, jedenfalls bis zur vollständigen Widerlegung oder Aufgabe, auch Rechtspositionen wie die Behauptung einer noch teilweise staatsrechtlich fundierten Zusammengehörigkeit der beiden deutschen Staaten „geistige Realitäten" seien, die nicht durch 30 Jahre ausgeübter Fremdbestimmung durch die Alliierten weggefallen seien. Dass aber geänderte Voraussetzungen bei der Auslegung vertraglicher Verpflichtungen in den Blick zu nehmen sind, ist zweifelsfrei. Die rechtlichen Konsequenzen hieraus zu ziehen, muss notwendig der Entscheidung im Einzelfall überlassen werden.

Dies gilt unbestritten auch, soweit es sich um das ungeschriebene Völkerrecht handelt. Dazu zählt Bernhardt die Grundprinzipien der Völkerrechtsordnung, die konkreten Regeln, Gebote und Verbote (Völkergewohnheitsrecht) und die allgemeinen Rechtsgrundsätze der nationalen Rechtsordnungen, soweit diese ergänzend zur Bestimmung völkerrechtlicher Rechte und Pflichten herangezogen werden. Besonderes Interesse gilt dem Gewohnheitsrecht. Im Hinblick auf dessen Entstehung wird die Vertragstheorie, wie sie vor allem vom russischen Völkerrechtler Tunkin vertreten wurde, strikt abgelehnt, da sie die rechtliche Ordnung der Beliebigkeit der Staaten ausliefern und schließlich zur „Auflösung der Völkerrechtsordnung" führen würde; „nicht im Bindungswillen jedes einzelnen Staates (ist) die Grundlage für die Geltung des Gewohnheitsrechts für diesen Staat zu sehen, vielmehr kommt es auf die kollektive Rechtsüberzeugung der Staatengemeinschaft an." Am grundsätzlich notwendigen subjektiven Element bei der Bildung und Entstehung von Gewohnheitsrecht hält Bernhardt jedoch eindeutig im Sinn der Formel „opinio iuris sive necessitatis" fest. Entscheidend ist die klare Artikulierung einer Rechtsbehauptung, die „von der Staatengemeinschaft mehr oder weniger unwidersprochen zur Kenntnis genommen werden (muss)." Zur Bildung von Völkergewohnheitsrecht muss eine Praxis der Staaten hinzutreten, die mit der klar artikulierten Rechtsbehauptung übereinstimmt. Die schwierige Frage, welche Erkenntnisquellen für das Vorliegen solcher Praxis zur Verfügung stehen, lässt sich nach Bernhardt nicht abschließend beantworten. Er plädiert angesichts der Vielfältigkeit der Sachverhalte, auf die sich gewohnheitsrechtliche Normen erstrecken können, für die Suche nach sich anbietenden, der genannten Vielfalt entsprechenden Anhaltspunkten. Erneut wird hier die von der konkret bestehenden Lage her ausgehende pragmatische Haltung Bernhardts deutlich, die sich vernünftiger Lösung eines Problems verpflichtet weiß. Dass das Fehlen klarer Kriterien neue Unsicherheiten schafft, ist als unvermeidlich hinzunehmen. Umso wichtiger wird damit die Notwendigkeit friedlicher Streitschlichtung, gerade auch durch internationale Gerichte. Konsequent hat sich Bernhardt daher auch diesem Bereich zugewandt.

Die Rechtsquellenfrage hat Bernhardt auch im Hinblick auf spezielle Rechtsgebiete beschäftigt. Hervorzuheben sind drei Bereiche, auf die er seine generell gewonnenen Erkenntnisse angewendet hat. In dem Vortrag vor der Deutschen Gesellschaft für Völkerrecht ging es um die Frage, ob das interne Recht Internationaler Organisationen grundsätzlich dem Völkerrecht zuzurechnen ist oder ein Recht *sui generis* darstellt, das nicht mehr als Völkerrecht zu qualifizieren ist. Bernhardt hat sich der wohl vorherrschenden Meinung angeschlossen, dass das interne Recht, das ja entweder unmittelbar im zweifellos als Völkerrecht zu qualifizierenden Gründungsvertrag geregelt ist (z.B. die Organkompetenzen) oder als sekundäre Normen auf dem Gründungsvertrag beruhen, als Teil des Völkerrechts anzusehen ist. Die Frage ist für die Entscheidung wichtig, nach welchen Regeln streitige Rechtsfragen aus diesem Komplex zu entscheiden sind, etwa wenn es um den umstrittenen Vorwurf der Überschreitung von Zuständigkeiten von Organen oder der Organisation selbst geht (*ultra vires*). Der zweite Bereich betrifft das Europäische Gemeinschafts- (heute Unions-) recht. Bernhardt hatte sich zunächst über die Frage des Grundrechtsschutzes dem Gemeinschaftsrecht zugewandt, hat aber dann auch die allgemeinen Fragen wie die Stellung des Gemeinschaftsrechts zwischen Völkerrecht und staatlichem Recht, die Rechtsträgerschaft der EG sowie die Auslegung des Europäischen Gemeinschaftsrechts und die Quellen des Gemeinschaftsrechts aufgegriffen. Der dritte Bereich wurde in der Haager Vorlesung thematisiert, nämlich das Seerecht, dem sich Bernhardt auch im Übrigen mehrfach in stark zur Kenntnis genommenen Arbeiten angenommen hat. Die Vorlesung, betitelt „Custom and Treaty in the Law of the Sea“, untersucht die Rolle dieser beiden Rechtsquellen für das Seerecht, ihre Voraussetzungen, ihr Verhältnis und gegenseitige Durchdringung, auch den jeweiligen Anteil, den die beiden Quellen an der historischen Entwicklung des Seerechts haben. Wie in den meisten Rechtsgebieten hat in der geschichtlichen Entwicklung das Gewohnheitsrecht zunächst nahezu völlig dominiert, bis es durch bilaterale Verträge und dann durch multilateral geschaffene Konventionen weitgehend verdrängt wurde, ohne jedoch seine grundlegende, auch lückenfüllende Funktion zu verlieren.

Stark der traditionellen Rechtsquellensicht verbunden, zog Bernhardt scharfe Grenzen zu allen nicht rechtlich verbindlichen Emanationen, wie etwa den Entschließungen der VN Generalversammlung. Was nicht rechtlich verbindlich ist, kann nicht Recht sein oder Normcharakter haben. Gerade internationale Richter können von dieser klaren Unterscheidung bei der Fallentscheidung nicht absehen. Dass solche unverbindlichen Äußerungen Bausteine bei der Normwerdung oder -änderung sein können, wird aber nicht in Frage gestellt. Schwierigkeiten bereitete Bernhardt folgerichtig der Begriff des „soft law", weil er unter dem Mantel des Rechts (law) auftritt, aber nur „soft" und eben darum kein Recht ist. Immerhin war soft law in der völkerrechtlichen Diskussion angekommen, weshalb der Begriff Aufnahme in die Enzyklopädie finden musste. Aus ähnlichen Erwägungen bringt Bernhardt dem Begriff der „Konstitutionalisierung" im Völkerrecht Skepsis entgegen. Nur ganz selten haben völkerrechtliche Regeln einen höheren Rang, im Übrigen handelt es sich „um Verrechtlichungen, auf die noch immer die normalen und traditionellen Regeln des Völkerrechts anwendbar sind". Ungeachtet der Notwendigkeit, „die internationale Rechtsordnung weiter auszubauen", hält Bernhardt dafür den Begriff der Konstitutionalisierung nicht für nennenswert hilfreich.

Auf die (richterliche) Rechtsfortbildung als „untrennbarer Teil der Auslegung" ist Bernhardt immer wieder zu sprechen gekommen. Ganz generell geht man heute davon aus, dass jedem Richterspruch ein rechtskreierendes Element innewohnt; der Richter ist mehr als „la bouche de la loi". Fraglich ist jedoch, wie weit sich der Richter auf diesem Weg bewegen darf. Ohnehin ist im Recht der völkerrechtlichen Verträge anerkannt, dass eine nachfolgende Praxis der Parteien, die ein Übereinkommen über die Auslegung einer Vertragsnorm darstellt, bei der Vertragsauslegung zu berücksichtigen ist, auch wenn damit über den ursprünglichen Gegenstand und das ursprüngliche Ziel hinaus gegangen wird. Aber man bleibt hier im konsentierten Bereich, ebenso wenn die Parteien den Internationalen Gerichtshof ermächtigen, ihre Streitigkeit nicht nach den einschlägigen Völkerrechtsregeln zu entscheiden, sondern „*ex aequo et bono*" (Art. 38 Abs. 2 IGH-Statut). Schwieriger wird es, wenn Normen auch in die Zukunft hinein ihren besonderen (Schutz-)Zweck erfüllen sollen, ohne dass absehbar ist, wie sich das soziale Umfeld entwickelt und bisher nicht bekannte Gefahren für die geschützten Rechtswerte entstehen. Hauptbeispiele sind die für Bernhardt auch besonders naheliegenden Menschenrechtsgarantien. Alle internationalen menschenrechtlichen Schutzinstitutionen, die regionalen Menschenrechtsgerichtshöfe und die universalen Menschenrechtsausschüsse, gehen davon aus, dass die rechtlich verbürgten Menschenrechte „living instruments" sind, deren Verständnis mit der Zeit Schritt halten, also in diesem Sinn ebenfalls „evolutiv" oder „dynamisch" sein muss. Klarsichtig hat sich Bernhardt jedoch auch zu den Gefahren einer übertriebenen richterlichen Rechtsfortentwicklung geäußert. Jedenfalls bei der Auslegung von Menschenrechtsverträgen – und die meisten rechtlich anerkannten Menschenrechte sind vertraglich garantiert – müssen die Gerichte beachten, dass die Verträge Staaten verpflichten, die zugleich „die Träger der internationalen Ordnung" sind: „Eine Rechtsfortbildung, die die Bereitschaft der Staaten zur Rechtsangleichung wesentlich überschreitet, würde zweifellos auf Widerstände stoßen und könnte ihrerseits zum Abbau der internationalen Kontrollen führen." Diese Bedenken waren und sind keineswegs unberechtigt. Tatsächlich sind entsprechende Reaktionen von Vertragsparteien – bis hin zur Kündigung – sowohl in regionalen Schutzsystemen als auch im Bereich der universellen Menschenrechtsverträge erfolgt.

3. Rechtsvergleichung im öffentlichen Recht

Ein weiterer Schwerpunkt seiner Arbeit ergab sich für Bernhardt aus seiner Tätigkeit am Max-Planck-Institut für ausländisches öffentliches Recht und Völkerrecht, das schon in seinem Namen die Beschäftigung mit dem ausländischen Recht als einer wesentlichen Aufgabe signalisiert. Dabei geht es um die Bildung von Expertise im öffentlichen Recht vieler Staaten der Welt, aber auch um die Nutzung der Chance, diesen Stoff im Wege der Rechtsvergleichung aufzuarbeiten und auszuwerten. In der Tat sind schon früh während des Direktorats von Mosler die ersten großen rechtsvergleichenden Kolloquien durchgeführt worden; an dem Kolloquium über „Verfassungsgerichtsbarkeit in der Gegenwart" (1961) hat Bernhardt bereits aktiv teilgenommen und auf der Grundlage der von Wissenschaftlern aus den siebzehn untersuchten Ländern vorgelegten Staatenberichte den Sachbereich „Normenkontrolle" in einem Querschnittbericht resümierend untersucht. Als Direktor des Instituts hat Bernhardt zunächst zusammen mit Mosler, später in alleiniger Verantwortung zahlreiche weitere Kolloquien des Instituts durchgeführt, die sich nicht immer nur auf ausländische Rechtsordnungen konzentrierten, sondern auch einzelne Rechtsinstitute auf der internationalen Ebene einer vergleichenden Untersuchung unterzogen. Hinzuweisen ist insoweit vor allem auf die Kolloquien über „Judicial Settlement of International Disputes" (1972), „Grundrechtsschutz in Europa" (1976) und „Interim Measures Indicated by International Courts" (1993). Das 1978 in Heidelberg durchgeführte Kolloquium über „Die Koalitionsfreiheit des Arbeitnehmers" war wiederum ein solches, bei dem zwanzig auf der Grundlage eines detaillierten Fragebogens erstellte Länderberichte, ergänzt durch internationale Berichte über die Anforderungen der Europäischen Sozialcharta, des Gemeinschaftsrechts und der Menschenrechtskonventionen der Vereinten Nationen, anhand vergleichender Sachberichte diskutiert wurden. In der Einführung zur Druckfassung legte Bernhardt zunächst die Ziele des Kolloquiums dar: Neben dem schlichten Aufschluss über Inhalt und Bedeutung der verschiedenen Regelungen der untersuchten Staaten steht auch der Zweck, Erkenntnisse über Methoden und Instrumente der Rechtsvergleichung im öffentlichen Recht zu gewinnen. Als die maßgeblichen Voraussetzungen einer erfolgreichen Arbeit werden die Auswahl des Themas und der zu untersuchenden Staaten genannt. Hingewiesen wird auch auf die Notwendigkeit, die Grundstruktur der jeweiligen staatlichen Ordnung in die Untersuchung einzubeziehen, da nur vor diesem Hintergrund das Recht auf Koalitionsfreiheit begreiflich wird. Schon sehr viel früher und ausführlicher hatte sich Bernhardt mit Grundfragen der Vergleichung des öffentlichen Rechts befasst. In einem längeren Aufsatz sind die speziellen Schwierigkeiten dieser Vergleichung beschrieben worden, die in der im öffentlichen Recht häufig anzutreffenden weiten Begrifflichkeit bestehen, etwa „due process of law" oder „fairness", insbesondere aber auch wegen der hier besonders hervortretenden Verbindung mit der Politik. „Ausgangspunkt der rechtsvergleichenden Betrachtung muß die Überlegung sein, welche Lebenssachverhalte normalerweise rechtlich geregelt sind. (...) Geeigneter Gegenstand des Vergleichs sind m.E. nur die dem Lebenssachverhalt zugeordneten rechtlichen Institutionen, etwa der Erwerb der Staatsangehörigkeit, die gerichtliche Kontrolle von Verwaltungsakten, die Haftung für fehlerhafte Akte der Staatsgewalt und anderes mehr." Als Ziele der Rechtsvergleichung werden der im Übrigen zweckfreie wissenschaftliche Erkenntnisgewinn, der aus der Vergleichung für den nationalen Juristen zu ziehende Gewinn bei seiner Arbeit mit der eigenen Rechtsordnung und der Gewinn, der sich möglicherweise für die internationale Rechtsordnung ergibt, identifiziert. Das Ziel der Vergleichung und die dabei gewählte Methode müssen aufeinander abgestimmt sein. Den Nutzen für die Arbeit am eigenen Recht sieht Bernhardt vor allem bei der Vergleichung im Bereich des Verfassungsrechts. Für das Völkerrecht kann die Rechtsvergleichung bei der Feststellung von Gewohnheitsrecht nützlich sein: Wenn die überwiegende Anzahl von Staaten in ihrer Rechtsordnung Grund- oder Menschenrechte anerkennt, dann kann die Feststellung, dass der Mensch auch in der internationalen Ordnung eine bestimmte Rechtsposition hat, besser begründet werden. Vergleichung öffentlichrechtlicher Normen kann besonders bei der Gewinnung von Prinzipien für das Recht Internationaler Organisationen hilfreich sein, da dieses ja weit mehr als das allgemeine Völkerrecht, das von der Gleichheit der Staaten geprägt ist, strukturell dem öffentlichen Recht entspricht.

4. Internationale Gerichtsbarkeit

Nicht von ungefähr beschäftigte sich Bernhardt immer wieder mit der internationalen Gerichtsbarkeit, die jenseits der Schiedsgerichtsbarkeit seit dem Völkerbund, verstärkt aber nach 1945 auf regionaler und universeller Ebene institutionalisiert wurde und helfen möchte, dem Ziel der friedlichen Beilegung zwischenstaatlicher Streitigkeiten und dem Schutz der Menschenrechte einen entscheidenden Schritt näher zu kommen. Neben Überblicksartikeln griff Bernhardt auch in diesem Kontext stehende Einzelfragen auf wie die Rechtsfortbildung durch internationale Gerichte, die Analyse einzelner Urteile, aber auch die kritische Nachverfolgung der Rechtsprechung der Gerichte über einen längeren Zeitraum hinweg. In seiner Fall-Studie zum Südwestafrika/Namibia-Komplex (vier Gutachten und zwei Urteile des Internationalen Gerichtshofs zwischen 1950 und 1971) wird das grundlegende Problem des Verständnisses völkerrechtlicher Normen in der Zeit erörtert. Jedenfalls im Hinblick auf eine bestimmte Art von Verträgen stimmt Bernhardt der im letzten Gutachten von 1971 mehrheitlich vertretenen Ansicht mit den Worten zu, dass „eine Auslegung, die die Wandlungen der internationalen Ordnung beachtet, einer nur auf den Parteiwillen abstellenden Interpretation vorzuziehen" ist. Als generelle Maxime für die Auslegung aller Verträge dürfte sich die Auffassung des Gerichtshofs jedoch nicht eignen. Mit der Aufnahme der Tätigkeit als Richter am EGMR im Jahr 1981 nimmt die Zahl der Arbeiten Bernhardts über diesen Gerichtshof und seine Rechtsprechung nochmals zu und bleibt bis fast zuletzt ungebrochen.

5. Menschenrechte

Mit dem Kolloquium zum europäischen Grundrechtsschutz von 1976 begann die immer intensiver werdende Hinwendung Bernhardts zur wissenschaftlichen Durchdringung menschenrechtlicher Fragen. Ausgangspunkt der Tagung war die damals hoch aktuelle Frage, wie die im Rahmen der Europäischen Gemeinschaften wachsende Zahl grundrechtlich relevanter Sachverhalte von den Gemeinschaftsorganen angemessen zu behandeln sei, welche Rolle dabei die EMRK einnehmen solle und wie das Verhältnis von EGMR und EuGH zu beurteilen oder zukünftig zu gestalten sei. Im Folgenden geriet dann stärker das Menschenrechtssystem des Europarats in den Fokus. Die Schriften Bernhardts hierzu lassen sich grob in mehr grundsätzliche und eher Einzelproblemen gewidmete Arbeiten gliedern.

Soll internationaler Menschenrechtsschutz seinen Zweck erfüllen, ist das Zusammenspiel mit den Staaten unabdingbar. Dazu gehört die Klärung des Verhältnisses der internationalen und nationalen Rechtsvorschriften einerseits und des Verhältnisses der internationalen und nationalen Schutzorgane andererseits. Vor allem mit der Frage, welche Gestaltungsspielräume den Vertragsparteien im Hinblick auf ihre übernommenen Verpflichtungen (noch) zustehen, hat sich Bernhardt immer wieder beschäftigt. Der Notwendigkeit, bei der Auslegung den EMRK-Bestimmungen eine gemeinsame, „europäische" Bedeutung zu geben, steht die andere Notwendigkeit gegenüber, dass situative Besonderheiten (z.B. Notstand) zu berücksichtigen sind oder bei unterschiedlichen Wertvorstellungen (insbesondere im moralisch-sittlichen Bereich) eine Standardisierung nicht ohne Weiteres möglich ist, daher ein Ermessensspielraum (margin of appreciation) der Staaten im Hinblick auf das Bestehen einer bestimmten Situation und im Hinblick auf das Ergreifen der Maßnahmen sinnvoll ist. Dies gilt nicht nur im Notstandsfall, sondern auch bei allgemeinen Grundrechtsbeschränkungen. Allerdings steht Bernhardt einer weiten Anwendung des margin of appreciation skeptisch gegenüber und verweist dabei auch auf die Rechtsprechung des EGMR, wonach der Gerichtshof stets die Kontrolle über die Anwendung dieses Grundsatzes behalten muss. Wegen des besonderen Charakters der Menschenrechtsverträge muss auch den Entscheidungen der internationalen Überwachungsinstanzen, jedenfalls von Gerichten, eine andere, größere Bedeutung zukommen als in (rein) zwischenstaatlichen Streitigkeiten. Die bindende Wirkung des Urteils darf sich nicht nur in der Beendigung der Rechtsverletzung erschöpfen, sondern muss gegebenenfalls auch zu gesetzgeberischen Korrekturen führen, wie es etwa aufgrund des Marckx-Falls (1979) bereits erfolgt ist. Zu den grundsätzlichen Ausführungen gehören auch die vielerorts auftauchenden Hinweise zu Bedeutung und Notwendigkeit einer evolutiven, dynamischen Auslegung der EMRK, die aber immer auch mit Blick auf eine mögliche Überforderung der Vertragsparteien gegeben werden. Selbstverständlich hat Bernhardt stets die Entwicklung der Rechtsprechung des EGMR im Blick gehabt und weit über die Zeit seines Richteramts hinaus behalten. In einem späten Beitrag werden vor allem Entwicklungen in prozeduraler Hinsicht diskutiert. Das betrifft etwa die Zusammensetzung der Kammern (bis 1998), die von früherer Rechtsprechung abweichende bindende Wirkung einstweiliger Maßnahmen und den Umgang mit systemischen Mängeln in den Rechtsordnungen der Vertragsparteien. Den am 1. November 1998 erfolgten Übergang vom „alten“ zum „neuen“ Gerichtshof, in dem nun die Richter hauptamtlich tätig sind, hat Bernhardt durchaus positiv beurteilt, auch wenn er wegen dessen bereits bestehender und verstärkt drohender Überlastung seine Bedenken nicht verhehlte. Diese Sorge hat er später nochmals ausdrücklich bekräftigt.

Einzelfragen erörterte Bernhardt etwa im Hinblick auf die Diskriminierung von Individuen, rassistisch und religiös motiviertem Hass und der Notwendigkeit der Erschöpfung des innerstaatlichen Rechtswegs als Voraussetzung der Anrufung von Menschenrechtsgerichtshöfen. Was die letztgenannte Thematik angeht, wird sehr deutlich darauf aufmerksam gemacht, dass nicht nur das Prinzip richtig ist, sondern dass es für seine Anwendung auf die Effektivität des nationalen Rechtsschutzes ankommt. Die Beweisführung dafür, dass ein effektiver und zumutbarer Rechtsbehelf zur Verfügung stand, obliegt dem Staat, während der Antragsteller beweisen muss, warum es ihm im konkreten Fall nicht zumutbar war, diesen Rechtsbehelf zu ergreifen. Die Beweiswürdigung verbleibt in jedem Fall beim internationalen Organ.

Schwerlich hat Bernhardt jemals seine Augen davor verschlossen, dass zwischen dem normativen Schutz der Menschenrechte und seiner Realisierung erhebliche Diskrepanzen bestehen. Im Kampf gegen den Terrorismus sind solche Brüche jedoch weltweit noch sichtbarer geworden. Bernhardt hat diese Bedrohung des Menschenrechtsschutzes auf der universellen, aber auch regionalen Ebene klar angesprochen und davor gewarnt, dass der Menschenrechtsschutz zwischen der vom Terrorismus ausgehenden „Gefahr und Überreaktionen zerrieben werden könnte". Natürlich ist dabei auch die missbräuchliche Verwendung des Terrorismusarguments einzubeziehen.

6. Staatsrechtliche Überlegungen

Das ganze völkerrechtliche Werk Bernhardts ist ohne die ständige Rückbeziehung auf den Staat als primäres Völkerrechtssubjekt, als berechtigter oder verpflichteter Vertragspartner, als Schöpfer völkerrechtlicher Regeln, als Mitglied internationaler Organisationen etc. undenkbar. Dennoch lassen sich unterschiedliche, primär völkerrechtlich oder primär verfassungsrechtlich geprägte Zugriffe auf ein Thema feststellen. Es ist sicher so, dass bei Bernhardt meistens die völkerrechtliche Perspektive überwiegt, doch gibt es auch klar verfassungsrechtlich akzentuierte Abhandlungen, die – vor allem aus den früheren Jahren stammend – schnell Beachtung fanden, auch wenn Bernhardt selbst sie als „Fragmente" bezeichnet hat.

Die Dissertation „Der Abschluß völkerrechtlicher Verträge im Bundesstaat" (1957) behandelt die Frage, wer – Bund oder Länder – über welche Materien völkerrechtliche Verträge abschließen kann und welche Organe dafür zuständig sind. Der Untertitel verweist darauf, dass auch die Rechtslage in weiteren Bundesstaaten in die Untersuchung einbezogen ist. Man muss berücksichtigen, dass zum Zeitpunkt der Fertigstellung der Arbeit noch wenig Praxis und Rechtsprechung zu dieser Thematik vorlag. Später hat Bernhardt in zwei größeren Buchbeiträgen dieses Thema nochmals aufgegriffen, konnte dabei dann bereits auf eine umfangreiche Rechtsprechung und Literatur zurückgreifen. Insbesondere die Probleme der verfassungsgerichtlichen Kontrolle des Abschlusses der Verträge werden gründlich analysiert. Eine eingehende Kommentierung des Art. 31 GG im Bonner Kommentar zum Grundgesetz (1966 und 2007) fügt sich zu der Beschäftigung Bernhardts mit bundesstaatlichen Fragen. Hervorgegangen aus Vorlesungen im Funkkolleg sind 1968 – in unruhiger Zeit – zwei Abhandlungen, die sich mit der „Entwicklung zum demokratischen Rechts- und Sozialstaat" und dem „Notstandsrecht“ befassen. Bei der ersten Abhandlung ist die klare Haltung zur Frage der „Demokratisierung“ der Gesellschaft hervorzuheben, insbesondere zu der damals stürmisch geforderten Mitbestimmung der Studenten in allen sie betreffenden Fragen: „Hier scheint mir ein Irrtum vorzuliegen, auch in einer Demokratie kann nicht ohne Beachtung der Sachkenntnis und der Effektivität alles von der Mehrheit der Betroffenen entschieden werden. Das Grundgesetz kennt und fordert keine Demokratisierung dieser Art.“ Der Notstandsabschnitt wurde vor der in das Grundgesetz übernommenen Fassung der Notstandsartikel verfasst. Die Einschätzung Bernhardts der damals vorliegenden Entwürfe war „zwiespältig“: Einerseits werde zu viel an Notstandsvorsorge geplant, andererseits den demokratisch gewählten Staatsorganen zu viel Misstrauen entgegen gebracht. Aus der späteren Rückschau sah Bernhardt „erneut viel Hysterie in der damaligen Diskussion.“

In zwei bemerkenswerten Arbeiten hat sich Bernhardt mit der Grundrechtsthematik befasst. Interessiert hat ihn vor allem der sich auch in der Rechtsprechung des Bundesverfassungsgerichts ausdrückende Wandel der Grundrechte, etwa die dem Sozialstaatstaatsgedanken entlehnte Einforderung von Leistungs- und Teilhaberechten sowie die Frage der Drittwirkung der Grundrechte. Interessant ist – immer vor dem Zeithorizont der hierzu angestellten Überlegungen – die klare Haltung Bernhardts, dass die sog. demokratischen Rechte wie Demonstrationsfreiheit oder Mitwirkung an öffentlichen Angelegenheiten keinen Vorrang vor anderen Grundrechten (Abwehrrechten) haben, sondern wie alle anderen Grundrechte (Ausnahme Menschenwürde) der Abwägung im Einzelfall bedürfen.

Auch der deutschen Frage hat sich Bernhardt immer wieder gewidmet. Probleme der deutschen Staatsangehörigkeit waren nicht nur im Verhältnis zur DDR und zu Polen wichtig, sondern spielten im Hinblick auf diplomatische Schutzausübung auch im Verhältnis zu (sonstigen) Drittstaaten eine Rolle. Die von Bernhardt in den schwierigen Zeiten des kalten Krieges mit polnischen Wissenschaftlern geführten Gespräche kreisten verständlicherweise sehr häufig gerade um dieses Thema und trugen jedenfalls zum Verstehen der jeweiligen Argumentationen bei. Andere Themen waren die rechtliche Einordnung der „innerdeutschen Beziehungen“ und natürlich der zwischen beiden deutschen Staaten geschlossene Grundlagenvertrag. Auf den kontrovers diskutierten Vortrag auf der Staatsrechtslehrertagung 1979 wurde schon eingegangen. Bernhardt hat an den dort entwickelten Positionen auch später festgehalten, die als Verfassungsziel immer bejahte und schließlich im Jahr 1990 erreichte Wiedervereinigung natürlich begrüßt.

IV. Schluss

Für sein wissenschaftliches Werk und als Praktiker des Völkerrechts ist Bernhardt vielfach geehrt worden. Zum 70. Geburtstag wurde ihm eine von seinen akademischen Schülern herausgegebene große Festschrift überreicht. 1989 erhielt er die Ehrenmitgliedschaft der American Society of International Law, 1990 die Ehrendoktorwürde der Meiji Universität Tokio. 1998 wurde ihm das Verdienstkreuz der Republik Polen, 1999 das Große Verdienstkreuz mit Stern und Schulterband der Bundesrepublik Deutschland verliehen.

Auch wenn sich Bernhardt selbst wohl nicht als konservativen Juristen bezeichnet hätte, war er es doch im Kern. Er hielt am traditionellen Völkerrecht (Quellen, Auslegung) ebenso fest wie an der herkömmlichen Weise unabhängiger und gewissenhafter wissenschaftlicher Forschung. Umstürzendes Vorgehen war ihm fremd. In seiner in der eben erwähnten Festschrift erschienenen Würdigung hat der damalige Präsident des EGMR Rolv Ryssdal Bernhardt als jemanden bezeichnet, der in der ‚professoralen' Rechtstradition steht „which finds particular expression in German culture." Es ist kein Widerspruch, wenn Ryssdal zugleich hinzufügte, dass Bernhardt bei der Anwendung der Menschenrechte immer darauf bedacht war, die Konventionsrechte als „living instruments" zu verstehen, deren Schutz mit den neuen Gefahren für die Rechte Schritt halten müsse; manche seiner Sondervoten seien gerade aus der Überzeugung entstanden, dass die Mehrheit für den Menschenrechtsschutz gefährliche Veränderungen nicht ausreichend in Betracht gezogen habe. Auch sonst nahm Bernhardt bei der Betrachtung von Problemen stets, soweit möglich, das ganze Umfeld, die „Lage" in den Blick, um zu einer abgewogenen Lösung zu kommen, zu einer „just balance" der sich gegenüberstehenden Rechte, Verpflichtungen und Interessen. Zu dieser „pragmatischen Haltung" hat Bernhardt selbst in der beeindruckenden Rede zu seinem 90. Geburtstag hellsichtig Stellung genommen: „Völkerrechtliche Vereinbarungen gibt es inzwischen auf nahezu allen Gebieten. (...) Wer sowohl einen allgemeinen Überblick erlangen und zugleich einzelne Bereiche näher untersuchen will, ist darauf angewiesen, die jeweils maßgeblichen Kriterien und Regelungen sorgfältig zu prüfen. Eine allgemeine, für alle Bereiche geltende Theorie steht nicht zur Verfügung. Ein pragmatisches Herangehen ist meines Erachtens unausweichlich. (...) Auf pragmatisches Vorgehen verzichten kann meines Erachtens nur derjenige, der sich auf die Theorie beschränkt und sich an der Diskussion praktischer Probleme unserer Zeit nicht beteiligt. Weder der Internationale Gerichtshof noch die Menschenrechtsgerichtshöfe unserer Zeit noch andere internationale Spruchkörper können es sich leisten, auf pragmatische Erwägungen zu verzichten, und der Wissenschaftler sollte es ebenso wenig tun. Die Jurisprudenz hat es – von der Rechtsgeschichte abgesehen – mit dem Recht der Zeit zu tun, in der wir leben."

Wer Rudolf Bernhardt persönlich kennen lernte durfte, als Mitarbeiter, als Kollege oder bei anderen Gelegenheiten, traf auf einen Mann, der nicht nur wegen seiner profunden Kenntnisse Respekt ausstrahlte, sondern weil er selbst dem Gegenüber stets respektvoll und zugewandt begegnete. Bernhardt sprach einmal von der Gnade, eine gesunde und stabile Familie zu haben. Man darf vermuten, dass dies auch ein wichtiger Kraftquell für seine Arbeit als Wissenschaftler und Richter und für sein langes Leben insgesamt gewesen ist.

Auswahlbibliograhie

Die Auslegung völkerrechtlicher Verträge, insbesondere in der neueren Rechtsprechung internationaler Gerichte, 1963.
Qualifikation und Anwendungsbereich des internen Rechts Internationaler Organisationen, in: BerDGVR 12 (1973), S. 7 ff.
Bundesverfassungsgericht und völkerrechtliche Verträge, in: Bundesverfassungsgericht und Grundgesetz. Festgabe aus Anlaß des 25jährigen Bestehend des Bundesverfassungsgerichts, Bd. 2, 1976, S. 154 ff.
Ungeschriebenes Völkerrecht, ZaöRV 36 (1976), S. 50 ff.
Grundrechtsschutz in Europa (hrsg. zusammen mit H. Mosler und M. Hilf), 1977.
Verfassungsrecht und internationale Lagen, DöV 1977, S. 457 ff.
Deutschland nach 30 Jahren Grundgesetz, VVDStRL 38 (1980), S. 7 ff.
Internationaler Menschenrechtsschutz und nationaler Gestaltungsspielraum, in: Völkerrecht als Rechtsordnung. Internationale Gerichtsbarkeit. Menschenrechte, Festschrift für Hermann Mosler, 1983, S. 75 ff.
Custom and Treaty in the Law of the Sea, in: Recueil des Cours 205 (1987-V), 1989, S. 247 ff.
Encyclopedia of Public International Law, 5 Bände, 1992–2003, hrsg. von R. Bernhardt.
Staatsrecht im internationalen Verbund, in: JöR NF 58 (2010), S. 337 ff.
Das Max-Planck-Institut für ausländisches öffentliches Recht und Völkerrecht. Geschichte und Entwicklung von 1949 bis 2013 (zus. mit K. Oellers-Frahm), 2018.
M. Bothe/R. Hofmann, Prof. Dr. Dr. h.c. Rudolf Bernhardt (1925–2021), ZaöRV 82 (2022), S. 11 ff.

https://doi.org/10.1515/9783110767032-011

IV
Hans Heinrich Rupp (1926–2020)

Christoph Gusy

I. Biografie

Hans Heinrich Rupp (R.) wurde am 11.3.1926 in Annweiler am Trifels geboren.[1] Sein Vater war evangelischer Pfarrer. *R.* durchlebte seine gesamte Jugendzeit unter dem NS-Regime, über seine diesbezüglichen Erlebnisse und Erfahrungen hat er später fast gar nicht gesprochen. Im Krieg ging er zur Marine, wo er sich auf den Ingenieurberuf vorbereiten wollte – ein Wunsch, dessen Realisierung mit dem Ende der deutschen Handelsflotte 1945 unmöglich wurde. Sein Weg zum Staatsrechtslehrer verlief dann auch nicht ganz gradlinig. Nach angefangenem Mathematik- wandte er sich dem Jurastudium zu, das er in Rekordzeit mit dem Staatsexamen in Mainz abschloss (1950). Hier promovierte er auch unter Anleitung von *C. M. Hettlage* (1953) zum Thema „Die ärztlichen Berufskörperschaften" (1953). Nach dem 2. Staatsexamen nahm er zunächst eine Stelle als Richter in der ordentlichen Gerichtsbarkeit an, ließ sich von dort an die Hochschule für Verwaltungswissenschaften in Speyer abordnen und fand nunmehr seine berufliche Bestimmung im Öffentlichen Recht. Sie führte ihn als Assistent von *O. Bachof*[2] nach Tübingen, damals eine der führenden Fakultäten auf der Suche nach einer Neuorientierung des Fachs. Dort trafen sich aufgeschlossene Professoren und Assistenten mit innovativen Plänen und Ideen. In diesem fruchtbaren akademischen Biotop entstanden wegweisende Anregungen, die er teils selbst mitentwickelte, teils von den anderen Forschenden erhielt. Seine Rolle als zugleich kreativer Innovator und scharfsinniger Kritiker war im Kollegenkreis anerkannt. Hier traf er namentlich auf *Dietrich Jesch*,[3] der bis zu seinem frühen Tod zum Freund und prägenden Weggefährten wurde. Beide zählten zur ersten Generation, die als angehende Staatsrechtler unter der Geltung des Grundgesetzes lebten und wirkten.

---

1 Zur Biografie *Rudolf*, AöR 1996, 639; *Hufen*, JZ 2006, 294; *ders.*, Nachruf Hans Heinrich Rupp, https://rewi.uni-mainz.de/2020/05/28/nachruf-hans-heinrich-rupp/. Einige Eindrücke und Beobachtungen durfte ich selbst sammeln, als ich die Ehre hatte, in den Jahren 1988–1993 sein Fakultätskollege zu sein.

2 Zu ihm *Scheuing* in: Häberle/Kilian/Wolff, (Hg.). Staatsrechtslehrer des 20. Jh., 2. A., 2018, S. 993; Kötter, in: Kremer (Lit.), S. 231.

3 Zu ihm *I. Augsberg*, in: Kremer (Lit.), S. 287.

Hier entstanden seine Frühwerke, welche aus seinen breiten und tiefen Kenntnissen sowie seinen beruflichen Erfahrungen entstanden. Neben der Rechtstheorie und dem Öffentlichen zeigten sich Einflüsse aus dem Bürgerlichen Recht, von dem sich die das Verwaltungsrecht zunehmend emanzipierte, ohne dass R. allerdings die zahlreichen Wurzeln und Verbindunglinien übergehen oder gar kappen wollte. Den intradiziplinären Austausch hat er stets als wichtige Quellen des juristischen Denkens gepflegt. Dass ein junger Wissenschaftler auf der Suche nach neuen Orientierungen damit zwischen allen Stühlen sitzen und auf Vorbehalte von allen Seiten stoßen konnte, zeigte sich in dem nicht ganz reibungslosen Verlauf seines Habilitationsverfahren (1962). Nach dem frühen Tod seines Freunde *Jesch* erhielt er den Ruf auf dessen Nachfolge in Marburg (1964). Das dort besonders aufgeheizte hochschulpolitische Klima ließ ihn im Jahr 1969 einen Ruf an die Universität Mainz annehmen, wo er bis zu seiner Emeritierung (1992) wirkte. Hier fand er ein für ihn und seine Arbeit zuträgliches Klima. Er gestaltete den anstehenden Generationswechsel an der Fakultät wesentlich mit und avancierte so rasch in den Kreis der Professoren, welche dort das wissenschaftliche und gesellschaftliche Klima prägten. Dabei unterstützte ihn seine Familie, die ihm sowohl Rückzugsmöglichkeiten als auch Offenheit für Gäste, Freunde und Kollegen ermöglichte. Wie bei vielen Angehörigen seiner Generation gingen für ihn Familien- und Freundeskreis, Kollegen und Arbeitswelt ineinander über. So entstand eine Atmosphäre, die er suchte und brauchte: Sozialität und Rückzugsmöglichkeit. Das intensive gesellschaftliche Leben an der Fakultät wurde von *Rupps* wesentlich mitgeprägt. Hier amtierte er als Dekan (1972/73) und nahm unterschiedliche Funktionen in der Universität wahr. Rufe nach Gießen, Konstanz und Bonn lehnte er ab. Wichtig wurde seine Rolle in der Vereinigung der Staatsrechtslehrer, wo er als Vortragender (1968), Vorstandsmitglied (1972/73) und Vorsitzender (1984/85) wirkte. Im Kreis der Mainzer Öffentlichrechtler, an der Fakultät für Rechts- und Wirtschaftswissenschaft und in der Gesamtuniversität zählte er zu den meistbeachteten und -geachteten Universitätsmitgliedern. Begünstigt wurde diese Rolle auch durch seine führende Position im Kreis der deutschen Hochschulrechtler. Sein Rat war gesucht, und er gab ihn gern. In der Lehre hat er einer Generation von Studierenden namentlich in seiner Vorlesung über Grundrechte nicht nur den Rechtsstoff, sondern auch ein Ethos des freiheitlichen Rechtsstaats zu vermitteln versucht. Für manche überraschend hat er diese Tätigkeit nach seiner Pensionierung eingestellt. Sein wissenschaftliches Wirken führte er aber auch danach weiter. Prägend für seine Person war ein Bündel von Haltungen, die ihm nachgesagt werden: konservativ, liberal, tolerant. Sie waren nicht strikt gegeneinander abgegrenzt, sondern traten in einer changierenden Mischung auf. Die Ideen der Jüngeren nahm er ernst, auch wenn sie nicht seinen Erkenntnissen folgten. Wo Differenzen blieben, dominierte bei ihm der allerdings nicht unbegrenzte Glaube, die anderen würden im Laufe der Zeit in die „richtigen Bahnen“ finden. Dafür könnten auch Erinnerungen an seinen eigenen Werdegang ursächlich gewesen sein. Mit zunehmendem Alter traten Anflüge von Pessimismus und Resignation hervor. Er blieb von Krankheiten, persönlichen und familiären Schicksalsschlägen nicht verschont. Am 9.4.2020 ist im Alter von 94 Jahren verstorben.

II. Das Werk

1. Grundlegung: Verwaltungsrecht als konkretisiertes Verfassungsrecht

Wirken und Werk *Rs* sind eine Frucht des damaligen Tübinger Genius Loci. Hier hatte sich namentlich *O. Bachof* zum Programm gemacht, das damalige Verwaltungsrecht aus seinen konstitutionellen Selbstreferenzen herauszulösen und auf neue Grundlagen zu stellen: Auch wenn der Satz vom „Verwaltungsrecht als konkretisiertes Verfassungsrecht“ von *F. Werner*[4] stammt: Er bezeichnet recht genau das Anliegen, welches sich *Bachof* in seinem bisherigen Werk als Programm vorgenommen hat.[5] Es richtete sich auf nicht weniger als eine methodische und inhaltliche Erneuerung der Verwaltungsrechtslehre aus der Verfassungsrechtslehre. Galt es doch, die Errungenschaften und Besitzstände der bekannten Verwaltungsrechtswissenschaft einschließlich ihrer prononciert rechtsstaatlichen Grundlagen in allen Teilen neu zu befragen. Damit stand er jedenfalls damals nicht im Mainstream. Was bei ihm an- und vorgedacht war,[6] sollten namentlich seine beiden prominentesten Schüler weiterdenken. Während *Jesch* sich auf das Verfassungsrecht konzentrierte, fokussierte *R.* auf die Grundfragen der Verwaltungsrechtslehre. Beide nahmen – stets auch im Kontext der anderen Tübinger Rechtswissenschaftler – die neuen Herausforderungen an und bemühten sich, die eigene Disziplin „von ihrem vorkonstitutionellen Kopf auf die Füße der parlamentarischen Demokratie zu stellen“ (*Hufen*). Diese Herausforderung hatte sich 30 Jahr zuvor schon einmal gestellt und war in den Richtungsstreit eingemündet. Angesichts des desaströsen Endes der ersten deutschen Republik stellten sich die alten

4 *Werner*, DVBl 1959, 527.
5 *Bachof*, JZ 1957, 335. Zum Thema *Schönberger* (Lit.).
6 *Kötter* in Kremer Die Verwaltungsrechtswissenschaft in der frühen Bundesrepublik, 2017, S. 231.

Fragen neu, vor dem Erfahrungshintergrund der jüngeren Vergangenheit aber zugleich anders. Das neue Projekt erregte Aufsehen in der Staatsrechtslehre, welche im 20. Jh. allzu oft das Verfassungsrecht hatte vergehen, das Verwaltungsrecht hingegen bestehen sehen.

R. formulierte es damals recht provokant: „Es kommt nicht darauf an, ob die heutige Verwaltung als geeignet dafür angesehen wird, auch ohne gekröntes Haupt in den Spuren des monarchischen Prinzips weiterzulaufen, sondern darauf, was sich aus dem Sinnverständnis des Grundgesetzes ergibt."[7] Das war eine bewusste Wendung nicht nur gegen die konstitutionelle Rechtslehre, sondern auch große Teile des Weimarer Beamten- und Bürgertums. Er hoffte, „zu neuen Methoden, aber auch zu neuen, der gegenwärtigen Verfassungsstruktur angemessenen Ergebnissen vorzustoßen". In dieser Passage zeigte sich besonders deutlich der Doppelcharakter seiner Untersuchung. Ihnen ging es zunächst um eine theoretisch-methodische Vorfrage: Hier entstand die Frage nach impliziten Basisannahmen und Grundlegungen des Verwaltungsrechts, dem seinerzeit ganz wesentliche gesetzliche Grundlagen noch fehlten. Hier ging es um inhaltliche und *methodische Vorbedingungen rechtswissenschaftlichen Arbeitens*. Der zweite Aspekt seines Schaffens war eher ein praktischer: Inwieweit konnten kritische Rekonstruktion und – wo nötig – Erneuerung der theoretischen Prämissen eine Erneuerung der *Rechtsdogmatik* bewirken, die damals mangels positiver Rechtsnormen vielfach zugleich eine gesetzesvertretende Rolle einnehmen musste. Dazu warf er zentrale Fragen auf: Der staatliche Innenbereich sollte nicht mehr impermeabel, sondern rechtlich zugänglich sein. Dessen schon damals vielfältige Regelungen wurden von ihm als Rechtsnormen beschrieben, eine Neuerung, welche zugleich das Ende der Figur vom „besonderen Gewaltverhältnis" einleiten sollte.[8] Mit der Entdeckung der Relativität der Rechtsfähigkeit auch für das Staats- und Verwaltungsrecht nahm er zeitgenössische Ideen auf, die vom Zivilrecht kommend sich später auch im öffentlichen Recht durchsetzen sollten. Daraus folgte die Erkenntnis der Innenrechtsfähigkeit von Staatsorganen. Den Vorbehalt des Gesetzes wollte er – in Fortführung und kritischer Auseinandersetzung mit dem Werk von *Jesch* – über den tradierten Eingriffsvorbehalt hinaus auch auf den Bereich staatlicher Leistungen ausweiten. Das Parlament sei das oberste Organ im demokratischen Staat, die „Eigenständigkeit der Verwaltung" relativierungs- und begründungsbedürftig.[9] Und auf der Suche nach angemessenen Grundlagen der subjektiven öffentlichen Rechte vermaß er das Verhältnis von unbestimmtem

7 Grundfragen (Lit.) S. 6. Zitate: ebd., S. 6 f. 207. 140, 142.

8 Dazu später BVerfGE 33, 1.

9 In Auseinandersetzung etwa mit *Peters*, Die Verwaltung als eigenständige Staatsgewalt, 1965.

Rechtsbegriff und Ermessen neu mit dem Ergebnis, das „Problem des Verwaltungsermessens (sei) mit demjenigen des richterlichen Ermessens und der unbestimmten Rechtsbegriffe identisch, also eine Frage der Rechtsanwendung und -auslegung“.[10] Ein Ausblick auf einzelne, damals noch sehr umstrittene staatshaftungsrechtliche Konsequenzen rundete seine Ausführungen ab. Schon diese Themen und ihre Diskussion zeigen: Das war nicht alles ganz neu und traditionslos. Seine insoweit zentrale Leistung war die Wiederentdeckung *H. Kelsens* und der Wiener Schule für die deutsche Rechtswissenschaft. Auch *O. Mayer* und *R. Thoma* waren häufig zitierte Gewährsleute. *R.* selbst sah sich dabei nicht als umstürzender Neuerer, wenn er formulierte, dass „sich die Grundzüge der heutigen Verfassungsordnung mit der Ausrichtung auf die Volkssouveränität ... gewandelt haben, dass damit aber noch keineswegs alle liberal-rechtsstaatlichen Elemente der deutschen Staatskonzeption des vorigen Jahrhunderts über Bord gehen müssten.“ Dabei war er sich der Reichweite jenes Wandels aber nur zu bewusst, wenn er en passant formulierte, dass der Freiheitsgedanke „an Stelle der verlorenen Autonomie eine ideelle, nämlich rechtliche Unabhängigkeit des einzelnen gegenüber der Verwaltung zu schaffen (habe), die nur durch das Recht, durch das Gesetz begründbar ist.“ *Freiheit* war ihm damals also *nicht bloß ein vorrechtliches, sondern auch ein rechtliches Phänomen.* Die tradierte Trennung von Staat und Gesellschaft hatte damals für ihn ihre Rolle als zentrale Grundlegung von Verfassungsstaatlichkeit und -recht verloren. Die in der Habilitationsschrift gelegten Grundlagen hat er in späteren Veröffentlichungen vertieft und verteidigt.[11]

Ungeachtet seiner auch versöhnlichen Töne stießen seine Erkenntnisse auf ein zurückhaltendes Echo. Schon im Habilitationsverfahren wurden die haftungsrechtlichen Folgerungen infolge zivilrechtlicher Kritik zurückgezogen, sie sollten erst in der 2. Aufl. 25 Jahre später erscheinen. Es waren wohl die zuspitzenden Bemerkungen etwa zum Fortfall der „gekrönten Häupter“, die ihm angeblich im Zweitgutachten zur Habilitation die Bezeichnung „frecher Hund“ eintrugen.[12] Das Echo der Rezensenten war z.T. von distanzierter Anerkennung geprägt.[13] Offenbar gelang es damals der z.T. noch in den Nachwirkungen des Streits zwischen *Smend-*

10 Vertiefend *R.*, NJW 1969, 1273; *ders.*, FS W. Zeidler, 1987, S. 455.

11 Wichtig *R.*, DVBl 1971, 669.

12 *Rudolf*, AöR 1996, 639.

13 Namentlich *F. Mayer*, DöV 1966, 732; *Spanner*, Veraltungsarchiv 1966, 192. Sehr kritisch *Bachof*, VVDStRL 32, 193, 195 f. Das (aus heutiger Sicht befremdlich anmutende) Diktum *H. Schneiders*, NJW 1962, 1273, 1275, von den „legalitätssüchtigen“, den „zornigen jungen Juristen“ mit ihrer vorbehaltlosen engagierten Identifizierung mit der Verfassung („konformistisch“, nämlich verfassungskonform), bezog *R.* auch auf sich, s, Grundfragen, S. 6. *Funke* (Lit.), S. 316, liest das Rezensentenecho unter Einbeziehung weiterer Besprechungen anders („außerordentlich wohlwollend“)

und *Schmitt*-Schule befangenen Disziplin noch nicht, den Neuansatz angemessen zu verorten. *R.* selbst sah sich damals als verkannt und missverstanden – ob dies wirklich nur eine „Selbstinszenierung" war,[14] kann heute nicht mehr geklärt werden. Jedenfalls bedankte er nach seinem Staatsrechtslehrerreferat, „dass Sie mich überraschenderweise diesmal in ihrer Kritik geschont haben" und sah „mit einigem Erstaunen, dass meine Thesen weithin auf Zustimmung gestoßen sind."[15]

2. Konstitutionalisierung des Verwaltungsrechts

Inzwischen war der einstige „freche Hund" im Zentrum der Disziplin angekommen. Schon der Ruf nach Marburg deutete an: Er wurde zumindest nicht überall als Außenseiter oder gar Störenfried wahrgenommen. Der genannte Staatsrechtslehrervortrag 3 Jahre später über die „Stellung der Studenten in der Universität" in Bochum 1968 (!) war möglicher Stolperstein und mögliche Bewährungsprobe zugleich.[16] Vor dem Hintergrund der Ankündigungen in den „Grundfragen" blieb sein Ausgangspunkt diesmal konventionell. Auftrag und Funktion der Universität leitete er aus der Freiheit von Wissenschaft, Forschung und Lehre als „personale Autonomie", als „personalgrundrechtliche Garantien" her. Sie lägen der Universität voraus und zugrunde und würden durch sie nicht erst hervorgebracht, ermöglicht und organisiert, in der Terminologie der Habilitationsschrift nicht erst „durch das Recht begründet". Vielmehr bedeute sie Freiheit „nicht nur von jeder staatlichen, sondern auch körperschaftsrechtlichen Herrschaft". Die notwendige Funktionsbestimmung der Universität musste sich so vollziehen zwischen der Freiheitsverwirklichung durch dienende Institutionen einerseits und Minimierung von Herrschaft andererseits. Hier blieben die Studierenden, um deren Rechtsstellung nach der Themenstellung eigentlich gehen sollte, am Rande: Da sie an Forschung und Lehre nicht teilhätten, begründete er ihre Rechtsstellung aus der Freiheit der Berufswahl. Daher sprach er sich für eine Minimierung ihrer Mitbestimmungsrechte in den Gremien, gegen die verfasste Studierendenschaft und

und bewertet ebd., S. 315, *Rs.* Außenseiterstatus als „Selbstinszenierung". Nach *Plebuch*, in Löhnig (Hg.), Beginn der Gegenwart, 2021, S. 289 f, forderten *Jesch* und *Rupp* mit ihren neuen Sichtweisen „zum produktiven Widerspruch geradezu heraus."

14 *R.*, VVDStRL 32, 339: „... bin ich ja gewohnt, als Buhmann aufgebaut und falsch zitiert zu werden."

15 VVDStRL 27, 244. S.a, *R.*, VVDStRL 30, 1973, 339; Er sei es gewohnt, als „Buhmann" aufgebaut und „falsch zitiert" zu werden.

16 *R./Geck*, Die Stellung der Studenten in der Universität, VVDStRL 27 (1969), S. 113/143. Zitate: *R.*, Ls. 4, 2; 3, 6

für eine Stärkung des Disziplinarrechts aus. Aus der Retrospektive mag dies – stärker als der Vortrag seiner Korreferenten *Geck* – als Parteinahme für Humboldts Bildungsideal, die geisteswissenschaftlich zentrierte Universität, die Universität als Professoren-Körperschaft und gegen die heraufziehenden Reformbestrebungen der Gesetzgeber erscheinen. Damit hatte er den Mainstream im Auditorium getroffen. Offenbar fühlten sich die meisten Anwesenden als potentielle Verlierer jener Reformen.[17] Jedenfalls gab es breiteste Zustimmung[18] *R.* wurde zu einem der führenden Hochschulrechtler in Deutschland, Mitherausgeber der Zeitschrift „Wissenschaftsrecht" und des „Handbuchs des Hochschulrechts".[19] Bei Gesetzgebern und beim BVerfG blieb der Erfolg dieser Position hingegen begrenzt: Karlsruhe suchte nach einem ausgewogeneren Verhältnis von individueller und institutioneller, von vorrechtlicher und rechtlicher Freiheit.

In der Folgezeit entstand eine große Zahl kleinerer Publikationen zu wichtigen Einzelthemen. „Privateigentum an Staatsfunktionen?",[20] Beweisverbote im Strafprozess in verfassungsrechtlicher Sicht,[21] zur Ungleichbehandlung in der Einkommensbesteuerung der Versorgungsbezüge und Sozialrenten,[22] Grundgesetz und Wirtschaftsverfassung,[23] Verfassungsfragen bei der Anwendung des Heilpraktikergesetzes auf Diplompsychologen,[24] zur staatlichen Förderung von Gesellschaft und Kirche[25] oder Gewissenskonflikten im Arbeitsverhältnis:[26] Immer wieder ging es ihm darum, in spezielle Rechtsfragen die Wertungen des GG hineinzutragen und so Anschluss an die verfassungsrechtlichen Vorgaben zu suchen und zu finden. Das war die Fortsetzung seines früheren Tübinger Programms, zugleich ein Beitrag zu dem, was später als Konstitutionalisierung des Rechts beschrieben worden ist. Dazu zählten für ihn damals wesentlich die Grundrechte.[27] Die Kritik an jener Konstitutionalisierung, die notwendig zugleich als Juridifizierung wirken

17 Differenzierte Nachfragen am ehesten bei *Baade* ebd., S. 209 f; *Mallmann* ebd., S. 227 ff; *Denninger* ebd., S. 203.

18 Z.B. bei *Bachof*, VVDStRL 27, 235: „Wir können das Grundgesetz nicht nach den sich wandelnden Auffassungen der Gesellschaft interpretieren oder manipulieren.".

19 Zeitschrift seit 1968: Handbuch: seit 1. A., 1982¨ 2. A., 1996.

20 1963.

21 Gutachten für den 46. Deutschen Juristentag, 1966, Band I, Teil 3 A, S. 167.

22 1970, mit. *F. v. Zezschwitz* und *H. v. Olshausen*.

23 1974.

24 1985.

25 1994.

26 1990 (mit *H. Konzen*).

27 *R.* selbst sah dies übrigens differenziert. „Der unvermittelte Rückgriff auf Verfassung und Grundrechte ist im Verwaltungsrecht zwar beliebt, aber methodisch wie sachlich verfehlt." AöR 1963, 479, 484.

musste, wegen einer möglichen Geringschätzung des Gestaltungsauftrags des demokratisch legitimierten Gesetzgebers setzte erst später ein.

Die Synthese jener Erkenntnisse enthielt ein großer Aufsatz zum „Wandel der Grundrechte“.[28] Für ihn war dies primär eine Frage, inwieweit die Grundrechte vom Wandel der realen Wirklichkeit betroffen werden und sich ihm im Wege juristischer Interpretation wandeln und an diese Wirklichkeit anpassen. Das sei auch eine Frage nach den intendierten Steuerungsleistungen des Rechts und seiner möglichen Wirkungen auf seine Umwelt. Seine Ausgangsposition lautete dahin, dass die Grundrechte nicht nur als individuelle Defensivrechte verstanden werden könnten, sondern Freiheit für alle sichern sollten indem sie eine Organisation der Freiheit und Vorkehrungen bereit zu stellen haben, damit Freiheit des einen nicht in Vermachtung des anderen ausufert. Das lag näher an der Habilitationsschrift als am Staatsrechtslehrervortrag. Die genannte Wechselwirkung von Recht und Realität realisiere sich im institutionellen Grundrechtsgehalt: Er taste die Wirklichkeit ab und nehme deren Veränderungen als Daten in sich auf. Aus dem Doppelcharakter der Garantien schloss er auf eine Art Funktionsdifferenzierung bei der Freiheitsdurchsetzung: Der Gesetzgeber verwirkliche die institutionellen Gehalte kraft Auftragsnorm, die Rechtsprechung sichere die individuellen Gehalte kraft Kontrollnorm. Dies setzt einer Grundrechtsinterpretation als Teilhaberechte Grenzen: Teilhabe könne Freiheit ergänzen, aber nicht ersetzen, die teilhaberechtliche trete neben die freiheitsrechtliche Grundrechtsdimension. Das verdeutlichte er abschließend erneut am Beispiel des Hochschulrechts. Für ihn traten so gesellschaftliche und personale Freiheit wieder ein Stück auseinander und z.T. gegeneinander. Inwieweit der Gestaltungsauftrag der Grundrechte ihren gleichzeitigen Inhalt als Kontrollnorm beeinflussen und ggf. begrenzen konnte, blieb offen. Der Konflikt wird sensibel aufgezeigt, aber nicht aufgelöst. Das hing gewiss auch damit zusammen, dass er Methodenfragen hier explizit aussparte. Und damit bleibt die Aufgabe des BVerfG, die Kontrollnorm zu effektivieren und den Gestaltungsauftrag zu disziplinieren, grundrechtlich kaum gesteuert. Prägend ist seine Stellungnahme gegen eine Funktionalisierung der Grundrechte und der Freiheit. Das Verhältnis zwischen Freiheit vom Recht und Freiheit durch Recht verlagerte sich bei ihm nun weg von einem grundrechtsintern zu lösenden Konflikt unterschiedlicher Freiheitsgehalte hin in ein wenig aufgelöstes Spannungsverhältnis zwischen Freiheit und Demokratie hinein.[29]

---

28 *R.*, AöR 1976, 161. Zitate ebd., S. 161, 165, 174 (im Anschluss an *P. Häberle*), 175, 161.

29 Zusammenfassend und vertiefend *R.*, JZ 2001, 271; NJW 1972, 1537; *ders.*, GG und „Wirtschaftsverfassung“ (Anm. 20).

3. Staat und Gesellschaft

War es Ironie des Schicksals? Oder schlossen sich Kreise? In seiner Habilitationsschrift hatte *R.* das Thema „Staat und Gesellschaft" mit seinen Implikationen von Trennung und Verbindung, von „außen" und „innen" nicht vertieft. Gerade dadurch wurde sein übergreifender Ansatz so originell. Kurz vor seiner Emeritierung übernahm er es, im Handbuch des Staatsrechts exakt dieses Thema darzustellen.[30] Dies gab ihm Gelegenheit, zahlreiche seiner zuvor bereits untersuchten Themen zusammen zu führen und ihre zentralen Aussagen zu synthetisieren. Für uns erschließt sich so der Weg, den er während seines Wissenschaftlerlebens zurückgelegt hatte. Am Anfang stand hier die Nachzeichnung der historischen Entwicklung und der Bedeutung der Unterschiede von Staat und Gesellschaft. Dazu konnte er an einen elaborierten Erkenntnisstand anknüpfen, der sich seit den 70er Jahren etabliert hatte.[31] Er sah Staat und Gesellschaft als Inbegriff unterschiedlicher Funktions- und Ordnungsstrukturen. Jener sei gekennzeichnet durch die Grundprinzipien der Gemeinwohlorientierung, der Herrschaft und der Legitimationsbedürftigkeit, diese durch Autonomie, individuelle und gesellschaftliche Freiheit.[32] Das stand in der Tradition deutscher Staatsrechtslehre des 19. Jh. Dass beide Bereiche nicht einfach nebeneinander stehen könnten, war grundgesetzlich vorgegeben, indem Menschenwürde und Freiheit sowohl als Grundlage der Rechtsstellung der Einzelnen als aber auch als Ziel und oberstes Richtschnur des Staates vorgegeben wurde. Wie konnten sie sich in beide Sphären einbringen? Für *R.* war dies eine Frage individueller Autonomie einerseits und demokratischer Teilhabe am Staat andererseits. Beide sah er rechtlich nebeneinander, nicht ineinander. Hatte er schon früher klar Unterschiede zwischen dem Prinzip der Demokratie und demjenigen der Autonomie gesehen, so zog er nun das Fazit: Einerseits gebe es den Bereich individueller Selbstbestimmung, andererseits denjenigen demokratischer Mitbestimmung. Sie seien unterschiedliche Ausprägungen unterschiedlicher Grundprinzipien. „Der status activus processualis ersetzt weder den status activus demokratischer Entscheidungsteilhabe des Citoyen noch den status libertatis des Bourgeois." Autonomie und Teilhabe seien Ausprägungen unterschiedlicher Schutz- und Verwirklichungsmodalitäten von Freiheit, aber kei-

---

30 *R.* in: Isensee/Kirchhof, Handbuch des Staatsrechts, 1 A., 1987, § 28; zuletzt 3. A., 2004, § 30 (nach ihr wird hier zitiert).

31 Einerseits *Böckenförde*, Die verfassungstheoretische Unterscheidung von Staat und Gesellschaft als Bedingung der individuellen Freiheit; andererseits *Hesse*, DöV 1975, 437. Sammelband: Böckenförde (Hg.), Staat und Gesellschaft, 1976.

32 Isensee/Kirchhof, 3. A., (Lit.), Zitate ebd, Rn 30, 33, 18 ff, 24, 28, 60 f.

ne unterschiedlichen Ausprägungen der Freiheitsrechte oder gar der Freiheit selbst. Dadurch blieb das prinzipiell negative Freiheitskonzept durch Abwehrrechte die maßgebliche Vorgabe. Neueren Ansätzen, Freiheitsbegriff und Freiheitsschutz komplexer zu begreifen, erteilte er eine Absage. So entging er dem Risiko, dass sein Freiheitskonzept als (auch) widersprüchlich erscheinen konnte, indem es zugleich freiheitsförderliche Maßnahmen der öffentlichen Hände gebieten und begrenzen sollte. Maßgebliche Gestaltungsaufgaben gesellschaftlicher Freiheit verlagerten sich für ihn aus dem Freiheitskonzept hinaus und in das Demokratiekonzept hinein, dem allerdings durch die individuelle Freiheit erneut Grenzen gezogen wurden. Die Lösung möglicher Zielkonflikte verschob sich so aus dem Grundrechtsschutzbereich hinaus in die Grundrechtsschranken hinein. Dies wurde gleichsam als Konsequenz der historischen Entwicklung im Anschluss an *F. A. Hayek* festgehalten: „Die Unterscheidung von Staat und Gesellschaft bringt mithin das Freiheitliche der freiheitlichen Demokratie zum Ausdruck und unterscheidet sie damit von allen totalitären Staatsformen." Dass man dies vom Demokratieprinzip des GG mit fast denselben Worten gleichfalls sagen konnte, war im Handbuch nicht sein Thema.[33] Wichtiger noch: Die Freiheit lag jetzt wieder stärker im vorrechtlichen Bereich, ihr rechtlicher Charakter trat fast völlig zurück. Das Verhältnis beider Grundprinzipien beschrieb er als „Kollisionsfelder", aus denen primär Gefährdungen resultieren würden: Solche der Gesellschaft durch den Staat wie auch solche des Staates durch die Gesellschaft beschrieb. Maßgebliche Stichworte waren Subsidiaritätsprinzip, Parteienstaat, Schwund der Staatlichkeit durch Mischformen von Staat und Gesellschaft, Entstaatlichung durch Privatisierung, Europäisierung und Globalisierung und Politisierung der Bürger- bzw. Zivilgesellschaft. Wer Gesellschaft und Staat, Freiheit und Demokratie als Ausprägungen prinzipiell verschiedener Handlungs- und Organisationsmodi sieht, wird Verflechtungsformen prinzipiell kritisch gegenüberstehen. Zugleich tritt ein weiterer Grundzug in sein Denken: War er in der Frühzeit als gleichsam radikaler Anhänger der Verwirklichung des damals neuen Grundgesetzes hervorgetreten, so sah er nun zwar nicht die Verfassung, wohl aber die Verfassungswirklichkeit zunehmend kritisch, bisweilen pessimistisch. Der Zustand der repräsentativen Demokratie (im Anschluss an *H.H. v. Arnim*) und eine aus seiner Sicht zu weitreichende Kompetenzfülle der EU bei gleichzeitig unterentwickelten demokratischen und rechtsstaatlichen Standards:[34] Er zähl-

33 Dazu *Böckenförde* in: Isensee/Kirchhof I, 3. A. (Lit), ebd., § 24; *Badura* ebd., § 25.

34 R., NJW 1970, 353, 354: Danach sei die EU im Jahr 1970 „nicht nur Herrschaft ohne Herrn, Ausübung von Hoheitsrechten ohne demokratischen Souverän, sondern auch Herrschaft ohne Grundrechte."

te zu den Klägern gegen die Einführung des Euro beim BVerfG.[35] Dass seine Mahnungen aus seiner Sicht zu wenig gehört wurden, sah er eher als Bestätigung seiner pessimistischen Diagnosen.

III. Rückblick und Ausblick

R. verfasste über 200 Publikationen. Er war ein gesuchter Gutachter und Autor der kleineren Form. Größere Kommentarwerke, Hand- oder Lehrbücher schrieb er nicht. Eine Festschrift lehnte er ab. Daher gibt es auch keine Bibliografie seiner Schriften. Der Ort seines Wirkens war nicht die Bühne der Öffentlichkeit. Er suchte sie nicht. Die sich auch für Wissenschaftler immer stärker öffnenden Foren von Politik und Medien blieben ihm eher fremd, bei öffentlichen oder öffentlichkeitswirksamen Veranstaltungen hielt er sich zumeist im Hintergrund. Sein Ort war eher der kleine Kreis, die Rede und Gegenrede, aber auch das dort stattfindende Socialising und Networking. Hier wirkte er durch seine offene, freundlich-verbindliche Grundeinstellung, die sich durch inhaltliche Standfestigkeit und gelegentliche Zuspitzung, fast nie hingegen durch persönliche Schärfe auszeichnete. Er war stets bereit, neue Argumente auch jüngerer Wissenschaftler aufzunehmen und sich mit ihnen – auch kritisch – auseinanderzusetzen. So hatte er Schüler (*F. v. Zezschwitz, H. v. Olshausen*), wollte aber keine Schule. Dass sich in diese Grundhaltung später auch pessimistische, um nicht zu sagen resignative Züge mischten, hatte vielfältige Gründe. Zu ihnen zählte auch der Fortschritt der Wissenschaft, in der er sich später immer weniger gehört und verstanden fühlte.

Was ist geblieben? Im Zentrum solcher Fragen steht namentlich das damals hoch innovative Frühwerk, weniger die sich dem Mainstream annähernden Spätwerke. *R.* selbst hat im Vorwort zur Neuauflage seiner Habilitationsschrift (1991) so Rückschau gehalten: Manches ist inzwischen herrschende Meinung geworden, manches ist noch strittig, bei manchem ist die Diskussion nicht weiter gediehen.[36] Und über manches, so ließe sich hinzufügen, ist die Disziplin hinweggegangen. Was kann man über einen Forscher, der als fundamentaler Kritiker gleichsam an der Seitenlinie seiner Disziplin begonnen hatte und sich erst danach rasch in deren Zentrum vorgearbeitet hatte, Besseres sagen? Jüngere Autoren[37] sind skeptischer. Die meisten von *R.* angestoßenen und weitergeführten

---

35 BVerfGE 97, 350.

36 S. VII. S.a. *R.*, in: Funke, S. 381.

37 *Funke*, in: Kremer (Lit.), S. 305, 317 ff.

Fragen seien nach wie vor kontrovers, die Debatte fast nirgends abgeschlossen. Beide Einschätzungen sind in gewisser Weise richtig und hängen von den Erwartungen ab, die man namentlich an seine verwaltungsrechtlichen Arbeiten stellen kann. Wer sie primär rechtsdogmatisch liest, kann und muss feststellen: Er hat neue Ansätze eingebracht, welche die Diskussion befördert, aber nicht beendet haben. Der Erkenntnisprozess ging weiter, teils in seine, teils in andere Richtungen. Aus heutiger Sicht ist er ein Wegbereiter, ein Meilenstein, den die Forschung passiert hat, an dem sie aber dann vorbeigegangen ist. Das entsprach und entspricht dem Ideal der Wissenschaft *R.s* als Prozess von trial and error. Aus einer solchen Sicht hat er die wichtigen und richtigen Fragen neu und schärfer gestellt, aber nicht abschließend beantwortet. Aber was sollte man angesichts der von ihm thematisierten Ewigkeitsprobleme der Disziplin anderes erwarten? Zu modifizierenden Schlussfolgerungen mag gelangen, wer sein Werk weniger als dogmatisches, sondern eher als rechtstheoretisches Werk liest. *R.* hat klarsichtig wie wenige andere historische, ideologische und z.T. auch politische Vorverständnisse aufgezeigt und dekonstruiert, welche einer angemessenen Diskussion zahlreicher dogmatischer Fragen unter gewandelten verfassungsrechtlichen Rahmenbedingungen im Wege gestanden hatte. Er hat seinerzeit Grundfragen gestellt und Grundlagen gelegt, welche den Auf- und Ausbau eines demokratischen Rechtsstaats im Verfassungs- wie im Verwaltungsrecht ermöglicht haben.[38] Manches von dem, was er geleistet hat, ist uns selbstverständlich geworden. Anderes ist uns fremd geworden oder geblieben. Heute ist er in der rechtsdogmatischen Debatte nur noch selten präsent, in der Rechtstheorie als einer der frühen Wiederentdecker des Werkes von *H. Kelsen* wieder häufiger genannt. Das Interesse an ihm und seinem Werk hat sich vom Staats- und Verwaltungsrecht hin zur juristischen Zeitgeschichte verschoben, in der sein Platz gebührend gewürdigt wird.[39]

---

38 Strategien zur Bewältigung der neu entstandenen Fragen bei *Plebuch* (Anm. 11), pass. (Nachw.)

39 Stolleis, Geschichte des Öffentlichen Rechts in Deutschland IV, 2012, S. 249 f; zu ihren Wirkungen ders. ebd., S. 250 ff.

Biografische Daten von Hans Heinrich Rupp

11.3.1926	Geburt in Annweiler am Trifels.
1946–1950	Studium zunächst der Mathematik und Physik (2 Semester), danach Jurastudium.
1950	1. Jur. Staatsexamen, danach Referendariat.
1953	Promotion an der Universität Mainz (bei C.M. Hettlage), Richter beim LG Frankenthal. Abordnung an die Hochschule für Verwaltungswissenschaft Speyer. Wiss. Ass. an der Universität Tübingen.
1964	Habilitation an der Universität Tübingen.
1965	Professor in Marburg.
1968	Professor in Mainz.
1972/73	Mitglied des Vorstands der Vereinigung der Staatsrechtslehrer.
1984/85	Vorsitzender der Vereinigung der Staatsrechtslehrer.
1992	Emeritierung.
9.4.2020	Tod im Alter von 94 Jahren.

Literatur von Hans Heinrich Rupp

Die ärztlichen Berufskörperschaften, 1953.
Privateigentum an Staatsfunktionen?, 1963.
Grundfragen der heutigen Verwaltungsrechtslehre, 19965 (2. A., 1991).
Die Stellung der Studenten in der Universität, in: Veröffentlichungen der Vereinigung der Deutschen Staatsrechtslehrer, Band 27, 1968, S. 113.
Zur Ungleichheit in der Einkommensbesteuerung der Versorgungsbezüge und Sozialrenten, 1970 (mit F. v. Zezschwitz und H. v. Olshausen).
Grundgesetz und „Wirtschaftsverfassung", 1974.
Verfassungsfragen bei der Anwendung des Heilpraktikergesetzes auf Diplom-Psychologen, 1985.
Staat und Gesellschaft, in: Isensee/Kirchhof (Hg.), Handbuch des Staatsrechts I, 1987, § 30; 3. A., 2004, § 28.
Förderung gesellschaftlicher Aktivitäten durch den Staat, in: Essener Gespräche zum Thema Staat und Kirche, Band 28. 1994, S. 5.
Bemerkungen zur Entwicklung der deutschen Verwaltungslehre und des Verwaltungsrechts nach 1946, in: Kremer, 2017 (Lit.), S. 381.

Literatur über Hans Heinrich Rupp

A. Funke, in: Kremer, Die Verwaltungsrechtswissenschaft in der frühen Bundesrepublik, 2017, S. 305.
C. Schönberger, „Verwaltungsrecht als konkretisiertes Verfassungsrecht", in: Stolleis (Hg.), Das Bonner Grundgesetz, 2006, S. 53.

https://doi.org/10.1515/9783110767032-012

V
Horst Ehmke (1927–2017)

Peter Häberle

I.

Der wissenschaftliche Weg begann mit der Dissertation in Göttingen bei *R. Smend* (1952). Sie ist in unnachahmlicher Weise dem „Göttinger Smend-Seminar" gewidmet, sie gilt dem Thema „Grenzen der Verfassungsänderung" (1953 erschienen) und dürfte rückblickend zu den wenigen bleibenden verfassungstheoretischen Arbeiten der deutschen 1950er Jahre gehören (dazu schon meine Würdigung im Vorwort zu den von mir als Sammelband 1981 herausgegebenen „Beiträgen zur Verfassungstheorie und Verfassungspolitik", S. 7 ff.). Von 1952 bis Anfang 1956 war *Ehmke* wissenschaftliche Assistent von keinem Geringeren als dem „Kronjuristen der SPD" *A. Arndt* (ihm widmete er auch eine spätere Publikation: Verfassungsrechtliche Fragen einer Reform des Pressewesens, FS Arndt, 1969). Zur Vorbereitung der Bonner Habilitation lebte *H. Ehmke* ein Jahr (1958) an der Law School in Berkeley (USA). Es folgte die Habilitationsschrift über „Wirtschaft und Verfassung" (1961), betreut von keinem Geringeren als *U. Scheuner* (Bonn). Mit diesem Werk – wegen dessen großen Umfang von 829 Seiten begründete es die Maßeinheit „ein Ehm" – erweist sich *H. Ehmke* in Deutschland als einer der besten Kenner des US-amerikanischen Verfassungsrechts. Es sollte ihm bei seinem Freiburger Staatsrechtslehrerreferat von 1961: „Prinzipien der Verfassungsinterpretation" intensiv helfen – ein „Heimspiel". Die Bonner Antrittsvorlesung „Staat und Gesellschaft als verfassungstheoretisches Problem" (FS Smend 1962, S. 23 ff.) ist aus der heutigen Grundsatzdiskussion ebenfalls nicht mehr wegzudenken. Höhepunkt seines Schaffens war und bleibt aber das erwähnte Freiburger Staatsrechtslehrerreferat (VVDStRL 20 (1963), S. 53 ff.). Der Begriff „Vorverständnis" und die für das Verfassungsrecht fortentwickelte Vokabel „Konsens aller Vernünftig- und Gerecht-Denkenden" sind fast geflügelte Worte geworden – bis heute. Ein Durchbruch war *Ehmkes* Hinweis auf das „Problemdenken" im Verfassungsrecht. Auch sein Ringen um die materiale Verfassungstheorie bleibt bis heute beispielhaft (sein Bekenntnis mir gegenüber lautete 1962 einmal: „am liebsten Verfassungstheorie"). Besonders bewegend ist der Appell am Ende seines Freiburger Schlusswortes: Die Staatsrechtslehrervereinigung müsse sich als mehr verstehen als nur eine Art „Berufsvereinigung", nämlich auch „als einen möglichen institutionellen Ansatzpunkt für das verfassungstheoretische Wissen und

Gewissen unseres demokratischen Gemeinwesens“ (ebd. S. 133). Kann dieser edle Appell heute eingelöst werden? Wie sollen sich „Wissen und Gewissen“ äußern – etwa in Referaten, in der Aussprache oder in Empfehlungen?

Der Bonner Probevortrag „‚Ermessen‘ und ‚unbestimmter Rechtsbegriff‘ im Verwaltungsrecht“ (1960) war mehr als ein bloßer „Ausflug“ in das Verwaltungsrecht, er war ein überzeugendes Plädoyer für den Handlungsspielraum der Verwaltung und überdies eine Grundsatzfrage von Relevanz für die Praxis der Gerichte.

Die Freiburger Antrittsvorlesung über *Carl v. Rotteck* (1964) wirkt im Rückblick im Grunde als eine „Abschiedsvorlesung“ von dort und zugleich als Bekenntnis für die Zukunft in Gestalt des Zusatzes „der politische Professor“ (auf seine späteren Arbeiten zur Verfassungspolitik, etwa das Juristentagsreferat zu den parlamentarischen Untersuchungsausschüssen (1964) – nach seinen eigenen Worten eine „Verbeugung vor Freiburg“ –, wieder abgedruckt in dem Band „Beiträge zur Verfassungstheorie und Verfassungspolitik“ (a.a.O., 1984, S. 424 ff.), sei schon hier verwiesen). In Freiburg wurde – mit großer eigener Ausstrahlung – *W. v. Simson* Ehmkes Nachfolger (dieser übernahm auch den Ehmke-Assistenten P.H.).

Eine besondere Würdigung verdienen die Diskussionsbeiträge *Ehmkes* auf den Staatsrechtslehrertagungen (umfassend: *H. Schulze-Fielitz*, Staatsrechtlehre als Mikrokosmos, 2013). Sein gesprochenes Wort und sein „agonales“ Verständnis von Wissenschaft ist bis heute ebenso kennzeichnend wie wirkungsvoll (geblieben). Hier einige Beispiele: Seine erste Wortmeldung – er war damals noch Privatdozent –, findet sich in VVDStRL 19 (1961), S. 139, 140 f.; artig redete er die Kollegen mit „Professor“ an, etwa „Prof. *Schneider*“ und „Prof. *Scheuner*“. Es ging um das Thema „Verträge zwischen Gliedstaaten im Bundesstaat“. Früh stellte er die Grundsatzfrage: „Was muss in einer Demokratie der demokratische Gesetzgeber selber regeln?“ – im Grunde befand sich *Ehmke* damit schon auf dem Weg zum „Parlamentsvorbehalt“. Wenig später meldete er sich noch einmal zu Wort (S. 152) und untermauerte seine Ansicht mit einem Hinweis auf das amerikanische Recht. Noch im selben Band agierte er auch zum zweiten Thema der damaligen Tagung in Köln. Er profilierte sich dadurch und wagte sogar einen Wortwechsel mit *K. Zeidler* (a.a.O., S. 258 f. – Votum für einen „demokratischen Gesetzesbegriff“). Schon sehr früh, d.h. bereits auf der Freiburger Tagung (1961), durfte *Ehmke* über das schon erwähnte Thema „Prinzipien der Verfassungsinterpretation“ referieren (als Mitberichterstatter zu *P. Schneider*): VVDStRL 20 (1963), S. 53–102. Es fällt auf, dass der Ko-Referent *Ehmke* sich sehr rasch in ein Wechselgespräch mit den Kollegen begab und einfach keck, ohne auf das Format „Zwischenworte“ oder „Schlussworte“ zu warten, mit den Kollegen diskutierte (a.a.O., S. 109, 121 f.). Sein kraftvolles Schlusswort ist noch heute lesenswert (S. 130–132).

*Er*kenntnis und *Be*kenntnisse gehen ineinander über, seine Liebe zur „Verfassungstheorie“ wird noch einmal akzentuiert. Mehr noch: *Ehmke* wagte es sogar, obwohl selbst Referent beim ersten Thema, zum zweiten Thema „Gefährdungshaftung im öffentlichen Recht?“ in der Diskussion zu sprechen (S. 159 f.). In der Geschichte der Tagungen der Staatsrechtslehrervereinigung kommt solches sehr selten vor. Spätestens jetzt hatte sich *Ehmke* hier in die vorderste Reihe der Debatten-Redner vorgearbeitet.

Dies zeigt sich auch in seinem Votum zum Thema „Verwaltung und Schule“ (VVDStRL 23 (1966), S. 257 f., 258 f.). Entschieden setzte er sich für die These ein, dass die Verwaltung kein bloßer Gesetzesvollzug sei. Er votiert für die „Eigenständigkeit der Verwaltungsaufgabe“. Überdies beantwortete er souverän eine Direktfrage des ersten Berichterstatters (*H.-U. Evers*, S. 258 f.). Auf den Tagungen ist eine solche Direktfrage selten. Es ist symptomatisch, dass er sogar einen „Zuruf“ zu *H.-H. Rupp* wagt (S. 276), den dieser gekonnt pariert.

Auf der Würzburger Staatsrechtslehrertagung agiert *H. Ehmke* in beiden Themenbereichen: sowohl zu „Staat und Verbände“ als auch zu „Gesetzgeber und Verwaltung“ (VVDStRL 24 (1966), S. 94–96 sowie S. 96 f. bzw. S. 230). Er wagt eine Kritik an der Parteienstaatstheorie des berühmten Bundesverfassungsrichters *G. Leibholz* und spricht kritisch von der „deutschen Staatsmethaphysik“. Nicht ohne Dramatik ist die Stellungnahme zur staatlichen Parteifinanzierung mit dem berühmten und höchst folgenreichen Satz von *G. Dürig* als Diskussionsleiter (a.a.O., S. 96): „Vorsicht, Herr *Ehmke*, schwebendes Verfahren, am 9.11. wird verkündet“. Die Konsequenzen dieses Disputs sind bekannt (vgl. BVerfGE 20, 1, 9, 26): Der große Bundesverfassungsrichter *G. Leibholz* schied wegen Befangenheit aus dem Karlsruher Verfahren aus. Sichtbar wird auf dieser Würzburger Tagung *Ehmkes* rhetorische Ironie und Selbstironie (S. 94). An die Grenze geht er wohl indes in seinem Wortwechsel mit *K. Vogel* zum Thema „Gesetzgeber und Verwaltung“ (ebd. S. 230–232). Dieser verzeiht ihm das Wort vom „totgeborenen Kind“ unter stillschweigendem Hinweis auf *G. Grass*, der wie *Ehmke* Danziger war (dazu und zum Verhältnis *G. Grass*/*H. Ehmke* mein Vorwort (a.a.O., S. 13), mit einem Zitat aus dem „Tagebuch einer Schnecke“ (1972)).

Auf der Grazer Staatsrechtslehrertagung VVDStRL 25 (1967) ist *Ehmke* bereits Vorstandsmitglied. Schon beim ersten Thema über das „Staatsoberhaupt in der parlamentarischen Demokratie“ verwickelte er die Kollegen in Streitgespräche (S. 234, 239). Mehr noch: er stellt die provozierende Frage, ob man unter dem Grundgesetz das Staatsorgan „Bundespräsident“ einfach abschaffen könnte. Diese kühne Frage ist damals und heute weder politisch noch juristisch „salonfähig“. Nur ein *Ehmke* konnte sie stellen. Beim zweiten Thema der Tagung war *Ehmke* Diskussionsleiter („Verwaltung durch Subventionen“). Er gliederte souverän fünf Problemgruppen zum Thema und zog diese auch konsequent durch. Als Diskussionsleiter schöpfte er seine Befugnisse voll aus, ja er schaltete sich selbst in einem Sachbeitrag ein (S. 411); auch Fragen stellte er selbst (S. 413, 415). Er drängte einen Diskussionsredner sogar zu einer Präzisierung (S. 419). Immer wieder intervenierte er, um die Diskussion im Griff zu behalten (z.B. S. 421). Er stellte auch kritische Fragen an den Erstreferenten *H.P. Ipsen* (S. 427 f.). Überdies kam es erneut zu einem „Handgemenge" mit *K. Vogel* (S. 432 f.) sowie zu einer Rückfrage an *H.F. Zacher* (S. 435); sogar den Österreicher *F. Ermacora* bedrängte er (S. 436). Seine Dankesworte waren dann wieder versöhnlich (S. 139 f.).

Auf der Frankfurter Staatsrechtslehrertagung agierte *Ehmke* wiederum als Diskussionsleiter (VVDStRL 26 (1968), S. 260 ff.). Es ging um das Thema „Führung und Organisation der Streitkräfte". *Ehmke* gab eine straffe Gliederung vor, die er auch durchzog (z.B. S. 275, 284) – all dies nicht ohne Ironie und Selbstironie (S. 292, 293). Bemerkenswert sind die konzentrierte Zusammenfassung eines Diskussionspunktes (S. 296 f.) sowie seine zwei Fragen an den Mitberichterstatter *H. Quaritsch* (S. 303 f.). Gegenüber den Vorschlag von *G. Dürig*, eine „einhellige Meinung des Gremiums festzustellen" (S. 307), beruft sich *Ehmke* auf die Tradition, dass die Vereinigung nicht mit Empfehlungen hervortrete, er will nur das Ergebnis der Diskussion festhalten.

Auch im Rückblick bestätigt sich nach Jahrzehnten, dass *Ehmke* auf unseren Tagungen einer der lebendigsten, ideenreichsten, kecksten und innovativsten Redeteilnehmer war. Nur ein *G. Dürig* war ebenso „spritzig" und geistesgegenwärtig wie er (umso schmerzlicher war *Ehmkes* Austritt aus der Staatsrechtslehrervereinigung im Jahre 2015).

Ein besonderes Wort verdient das Freiburger Ehmke-Seminar (1961–1966) – *Ehmke* war 1961 nach Freiburg berufen worden. Parallel zum legendären Hesse-Seminar, in dem die „Freiburger Schule" (*R. Herzog*) begründet wurde, war das Seminar ungemein lebendig. Es zeichnete sich durch seinen offenen Diskussionsstil aus – gewiss eine Auswirkung aus den USA (Forschungsjahr *Ehmkes* in Berkeley, Jahre zuvor studierte er in Princeton). Überdies lud *Ehmke* gerne auch wissenschaftliche „Gegner" wie *E. Forsthoff* zu offenen Gesprächen in Freiburg ein, auch Wahlverwandte wie *K. Loewenstein*. In Erinnerung bleibt auch ein Seminarbesuch bei *P. Lerche* in Westberlin (1962). Sportliche Einlagen, etwa Fußballspiele im Freiburger Umland sowie Schlittenfahrten und Raufereien im Schnee, gehörten zum Seminarprogramm. Fast legendär ist die gemeinsame Seminarreise nach Israel mit dem Bonner Seminar von *E. Friesenhahn* (Februar 1962). Man traf dort große jüdische Gelehrte, Juristen und Politiker. Nur ein Bundesverfassungsrichter *Friesenhahn* konnte, in der NS-Zeit unbelastet, diese Reise zusammen mit *Ehmke* wagen. Noch jahrelang rankten sich viele Anekdoten um diese Reise, die in dem in Bonn fortgeführten Friesenhahn-Seminar noch nach Jahrzehnten gerne erzählt wurden.

H. Ehmke erhielt 1963 einen Ruf auf ein öffentlich-rechtliches Ordinariat an die Universität Bochum. Er lehnte diesen ab und verwandelte seine außerordentliche Professur in Freiburg in ein Ordinariat ebendort (1963). Schon 1966/67 wurde er Dekan der rechts- und staatswissenschaftlichen Fakultät der Universität Freiburg. Seine Auftritte in der Universitätsöffentlichkeit Freiburgs erregten großes Aufsehen. Besonders anschaulich berichtet darüber *H. Maier* in dem Buch: „Böse Jahre, gute Jahre" (2011, S. 91 ff. und öfters). Es gibt aus dieser Zeit viele, schon legendär gewordene, humorvolle Zitate. Etwa über *Hans Maier*, den späteren Kultusminister in Bayern: „ein alemannisches Lamm mit Schlitzohren" (S. 186) sowie „Der Maier hat geheiratet – eine blutjunge Frau!" (S. 111). *Ehmke* gründete innerhalb der Freiburger Universität ein Diskussionsforum, das Politiker von außerhalb zu Vorträgen einlud (den „Ernst-Reuter-Kreis"). Diese „Politisierung" der Universität gefiel damals nicht allen Kollegen. *H. Maier* begrüßte ihn aber mit viel Empathie: ein „Wirbelwind im geruhsamen Freiburg".

Die Rede zum 60. Geburtstag seines Habilitationsvaters *U. Scheuner* (1963), abgedruckt erst in: FS Scheuner zum 70. Geburtstag, 1973, S. 11 ff., ist ein Höhepunkt dieser wissenschaftlichen Literaturgattung. *Ehmke* hielt sie in Bonn. Er sprach sensibel, kenntnisreich und mit Wärme gegenüber dem Jubilar. Dieser war zu seiner Zeit ein Solitär in der Perlenkette der deutschen Staatsrechtslehrer. *Ehmke* konnte es sich auch leisten, *Scheuner* zu „mahnen": das lang geplante Lehrbuch zum deutschen Verfassungsrecht doch noch zu schreiben – leider ohne Erfolg.

Der Weg zum „politischen Professor" öffnete sich nicht zuletzt durch *Ehmkes* Engagement und Gutachten im „Spiegel-Prozess" (BVerfGE 20, 162 ff.) – am Ende ein „halber Sieg", eine vier zu vier-Entscheidung. An der Seite des Schweizer Kollegen *P. Schneider* (Mainz) focht er mit einer Verfassungsbeschwerde für den Spiegel-Verlag bzw. dessen Herausgeber *R. Augstein*.

II.

Der politische Weg von *H. Ehmke* in Bonn war durch große Erfolge und manche Enttäuschungen gekennzeichnet. Im Herbst 1969 als Direktkandidat eines Stuttgarter Wahlkreises in den Bundestag gewählt (als Wahlkämpfer trat er sogar im württembergischen Göppingen auf), war er von 1969–1972 Chef des Kanzleramtes unter *Willy Brandt*. Er soll dort harsch und selbstbewusst „regiert" haben. Legendär ist seine Antwort auf die Frage seines Fahrers, wohin er ihn bringen solle: „egal, ich werde überall gebraucht". An der Seite von *Willy Brandt* setzte er sich für dessen Ostpolitik entscheidend ein. Zuvor war er ein Jahr als Nachfolger von *G. Heinemann* Justizminister, als dieser Bundespräsident wurde. Als *Brandt* in der *Guillaume*-Spionage-Affäre 1974 zurücktrat, schied *Ehmke* auch aus dem Kabinett aus, dem er zuletzt als Forschungs- und Postminister angehört hatte (1972). Bis 1994 gehörte *Ehmke* dem Deutschen Bundestag an. In der SPD-Fraktion war er für die Außen- und Sicherheitspolitik zuständig und knüpfte viele Freundschaften mit ausländischen Politikern.

Im Grunde kehrte er zur Wissenschaft – von Ausnahmen abgesehen – nie wieder zurück, was viele Kollegen der deutschen Staatsrechtslehre sehr bedauert haben (er selbst schrieb in seinen Erinnerungen „Mittendrin" (1994, S. 33): „Meine Herkunft aus der Wissenschaft, hat mich davon bewahrt, ganz in der Politik aufzugehen"). Immerhin gab es noch zwei reiche Bände: Der erste (Sammel-)Band trägt die Überschrift: „Das Porträt, Reden und Beiträge" (1980). Neben Bilddokumentationen, Karikaturen und Anekdoten um und mit *H. Ehmke* finden sich seine eigenen Reden und Beiträge. Sie gelten etwa dem Thema „Demokratie und Rechtsordnung" (S. 44 ff.) mit so wichtigen Stichworten wie „zur Verjährung" sowie „Rechtsordnung und Verfassungsentwicklung" (eine Bundestagsrede) sowie „Menschenrechte und Entspannung" und „Was ist des Deutschen Vaterland?" – gerade auch heute wieder lesenswert: das GG, (s)eine „Leitkultur", „Verfassungskultur", „Muttersprache" sowie „Heimat"? Zuvor waren Sammelbände über die Politik der praktischen Vernunft (1969) und Politik als Herausforderung (1974/79) erschienen.

Der zweite große Band, im Grunde Memoiren, ist *Willy Brandt* zum achtzigsten Geburtstag gewidmet: „Mittendrin – von der Großen Koalition zur großen Deutschen Einheit" (1994). Hier einige Stichworte: „Der Renegat", „Der Machtwechsel", „Reformpolitik und Radikalismus", „Zerreißproben" (etwa der Streit um die Nachrüstung), „mit Entspannungspolitik gegen die Teilung" (ebd. S. 34 ff., zum Spiegel-Prozess). Schon ein Blick in das Personenregister zeigt, mit wie vielen berühmten Persönlichkeiten *Ehmke* in Kontakt trat. Mit gewissem Stolz und sogar wohl mit Selbstkritik zitierte er hier die frühe Zurechtweisung durch seinen Göttinger Lehrer *R. Smend* (in dessen Seminar der fünfziger Jahre): „O doch, Herr Ehmke, mit etwas Tastsinn und etwas Taktgefühl, da gibt es eine geisteswissenschaftliche Methode." (S. 25). Derselbe *Smend* hat ihm später vorgeworfen, er sei der Politik zuliebe der Wissenschaft untreu geworden (ebenda S. 28). Der Band hatte sogleich ein großes Echo in der allgemeinen Presse (zum Beispiel SZ vom 14. März 1994, S. 11: „Keine einfache Wahrheit" sowie Badische Zeitung vom 3. Juni 1994: „Persönliche Chronik eines Mitgestalters der Ostpolitik.", Das Parlament vom 14. Oktober 1994, S. 15: „Patchwork" – „gelernter Sozialdemokrat". Bemerkenswert ist auch die Schilderung seiner Begegnung mit *H. Kelsen* (a.a.O., S. 32)).

Wegbereiter und Freunde bzw. Kollegen widmeten ihm eine in jeder Hinsicht gelungene Geburtstags-Festschrift unter dem treffenden Titel: „Metamorphosen, Annäherung an einen vielfältigen Freund, Für H. Ehmke zum Achtzigsten" (2007), (die Festschrift wurde in Bonn in Gegenwart auch von *H. Maier* aus

München festlich überreicht). Der Verf. dieses Gedächtnisblattes schrieb den Beitrag „Der Wissenschaftler“ (a.a.O., S. 44 ff.) und versuchte, die reiche Rezeptions- und Wirkungsgeschichte der wissenschaftlichen Schriften *Ehmkes* einmal mehr nachzuzeichnen. Auch sind die meisten der von *Ehmke* als Erstreferent angeregten Freiburger juristischen Dissertationen (a.a.O., S. 60 Fn 41) im einschlägigen Schrifttum bis heute noch präsent.

Seinem Mentor *A. Arndt* widmete *H. Ehmke*, auf meine Bitte hin, zuvor selbst eine bewegende Würdigung (JöR 50 (2002), S. 159–168). *Ehmke* seinerseits erhielt von *K. Hesse*, seinem Freund seit Göttinger Tagen, zum 65. Geburtstag im AöR ein eindrucksvolles Geburtstagsblatt (AöR 117 (1992), S. 1–3). In den Jahren 1963–66 hatte *H. Ehmke* zusammen mit den geschäftsführenden AöR-Herausgebern *K. Hesse* und *P. Lerche* eine höchst aktive Redaktionspolitik betrieben. So regte er etwa die „Rechtsprechungsberichte“ im AöR an, die heute hier und ganz allgemein fehlen – „Kommentierte Verfassungsrechtsprechung“ über viele Jahre und aus einer Hand bleibt ein Desiderat. Und er aktivierte das Rezensionswesen im öffentlichen Recht, das heute leider in jeder Hinsicht zurücktritt.

In späterer Zeit meldete sich *H. Ehmke* noch zwei Mal mit seiner ganzen Kunst und Wissenschaft zu Wort. Der Aufsatz: „Europa, die zweite Chance“, in: Die Zeit vom 15.1.1998 zeigt einmal mehr, was die Wissenschaft an ihm hatte. Gleiches gilt für ein wohl letztes wissenschaftliches Engagement in Sachen „Reformpolitik und „Zivilgesellschaft“ (Vortrag im Rathaus Schöneberg, Berlin, 14.5.2001, S. 19 ff.). Der in vielen jüngeren Verfassungen auch in Übersee vorkommende Begriff der „Zivilgesellschaft“ wurde bisher noch nie so tiefgründig ausgelotet wie in dieser Berliner Rede. *Ehmke* konnte hier an seine eigenen frühen Arbeiten anknüpfen und das Thema mit großer Präzision im neuen Kontext deuten. Heute gefragt: Welche Legitimation haben NGOs? Sind sie nur selbstbezogen? Bilden sie einen Teil der Weltgesellschaft? Welchen Themen widmen sie sich, etwa dem Klimawandel, der Steuerflucht, der medizinischen Versorgung? Welche Kontrollen bedarf es gegenüber den NGOs? Wie muss die Transparenz ausgestaltet sein?

Der Glückwunsch des Verf. zum achtzigsten Geburtstag von *H. Ehmke* (AöR 131 (2006), S. 507 ff.) suchte noch einmal das wissenschaftliche Gespräch mit diesem auch in seiner Wirkungsgeschichte großen Staatsrechtslehrer. Manche Schriften erreichen den Rang von „Klassikertexten im Verfassungsleben“. Mag *Ehmke* in den letzten Jahren auch Kriminalromane mit beträchtlichem Erfolg geschrieben haben – offenbar hatte er auch hier durchaus sein Publikum –: in diesem Gedächtnisblatt sei „nur“ des Gelehrten gedacht. Unser menschliches Andenken gilt dem ganzen *Ehmke* und unsere Verbundenheit seiner ganzen – mittlerweile durch Enkelkinder bereicherten – Familie.

https://doi.org/10.1515/9783110767032-013

VI
Ilse Staff (1928–2017)

Ute Sacksofsky

Ilse Staff[1] war die erste deutsche Staatsrechtslehrerin.[2] Als erste Frau habilitierte sie sich 1969 im öffentlichen Recht im deutschsprachigen Raum und wurde das erste weibliche Mitglied der Vereinigung der deutschen Staatsrechtslehrer. *Ilse Staff* war damit ihrer Zeit weit voraus und blieb lange allein. Es dauerte etwa anderthalb Jahrzehnte, also über eine Wissenschaftlergeneration, bis sich die nächsten beiden Frauen im öffentlichen Recht habilitierten, freilich beide in der Schweiz: *Beatrice Weber-Dürler* 1983 in Zürich und *Diemut Majer* 1984 in Bern.[3] Erst in den neunziger Jahren des vergangenen Jahrhunderts nahm die Zahl der Staatsrechtslehrerinnen allmählich zu.[4] Zu Beginn des neuen Jahrtausends machten Frauen etwa 4% der Staatsrechtslehrer aus, aber auch heute liegt die Zahl noch unter 15 %.[5]

1 Dieser Beitrag stellt einen leicht überarbeiteten Nachdruck des Beitrages dar: *U. Sacksofsky*, Ilse Staff – die erste deutsche Staatsrechtslehrerin, in: FS 100 Jahre Rechtswissenschaft in Frankfurt, 2014, 185 ff.

2 Für die Erstellung des Portraits von Ilse Staff waren viele Menschen zum Gespräch in den Jahren 2013–2014 bereit; einige von Ihnen sind inzwischen selbst verstorben. Ihnen allen gilt meine Dankbarkeit: Prof. Dr. Erhard Denninger, Prof. Dr. Bernhard Diestelkamp, Prof. Dr. Rainer Erd, Dr. h.c. Georg Falk, Prof. Dr. Sibylla Fluegge, Prof. Dr. Günter Frankenberg, Prof. Dr. Dieter Grimm, Dr. Bertold Huber, Prof. Dr. Stefan Kadelbach, Prof. Dr. Klaus Lüderssen, Prof. Dr. Joachim Rückert, Dr. Bettina Schmaltz, Prof. Dr. Michael Stolleis, Staatssekretärin Dr. Margaretha Sudhof, Prof. Dr. Rudolf Wiethölter und Prof. Dr. Manfred Weiß.

3 In der Schweiz studierte auch die erste deutsche Juristin, Emily Kempin-Spyri, im Jahr 1884; ihr Leben erzählt der Roman von *E. Hasler*, Die Wachsflügelfrau, 1991.

4 1987: Gertrude Lübbe-Wolff (Bielefeld); 1989: Lerke Osterloh (FU Berlin); 1992: Juliane Kokott (Heidelberg); 1994: Astrid Epiney (Mainz) und Regula Kägi-Diener (Basel); 1995: Monika Böhm (Gießen) und Katharina Gräfin von Schlieffen, geb. Sobota (Jena); 1996: Monika Jachmann (Regensburg) und Ulrike Davy (Wien); 1997: Dagmar Felix (Passau); 1998: Doris König (Kiel); 1999: Ute Sacksofsky (Bielefeld) und Viola Schmid (FU Berlin). Zum Vergleich: 1969 hatte die Vereinigung der Deutschen Staatsrechtslehrer insgesamt 173 Mitglieder (Stichtag 1.3.), 2000: 482 (Stichtag: 11.4.).

5 Zur Repräsentanz von Frauen in der Rechtswissenschaft: *U. Sacksofsky/C. Stix*, Was lange währt und immer noch nicht gut ist – Zur Repräsentanz von Frauen in der Wissenschaft vom Recht, KJ 2018, 464.

I. Biographische Eckdaten

Ilse Staff, geb. Hupe, wurde am 16. Mai 1928 in Hannover geboren. Die Schule absolvierte sie in Hildesheim und Hannover; dort legte sie am 19. Februar 1947 die Reifeprüfung ab. Im Wintersemester 1947/48 begann sie in Würzburg mit dem Jurastudium und wechselte zum Sommersemester 1948 nach Frankfurt. Sie verbrachte 1948/49 ein Auslandsjahr in Pisa, einem Ort, zu dem sie oft zurückkehren sollte. Das Erste Juristische Staatsexamen bestand sie im Januar 1952, also noch im 9. Fachsemester, mit einer exzellenten Note. Zweieinhalb Jahre später wurde sie am 2. September 1954 durch die Rechtswissenschaftliche Fakultät der Johann Wolfgang Goethe-Universität Frankfurt promoviert.[6] Das Thema ihrer Dissertation lautete: „Das Gnadenrecht". Die Zweite Juristische Staatsprüfung legte sie am 6. Juli 1957 – wiederum mit einer ausgezeichneten Note – ab. Am Tag darauf heiratete sie Dr. *Curt Staff*, den Präsidenten des OLG Frankfurt.

In den folgenden Jahren sammelte sie praktische Erfahrungen: Sie war in der Rechtsabteilung des Hessischen Rundfunks tätig und nahm Anwaltsvertretungen wahr. Im Wintersemester 1964/65 begann ihre Lehrtätigkeit an der Universität Frankfurt – Abteilung für Erziehungswissenschaften. Sie war als Oberstudienrätin im Hochschuldienst für die Fächer Jugendrecht, Schulrecht und bildungsphilosophische Propädeutik zuständig.

Ilse Staff gehörte zum Umfeld der Frankfurter Schule, insbesondere mit *Theodor W. Adorno* war sie eng befreundet. Sie war Teil eines links-liberalen Kreises von Intellektuellen, der Sozialdemokratie nahestehend oder zugehörig, dessen Mitglieder sich in den fünfziger und sechziger Jahren, also schon deutlich vor der Studentenbewegung, in Frankfurt gefunden hatten. *Georg-August Zinn*, von 1950 bis 1969 hessischer Ministerpräsident, errichtete in Hessen ein sozialdemokratisch geprägtes Gegenmodell zur Adenauer-Republik; er hatte eine ganze Reihe sozialdemokratisch orientierter Personen nach Hessen geholt, darunter auch Curt Staff, den Präsidenten des Oberlandesgerichts Frankfurt und Ehemann von Ilse Staff. Zum engen Freundeskreis von *Ilse Staff* zählten etwa *Ernst Schütte*, für zehn Jahre hessischer Kultusminister,[7] *Helga Einsele*, die Strafrechtsreformerin und Leiterin der Frauenvollzugsanstalt in Frankfurt-Preungesheim, und *Fritz Bauer*, der Frankfurter Staatsanwalt, der maßgeblich für die Auschwitz-Prozesse verantwortlich war.

6 Nach heutiger Zählweise erfolgte die Promotion bereits am 26.5.1954, dem Tag der mündlichen Doktorprüfung.

7 Ihm widmete sie ihre Habilitationsschrift: *I. Staff*, Wissenschaftsförderung im Gesamtstaat, 1971, 3.

Im Jahr 1969 erfolgte die Habilitation an der Rechtswissenschaftlichen Fakultät der Universität Frankfurt zum Thema „Die Bundeskompetenz zur Wissenschaftsförderung in der Bundesrepublik Deutschland"; Erstbetreuer war *Günther Jaenicke*, das Zweitgutachten erstattete *Hans-Jürgen Schlochauer*.[8] Sie war damit die erste Frau, die sich am Fachbereich Rechtswissenschaft der Universität Frankfurt habilitierte.

1971 erhielt *Ilse Staff* eine H 3-Professur[9] für Staats- und Verwaltungsrecht an der Rechtswissenschaftlichen Fakultät der Universität Frankfurt. Sie wurde damit die erste Professorin des Fachbereichs und wirkte dort bis zu ihrer Pensionierung im Oktober 1993. Für den weitaus größten Teil ihrer Amtszeit blieb sie die einzige Frau. Lediglich für eine kurze Phase, in den Jahren 1988 bis 1992, hatte sie mit *Monika Frommel* eine strafrechtliche Kollegin. Im letzten Semester ihrer beruflichen Tätigkeit bekam sie mit *Lerke Osterloh* auch eine öffentlich-rechtliche Kollegin. Über lange Jahre blieb sie auch nach ihrer Emeritierung noch publizistisch tätig.

Ilse Staff scheute nie vor klaren Thesen zurück und konnte dabei glänzend und witzig formulieren. Zwei Kostproben: In der Auseinandersetzung mit einem Aufsatz von E.-W. Böckenförde formuliert sie: „Daß dem Beitrag etwas Besonderes (und deshalb Erwähnenswertes) anhaften muß, ergibt sich bereits daraus, daß er – wie aus der Eingangsanmerkung folgt – die schriftliche Fassung eines Vortrages darstellt, den der Verfasser in Tokio, Amsterdam, Berlin, Sevilla und Warschau gehalten hat, ohne daß ihm dies offenbar je langweilig geworden wäre".[10]

Als die Staatsrechtslehrer 1986 über Ehe und Familie – mit überwiegend konservativer Ausrichtung – diskutierten, leitete sie ihren Beitrag mit einer Anekdote ein:

> Die Ehefrau eines hohen geistlichen Würdenträgers in England beteiligte sich an einer Diskussion über das Scheidungsrecht; sie verteidigte mit Nachdruck das Prinzip der Unauflösbarkeit der Ehe. Gefragt, ob sie selbst in ihrer Ehe niemals an Scheidung gedacht habe, antwortete sie: ‚In den 40 Jahren meiner Ehe an Scheidung nie, an Mord oft.[11]

---

8 Publiziert als: *I. Staff*, Wissenschaftsförderung (Fn. 7).

9 Später: C3.

10 *I. Staff*, Kompetenzerweiterung des Bundesverfassungsgerichts durch Böckenförde, KJ 1999, 103.

11 *I. Staff*, Redebeitrag, VVDStRL 45 (1987), 123.

II. Die Themen

Ilse Staff verstand Rechtswissenschaftler nie als reine „Gesetzestechniker" (so ihre Bezeichnung reiner Dogmatik).[12] Stets interessierte sie sich für die sozialen Rahmenbedingungen und Hintergründe sowie die politischen Auswirkungen des Rechts. Sie war keine Positivistin, die den Rang des geltenden Rechts absolut setzte, sondern plädierte entschieden dafür, dass ein „guter Richter" Wertmaßstäbe besitzen müsse und auf keinen Fall „unpolitisch" sein dürfe. Denn sie verstand Rechtsprechung und Rechtsanwendung als „politisches Wirken" in dem Sinne, dass die gesellschaftliche Ordnung durch Rechtsprechung und Rechtsanwendung mitbestimmt wird.[13]

Ilse Staffs Interessengebiete waren zahlreich und nicht auf rein Juristisches beschränkt. Beispielsweise gab sie den 1843 erstmals veröffentlichten Roman „Dies Buch gehört dem König" von *Bettine v. Arnim*[14] heraus und führte in den historischen Hintergrund, die sozialen Konflikte und die darin behandelten Rechtsfragen ein.[15] Auch der Archäologie und der antiken Geschichte widmete *Ilse Staff* viel Aufmerksamkeit; viele Reisen, insbesondere in den Vorderen Orient, zeugen davon.

In ihrem juristischen Werk kamen ihre (politischen) Wertmaßstäbe in der Wahl der Themen wie auch in den inhaltlichen Positionen deutlich zum Tragen. *Ilse Staff* war überzeugte Demokratin. Gerade die Kommunikationsgrundrechte spielten in ihren Arbeiten eine wichtige Rolle, und sie setzte sich entschieden für ein rechtsstaatlich-liberales Verständnis der Grundrechte ein. So kritisierte sie beispielsweise[16] eine Überhöhung der Sicherheit auf Kosten der Freiheit,[17] und

12 *I. Staff* in einer Sendung des NDR zum Thema „Das Bild des deutschen Richters", ausgestrahlt am 5. Oktober 1965.

13 *I. Staff*, Bild des deutschen Richters (Fn. 12).

14 Bettine v. Arnim war 1785 in Frankfurt geboren worden. Sie war die Schwester von Clemens von Brentano, verheiratet mit Achim von Arnim und Schwägerin von Friedrich Carl von Savigny. Sie hatte enge Beziehungen zu Goethes Mutter, Catharina Elisabeth Goethe, die als Hauptfigur in dem Buch auftritt.

15 *I. Staff*, Einführung zu *B. v. Arnim*, Dies Buch gehört dem König. Herausgegeben von I. Staff, 1982, 9 ff.

16 Siehe auch die sehr differenzierte Analyse der grundrechtlichen Anforderungen an den Umgang mit den Stasi-Unterlagen, die auch die schützenswerten Positionen der (mutmaßlichen) Stasi-Mitarbeiter berücksichtigt: *I. Staff*, Wiedervereinigung unter Rechtsgesetzen. Ein Beitrag zur Verfassungskonformität des Stasi-Unterlagen-Gesetzes, ZRP 1992, 462 ff.; *I. Staff*, Zur Forschungs- und Medienfreiheit im Hinblick auf Unterlagen des Staatssicherheitsdienstes, ZRP 1993, 46 ff.

17 Siehe z.B. *I. Staff*, Öffentlichkeit als Verfassungsprinzip, ZRP 1992, 384 ff. (zu Datenerhebungs- und Datenverwendungsbefugnissen der Polizeibehörden); *I. Staff*, Anmerkung zu BVerfG-K vom

plädierte in der Medienöffentlichkeit gegen die Änderung des Asylgrundrechts.[18] Ihr Engagement für Grundrechte ging dabei über die bloße wissenschaftliche Begleitung hinaus: Sie übernahm selbst Strafverteidigungen für politisch aktive Studierende.

Bildung war ein anderes wichtiges Themenfeld für *Ilse Staff* – in mehreren Facetten: als juristisches Thema und im Interesse der Vermittlung. Vor allem in den sechziger Jahren, also in der Zeit, in der sie in der Lehrerbildung tätig war, behandeln eine Reihe ihrer juristischen Schriften Fragen des Bildungs- und Wissenschaftsrechts; Themen waren etwa: Wissenschaftsförderung,[19] das Grundrecht auf Bildung[20] oder das Hochschulgesetz.[21] Die andere Seite, die Vermittlung von Bildung, zeigte sich nicht nur in ihrem Engagement in der Lehre. Ehemalige Studierende berichten, wie sie die Studierenden direkt ansprach und klar formulierte, statt in abgehobene Schwafeleien zu verfallen. Das Bemühen, Studierenden Zugang zu verschaffen, zeigte sich auch im Verfassen von Lehrbüchern: ein schmaler Band zum Verfassungsrecht[22] und ein auch heute noch lesenswerter Grundkurs zur Staatslehre,[23] der die Entwicklung vom Mittelalter bis zur Weimarer Republik umfasst. Gelungen ist in Letzterem vor allem auch das didaktische Konzept, da die Autorin vor der Besprechung der Staatsphilosophen für jede Phase zunächst in die historischen Hintergründe einschließlich der wirtschaftlich-sozialen und der verfassungsgeschichtlichen Entwicklung einführt. Erwähnenswert ist darüber hinaus – ganz im Sinne einer sozialdemokratischen Bewegung zur Volksbildung – ein Büchlein zur „Rechtskunde für junge Menschen“, das die zentralen Fragen für Jugendliche gut verständlich aufbereitet.[24] Neben diesen – durchaus wichtigen – Aspekten ist das œuvre von *Ilse Staff* vor allem durch drei große Themen geprägt.

29.9.1997 – 2 BvR 1676/97, JZ 1998, 406 f. (zu sitzungspolizeilichen Anordnungen gegenüber Verteidigern); *I. Staff*, Sicherheitsrisiko durch Gesetz. Anmerkung zum Urteil des Bundesverfassungsgerichts zum G 10-Gesetz, KJ 1999, 586 ff.

18 *I. Staff*, Das Asylrecht kann die Wanderungsbewegungen nicht steuern, Frankfurter Rundschau vom 10.2.1993.

19 *I. Staff*, Wissenschaftsförderung (Fn. 7); siehe auch: *I. Staff*, Neue Perspektiven der Bildungsplanung? Ein Beitrag zum Zwischenbericht der Enquete-Kommission für Fragen der Verfassungsreform, DöV 1973, 725 ff.

20 *I. Staff*, Das Grundrecht auf Bildung, in: H.-J. Heydorn u.a. (Hrsg.), Bildung und Konfessionalität, 1967, 109 ff.

21 *I. Staff*, Das Hessische Hochschulgesetz. Kommentar, 1967.

22 *I. Staff*, Verfassungsrecht, 1976.

23 *I. Staff*, Lehren vom Staat, 1981.

24 *I. Staff*, Rechtskunde für junge Menschen, 1979.

1. Nationalsozialismus und Recht

Ilse Staff war eine der allerersten, die sich in der Rechtswissenschaft mit dem Nationalsozialismus beschäftigten. 1964, also bereits vier Jahre vor *Rüthers* Schrift „Unbegrenzte Auslegung",[25] erschien „Justiz im Dritten Reich. Eine Dokumentation". *Ilse Staff* wollte „den Anteil der deutschen Juristen an der Tyrannei der Nationalsozialisten zeigen".[26] Dabei hatte sie unglaubliche und zahlreiche Dokumente zusammengetragen: Neben Urteilen und Gesetzen zitierte sie aus Briefen von Richtern, Erlassen und Schriftverkehr amtlicher Stellen. Dabei war ihr wichtig, nicht nur Extrem-Urteile von Sondergerichten zu dokumentieren, obwohl sie auch diese selbstverständlich in ihre Dokumentation aufnahm. Es ging *Ilse Staff* vor allem aber darum zu zeigen, wie sehr Richter auch in „normalen", kleinen Fällen Recht im Sinne der Nationalsozialisten sprachen, Auslegungsspielräume im nationalsozialistischen Sinne nutzten oder zum nationalsozialistisch gewünschten Ergebnis kamen, obwohl normale Dogmatik ein anderes Ergebnis verlangt hätte. So dokumentiert sie beispielsweise die Entscheidung eines Amtsgerichts, in dem die Klage eines Juden auf Zahlung des Kaufpreises für den Verkauf einer Kuh abgewiesen wurde mit der Begründung, Verträge zwischen Juden und „Ariern" seien sittenwidrig und damit nach § 138 BGB nichtig.[27] Hätte man *Staffs* Buch aufmerksamer rezipiert, hätte die verbreitete Behauptung, die positivistische Ausrichtung hätte den Juristenstand gegenüber dem NS-Unrechts-Regime wehrlos gemacht, schon sehr viel früher als widerlegt angesehen werden müssen.

Heute ist dies alles bekannt, doch 1964 war es Neuland – ein Neuland, in dem man sich Feinde machen konnte. Denn *Staff* hatte sich nicht auf „Justiz" im engeren Sinne beschränkt. Ein ganzes Kapitel dokumentiert nationalsozialistisch orientierte Äußerungen von Professoren der Rechtswissenschaft,[28] darunter Staatsrechtslehrern wie *Ernst Forsthoff, Reinhard Höhn, Otto Koellreutter* und *Carl Schmitt*.[29] Dass *Ilse Staff* bei nicht wenigen deshalb als Nestbeschmutzerin galt, kann nicht überraschen und hat ihre Aufnahme in die Zunft sicherlich nicht erleichtert. In der Vereinigung der Deutschen Staatsrechtslehrer herrschte kurz nach ihrer Wiedergründung 1949 die (unausgesprochene) Übereinkunft, nicht über die NS-Zeit

---

25 *B. Rüthers*, Die unbegrenzte Auslegung, 1968.

26 *I. Staff*, Justiz im Dritten Reich. Eine Dokumentation, 1964, 10.

27 *I. Staff*, Justiz (Fn. 26), 177 f.

28 *I. Staff*, Justiz (Fn. 26), 160 ff.

29 Während von den Genannten Schmitt, Höhn und Koellreutter – als zu eindeutig belastet – von der Vereinigung ausgeschlossen blieben, hielt Forsthoff 1953 bereits einen Vortrag vor der Vereinigung: *E. Forsthoff*, Begriff und Wesen des sozialen Rechtsstaats, VVDStRL 12 (1954), 8.

zu sprechen;[30] die Vereinigung brauchte bis zum neuen Jahrtausend, um sich dem Thema der deutschen Staatsrechtslehre in der Zeit des Nationalsozialismus zu widmen.[31]

Wie kam es nun aber, dass *Staff* in einer Zeit, in der die meisten Menschen die „dunklen Jahre" vergessen wollten, den Satz „Was damals Recht war, kann heute nicht Unrecht sein" in Frage stellte? Vermutlich sind es drei Faktoren, die dazu beigetragen haben.

Die NS-Zeit beschäftigte *Ilse Staff* stark und schon früh. Bereits als Schulkind erlebte sie die NS-Zeit mit den Verhaftungen ihr nahestehender Personen bewusst. *Ilse Staff* war entschieden darin, das Wegsehen und angebliche Nicht-Wissen anzuprangern: Wenn schon das Schulmädchen (*Ilse Staff* war bei Kriegsende 16 Jahre alt) den gelben Stern sehen konnte, wie konnten ihn dann die Erwachsenen übersehen?

Auch die Geschichte von *Ilse Staffs* Ehemann trug sicherlich dazu bei, dass sie sich mit der Nazi-Vergangenheit Deutschlands beschäftigte. *Curt Staff*, geboren am 4. Oktober 1901, war bereits 1919 der SPD beigetreten. Während seines Jura-Studiums war er Vorsitzender der sozialdemokratischen Studentenorganisation. Er galt schon bald als ‚sozialdemokratischer Starjurist'[32] und wurde 1930 zum Landgerichtsrat in Braunschweig ernannt. Kurz nach der Machtergreifung der Nationalsozialisten wurde er auf offener Straße zusammengeschlagen. Schon im Juni 1933 wurde er aus dem Justizdienst entlassen. 1935/36 war er für 14 Monate im KZ Dachau interniert. Nach dem Ende des Krieges wurde er zunächst zum braunschweigischen Generalstaatsanwalt ernannt, 1947 Senatspräsident beim Obersten Gerichtshof für die Britische Zone in Köln und 1951 OLG-Präsident in Frankfurt.

Schließlich war *Ilse Staff* eng befreundet mit *Fritz Bauer*.[33] *Fritz Bauer*[34] war der Frankfurter Generalstaatsanwalt, der vor allem für seine hartnäckige Verfolgung von NS-Straftätern bekannt geworden ist – in den fünfziger und sechziger

30 *M. Stolleis*, Geschichte des öffentlichen Rechts in Deutschland, Bd. IV, 2012, 84.

31 VVDStRL 60 (2001), 9 ff. mit Referaten von *Horst Dreier* und *Walter Pauly*.

32 *T. Henne*, Curt Staff zum 100. Geburtstag, NJW 2001, 1030, 1031; auf diesen Artikel stützen sich auch die weiteren Angaben.

33 In Alexander Kluges Beschreibung des Begräbnisses von Fritz Bauer kommt Ilse Staff als Organisatorin der Trauerfeier vor: *A. Kluge*, „Wer ein Wort des Trostes spricht, ist ein Verräter". 48 Geschichten für Fritz Bauer, 2013, 8. Irmtrud Wojak berichtet, dass Ilse Staff die Gedenkrede bei der nicht offiziellen Trauerfeier gehalten habe: *I. Wojak*, Fritz Bauer 1903–1968. Eine Biographie, 2009, 460.

34 Zu Fritz Bauer siehe: *I. Wojak*, Bauer (Fn. 33); *R. Steinke*, Fritz Bauer. Oder Auschwitz vor Gericht, 2013.

Jahren, also in jener Zeit, als die meisten Deutschen von einer Aufarbeitung der Verbrechen des Nationalsozialismus nichts wissen wollten. Er war insbesondere verantwortlich für die Einleitung des ersten Auschwitz–Prozesses 1963. *Ilse Staff* würdigte ihn als einen Kämpfer für Toleranz: „Fritz Bauer kämpfte gegen die Bosheit und für die leidende, die unterdrückte Menschheit".[35]

2. Weimarer Staatsrechtslehre

Ilse Staff interessierte sich immer für die Grundlagen des Rechts, insbesondere die Rechts- und Staatsphilosophie. Schon ihre Dissertation hatte einen rechtsphilosophisch-historischen Zugang, in der sie sich mit dem Wandel des Begriffs der Gnade in verschiedenen Staatsformen auseinandersetzte.[36] Der Schwerpunkt ihrer rechtsphilosophisch-verfassungstheoretischen Beschäftigung lag aber eindeutig in der Auseinandersetzung mit Staatsrechtslehrern der Weimarer Republik, vor allem mit zwei Gegenspielern:[37] *Hermann Heller* und *Carl Schmitt*.

Ilse Staff war eine derjenigen, die für die bundesrepublikanische Rezeption *Hermann Hellers* eine wichtige Rolle spielten.[38] Über lange Jahre war die Rezeption der Weimarer Staatsrechtslehre in der Bundesrepublik von der Beschäftigung mit *Rudolf Smend* und *Carl Schmitt* dominiert gewesen.[39] *Ilse Staff* erinnerte demgegenüber immer wieder an die besondere Bedeutung *Hermann Hellers* als einem „der wenigen großen demokratischen Staatsrechtslehrer und Staatstheoreti-

---

35 *I. Staff*, In memoriam Fritz Bauer, Tribüne. Zeitschrift zum Verständnis des Judentums, 7. Jg. (1968), H. 27, 2857, 2858; s. auch: *I. Staff*, Überlegungen zum Staat als einer „Vereinigung einer Menge von Menschen unter Rechtsgesetzen", Blätter für deutsche und internationale Politik 12 (1993), 1520 ff.

36 *I. Staff*, Das Gnadenrecht, diss. iur., Frankfurt 1954.

37 Diese beiden vertraten nicht nur wissenschaftlich unterschiedliche Positionen, sondern ihre unterschiedliche politische Ausrichtung zeigte sich im Prozess um den sog. „Preußenschlag" im Jahr 1932, als Heller die preußische SPD-Landtagsfraktion und Schmitt die Reichsregierung vertrat: RGZ 138, Anhang S. 1 ff.

38 Sie wehrt sich aber entschieden gegen die Deutung, Heller sei völlig unbeachtet geblieben, und verweist vor allem auf die Diskussion um den sozialen Rechtsstaat auf der Staatsrechtslehrertagung von 1954, *I. Staff*, Zur Rezeption Hermann Hellers in der Bundesrepublik Deutschland, ZRP 2003, 337.

39 *M. Stolleis*, Geschichte (Fn. 30), 200; vgl. auch die Beschreibung der Lagerbildung um Smend und Schmitt bei *F. Günther*, Denken vom Staat her. Die bundesdeutsche Staatsrechtslehre zwischen Dezision und Integration 1949–1970, 2004. In internationaler Perspektive wurden vor allem Schmitt und Kelsen rezipiert: *I. Staff*, Entscheidung für den sozialen Rechtsstaat, ZRP 1986, 22.

ker der Weimarer Zeit“[40] und gab zusammen mit *Christoph Müller* eine Gedächtnisschrift für *Hermann Heller* zu seinem 50. Todestag heraus.[41] *Hermann Heller* war Sozialdemokrat, und er war – auch das eine Verbindung zu *Ilse Staff* – vor seiner Vertreibung Professor in Frankfurt gewesen.[42] Als Quintessenz von *Hellers* Thesen zum „sozialen Rechtsstaat“ sieht *Staff* „die volle Berücksichtigung antagonistischer Interessen im demokratischen Verfahren zur Erreichung materieller Rechtsstaatlichkeit im Sinne einer gerechten Chancen- und Güterverteilung“.[43] Sie betonte immer wieder die Aktualität der Staatstheorie von *Hermann Heller* und nutzte diesen theoretischen Ausgangspunkt, um etwa ihre Skepsis gegenüber der Wirtschafts- und Konjunktursteuerung nach Art. 109 Abs. 2 GG, eingeführt durch die Finanzreformen 1967 und 1969, zum Ausdruck zu bringen.[44]

Carl Schmitt hingegen war der „Feind“. Durch seine Vorbereitung der nationalsozialistischen Machtübernahme und insbesondere seinen Beitrag zu einer nationalsozialistischen Staatslehre – er war einer der Kronjuristen des Regimes[45] – war *Carl Schmitt* von vornherein verdächtig. Entgegen einer Lesart von *Carl Schmitt*, die versuchte, ihn demokratisch zu wenden, stellte *Staff* die antidemokratischen, totalitären Ansätze in *Schmitts* Denken deutlich heraus:

> Wenn Schmitt seine Säkularisierungsthese, seine Einordnung des Staatsrechts als ‚Politische Theologie‘ beharrlich aufrecht erhält, so besagt das angesichts seiner Staatstheorie nichts weiter, als daß es um einen der … Versuche geht, staatlicherseits Einheit zu erzwingen und mit Hilfe sog. absoluter Werte der christlichen (aber nicht nur christlichen) Idee der unverwechselbaren Persönlichkeit eines jeden Menschen Gewalt anzutun. Das mag man Politik nennen, mit Theologie hat es nichts zu tun.[46]

---

40 *I. Staff*, Hermann Heller. Demokratische Staatsrechtslehre in der Weimarer Republik, JuS 1984, 669.

41 *C. Müller/I. Staff* (Hrsg.), Der soziale Rechtsstaat. Gedächtnisschrift für Hermann Heller 1891–1933, 1984; eine Auswahl der in diesem Band enthaltenen Beiträge findet sich in *C. Müller/I. Staff* (Hrsg.), Staatslehre in der Weimarer Republik, 1985.

42 Für ein ausführliches Portrait: *I. Staff*, Hermann Heller, in: B. Diestelkamp/M. Stolleis (Hrsg.), Juristen an der Universität Frankfurt am Main, 1989, 187 ff.

43 *I. Staff*, Der soziale Rechtsstaat. Zur Aktualität der Staatstheorie Hermann Hellers, in: C. Müller/I. Staff (Hrsg.), Der soziale Rechtsstaat. Gedächtnisschrift für Hermann Heller (1891–1933), 25 ff.

44 *I. Staff*, Rechtsstaat (Fn. 41), 28 ff.

45 So etwa *A. Koenen*, Der Fall Carl Schmitt. Sein Aufstieg zum „Kronjuristen des Dritten Reiches“, 1995.

46 *I. Staff*, Zum Begriff der Politischen Theologie bei Carl Schmitt, in: G. Dilcher/I. Staff (Hrsg.), Christentum und modernes Recht, 1984, 182, 204 f. In strukturell ähnlicher Weise zeigt sie dies für die internationalrechtlichen Schriften Schmitts: *I. Staff*, Der Nomos Europas. Anmerkungen zu Carl Schmitts Konzept einer Weltpolitik, in: C. Gaitanides u.a. (Hrsg.), Europa und seine Verfassung. FS Zuleeg, 2005, 35, 45.

3. Italien

Es gibt kaum jemanden in der deutschen Staatsrechtslehre, der sich so intensiv mit der italienischen Staatsrechtslehre befasst hat wie *Ilse Staff*. Sie hatte das Land (spätestens) 1948 kennengelernt, als sie ein Jahr in Pisa studierte. Schon das war ungewöhnlich, denn die Auslands-Mobilität der Studierenden war Ende der 1940er Jahre nicht sehr ausgeprägt. *Ilse Staff* sprach fließend italienisch. Sie verbrachte immer wieder Zeiten in Pisa und war lange als Fachbereichsbeauftragte für die beiden universitären Partnerschaften in Pisa verantwortlich. Sie diskutierte intensiv mit den italienischen Kollegen nicht nur in einem vergleichenden Kontext, wo sie für den deutschen Part zuständig gewesen wäre, sondern war in die inner-italienischen staatsrechtlichen Auseinandersetzungen involviert.[47] Ein großes Projekt befasste sich mit der Carl-Schmitt-Rezeption in Italien.[48] Immer wieder stellte *Staff* sich die Frage nach Parallelen und Unterschieden zwischen der Staatslehre im italienischen Faschismus und unter dem deutschen NS-Regime.[49] Ihr Engagement für Italien wurde mit einem Orden belohnt. Am 27. Dezember 1992 wurde *Ilse Staff* durch den italienischen Staatspräsidenten zum „Cavaliere dello Stato Italiano“ (im Rang eines „Ufficiale“ (Offizier)) ernannt.

III. Eine (un-)typische Frauenbiographie?

Ilse Staff war die allererste Frau in Deutschland, die es zur Staatsrechtslehrerin brachte. Bis dies möglich wurde, waren viele Hindernisse zu überwinden Die Vorbehalte gegenüber der „wissenschaftlichen Befähigung“ von Frauen waren über Jahrhunderte so stark gewesen, dass man Frauen eine höhere Schulbildung ebenso wie ein Studium versagte; der Kampf um die Frauenbildung war daher ein zen-

---

47 Siehe z.B. *I. Staff*, Staatsdenken im Italien des 20. Jahrhunderts – Ein Beitrag zur Carl-Schmitt-Rezeption, 1991; *I. Staff*, Verfassungstheoretische Probleme in der demokratischen Republik Italien. Ein Beitrag zur Staatstheorie Constantino Mortatis, Der Staat 35 (1996), 271 ff.; *I. Staff*, Die öffentliche Verwaltung im totalitären System, Jahrbuch für europäische Verwaltungsgeschichte 10 (1998), 49 ff.

48 *I. Staff*, Staatsdenken im Italien des 20. Jahrhunderts – Ein Beitrag zur Carl-Schmitt-Rezeption, 1991; *I. Staff*, Zur Rezeption totalitärer Staatstheorie in Italien, KritV 1999, 444 ff.

49 *F. Lanchester/I. Staff* (Hrsg.), Lo stato di diritto democratico dopo il fascismo ed il nazionalsocialismo. Demokratische Rechtsstaatlichkeit nach Ende von Faschismus und Nationalsozialismus, 1999.

trales Anliegen der Frauenbewegung im 19. Jahrhundert.[50] Auch der Weg für Frauen in die Rechtswissenschaft war ausgesprochen mühselig.[51] 1932 habilitierte sich als erste Rechtswissenschaftlerin *Magdalene Schoch.*[52] Bis zur Habilitation im öffentlichen Recht dauerte es noch weitere fast 40 Jahre. Dazu hat vermutlich beigetragen, dass Vorbehalte gegenüber Frauen im Staatsrecht noch tiefer verwurzelt waren als in anderen Gebieten der Rechtswissenschaft, handelte das Staatsrecht doch vom „Öffentlichen", also von genau dem Bereich, der Frauen, die ins „Private" verwiesen wurden, verschlossen war. Mit wie vielen Vorbehalten, Ausgrenzungen und wie viel Ablehnung wird *Ilse Staff,* deren Habilitation noch vor dem Beginn der zweiten Frauenbewegung erfolgte, zu kämpfen gehabt haben? Ob sich Ilse Staff selbst als „Feministin" verstanden hat, ist aus ihren Schriften nicht ersichtlich. Doch bewusst war ihr die Geschlechterfrage durchaus. In einem Glückwunsch zum 60. Geburtstag von Rudolf Wiethölter schrieb sie über Gramsci und schloss Ihren Beitrag: „Hier breche ich ab, denn: Für den kathartischen Prozeß der Entwicklung jener ‚regulierten Gesellschaft' ist von Gramsci ein ‚großer Intellektueller' gefordert, und damit bin (ganz abgesehen von dem mir fehlenden r) eindeutig nicht ich, sondern damit sind – natürlich – Sie gemeint. Allora: coraggio compagno, coraggio."[53]

Die Genderforschung hat sich intensiv damit beschäftigt, welchen Hindernissen Wissenschaftlerinnen auf dem Weg in die Wissenschaft auch heute noch – Jahrzehnte später – typischerweise begegnen.[54] Manches davon wird auch auf den Lebenslauf von *Ilse Staff* zutreffen.

---

50 Siehe z.B.: *U. Gerhard,* Unerhört. Die Geschichte der deutschen Frauenbewegung, 1990, 138 ff.; *K. von Soden,* Auf dem Weg in die Tempel der Wissenschaft. Zur Durchsetzung des Frauenstudiums im Wilhelminischen Deutschland, in: U. Gerhard (Hrsg.), Frauen in der Geschichte des Rechts, 1997, 617 ff.

51 Siehe insbesondere: *Deutscher Juristinnenbund* (Hrsg.), Juristinnen in Deutschland. Eine Dokumentation (1900–1989), 4. Aufl. 2003; *S. Bajohr/K. Rödiger-Bajohr,* Die Diskriminierung der Juristin in Deutschland bis 1945, KJ 1980, 39 ff.; *M. Fabricius-Brand/S. Berghahn/K. Sudhölter,* Juristinnen. Berichte, Fakten, Interviews, 1982; *S. Flügge,* Der lange Weg in die Gerichte, Streit 1984, 149 ff.; *U. Rust* (Hrsg.), Juristinnen an den Hochschulen. Frauenrecht in Lehre und Forschung, 1997; *S. Hähnchen,* Der Weg von Frauen in die juristischen Berufe – Rechtshistorisches zu einer gar nicht so lange zurückliegenden Entwicklung, Querelles 14 (2009), 273 ff.

52 Ausführlich zu frühen juristischen Habilitationen von Frauen: *M. Röwekamp,* Die ersten deutschen Juristinnen, 2011, 507 ff.

53 *I. Staff,* Kleine Anmerkung zum „Großen Intellektuellen", KJ 1989, 176, 183.

54 Siehe z.B.: *G. Pfister,* Anpassung, Widerstand, Resignation? Probleme und Perspektiven promovierender Frauen, in: B. Clemens/S. Metz-Göckel/A. Neusel/B. Port (Hrsg.), Töchter der Alma Mater. Frauen in Berufs- und Hochschulforschung, 1986, 167 ff.; *A. Wetterer,* „Man marschiert als Frau auf Neuland" – Über den schwierigen Weg der Frauen in die Wissenschaft, in: U. Gerhardt/

1. Es ist typisch für Lebensläufe von Frauen, dass sie ihr Berufsziel nicht auf direktem Wege erreichen, Unterbrechungen hinnehmen, Umwege gehen. Das lässt sich auch an *Ilse Staffs* Lebenslauf beobachten. Bis zur Promotion und dem Zweiten Examen war ihr beruflicher Weg zügig: 1957, 29 Jahre alt, war sie promoviert und hatte das Zweite Juristische Staatsexamen bestanden. Bis zum Abschluss ihrer Habilitation gingen dann aber 12 Jahre ins Land. Woran lag die Verzögerung? Statt beruflich „durchzustarten", folgte eine Zeit der temporären beruflichen Beschäftigungen: kurze Tätigkeit beim HR, Anwaltsvertretungen. Sicherlich war – wie bei Frauen oft – das Private mitverantwortlich. *Ilse Staff* hatte geheiratet. Gerade erst war das (sog.) Gleichberechtigungsgesetz in Kraft getreten, welches das klar patriarchalische Ehe- und Familienrecht dem verfassungsrechtlichen Gebot der Gleichberechtigung von Männern und Frauen anpassen sollte. Aber auch in dieser neuen Fassung war die Haushaltsführung allein der Ehefrau überantwortet.[55] Es ist kaum zu vermuten, dass dies im Haushalt von *Curt* und *Ilse Staff* anders war. *Ilse Staff* hatte damit einen zusätzlichen Pflichtenkreis, der männlichen Kollegen nicht einmal ansatzweise zufiel.

2. Selbst zu dem Zeitpunkt, als *Ilse Staff* anfing, sich wissenschaftlich zu betätigen, hatte sie nie eine Assistentenstelle bei den Juristen, sondern war im erziehungswissenschaftlichen Fachbereich beschäftigt. Dies mag daran gelegen haben, dass ihr eine solche Stelle nie angeboten wurde. Die Genderforschung zeigt,

---

Y. Schütze (Hrsg.), Frauensituation, 1988, 273 ff.; *E. M. Geenen*, Akademische Karrieren von Frauen an wissenschaftlichen Hochschulen, in: B. Krais (Hrsg.), Wissenschaftskultur und Geschlechterordnung: über verborgene Mechanismen männlicher Dominanz in der akademischen Welt, 2000, 83 ff.; *I. Lind*, Aufstieg oder Ausstieg? Karrierewege von Wissenschaftlerinnen. Ein Forschungsüberblick, 2004; *I. Lind/A. Löther*, Chancen für Frauen in der Wissenschaft – eine Frage der Fachkultur?, revue suisse des sciences de l'education 29 (2007), 249 ff.; *S. Metz-Göckel/P. Selent/R. Schürmann*, Integration und Selektion. Dem Dropout von Wissenschaftlerinnen auf der Spur, Beiträge zur Hochschulforschung 32 (2010), 8 ff.; *A. Majcher/A. Zimmer*, Hochschule und Wissenschaft und –hindernisse für Frauen, in: R. Becker/B. Kortendiek (Hrsg.), Handbuch Frauen- und Geschlechterforschung, 3. Aufl. 2010, 705 ff.; *F. Schubert/S. Engelage*, Wie undicht ist die Pipeline? Wissenschaftskarrieren von promovierten Frauen, Kölner Zeitschrift für Soziologie & Sozialpsychologie 63 (2011), 431 ff.; *A. Engels/T. Ruschenburg/S. Zuber*, Chancengleichheit in der Spitzenforschung: Institutionelle Erneuerung der Forschung in der Exzellenzinitiative des Bundes und der Länder, in: T. Heinze/G. Krücken (Hrsg.), Institutionelle Erneuerungsfähigkeit der Forschung, 2012, 187 ff.

55 § 1356 Abs. 1 BGB i.d.F. v. 18. Juni 1957 (BGBl. I S. 609): „Die Frau führt den Haushalt in eigener Verantwortung. Sie ist berechtigt, erwerbstätig zu sein, soweit dies mit ihren Pflichten in Ehe und Familie vereinbar ist".

dass noch heute Frauen in der Wissenschaft deutlich seltener zu einer akademischen Karriere ermuntert werden oder Habilitationsangebote bekommen.[56]

3. Wie es in akademischen Kreisen gelegentlich vorkommt, wurde *Ilse Staffs* Doktorvater später ihr Ehemann. Unter diesen Umständen konnte *Curt Staff* sie natürlich nicht auf dem weiteren wissenschaftlichen Weg begleiten, zumal er ohnedies lediglich Honorarprofessor an der Universität war. Damit aber stellte sich für *Ilse Staff* die in den 1960er Jahren sicherlich nicht einfache Frage, welcher Ordinarius sie fördern könnte.

4. Dass es zwischen Professoren-Kollegen Streit um Habilitationen gibt, kommt immer wieder vor. Bei der Habilitation *Ilse Staffs* waren es jedoch die nicht-habilitierten Assistenten, die sich ablehnend zu ihrer Habilitationsschrift äußerten – ein drastischer Hinweis auf ein feindseliges Umfeld. Es ist normalerweise kaum vorstellbar, dass jene, die noch vor einer bestimmten Prüfung stehen, sich aus eigenem Antrieb gegen eine Person aussprechen, die sich gerade in dieser Prüfung befindet.

5. Das Verhältnis zur Zunft der Staatsrechtslehrer kann nicht einfach gewesen sein. *Zacher* soll bei ihrer Vorstellung gesagt haben: „Sie steht auf wie ein Mann". 15 Jahre lang war *Ilse Staff* der einzige weibliche Staatsrechtslehrer. Liest man die Diskussionsbeiträge der Tagungen der Vereinigung der Deutschen Staatsrechtslehrer, triefen diese von „verehrte gnädige Frau", vor allem dann, wenn man ihr widersprechen wollte.[57] Anekdotisch wird berichtet, dass der Vorsitzende der Vereinigung der Deutschen Staatsrechtslehrer auch in ihrem Beisein die Versammlung mit „Sehr geehrte Herren" begrüßte, um dann, als der Blick auf sie fiel, hinzuzufügen: „Sie sind ein Herr im Sinne der Staatsrechtslehrervereinigung". Sie wird noch vielen weiteren Hindernissen, Vorbehalten und Ausgrenzungsmechanismen begegnet sein. Dennoch war sie nie verbittert. Manche vermuten, dass *Ilse Staff* diese Sonderstellung als Solitär genossen haben könnte. Dies erscheint nicht ausgeschlossen, aber selbst wenn dem so gewesen wäre, dürfte es nicht die ganze Wahrheit gewesen sein. Denn dem steten und wiederholten Hinweis darauf, die einzige „Andere" zu sein, wohnt ohne Zweifel auch ein ausgrenzender Aspekt inne, er weist auf die Fremdheit hin, und dürfte *Ilse Staff* das Gefühl verwehrt haben, einfach dazuzugehören: die Hochschule als „fremder Ort" für Frauen.[58]

---

56 *G. Pfister*, Anpassung (Fn. 54), 167 ff.; *E. M. Geenen*, Karrieren (Fn. 54), 95 ff.; *J. Allmendinger*, Fördern und Fordern – was bringen Gleichstellungsmaßnahmen in Forschungseinrichtungen? Empirische Ergebnisse, in: A. Spellenberg (Hrsg.), Die Hälfte des Hörsaals: Frauen in Hochschule, Wissenschaft und Technik, 2005, 51 ff.; *I. Lind/A. Löther*, Chancen (Fn. 54), 255 f.

57 Siehe z.B. *J.-H. Kaiser*, Redebeitrag, VVDStRL 40 (1982), 126.

58 *A. Wetterer*, Neuland (Fn. 54), 279 ff.

6. Typisch für Frauen in der Wissenschaft ist ihre Marginalisierung, Wissenschaftlerinnen erhalten – wie Studien zeigen – geringere Anerkennung für ihre Leistungen.[59] Auch *Ilse Staff* blieben die „höchsten Würden" der Anerkennung in der Wissenschaft versagt: Sie blieb auf einer C3-Stelle. Dies hatte zur Folge, dass sie nie das – zweifelhafte – Vergnügen hatte, Dekanin des Fachbereichs zu werden. Auch wurde sie nie zum Staatsrechtslehrervortrag aufgefordert. Ob sie das gekränkt hat?

Im politischen Raum wurden ihre Verdienste aber durchaus gewürdigt: Neben dem bereits erwähnten italienischen Orden wurde ihr am 8. Oktober 1996 das Bundesverdienstkreuz am Bande verliehen.[60]

IV. Schlussbemerkung

Jürgen Kaube nennt Ilse Staff in seinem Nachruf in der Frankfurter Allgemeinen Zeitung eine „ganz außergewöhnliche Juristin".[61] Das war sie in der Tat. Zum einen war sie als Frau eine Pionierin in einer Zeit, in der die Wissenschaft insgesamt – und erst recht die Rechtswissenschaft – ein rein männliches Unterfangen war (die Kontexte, in denen Ilse Staff den Großteil ihres Lebens verbrachte, „männlich dominiert" zu nennen, wäre schon ein Euphemismus): Sie war die allererste Staatsrechtslehrerin und blieb die einzige für mehr als eine Dekade. Außergewöhnlich war sie aber auch wegen der Themen, mit denen sie sich beschäftigte, und wegen des Zugangs zu diesen Themen. Sie begann schon in den 1960er Jahren mit der Aufarbeitung des Beitrags von Juristen zum nationalsozialistischen Gewaltregime und war eine kritische Stimme in einer überwiegend konservativ ausgerichteten Staatsrechtslehrerzunft.

Fragt man Menschen, die *Ilse Staff* gut kannten, nach einer Charakterisierung, so wird sie als liebenswürdig, kommunikativ, lebenslustig, eigenwillig, schlagfertig, aufrecht, direkt, als eine Person, die sich nicht um die Meinung der anderen kümmerte, beschrieben. Diese Eigenschaften werden ihr sicherlich dabei geholfen haben, den schwierigen Weg in die Wissenschaft einzuschlagen und als erste deutsche Staatsrechtslehrerin Neuland zu betreten.

---

59 *C. Wenneras/A. Wold*, Vetternwirtschaft und Sexismus im Gutachterwesen, in: B. Krais (Hrsg.), Wissenschaftskultur und Geschlechterordnung: über verborgene Mechanismen männlicher Dominanz in der akademischen Welt, 2000, 107 ff.; *Majcher/Zimmer*, Hochschule (Fn. 54), 708.

60 BAnz. Nr. 57 vom 22. März 1997, 3771.

61 *J. Kaube*, FAZ vom 27. Dezember 2017, N3.

Auswahlbibliographie

C. Müller/I. Staff (Hrsg.), Der soziale Rechtsstaat. Gedächtnisschrift für Hermann Heller 1891–1933, 1984.

I. Staff, Justiz im Dritten Reich. Eine Dokumentation, 1964.

I. Staff, Wissenschaftsförderung im Gesamtstaat, 1971.

I. Staff, Verfassungsrecht, 1976.

I. Staff, Rechtskunde für junge Menschen, 1979.

I. Staff, Lehren vom Staat, 1981.

I. Staff, Staatsdenken im Italien des 20. Jahrhunderts – Ein Beitrag zur Carl-Schmitt-Rezeption, 1991.

https://doi.org/10.1515/9783110767032-014

VII
Martin Bullinger (1930–2021)

Michael Fehling

I. Biographisches[1] und Persönliches

Geboren am 5. April 1930 in Pforzheim, aufgewachsen in Bamberg, Nürnberg und Erfurt, wurde Martin Bullinger nach dem Studium in Berlin, Köln und Tübingen Assistent von *Hans Schneider*, zunächst in Tübingen und später in Heidelberg. Dessen historisch-kritisches Herangehen an Grundsatzfragen hat auch Martin Bullingers Arbeitsweise geprägt. Auf Anregung von *Hans Schneider* absolvierte Martin Bullinger 1958/59 einen Studienaufenthalt in Cambridge/England, den er mit einem Diploma in Comparative Legal Studies abschloss und dessen Ergebnisse in seine Habilitationsschrift über „Vertrag und Verwaltungsakt" einflossen. Dies legte den Grundstein für seine lebenslange Passion für die Rechtsvergleichung. Nach der Habilitation 1961 wurde er 1963 Ordinarius an der Universität Freiburg, der er trotz Rufen nach Wien und Heidelberg die Treue hielt,[2] auch über seine Emeritierung im Jahr 1998 hinaus. Es folgten in den 1960er und 70er Jahren längere Forschungsaufenthalte in den USA (Berkeley, Harvard, Washington) und später Gastprofessuren in Frankreich, wo ihm in Dijon 1998 die Ehrendoktorwürde verliehen wurde. Ausgedehnte wissenschaftliche Kontakte pflegte er ferner nach Japan, Italien und Spanien. National verengtes Denken blieb ihm immer ein Graus, wozu – ebenso wie zu seiner Neigung zur Rechtsvergleichung – auch die Ehe mit seiner französischen Frau Micheline beigetragen haben dürfte. In der Selbstverwaltung seiner Fakultät und Universität hat sich Martin Bullinger überobligationsmäßig in die Pflicht nehmen lassen, hat zweimal (1968/69 und 1990/91) als Dekan und von 1975 bis 1997 als Rechtsberater des Rektors gewirkt sowie 1989 das Frankreichzentrum seiner Freiburger Universität mitbegründet. Hier bewährte sich seine Fähigkeit, hinter den Kulissen im persönlichen Gespräch

1 Vgl. hierzu auch *Brohm*, Martin Bullinger zum 75. Geburtstag, AöR 130 (2005), S. 179 ff.; *Fehling*, Glückwunsch: Martin Bullinger zum 80. Geburtstag, JZ 2010, 370 f. (woran sich der erste Absatz teilweise anlehnt).

2 Wie *Günther*, Denken vom Staat her, 2004, S. 225 mitteilt, hob *Bullinger* 1964 in einem Brief an *Schnur* in der Freiburger Fakultät „die freundliche Atmosphäre" hervor, „in der sich alle bemühen, den Standpunkt des anderen zu verstehen und die eigene Meinung zu überprüfen."

Brücken zu bauen und zu überzeugen. Im Vorstand der Staatsrechtslehrervereinigung, der Gesellschaft für Rechtsvergleichung und dem Studienkreis für Presserecht und Pressefreiheit war er ebenfalls, teils viele Jahre, aktiv. Am 23. Januar 2021 ist er nach längerer Krankheit im Kreise seiner Familie verstorben.

Von einzelnen Erfahrungen im Kindes- und Jugendalter mit dem Nationalsozialismus, etwa nach der Reichspogromnacht, hat Martin Bullinger auch in seinen späteren Jahren noch berichtet. Die Vermutung liegt nahe – wenngleich man mit weitreichenden Schlüssen aus einzelnen biographischen Begebenheiten generell vorsichtig sein sollte –, dass darin sein grundlegendes Misstrauen gegenüber großen geschlossenen Gesellschaftsentwürfen wurzelte. Später sprach man bekanntlich auch von einer „skeptischen Generation".[3] An der 1968er Studentenbewegung störten ihn weniger die Forderungen nach Reformen in der Universität, sondern deren – seiner Auffassung nach – doktrinäres ideologisches Denken und mangelnde Gesprächsbereitschaft.[4] Als bürgerlich-liberaler Freigeist wahrte Bullinger Distanz gegenüber engeren parteipolitischen Bindungen; noch mehr waren ihm allerdings politische „Wendehälse" zuwider. Anders als die meisten seiner damaligen Kollegen hat er im persönlich-fachlichen Gespräch immer wieder die NS-Vergangenheit mancher renommierter Staatsrechtslehrer thematisiert und reflektiert. Seiner Erzählung nach hatte er in seiner Heidelberger Assistentenzeit *Ernst Forsthoff*, den er wissenschaftlich als sehr inspirierend schätzte („er hatte in einer Woche mehr Ideen als mancher in seinem gesamten Wissenschaftlerleben"), sogar direkt damit konfrontiert und berichtete von dessen Erwiderung (sinngemäß: „Ich habe nichts zu bereuen – damals war eben eine andere Zeit") mit einer Mischung aus Respekt ob dieser gewissen Ehrlichkeit und Entsetzen über die Unbelehrbarkeit. In Lehrveranstaltungen hat Martin Bullinger oft die Frage aufgeworfen, inwieweit tradierte dogmatische Figuren und Konzepte, etwa dasjenige der *Forsthoff*schen Daseinsvorsorge, nationalsozialistisch belastet bzw. davon losgelöst neu interpretierbar seien.

Mit seiner Generation verband Martin Bullinger ein Stück weit wohl auch der Wunsch, mehr nach vorne als zurück zu schauen. Innovationen faszinierten ihn wissenschaftlich wie persönlich bis in das hohe Alter. Er erblickte darin keine Heilsversprechen, wohl aber Chancen für Verbesserungen, sofern sie, wissenschaftlich begleitet, klug genutzt würden. Nur scheinbar stand diese Zukunftsorientierung im Gegensatz zur historisch-kritischen Analyse. Denn Geschichtliches

3 Begriffsprägend *Schelsky*, Die skeptische Generation, 1957.

4 Seine Erinnerungen aus der Zeit als Dekan 1968/1969 hat er verarbeitet unter dem Titel: Die grundlegende Neuordnung der Universität von 1968 – Rückblick und Ausblick, in: Appel/Hermes/Schönberger (Hrsg.), FS Wahl, 2011, S. 489 ff.

war in Bullingers Werk nie Selbstzweck, sondern stets Mittel zum besseren Verständnis der gegenwärtigen Herausforderungen.

In der wissenschaftlichen Diskussion liebte Martin Bullinger das geschliffene Wort[5] wie auch klare Urteile. Dies stand gelegentlich in der Gefahr, als Überheblichkeit fehlgedeutet zu werden. Doch mischte sich seine Kritik oftmals mit einer Prise Selbstironie, was sich zugegebenermaßen in kleinerer vertrauter Runde leichter offenbarte. Wiewohl im damaligen Ordinarien-Habitus[6] durchaus verhaftet, konnte Bullinger doch in seinen Erzählungen immer wieder kritische Distanz dazu vermitteln. So sehr er auch seines Erachtens falsche Wege geißelte, so respektierte er doch zugleich Geist und Ideenreichtum auch bei Kollegen (damals leider noch sehr selten: Kolleginnen) anderer Auffassung und dies weit mehr als unreflektierte Gefolgschaft.

II. Werk und Wirken

Sucht man im Werk eines Staatsrechtslehrers nach Verbindendem, so drängt sich die Frage nach dem Staatsverständnis auf. In diesem mischen sich rechtswissenschaftliche und grundlegende politische (nicht notwendig parteipolitische) Überzeugungen. Eine etatistische Überhöhung des Staates, ein prononciertes „Denken vom Staat her",[7] war Martin Bullinger fremd. Zur *Schmitt*-Schule, aber auch zur *Smend*schen Integrationslehre blieb er auf Distanz, nicht zuletzt, weil er darin autoritäre Züge erblickte. Zu viel Staatsvertrauen hielt er als Lehre aus der Geschichte für gefährlich. Die Sehnsucht nach einer harmonischen Einheit von Bürgern und Staat betrachtete er als Grundfehler, den er in der deutschen Geschichte bis in die politische Romantik zurückverfolgte und der seines Erachtens in manchem, wie etwa der weit verstandenen öffentlichen Aufgabe der Presse, noch

---

5 Gerne auch gleichnisähnlich eingekleidet, vgl. seinen Diskussionsbeitrag zum Staatsrechtslehrerreferat von *Schlink* zur „Bewältigung der wissenschaftlichen und technischen Entwicklungen durch das Verwaltungsrecht", dem er die Abschottung gegenüber neuen Entwicklungen vorwarf: „So machte das meine Tübinger Wirtin, eine strenge Pietistin. Sie hielt Türen und Fenster stets geschlossen, damit der Teufel nicht hereinkommen konnte" (VVDStRL 48 [1990], S. 291).

6 In Anspielung auf, aber ohne Gleichsetzung mit *Bourdieu*, Homo academicus, 1984.

7 So der Titel des Buchs von *Günther* (Anm. 2) über – so der Untertitel – „die deutschen Staatsrechtslehrer zwischen Dezision und Integration", vgl. dort S. 279 das Zitat von Bullinger zu den fließenden Übergängen von Staat und Gesellschaft sowie Staat und Wirtschaft; vgl. ferner S. 282 der Bezug zur Rezension der Habilitationsschrift von *Lerche* durch *Bullinger*, Der Staat 5 (1966), S. 379 ff., worin er dessen Versuch würdigte „einen Standpunkt zwischen den etablierten Schulen zu finden".

fortwirkte.[8] Der demokratische Verfassungsstaat fuße auf einer Prise gesunden Misstrauens des Bürgers gegenüber der Staatsgewalt, auf Kontrolle statt Vertrauen; dies lehrte er nicht nur seinen Mitarbeitern und Mitarbeiterinnen, sondern bildete auch die Basis für einen wichtigen kritischen Aufsatz gegen übertriebenen Vertrauensschutz im Verwaltungsrecht.[9] Bullinger war aber auch kein Anhänger eines wirtschaftsliberalen Minimalstaats. Vielmehr sah er unter Rückgriff auf frühliberales Denken – insoweit war im *Robert von Mohl* nahe – eine zentrale Aufgabe des Staates darin, Dienstleistungen für Wirtschaft und Gesellschaft möglichst effizient bereitzustellen. Besonders deutlich wird dies in seinen Überlegungen zur Beschleunigung von Genehmigungsverfahren. Staat und Verwaltung erfüllen so bei ihm eine unverzichtbare Funktion weit über die Gewährleistung von Freiheit, Sicherheit und Ordnung hinaus. Sozialer Ausgleich – wenngleich in seinen Schriften weniger betont – und Umweltschutz – wobei sich Martin Bullinger als einer der ersten grundlegend mit dem Verursacherprinzip beschäftigte[10] – hatten darin durchaus einen wichtigen Platz. Die staatlichen Stellen müssen sich aber dabei, so sein Plädoyer, so weit wie möglich dem Rhythmus von Wirtschaft und Gesellschaft anpassen und nicht umgekehrt.

1. Wissenschaftliche Schwerpunkte und Publikationen[11]

Das wissenschaftliche Werk Martin Bullingers umfasst fast die ganze Breite des Staats- und vor allem Verwaltungsrechts. Verfassungsfragen untersuchte er meist eingebettet in verwaltungsrechtliche Themen, hatten für ihn dort aber besonders im Medienrecht zentrale Bedeutung. Mit seinem Gespür für zukunftsträchtige Themen und Konzepte war er der Entwicklung oft um viele Jahre voraus.[12] So nahm etwa seine Schrift „Kommunikationsfreiheit im Strukturwandel der Telekommunikation“ (1980) in vielem schon die heutige Digitalisierung und Individualisierung

---

8 Genetische Belastungen der „öffentlichen Aufgaben“ der Presse, AfP 1995, S. 644 f.

9 Vertrauensschutz aus historisch-kritischer Perspektive, JZ 1999, S. 905 ff.

10 Rechtsfragen des Verursacherprinzips beim Umweltschutz, in: Bullinger/Rincke/Oberhauser/Schmidt, Das Verursacherprinzip und seine Instrumente, 1974, S. 69 ff.; vgl. auch: Haftungsprobleme beim Umweltschutz, VersR 1972, S. 599 ff.

11 Im Folgenden in Anlehnung an *Fehling* (Anm. 1), JZ 2010, 370 f. und *ders.*, Vorwort, in: Fehling/Grewlich (Hrsg.), Struktur und Wandel des Verwaltungsrechts, Symposium zum 80. Geburtstag von Prof. Dr. Dr. h.c. Martin Bullinger, 2011, S. 5 f.; vgl. auch *Brohm* (Anm.1), AöR 130 (2005), S. 177 (178 f.).

12 Dies hebt in seinem Nachruf auch *Kirchberg*, Erinnerungen an Martin Bullinger (1930–2021), VBlBW 2001, S. 242, hervor.

der Medienlandschaft, wenn auch noch ohne Internet, voraus. Durchweg lag ihm das Zeichnen großer Linien und die Entwicklung von grundlegenden Konzepten weit mehr am Herzen als rechtsdogmatische Detailarbeit an einzelnen Vorschriften. Daraus erklärt sich, dass er sich für Kommentierungen kaum begeistern konnte; der einzige von ihm herausgegebene und zu wesentlichen Teilen bearbeitete Kommentar hatte bezeichnenderweise das von ihm wesentlich mit konzipierte erste baden-württembergische Landesmediengesetz zum Gegenstand.[13] Auch in seinen Publikationen liebte Martin Bullinger das geschliffene Wort. Größten Wert legte er auf präzise und zugleich möglichst einfache Formulierungen, an denen er regelmäßig in mehreren Entwurfsfassungen feilte. Sprachlichen „Zuckerguss“, wie er es nannte, schätzte er nicht, wohl aber verdeutlichende, auch bildhafte Zuspitzungen.[14]

Im allgemeinen Verwaltungsrecht hat wohl seine aus der Antrittsvorlesung hervorgegangene Untersuchung „Öffentliches Recht und Privatrecht“ (1968) die größte wissenschaftliche Wirkung entfaltet. Sie wurde auch ins Spanische übersetzt und 1996 neu aufgelegt. In späteren Beiträgen knüpfte er daran an, mit Wirkung in die jüngere Diskussion um öffentliches Recht und Privatrecht als wechselseitige Auffangordnungen[15] hinein. Weitere Schwerpunkte lagen beim (öffentlich-rechtlichen) Vertrag – wo er seine kritische Haltung aus der Habilitationsschrift später, im Zuge des Erlasses der Verwaltungsverfahrensgesetze, etwas modifiziert[16] – und beim Ermessen, wo er aus historisch-kritischer und rechtsvergleichender Perspektive für eine übergreifende Sicht auf Spielräume der Verwal-

13 *Bullinger/Gödel (Hrsg.)* Kommentar zum Landesmediengesetz Baden-Württemberg, 1986.

14 So schon einleitend in seiner Dissertation: Die Selbstermächtigung zum Erlass von Rechtsvorschriften, 1958, S. 9: „Freiherr von Münchhausen pflegte seinen Freunden beim Weine unter anderen erstaunlichen Abenteuern auch dieses fortzusetzen. ‚Ein anderes Mal wollte ich über einen Morast setzen, ... sprang ... zu kurz und fiel nicht weit vom anderen Ufer bis an den Hals in den Morast. Hier hätte ich unfehlbar umkommen müssen, wenn nicht die Stärke meines eigenen Armes mich an meinem eigenen Haarzopfe ... wieder herausgezogen hätte.‘ Es ist nicht überliefert, ob sich die Reichsregierung in den Jahren 1923/24 dieser Geschichte erinnerte, als sie [...] im Morast der großen Wirtschaftskrise zu versinken drohte. Jedenfalls kam sie auf den bemerkenswerten Gedanken, sich selbst, die Reichsregierung, jeweils rechtzeitig vor Ablauf der Ermächtigungsgesetze auf unbegrenzte Zeit zum Erlass weiterer Rechtsverordnungen zu ermächtigen, sich also, um mit Münchhausen zu sprechen, am eigenen Haarzöpfe aus dem Sumpf herauszuziehen.“

15 Vgl.: Die funktionale Unterscheidung von öffentlichem Recht und Privatrecht als Beitrag zur Beweglichkeit von Verwaltung und Wirtschaft in Europa, in: Hoffmann-Riem/Schmidt-Aßmann (Hrsg.), Öffentliches Recht und Privatrecht als wechselseitige Auffangordnungen, 1996, S. 239 ff.

16 Grundlegend zum damals neuen Recht: Leistungsstörungen beim öffentlich-rechtlichen Vertrag, DÖV 1977, S. 812 ff.

tung warb.[17] Anfangs der 1989er Jahre hat Martin Bullinger die Dauer von Genehmigungsverfahren als Problem entdeckt und dort einmal mehr Grundlagen für eine bis heute gleichsam wellenartig wiederkehrende Reformdebatte[18] gelegt, derzeit wieder im Zusammenhang mit dem beschleunigten Ausbau erneuerbarer Energien und der dafür benötigten Leitungen. Niederschlang fanden seine Überlegungen und diejenigen seiner Schüler sowie mancher Kollegen auch in der eigens zu diesem Zweck von ihm gegründeten Nomos-Schriftenreihe „Verwaltung 2000“.

Ende der 1970er Jahre wurde das Medienrecht zu einem bevorzugten Forschungsfeld. Sein schon genanntes Buch „Kommunikationsfreiheit im Strukturwandel der Telekommunikation“ bildete die Grundlage für die von ihm später weiter ausgearbeiteten und aktualisierten technischen und rechtlichen Entwicklungsperspektiven. Beim öffentlich-rechtlichen Rundfunk war Martin Bullinger ein wissenschaftlicher Wegbereiter für die schärfere Konturierung des Grundversorgungsauftrags in einem spezifischen Funktionsauftrag.[19] Zwar wollte er diesen Auftrag etwas enger zuschneiden, als dies die Praxis und die Verfassungsrechtsprechung tun. Ein Verfechter einer bloßen Lückenfüllungsfunktion der Rundfunkanstalten für hochwertige Informations- und Kultursendungen, welche der auf massenattraktive Inhalte angewiesene private Rundfunk nicht abzudecken vermag, war Bullinger jedoch nicht; aus vergleichender Perspektive sah er eher die BBC als Vorbild. Beim privaten Rundfunk galt seine besondere Aufmerksamkeit der Internationalisierung und Europäisierung[20] sowie der Entwicklung hin zu Spartenprogrammen und zur stärker individualisierten Mediennutzung in Abrufdiensten.[21] Aus heutiger Sicht vielleicht etwas zu optimistisch war seine Hoffnung, ein regulatorisch klug eingehegter Wettbewerb könne auch und gerade im privaten Rundfunk kreative Impulse für innovative und dabei auch anspruchsvolle Programmideen freisetzen. Als das Internet aufkam, trug er wesentlich zur Herausbildung eines abgestuften Regulierungskonzepts bei. Die striktere rundfunk-

17 Heute noch grundlegend vor allem für die verschiedenen mit der Einräumung von Ermessen verfolgbaren Zwecke: Das Ermessen der öffentlichen Verwaltung, JZ 1984, S. 1001 ff.

18 Etwa im Zusammenhang mit der Dienstleistungsrichtlinie und deren Umsetzung; Parallelen zu *Bullingers* Forschungen herausarbeitend *Fehling*, Beschleunigung von Genehmigungsverfahren in Umsetzung der EU-Dienstleistungsrichtlinie, in: Fehling/Grewlich (Anm. 11), S. 43 (44 f.)

19 Programmatisch: Die Aufgaben des öffentlich-rechtlichen Rundfunks – Wege zu einem Funktionsauftrag, 1999.

20 Früh schon: Rundfunkordnung im Bundesstaat und in der Europäischen Gemeinschaft, AfP 1985, S. 257 ff.; Das Verhältnis von deutschem zu europäischem Rundfunkrecht, VBlBW 1989, S. 161 ff.; vgl. auch: Satellitenrundfunk im Bundesstaat, AfP 1985, S. 1 ff.

21 Früh: Strukturwandel von Rundfunk und Presse, NJW 1984, S. 385 ff.

rechtliche Regulierung solle auf „planhaft gestaltete Vollprogramme" beschränkt werden,[22] während sonstige Medieninhalte in Kabel und Internet nach Vorbild der Presse in die (Zulassungs-)Freiheit zu entlassen seien.[23]

Zum öffentlichen Wirtschaftsrecht hat Martin Bullinger ebenfalls schon früh Grundlegendes publiziert, nicht zuletzt in seinem auch heute noch zitierten Staatsrechtslehrerreferat von 1964. Die damalige kritische Diskussion darüber[24] zeugt davon, dass er sich nie damit zufriedengab, eingefahrene und damit ohne weiteres konsensfähige Wege weiterzugehen. Mit der aus seinem Habilitationsvortrag hervorgegangenen Schrift „Die Mineralölfernleitungen" (1962) bewies er früh seinen Sinn für innovative Forschungsgegenstände und neue Entwicklungen. Später hat er die Post- und Telekommunikationsreformen in verschiedenen Publikationen zur Reform der Daseinsvorsorge grundlegend analysiert.[25] Seine Arbeiten haben mit den Weg bereitet zur Konturierung des heute vieldiskutierten Regulierungsrechts. Auch nach seiner Emeritierung wandte er sich noch gänzlich Neuem zu, insbesondere dem neuartigen Konzept regulierter Selbstregulierung bei der Entsorgung und dem Recycling von Elektroaltgeräten.[26]

Bei der Rechtsvergleichung im Verwaltungsrecht gehört Martin Bullinger zu den Pionieren. Schon seine Habilitationsschrift „Vertrag und Verwaltungsakt" (1962) war vergleichend angelegt und fußte auf einem Forschungsjahr in Trinity Hall, Cambridge. Sein besonderes Interesse galt Frankreich, ferner den USA, aber auch nach Japan,[27] Italien[28] und Spanien pflegte er intensive wissenschaftliche Beziehungen.[29] Die Früchte sind in viele vergleichende Studien zum allgemeinen

22 Vgl. dazu auch: Das Vollprogramm im Rundfunk, in: Klein (Hrsg.), FS Benda, 1994, S. 33 (37 f.).

23 Siehe u.a.: Der Rundfunkbegriff in der Differenzierung digitaler Dienste, AfP 1996, S. 1 ff; Multimediale Kommunikation in Wirtschaft und Gesellschaft, ZUM 1996, S. 749 ff.; *Bullinger/Mestmäcker*, Multimediadienste, 1997.

24 VVDStRL 22 (1965), S. 329 ff.

25 Siehe u.a.: Von administrativer Daseinsvorsorge zu privatwirtschaftlicher Leistung unter staatlicher Rahmengarantie – Am Beispiel gemeindlicher Telekommunikation, in: Ruland u.a. (Hrsg.), FS Zacher, 1998, S. 85 ff.; Französischer service public und deutsche Daseinsvorsorge, JZ 2003, S. 597 ff.; schließlich Regulierung als Instrument der Ordnung liberalisierter Wirtschaftszweige, DVBl. 2003, S. 1355 ff.

26 Dazu *Bullinger/Lückefett (Hrsg.)*, Das neue Elektrogesetz, 2005; *Bullinger/Fehling (Hrsg.)*, Elektro- und Elektronikaltgerätegesetz (ElektroG), Kommentar, 2005.

27 Besonders zu Prof. *Shiono*; vgl. etwa: Wirtschaftliche Zwecke und rechtliche Neuerungen des bevorstehenden japanischen Verwaltungsverfahrensgesetzes, VerwArch 84 (1993), S. 65 ff., den Entwurf hatte *Shiono* im selben Heft (S. 45 ff.) vorgestellt.

28 Nicht zuletzt zu seiner Schülerin Prof. *Violini*.

29 In späteren Jahren nicht zuletzt über seinen früheren Mitarbeiter und Schüler Prof. *Bacigalupo*.

Verwaltungsrecht,[30] zum Medienrecht,[31] zur Beschleunigung von Genehmigungsverfahren[32] und zum service public[33] eingeflossen, die im In- und Ausland erschienen sind. Gemeinsam mit *Christian Starck* hat er zur Rechtsvergleichung im öffentlichen Recht viele Jahre lang eine renommierte Schriftenreihe im Nomos-Verlag herausgegeben.

Eine nicht geringe Zahl seiner späteren (Buch-)Publikationen basierte auf Gutachten, oft für die öffentliche Hand, aber auch für Private. Nie hat er sie jedoch unverändert abgedruckt, sondern immer nur als Ausgangspunkt für weiter vertiefende Forschungen genutzt. Gutachten waren so für ihn vor allem ein Anstoß, sich mit neuen und praktisch bedeutsamen Themen auseinanderzusetzen dementsprechend tragen auch diese Werke unabhängig vom jeweiligen Auftraggeber Martin Bullingers unverzichtbare wissenschaftliche Handschrift, nicht weniger als seine sonstigen Veröffentlichungen. Seine wissenschaftliche Unabhängigkeit wahrte Bullinger bei Gutachtenanfragen, indem er eine Vorprüfung vornahm, ob die Richtung seiner Überlegungen für den Auftraggeber im Grundsatz (nicht notwendig im Detail) akzeptabel war. Fiel diese Vorprüfung negativ aus, was nicht selten der Fall war, so erbat er eine Spende an die Bibliothek.

2. Hochschul- und Politikberatung

Neues vermochte Martin Bullinger provokant zuzuspitzen, thesenhaft zu verdichten und damit immer wieder Debatten anzustoßen. Dadurch war er auch in der Politikberatung sehr gefragt, wenn es darum ging, Veränderungen in Wirtschaft, Technik und Gesellschaft mittels neuer rechtlicher Konzepte Rechnung zu tragen. So konnte er manche seiner wissenschaftlichen Ideen auch in der Gesetzgebung verankern helfen. War er auch mit Leib und Seele Wissenschaftler, so lag ihm doch die praktische Wirkung ebenfalls an Herzen. In der wechselseitigen Befruchtung von wissenschaftlicher Grundlagenarbeit und rechtspolitischen Reformüberlegungen hat er Akzente gesetzt, die bis heute nach- und fortwirken.

30 Insb.: Das Ermessen (Anm. 17), JZ 1984, S. 1001 ff.; Nationale Verwaltungsverfahren im Vorfeld europäischer Rechtsangleichung – Die Ermittlung des Sachverhalts, EuR 1995, S. 35 ff.

31 Etwa: Rundfunkfinanzierung im In- und Ausland, ZUM 1986, S. 219 ff.; Europäische Rundfunkordnungen im Übergang, in: Mestmäcker (Hrsg.), Offene Rundfunkordnung, 1988, S. 45 ff.

32 Etwa: Verwaltung im Rhythmus von Wirtschaft und Gesellschaft, JZ 1991, S. 53 ff.

33 Etwa: Französischer service public und deutsche Daseinsvorsorge, JZ 2003, S. 597 ff.

In mehreren baden-württembergischen Kommissionen[34] war Martin Bullinger Ende der 1970er Jahre an der Vorbereitung des dortigen Landesmediengesetzes[35] beteiligt, das Modellcharakter für die Zulassung des privaten Rundfunks in Deutschland besaß. Als das Internet aufkam, trug er wesentlich zur Herausbildung eines abgestuften Regulierungskonzepts für neue und alte Medien unter Berücksichtigung der schwierigen Gemengelage bei den Gesetzgebungskompetenzen bei. Daraus ging gesetzgeberisch das Zusammenspiel von Teledienstegesetz des Bundes und Mediendienstestaatsvertrag der Länder hervor, bis es im jüngerer Zeit zu einer Neuaufteilung im Telemediengesetz des Bundes einerseits und im Staatsvertrag für Rundfunk und Telemedien (heute Medienstaatsvertrag) kam. 1994 amtierte Bullinger als Mitglied der unabhängigen Expertenkommission zur Beschleunigung von Genehmigungsverfahren. Der Abschlussbericht mit den dortigen Empfehlungen[36] ist wesentlich durch die Impulse seiner wissenschaftlichen Arbeiten der vorangegangenen Jahre geprägt. Die Post- und Telekommunikationsreformen hat er Mitte der 1990er Jahre als Mitglied eines wissenschaftlichen Beraterkreises des Bundesministeriums begleitet und in verschiedenen Publikationen zur Reform der Daseinsvorsorge grundlegend analysiert.

Nachhaltigen hochschulpolitischen Einfluss entfaltete Martin Bullinger zudem in seiner fast 22-jährigen Tätigkeit als Rechtsberater des Rektors in Freiburg. So hat er beispielsweise die Reform der baden-württembergischen Universitätskliniken von unselbständigen Anstalten des Landes zu rechtsfähigen Anstalten in Trägerschaft der Universität von Freiburg ausgehend mit konzipiert. Dabei sah er sich stets eher als Ratgeber im Hintergrund; als ihm selbst einmal das Rektoramt angetragen wurde, lehnte er umgehend ab.

---

34 Siehe insb. Expertenkommission Neue Medien – EKM Baden-Württemberg. Abschlussbericht, Bd 2, 1981, darin Bullinger, Rechtliche Möglichkeiten, den negativen Auswirkungen der Neuen Medien zu begegnen, S. 127 ff.

35 Die dazu ergangene Verfassungsgerichtsentscheidung (BVerfGE 74, S. 297 ff.), die den Ausschluss des öffentlich-rechtlichen Rundfunks vom lokalen und regionalen Rundfunk als verfassungswidrig beanstandete, sah er überwiegend kritisch: Zum Beschluß des BVerfG vom 24.3.1987 über die Verfassungsmäßigkeit des Landesmediengesetzes Baden-Württemberg, JZ 1987, S. 928 ff.

36 Investitionsförderung durch flexible Genehmigungsverfahren. Bericht der Unabhängigen Expertenkommission zur Vereinfachung und Beschleunigung von Planungs- und Genehmigungsverfahren, 1994. Für das dortige Konzept hat er auch journalistisch geworben: *Bullinger/Schatz*, Genehmigungen aus dem Menükatalog, FAZ v. 22.4.1994, S. 15.

3. Martin Bullinger als akademischer Lehrer und Mentor

Martin Bullinger war ein akademischer Lehrer mit Ecken und Kanten. Lethargie, Geistlosigkeit und die bloße Wiedergabe von auswendig Gelerntem waren ihm auch bei Studierenden zuwider und nicht immer konnte und wollte er dies verbergen. Der Titel des zu seiner Emeritierung veranstalteten interdisziplinären Kolloquiums „Wissenschaft statt Wissensvermittlung“[37] brachte sein akademisches Credo in der Lehre auf den Punkt. Nicht immer stieß dies in den Vorlesungen auf Widerhall, zumal er seine Hörer und Hörerinnen für die damalige Zeit recht häufig mit bohrenden Fragen herausforderte. Sobald er jedoch bei seinen Studierenden einen Funken ernstlichen Interesses an der intellektuellen Vertiefung wahrnahm, blühte er und blühten mit ihm auch seine Studierenden auf. In Prüfungen verlangte er von seinen Studierenden ebenfalls, sich über das Gelernte hinaus ein Stück weit mit Unbekanntem auseinanderzusetzen, honorierte dann aber auch tastende Schritte, so dass die Noten bei den vermeintlich so schweren Fragen meist gar nicht so schlecht ausfielen.

Martin Bullinger kennzeichnete eine unbändige wissenschaftliche Neugierde.[38] Dies hat mich – wie viele andere – schon als Student und mehr noch später als sein Mitarbeiter fasziniert. Sprachlich elegant verpackt, konnte er auch als akademischer Lehrer scharfe wissenschaftliche Kritik üben, doch trug sie regelmäßig eine gehörige Portion Humor und Selbstironie in sich. Die hohen Anforderungen, die er an Dritte stellte, hatte er zugleich auch an seine eigenen Publikationen. Alles ließ sich hinterfragen. Wenn man an den unzähligen Runden teilnehmen durfte, in denen er seine Entwürfe im Kreis der Mitarbeiter Satz für Satz zur kritischen Diskussion stellte, wenn man sah, wie viele Fassungen seine Texte bis zur Veröffentlichung durchliefen, so konnte dies für die Wissenschaft begeistern und wirkte als Ansporn für die eigene Arbeit. Bei manchen Studierenden ob seiner vermeintlichen Strenge durchaus auch gefürchtet, wurde Martin Bullinger für diejenigen, die in besser kennen lernten, zu einem ebenso kritischen wie ermutigenden und warmherzigen Mentor auf den Weg zu eigenständigem Denken in Wissenschaft oder Praxis.

---

37 Vgl. *Bullinger/Jäger/Jurt (Hrsg.)*, Wissenschaft statt Wissensvermittlung, Schriften des Frankreich-Zentrums, 1999.

38 Im Folgenden erneut in Anlehnung an *Fehling*, (Anm. 1), JZ 2010, 370 f; ferner *ders.*, Nachruf, Rundschreiben der Staatsrechtslehrervereinigung 1/2021 v. 15.3.2021; aus einer früheren Mitarbeitergeneration ähnlich *Kirchberg* (Anm.12), VBlBW 2021. S. 242.

Ausgewählte Schriften Martin Bullingers[39]

Vertrag und Verwaltungsakt, 1962
Die Mineralölfernleitungen, 1962
Staatsaufsicht in der Wirtschaft, VVDStRL 22 (1965) S. 264 ff.
Öffentliches Recht und Privatrecht, 1968, Neuauflage 1996
Ungeschriebene Kompetenzen im Bundesstaat, AöR 96 (1971), S. 237 ff.
Das Verursacherprinzip und seine Instrumente (zusammen mit Rincke, Oberhauser und Schmidt), 1974
Kommunikationsfreiheit im Strukturwandel der Telekommunikation, 1980
Das Ermessen der öffentlichen Verwaltung, JZ 1984, S. 1001 ff.
Freiheit von Presse, Rundfunk und Film, in: Isensee/Kirchhof (Hrsg.), Handbuch des Staatsrechts der Bundesrepublik Deutschland, Bd VI: Freiheitsrechte, 1. Aufl. 1989, § 142 (2. Aufl. 2001; 3. Auf. 2009, Bd VII, § 163)
Verwaltung im Rhythmus von Wirtschaft und Gesellschaft, JZ 1991, S. 53 ff
Beschleunigte Genehmigungsverfahren für eilbedürftige Vorhaben, 1991
Die funktionelle Unterscheidung von öffentlichem Recht und Privatrecht als Beitrag von Verwaltung und Wirtschaft in Europa, in: Hoffmann-Riem/Schmidt-Aßmann (Hrg.), Öffentliches Recht und Privatrecht als wechselseitige Auffangordnungen, 1996, S. 236 ff.
Der Rundfunkbegriff in der Differenzierung digitaler Dienste, AfP 1996, S. 1 ff.
Multimediadienste (zusammen mit Mestmäcker), 1997
Die Aufgaben des öffentlich-rechtlichen Rundfunks – Wege zu einem Funktionsauftrag, 1999
Medien, Pressefreiheit, Rundfunkverfassung, in: Festschrift für das BVerfG, 2001, Bd 2, S. 193 ff.
Französischer service public und deutsche Daseinsvorsorge, JZ 2003, S. 597 ff.
Regulierung als Instrument der Ordnung liberalisierter Wirtschaftszweige, DVBl. 2003, S. 1355 ff.

39 Ausschnitte aus zentralen Schriften erneut abgedruckt in *Bullinger*, Regulierung von Wirtschaft und Medien. Analysen ihrer Entwicklung, 2008.

https://doi.org/10.1515/9783110767032-015

VIII
Werner Hoppe (1930–2009)

Janbernd Oebbecke

1. Lebensdaten[1]

Geboren am 28. Juni 1930 wuchs Werner Hoppe als dritter Sohn der Familie in seiner Geburtsstadt Münster auf.[2] Sein Vater war Bankdirektor bei der Westfälischen Landesbank. Seine Jugend war durch kriegsbedingte Entbehrungen, Unterbrechungen des Schulbesuchs und die großen Zerstörungen in seiner Heimatstadt mitgeprägt. Für den Dienst als Flakhelfer zu jung, erhielt er eine Ausbildung bei der Jugendfeuerwehr, über die er später gelegentlich berichtete. Er studierte[3] in Münster und wurde dort 1959, nachdem er während der Referendarzeit seine Dissertation verfasst hatte, Rechtsanwalt. Das Verwaltungsrecht bildete einen Schwerpunkt der Kanzlei[4] – heute Baumeister Rechtsanwälte –, war aber nicht das einzige Arbeitsgebiet.[5] Er publizierte Aufsätze und war als Lehrbeauftragter an der Rechtswissenschaftlichen Fakultät tätig. Als er 1970 die Untersuchung „Organstreitigkeiten vor den Verwaltungs- und Sozialgerichten" veröffentlicht hatte, riet ihm Hans-Julius Wolff, das Buch als Habilitationsschrift einzureichen; er habilitierte sich im selben Jahr für die Fächer „Staatsrecht, Verwaltungsrecht und

---

1 Für die Unterstützung durch Gespräche dankt der Verfasser Martin Beckmann, Wilfried Erbguth, Angela Faber, Susan Grotefels, Stefan Ulrich Pieper, Martin Schulte und Elke Topp.

2 Zu Leben und wissenschaftlichem Werk s. vor allem die sorgfältige Auswertung von Quellen und Schrifttum durch Dirk Ehlers, Das Umwelt- und Raumplanungsrecht: Werner Hoppe (1930–2009), in: Thomas Hoeren (Hg.), Münsteraner Juraprofessoren, Münster 2014, S. 295–308, sowie die Beiträge in Freundeskreis Rechtswissenschaft (Hg.), Schlaglichter 11, In memoriam Werner Hoppe, Münster 2010; das Symposium anlässlich seiner Emeritierung ist dokumentiert in: Wilfried Erbguth/Janbernd Oebbecke/Hans-Werner Rengeling/Martin Schulte (Hg.), Abwägung im Recht, Köln 1996; seine Publikationen sind nachgewiesen in: Wilfried Erbguth/Janbernd Oebbecke/Hans-Werner Rengeling/Martin Schulte (Hg.), Planung, Festschrift für Werner Hoppe zum 70. Geburtstag, München 2000, S. 1099 ff., die späteren Schriften in Schlaglichter S. 69 ff.

3 Aus seiner Studienzeit ist kaum etwas bekannt; bei Bernhard Stüer (Planungsrecht in der gerichtlichen Kontrolle, DVBl. 2011, 217 [221]) eine Anekdote über Hoppe und den damaligen Repetitor Wolfgang Hefermehl.

4 Näher dazu Schlarmann, Schlaglichter (Fn 2) S. 58.

5 Hier dürfte die Erklärung dafür liegen, dass er 1969 auch zum Notar ernannt wurde. Er war als solcher aber nicht sehr aktiv (Schlarmann, Schlaglichter [Fn 2] S. 58).

Recht der Europäischen Gemeinschaften". Erstgutachter war Christian-Friedrich Menger.

Einen Ruf an die Hochschule für Verwaltungswissenschaften Speyer als Nachfolger von Carl Hermann Ule lehnte er ab und wurde 1972 zum Professor auf dem neugeschaffenen Lehrstuhl für Raumplanung und Öffentliches Recht an der Rechtswissenschaftlichen Fakultät der Westfälischen Wilhelms-Universität Münster ernannt.[6] Er blieb der Fakultät bis zu seiner Emeritierung 1995 treu. 1974 übernahm er für zwei Jahre das Amt des Prorektors für Forschung und Wissenschaftlichen Nachwuchs und ersten Stellvertreters des Rektors. 1980 und 1981 war er Dekan der Fakultät. 1980 wurde er als Nachfolger von Werner Ernst Geschäftsführender Direktor des Zentralinstituts für Raumplanung und 1981 des neugegründeten Freiherr-vom-Stein-Instituts, der wissenschaftlichen Forschungsstelle des Landkreistages Nordrhein-Westfalen, beides An-Institute an der Universität Münster;[7] seine Nachfolger wurden 1997 beim Zentralinstitut Hans Jarass und beim Freiherr-vom-Stein-Institut der Verfasser. 1980 übernahm Hoppe als Nachfolger von Ule die Hauptschriftleitung des Deutschen Verwaltungsblattes, die er ebenfalls bis 1997 wahrnahm. Mit dem Tod seiner Frau traf ihn 1981 ein schwerer Schicksalsschlag, von dem er sich schwer erholte.

Von 1985 bis 1987 war er Mitglied des Umweltrats, gehörte von 1987 bis 1990 dem Sachverständigenrat für Umweltfragen und von 1994 bis 1998 dem Beirat für Raumordnung des Bundesbauministeriums an und war aktives Mitglied der Deutschen Akademie für Raumordnung und Landesplanung.[8] 1992 zeichnete ihn Ministerpräsident Rau mit dem Verdienstorden des Landes Nordrhein-Westfalen aus. Als Hochschullehrer schon nicht mehr aktiv wurde er 1995 zum stellvertretenden Vorsitzenden der Vereinigung der Deutschen Staatsrechtslehrer für 1996 und 1997 gewählt. Im selben Jahr trat er in die überörtliche Kanzlei Gleiss Lutz ein und war bis zu seinem Tod am 9. Juli 2009 in deren Berliner Büro tätig.[9]

2. Forscher und Anwalt

Die Anfänge seines wissenschaftlichen Werks liegen im Kommunalrecht. Sein Doktorvater war der Honorarprofessor der Münsteraner Fakultät Karl Zuhorn.

6 Zum Verhältnis Hoppes zu Münster Ehlers, in: Abwägung S. 126.
7 Zu den beiden Instituten Ehlers, in: Abwägung (Fn 2) S. 128 f.
8 Zu weiteren Mitgliedschaften und Aktivitäten Jarass, Schlaglichter (Fn 2) S. 31.
9 Dazu näher Schlarmann, Schlaglichter (Fn 2) S. 59 ff.

Zuhorn, der vorher zehn Jahre Landesrat und Kulturdezernent des Provinzialverbandes Westfalen gewesen war, wurde 1931 zum Oberbürgermeister von Münster gewählt, aber im Mai 1933 entlassen; nach dem Krieg war er bis 1952 Oberstadtdirektor von Münster. Er regte an, sich mit den nordrhein-westfälischen Landschaftsverbänden zu befassen, die 1953 als Rechtsnachfolger der Provinzialverbände geschaffen worden waren. Hoppes Dissertation „Die Begriffe Gebietskörperschaft und Gemeindeverband und der Rechtscharakter der nordrhein-westfälischen Landschaftsverbände" von 1958 kam dann u.a. zu dem Ergebnis, dass die Landschaftsverbände Gemeindeverbände im Sinne der Landesverfassung waren; diese Sichtweise übernahm 2001 der Verfassungsgerichtshof NRW.[10] Als er Mitautor der zweiten Auflage der in erster Auflage von Zuhorn verfassten systematischen Darstellung des nordrhein-westfälischen Gemeinderechts[11] wurde, war er schon Anwalt. Seine dann als Habilitationsschrift angenommene Arbeit über die Organstreitigkeiten[12] griff ein Thema auf, dessen Bedeutung sich ihm bei der anwaltlichen Vertretung in gerichtlichen Verfahren erschlossen hatte.[13]

Hier und für sein weiteres wissenschaftliches Werk gilt, dass er „immer auch Anwalt war".[14] Er fand seine Themen bei der sorgfältigen Arbeit am einzelnen Konflikt und entwickelte seine dogmatischen Erkenntnisse in steter geistiger Auseinandersetzung mit seiner gutachtlichen und forensischen Praxis. Hinter der Einzelfrage nahm er die allgemeineren dogmatischen und theoretischen Herausforderungen wahr und gab darauf Antworten, die in ihrer theoretischen Fundierung hohen wissenschaftlichen Ansprüchen genügten und wegen der umfassenden Berücksichtigung der rechtlichen Vorgaben wie der beteiligten Interessen auf große praktische Akzeptanz zählen konnten. Dauerhafte Anerkennung haben vor allem seine Arbeiten auf dem Gebiet des Planungs-[15] und des Umweltrechts er-

10 Zu Recht hat Ehlers (Fn 2) S. 299 darin ein schönes Beispiel für die Langzeitwirkung juristischer Dissertationen gesehen.

11 Karl Zuhorn/Werner Hoppe, Gemeinde-Verfassung, 2. Auflage, Siegburg 1962; dazu Oebbecke, Schlaglichter S. 12 f.

12 Dazu Oebbecke, Schlaglichter (Fn 2) S. 13 ff.

13 Ausdrücklich S. 9.

14 So in der Sache treffend Michael Stolleis, Geschichte des öffentlichen Rechts in Deutschland, Vierter Band, München 2012, S. 446; ähnlich Schlarmann, in: Schlaglichter (Fn 2) S. 57. Zugelassen als Anwalt war Hoppe 27 Jahre.

15 S. etwa Helmuth Schulze-Fielitz, Staatsrechtslehre als Mikrokosmos, 2. Auflage, Tübingen 2022, S. 368 f., die Widmung des Aufsatzes von Jens Kersten (Die Abwägung im Bauplanungsrecht, JA 2013, 478–491) oder den kurzen Beitrag von Susan Grotefels, Abwägung im öffentlichen Baurecht, in: Heidede Becker/Johann Jessen (Hg), Stadt und Planung, Berlin 2021, S. 189 f.

fahren. Auf diesen Feldern hat er wichtige Beiträge zur Entwicklung des deutschen Verwaltungsrechts geleistet und hier sind die handbuchartigen Lehrbücher[16] entstanden, von denen das zum öffentlichen Baurecht bis heute fortgeführt wird.[17]

1960, im Jahr nachdem er Anwalt wurde, traten die Verwaltungsgerichtsordnung und einige Teile des Bundesbaugesetzes, Mitte 1961 dann weitere Teile u. a. mit den Vorschriften über die Bauleitplanung in Kraft. Das Bauplanungsrecht und der verwaltungsgerichtliche Rechtsschutz waren damit auf eine moderne gesetzliche Grundlage gestellt. Wiederaufbau und Wirtschaftswunder in der Bundesrepublik brachten eine starke Bautätigkeit mit sich, die rechtlichen Beratungsbedarf und zunehmend gerichtlich ausgetragene Konflikte generierte. Der junge Anwalt sah sich mit der Notwendigkeit konfrontiert, den ziemlich schütteren materiellen Vorgaben des § 1 Abs. 4 für die Bauleitplanung Argumente für die gerichtliche Kontrolle von Bauleitplänen abzuringen. Erste Ergebnisse seines Nachdenkens über das Abwägungsgebot des § 1 Abs. 4 Satz 2 BBauG – heute § 1 Abs. 7 BauGB – präsentierte er auf dem Anwaltstag 1963. Von dem Vortrag, den er 1964 publizierte, hat Horst Sendler, der dem zuständigen vierten Senat damals angehört hat, später gemeint, Hoppe habe der einschlägigen Rechtsprechung „gleichsam den Weg bereitet“.[18] Daraus entwickelte sich dann nach der Leitentscheidung vom 12. Dezember 1969[19] ein über Jahre geführter Diskurs mit dem vierten Senat und einigen seiner Richter.[20]

Die dogmatischen Instrumente zur Kontrolle der bauleitplanerischen Abwägung und ihre verfassungsrechtliche Herleitung ließen sich auf andere Felder übertragen, bei denen komplexe raumbezogene Entscheidungen getroffen werden. Am Anfang steht hier eine 1971 in erster Auflage erschienene Schrift zum

16 Werner Ernst/Werner Hoppe, Das öffentliche Bau- und Bodenrecht, Raumplanungsrecht, 2. Auflage München 1981; Werner Hoppe/ Christian Bönker/ Susan Grotefels, Öffentliches Baurecht, 3. Auflage, München 2004; Werner Hoppe/Martin Beckmann/Petra Kauch, Umweltrecht, 2. Auflage, München 2000.

17 Werner Hoppe/ Christian Bönker/ Susan Grotefels, Öffentliches Baurecht, 5. Auflage, München 2023.

18 Horst Sendler, Der Jubilar, der Grundsatz der Planerhaltung und das Richterrecht, DVBl. 2005, 659 (662).

19 BVerwG, Urt. v. 12.12.1969 – IV C 105.66 –, BVerwGE 34, 301 ff.; dass Hoppe in der Entscheidung nicht zitiert wurde, führt Sendler (Fn 18) auf die Zitierpraxis und den Umstand zurück, „dass ein so junger Mann ... (gerade 33 Jahre alt!) noch nicht als zitierfähig angesehen worden sein mochte und wohl deshalb verschwiegen wurde.“ – Auch bei Gericht sind Zitate nicht nur Referenz, sondern auch Reverenz ... .

20 Neben Horst Sendler ist hier vor allem Felix Weyreuther zu nennen.

Rechtsschutz beim Bau von Verkehrsanlagen.[21] Ihr folgten über die Jahrzehnte zahlreiche weitere Schriften zum Fachplanungsrecht und zum Raumordnungsrecht.[22] Ab der zweiten Hälfte der sechziger Jahre ordneten die Landesgesetzgeber bundesweit die kommunale Gebietsstruktur neu. Bei der verfassungsgerichtlichen Kontrolle – allein in Nordrhein-Westfalen wurde der Verfassungsgerichtshof rund hundert Mal angerufen – griffen die Gerichte auf Ergebnisse der Abwägungsdiskussion zurück. Hoppe begleitete den Prozess durch Publikationen,[23] erstattete im Vorfeld der gesetzgeberischen Entscheidungen zahlreiche Gutachten, vertrat viele Kommunen vor Gericht, immer wieder einmal auch mit Erfolg.[24] Bezieht man die ihr folgende Sparkassenneuordnung ein,[25] blieb die Gebietsreform bis in die achtziger Jahre ein Thema für ihn.

Mitte der siebziger Jahre beauftragte das Umweltbundesamt Hoppe für den Bundesminister des Innern mit einem Rechtsgutachten zur wirtschaftlichen Vertretbarkeit im Rahmen des Bundesimmissionsschutzgesetzes; hier liegt der Anfang seiner Befassung mit dem Umweltrecht. Im Rahmen einer Befragung von Sachverständigen zum Entwurf eines Verkehrslärmschutzgesetzes verfasste er 1978 eine Stellungnahme für den Verkehrsausschuss des Bundestages.[26] Genannt wird heute aber vor allem sein Zweitbericht auf der Berliner Staatsrechtslehrertagung 1979 zum Thema „Staatsaufgabe Umweltschutz",[27] den er im Blick auf das Thema wie auf das Auditorium ungewöhnlich breit und ausführlich vorbereitete.[28] Weil er das Material einschließlich der „grauen" Literatur in den Fußnoten umfassend auswertete, umfasste die Druckfassung des 45-minütigen Vortrags in den

21 Werner Hoppe/Martin Beckmann/Reimar Buchner, Rechtsschutz beim Bau von Straßen und anderen Verkehrsanlagen, 3. Auflage, München 2001; fortgeführt als Werner Hoppe/Martin Beckmann/Reimar Buchner/ Markus Deutsch, Rechtsschutz bei der Planung von Verkehrsanlagen und anderen Infrastrukturvorhaben, 4. Auflage, Berlin 2011

22 Näher Erbguth, Schlaglichter (Fn 2) S. 44 ff.

23 Einfluss auf die Verfassungsrechtsprechung auch außerhalb Nordrhein-Westfalens hat die Schrift Werner Hoppe/ Hans-Werner Rengeling, Rechtsschutz bei der kommunalen Gebietsreform, Frankfurt a. M. 1973 genommen; im Übrigen s. dazu Ehlers, in: Abwägung (Fn 2) S. 127; Oebbecke, Schlaglichter (Fn 2) S. 16 f.

24 Dazu für NRW auch Janbernd Oebbecke, Der Verfassungsgerichtshof als Einflussfaktor in Nordrhein-Westfalen, GiW 35 2019/2020, 9 (24 f.)

25 Werner Hoppe, Die Auswirkungen der kommunalen Gebietsreform auf das Sparkassenwesen in Nordrhein-Westfalen, Städte- und Gemeinderat 1976, 38 ff.

26 Nachweise in Planung, FS Werner Hoppe zum 70. Geburtstag, München 2000 S. 1099 Nr. 9.

27 Hinnerk Wißmann, Zwischen Aufbruch und Bewahrung, in: Pascal Cancik/Andreas Kley, Helmuth Schulze Fielitz/Christian Waldhoff/Ewald Wiederin, Streitsache Staat, Tübingen 2022, S. 121 (136).

28 Dazu näher Faber, Schlaglichter (Fn 2) S. 34 ff.

Veröffentlichungen der Vereinigung 106 Seiten.[29] Schoch hat jüngst die gründliche Bestandsaufnahme und die „Entwicklung einer auf Ganzheitlichkeit ausgerichteten Planungsdogmatik“ gewürdigt; das Referat „sollte sich mit seinem Kernanliegen im März 2021 durch die Entscheidung des BVerfG zum Klimaschutzgesetz bestätigt sehen.“[30]

Über das Umweltrecht kam Hoppe zum Bergrecht, in dem betroffene Eigentümer und Gemeinden bis in die achtziger Jahre weitgehend auf das Dulden und Liquidieren verwiesen waren,[31] und vom Bergrecht über die landesrechtliche Braunkohlenplanung in Nordrhein-Westfalen auf den Rechtsschutz gegen Raumordnungspläne, der zum Beispiel auch für die Ansiedlung großflächigen Einzelhandels wichtig war. Sein Engagement im Umweltrecht führte 1985 zur Mitgliedschaft im Umweltrat und dann bis 1990 im Sachverständigenrat für Umweltfragen. Über die bei seiner sehr engagierten Mitarbeit an den Berichten des Rats gemachten Erfahrungen und die Arbeit im Zentralinstitut für Raumordnung gewannen die rechtspolitische Perspektive und Fragen der formellen und materiellen verfassungsrechtlichen Vorgaben für die Gesetzgebung im Umwelt- und Raumordnungsrecht zunehmend Gewicht in seinen Arbeiten. Die Überlegungen zum Rechtsschutz wurden etwa durch den Gedanken der Planerhaltung ergänzt.[32]

Nach Menge und Spannweite ließ sich das ganze Feld seiner Aktivitäten nur unter Einbeziehung von Mitarbeitern bewältigen, die sich in einer Mischung aus traditionellem Lehrstuhl und Anwaltskanzlei vollzog. Wie bei einer Malerwerkstatt lassen sich ganz eigenhändige Werke von solchen mit mehr oder weniger umfangreicher Mitarbeiterbeteiligung unterscheiden. Entgegen hier und da in der Rechtswissenschaft auch heute noch anzutreffenden Gepflogenheiten achtete er darauf, die autorenschaftliche oder inhaltlich zutragende Mitarbeit deutlich auszuflaggen;[33] der Dank an die Auskunftspersonen und Helfer am Anfang des Staats-

---

29 Hinnerk Wißmann, Zwischen Aufbruch und Bewahrung, in: Streitsache Staat (Fn 27), S. 121 (149); diese Erfahrung veranlasste den folgenden Vorstand der Vereinigung, für die Zukunft eine Begrenzung der Druckseitenzahl vorzugeben (Schulze-Fielitz, Mikrokosmos [Fn 15] S. 208).

30 Friedrich Schoch, Wandel der Staatlichkeit im Brennglas des Verwaltungsrechts, in: Streitsache Staat (Fn 27), S. 607 (641).

31 Dazu BVerwG, Urt. v. 16.3.1989 – 4 C 36/85 –, BVerwGE 81, 329 ff.; Hoppe/Beckmann, Zur Vereinbarkeit bergrechtlicher Duldungspflichten mit dem verfassungsgebotenen Grundeigentumsschutz, DÖV 1988, 893 ff.; Werner Hoppe, Verfassungsrechtliche Grundlagen der Regelung des Verhältnisses von Oberflächeneigentum und Bergbau, DVBl. 1993, 221 ff.

32 Dazu Jarass, Schlaglichter (Fn 2) S. 28 ff.

33 Eine Ausnahme gilt wohl für manche Rezensionen. Der Verfasser erinnert sich, bereits als studentische Hilfskraft damit betraut worden zu sein. Die besprochenen Werke durfte man behalten.

rechtslehrerreferats gibt auch mehr als vier Jahrzehnte später noch Anlass für leicht verwunderte Erwähnung.[34] Honorare für gemeinsame Aufsatzpublikationen erhielten die Mitarbeiter; die Arbeit an Gutachten oder Schriftsätzen wurde sehr großzügig vergütet.

3. Lehrer und Mensch

Zutreffend ist darauf hingewiesen worden, dass Werner Hoppe zwar zahlreiche Doktoranden hatte und in fünf Fällen Erstgutachter bei Habilitationen[35] war, es sich aber eher um eine „Familie“ als um eine „Schule“ handelt.[36] Seine eigene Bindung an den Schülerkreis von Hans-Julius Wolff oder Christian-Friedrich-Menger war nicht stark ausgeprägt. An der Fakultät war er nach dem Studium kurze Zeit Korrekturassistent, aber niemals Mitarbeiter an einem Lehrstuhl.[37] Die übliche Sozialisation in die „Zunft“[38] fand also nicht statt. Er war mit ganzem Herzen Universitätsprofessor,[39] hielt mit seinem Lehrstuhl am Verspoel räumlich aber zwölf Fußminuten Abstand vom Fakultätsgebäude. Er engagierte sich in der Selbstverwaltung der Fakultät und der Universität und trug mit seinen Erfahrungen zum Gelingen des Fakultätslebens bei. Zweimal hat er nach dem Tod von Münsteraner Kollegen Mitarbeiter übernommen und zur Habilitation begleitet.[40] Begeistert fuhr er zu den Jahrestagungen der Staatsrechtslehrervereinigung und freute sich, als er stellvertretender Vorsitzender wurde. Als er auf der Dresdener und der Osnabrücker Tagung die Diskussion leitete, nahm er den Unwillen einiger älterer Kollegen in Kauf, indem er mit der Jahrzehnte alten Tradition brach, wonach sie den Auftakt

34 Ehlers (Fn 2), S. 304.

35 Hans-Werner Rengeling, Wilfried Erbguth, Janbernd Oebbecke, Martin Schulte und Angela Faber.

36 Ehlers, Schlaglichter (Fn 2), S. 9.

37 Nach Schlarmann hat Hoppe sich nach einigem Schwanken gegen das Angebot, bei Hans-Julius Wolff Assistent zu werden und für den Anwaltsberuf entschieden (Schlaglichter [Fn 2] S. 58).

38 Dazu Hermann Pünder, Zum Weg in die „Zunft“ der Staatsrechtslehre, in: Streitsache Staat (Fn 27), S. 997 (1007 ff.).

39 Dazu, dass er bewusst auch vor Gericht als Professor tätig sein wollte, Schlarmann (Schlaglichter [Fn 2] S. 57 f.) der berichtet, wie Hoppe sich kritisch darüber äußerte, dass ein Kollege vor Gericht in Robe auftrat.

40 Im Falle seines ersten Assistenten Hans- Werner Rengeling dürften dessen praktische Erfahrungen mit dem Lehrbetrieb und der praktischen Arbeit in der Fakultät willkommen gewesen sein.

machten.[41] Mit der Emeritierung vollzog er entschieden den Wechsel in die Anwaltschaft.

Das Format Vorlesung liebte er nicht und Vorlesungen gerieten ihm eher spröde.[42] Dagegen waren seine Seminare, die als Blockseminare und häufig außerhalb Münsters stattfanden, nicht nur wegen der Praxisbezüge inspirierend. Der Verfasser etwa hat Anfang der siebziger Jahre an einem „Planspiel" – in heutiger Terminologie: Moot-court – zur Verfassungsbeschwerde der Stadt Sennestadt gegen die Eingemeindung nach Bielefeld[43] und an einer Exkursion zu städtebaulichen Projekten in den Niederlanden, verbunden mit einer Einladung in seine Ferienwohnung in Egmont-aan-Zee teilgenommen.[44] Nachdem die Fakultät durchgesetzt hatte, dass geltendes Recht auch in anderen Fächern nur in ihrer Verantwortung gelehrt werden sollte, übernahm er neben den bau- und umweltrechtlichen Vorlesungen für die Juristen die Lehrveranstaltungen für die Geografen, in denen seine Assistenten ihn gelegentlich vertreten und Lehrerfahrungen gewinnen konnten. Seit August 1990 veranstaltete er für die aktuellen Mitarbeiter und interessierte Ehemalige jährlich in Papenburg[45] einen sog. „Workshop zum Umweltrecht", wo Mitarbeiter des Lehrstuhls und der beiden An-Institute ihre Projekte präsentierten, jeweils ein Praktiker aus dem Kreis der Ehemaligen seine Arbeit vorstellte und an einem Nachmittag eine Exkursion stattfand. Zwei seiner Habilitanden haben diese Tradition bis 2017 fortgeführt.

Doktoranden konnten sich darauf verlassen, dass er sein Erstgutachten sehr schnell erstattete[46] und das Zeitmoment auch bei der Auswahl der Zweitgutachter wichtig nahm. Die Mitarbeiter am Lehrstuhl und die deutlich zahlreicheren Referenten der beiden An-Instituten förderte er, wo er konnte, und unterstützte auch sonst jüngere Kollegen.[47] Mit einigen von ihnen kooperierte er später auch bei praktischen Aufgaben.[48]

---

41 Dazu Schulze-Fielitz, Die Wissenschaftskultur der Staatsrechtslehrer, Tübingen 2022, S. 132.

42 S. dazu Grotefels (Fn. 15), S. 189.

43 Der studentische „Verfassungsgerichtshof" wies die Verfassungsbeschwerde ebenso zurück, wie später der Verfassungsgerichtshof die von Hoppe für die Stadt eingelegte Verfassungsbeschwerde (VerfGH NRW, Urt. v. 2.11.1973 – 17/72 –, DVBl. 1974, 515 ff.).

44 Dazu s. auch Jarass, Schlaglichter (Fn 2) S. 28.

45 Die Verbindung nach Papenburg bestand, seit Hoppe die Stadt Papenburg mit Erfolg gegen die Wiederausgliederung einiger in der Gebietsreform eingegliederter Ortsteile vertreten hatte (BVerfG, Beschl. v. 12.5.1992 – 2 BvR 470/90 –, BVerfGE 86, 90 ff.).

46 Das berichtet auch Schlarmann, Schlaglichter (Fn 2) S. 65.

47 Ehlers, Schlaglichter (Fn 2), S. 6; Schlarmann, Schlaglichter (Fn 2) S. 66.

48 Hier sind etwa Bernhard Stüer, Martin Beckmann oder Hans Schlarmann zu nennen.

Auch über das juristische hinaus konnte man viel von ihm lernen: Hochachtung vor der Arbeit der Gerichte, aber auch der Verwaltung und der Ministerien und überhaupt vor der Praxis, Wertschätzung für tüchtige Kollegen, nicht nur wenn sie ähnlich arbeiteten wie er selbst, sondern auch wenn sie eine ganz andere Rechtswissenschaft pflegten. Die Beiträge anderer Fächer bezog er ganz selbstverständlich in seine Arbeit ein; das gilt nicht nur für Planer und Ingenieure, die nahe am Planungs- und Umweltrecht arbeiten. Theoretische Fundierung der Dogmatik war ihm wichtig, Theorie als solche war nicht sein Thema. Er wusste wie wichtig das richtige „Labeling" für die Verbreitung dogmatischer Erkenntnisse ist.[49] Wichtig war ihm die Arbeit am Sachverhalt, gute Vorbereitung von Sitzungen und Verhandlungen,[50] wie man sich gut organisiert und überhaupt Dinge erfolgreich angeht.[51] Er verstand es, sich zuarbeiten zu lassen und zu delegieren, wobei sein großes Vertrauen in die Delegatare diese selbst gelegentlich irritieren konnte.

Seine Erwartungen an Gerichte waren hoch; in den verfassungsgerichtlichen Verfahren zur Gebietsreform waren ihm richterliche „Ortsbesichtigungen" an den Wochenenden ohne die anderen Beteiligten noch Jahrzehnte später ein Ärgernis und er hatte eine klare Vorstellung davon, welche richterlichen Äußerungen in der Öffentlichkeit angemessen waren.[52] In seinen letzten Jahren litt er darunter, dass in Nordrhein-Westfalen auch im Baurecht der Verzicht auf die aufsichtliche Durchsetzung zunehmend um sich griff.[53] Das Recht verstand er als Steuerungsmittel, das um seiner Effektivität willen auf Durchsetzung angewiesen ist. In diesem Sinne wollte er wirksam sein. Deshalb war ihm die „Nützlichkeit"[54] seiner rechtswissenschaftlichen Forschung wichtig.

Werner Hoppe war ein politischer Mensch. Eine Zeitlang war er in der CDU in Münster aktiv; später initiierte einen Arbeitskreis Stadtstruktur, der den maßstabsprengenden Neubau des Kaufhauses Karstadt in der Innenstadt von Münster kritisch begleitete. In seinen späten Jahren übte er – nach den Erfahrungen

---

49 Besonders erfolgreich sind seine Bezeichnungen für die Abwägungsfehler geworden (Jarass, Schlaglichter [Fn 2] S. 25).

50 Das betont auch Ehlers, in: Abwägung (Fn 2) S. 130.

51 Alle, die länger mit ihm zusammengearbeitet haben, kennen etwa sein Brillengleichnis für Honorarverhandlungen.

52 Werner Hoppe, An ihren Urteilen soll man die Gerichte messen, nicht an Interviews, DVBl. 2005, 619 ff.

53 Werner Hoppe, Tendenzen zu ungerechtfertigter Passivität der Bauverwaltung infolge Abschaffung des Widerspruchsverfahrens?, NWVBl. 2008, 384 ff.; Werner Hoppe, Aufsichtsbehördliche Rechtsaufsicht und Petitionsrecht statt Widerspruchsverfahren, NWVB. 2009, 143; dazu Oebbecke, Schlaglichter (Fn 2) S. 21.

54 Frank Rexrodt, Fröhliche Scholastik, 2. Auflage, München 2019, S. 286 ff., 349 f.

mit der Wahl des Jahres 2021 in Berlin muss man sagen: hellsichtig – Kritik am „Wahlprüfungsverhinderungsverfahren“ des Bundestagswahlrechts.[55] Jahrzehntelang sang er mit Freunden in einem Chor. Er feierte, ließ sich auch gern feiern und war ein begeisterter und beliebter Tänzer. Er war großzügig und gastfreundlich, immer fair, hatte Humor und die Fähigkeit zur Selbstironie. Ihn zeichneten „Redlichkeit, Verlässlichkeit und große Hilfsbereitschaft“ aus.[56]

Am 9. Juli 2009 stürzte Werner Hoppe auf einer Treppe im Münsteraner Hauptbahnhof und starb. Er war auf dem Weg zu einem Sommerfest seiner Kanzlei in Berlin.

Auswahl wichtiger Veröffentlichungen

Die Begriffe Gebietskörperschaft und Gemeindeverband und der Rechtscharakter der nordrhein-westfälischen Landschaftsverbände, Diss. Münster 1957 Stuttgart 1958.

Karl Zuhorn/Werner Hoppe, Gemeinde-Verfassung, 2. Auflage, Siegburg 1962.

Bauleitplanung und Eigentum, DVB. 1964, 165 ff.

Organstreitigkeiten vor den Verwaltungs- und Sozialgerichten, Siegburg 1970.

Rechtsschutz bei der Planung von Straßen und anderen Verkehrsanlagen, München 1971.

Zur Struktur von Normen des Planungsrechts, DVBl. 1974, 641 ff.

Werner Ernst/Werner Hoppe, Das öffentliche Bau- und Bodenrecht, Raumplanungsrecht, München 1978.

Staatsaufgabe Umweltschutz, VVDStRL 38, 211 ff.

Werner Hoppe/Martin Beckmann, Umweltrecht. München 1989.

Verfassungsrechtliche Grundlagen der Regelung des Verhältnisses von Oberflächeneigentum und Bergbau, DVBl. 1993, 221 ff.

Werner Hoppe/ Susan Grotefels, Öffentliches Baurecht, München 1995.

Erste Überlegungen zu einem „Grundsatz der Planerhaltung“, in: FS für Otto Schlichter, Köln 1995, 87 ff.

§ 77 Planung, in: Isensee/Kirchhof, Handbuch des Staatsrechts, Band IV, 3. Auflage 2006, S. 313 ff.

---

55 Werner Hoppe, Die Wahlprüfung durch den Bundestag (Art. 41 Abs. 1 Satz 1GG) – ein „Wahlprüfungsverhinderungsverfahren“, DVBl. 1996, 344 ff.; dazu Ehlers, Schlaglichter (Fn 2) S. 7 f.

56 Rengeling, in: Abwägung (Fn 2) S. 4.

https://doi.org/10.1515/9783110767032-016

IX
Martin Kriele (1931–2020)

Georg Jochum

I. Leben und Werk

1. Lebensstationen

Martin Kriele wurde am 19. Januar 1931 in Opladen geboren. Sein Vater war ein Ministerialdirektor, die Familie bestand aus einer langen Ahnenreihe von protestantischen Pfarrern.[1] Er erlebte als Kind Krieg und Nationalsozialismus, Erfahrungen die ihn entscheidend geprägt haben dürften.[2] Nach der Schulzeit studierte Kriele Rechtswissenschaft und Philosophie in Freiburg, Münster und Bonn. In Münster gehörte er dem philosophischen Kreis um Joachim Ritter an, zudem unter anderem auch der Staatsrechtslehrer Ernst Wolfgang Böckenförde und die Philosophen Hermann Lübbe und Odo Marquardt gehörten.[3] Nach der juristischen Staatsprüfung promovierte er 1962 bei Hans J. Wolff in Münster mit der Arbeit: „Kriterien der Gerechtigkeit zum Problem des rechtsphilosophischen und politischen Relativismus“.[4] Es folgte ein Jahr an der Law School der Yale University in Conneticut USA, dass er mit dem Master of Laws beendete. Danach arbeitete er zunächst als Assessor und Rechtsanwalt bevor er erneut in Münster wissenschaftlicher Assistent bei Hans J. Wolff wurde. Bei Hans J. Wolff habilitierte er 1966 mit der Schrift „Theorie der Rechtsgewinnung“[5] Ein Jahr später übernahm er den Lehrstuhl für Staats- und Rechtsphilosophie an der Universität zu Köln in Nachfolge von Ernst von Hippel. Bereits ein Jahr später – 1968 – gründete er zusammen mit dem damaligen Redakteur der FAZ Rudolf Gerhardt die Zeitschrift für

1 Vgl. Eintrag „Kriele, Martin“ in Munzinger Online/Personen – Internationales Biographisches Archiv, URL: http://www.munzinger.de/document/00000014988 (abgerufen von nicht angemeldet am 9.11.2022)

2 Vgl. Wilms, Martin Kriele zum 70. Geburtstag, NJW 2001, 1116.

3 Vgl. ausf. zum Ritter Kreis Hacke, Philosophie der Bürgerlichkeit. Die liberalkonservative Begründung der Bundesrepublik, Göttingen 2006.

4 Kriele, Kriterien der Gerechtigkeit, Berlin 1963.

5 Kriele, Theorie der Rechtsgewinnung 1. Aufl. Berlin 1967, 2. Aufl. Berlin 1976.

Rechtspolitik (ZRP), deren Mitherausgeber er 45 Jahre bis 2013 blieb.[6] 1976–1988 war er Richter am Verfassungsgerichtshof des Landes Nordrhein-Westfalen. In Anerkennung seiner Verdienste erhielt er das Große Bundesverdienstkreuz. Kriele blieb bis zu seiner Emeritierung 1996 Lehrstuhlinhaber und Direktor des Seminars für Staats- und Rechtsphilosophie an der Universität zu Köln. Nach seiner Emeritierung lehrte er noch 5 Jahre Philosophie an der internationalen Akademie in Schaan (Liechtenstein)[7] und lebte dann in Österreich und zuletzt in der Nähe von Berlin. Dort verstarb er im Oktober 2020 knapp 90-jährig.

2. Engagement und Einstellungen

Martin Kriele war seit 1960 Mitglied der SPD.[8] Daher lag es nahe, dass er als Staatsrechtslehrer die Bundesregierung Brandt in dem hochumstrittenen Verfahren über die Ostverträge vor dem BVerfG vertreten hat. Er trat auch aktiv für die Entspannung und Ostpolitik von Willy Brandt ein. Später entfremdete er sich aber zunehmend von den Sozialdemokraten, die er insbesondere wegen ihrer relativierenden Haltung zu den Menschenrechten angriff.[9] Höhepunkt dieser Auseinandersetzung war seine von der Konrad-Adenauer-Stiftung finanzierte Reise nach Nicaragua,[10] die in seiner Veröffentlichung „Nicaragua – Das blutende Herz Amerikas“[11] mündete. Die in dieser Veröffentlichung geäußerte Kritik an der Außenpolitik der SPD nahm der Kreisverband Leverkusen zum Anlass, ein Parteiausschlussverfahren gegen ihn in die Wege zu leiten. Dem Parteiausschluss kam er durch Austritt zuvor.[12] Er wechselte die Seiten und trat als Mitglied des Schattenkabinetts des CDU-Kandidaten für das Amt des Ministerpräsidenten Norbert Blüm bei der Landtagswahl 1990 an. Nachdem es der CDU bei dieser Landtagswahl nicht gelungen war, die SPD-Regierung unter Johannes Rau abzulösen, nahm Kriele allerdings das Landtagsmandat nicht an und setzte seine akademische Karriere fort.[13] Er blieb aber bis zum Schluss ein streitbarer, politischer Mensch, der sich vor allem mit rechtspolitischen Fragestellungen auseinandersetzte.[14] Während sei-

6 vgl. Kriele, Blick zurück in Dankbarkeit, ZRP 20 13,31
7 Vgl. Wilms, Martin Kriele zum 70. Geburtstag, NJW 2001, 1116
8 Vgl. Der Spiegel 37/1985
9 Vgl. Wilms, Martin Kriele zum 70. Geburtstag, NJW 2001, 1116
10 Vgl. Der Spiegel 37/1985
11 Kriele, Nicaragua – Das blutende Herz Amerikas, München Zürich 1986.
12 Vgl. Wilms, Martin Kriele zum 70. Geburtstag, NJW 2001, 1116
13 Vgl. Krings, Martin Kriele zum Gedächtnis, ZRP 2020, 233
14 Vgl. etwa seinen Beitrag Richterrecht und Rechtspolitik, in ZRP 2008, 51

ner politischen Aktivität wechselte Kriele auch seine religiösen Überzeugungen. Sein protestantisches Elternhaus empfand er wegen der dort vertretenen modernen Technologie als nicht überzeugend, weil sie die spirituelle Erkenntnisfähigkeit damit die religiösen Glaubensinhalte als überholt erklärt habe. Zunächst fand er in der Anthroposophie Rudolf Steiners eine geistige Heimat, sodass er der anthroposophische Gesellschaft 1960 beitrat. 1995 trat er aus der anthroposophischen Gesellschaft wieder aus und widmete sich nun ganz seinem katholischen Glauben, zu dem er 1968 konvertiert war.[15] Neben seinem politischen und juristischen Engagement ist noch sein musisches Talent hervorzuheben. Denn neben Philosophie und Jura studierte er auch Musik und war ein sehr talentierter Pianist.[16] Trotz dieser Begabung machte er allerdings von der Möglichkeit einer professionellen Karriere als Musiker keinen Gebrauch. Martin Kriele war ein vielseitiger und origineller Intellektueller, der die Kontroverse nicht nur nicht scheute, sondern teilweise suchte.[17]

3. Das wissenschaftliche Werk

Das wissenschaftliche Werk Martin Krieles hat im Wesentlichen zwei Schwerpunkte. Zum einen sind seine rechtsphilosophischen Schriften hervorzuheben. Hierzu gehört die Dissertation „Kriterien der Gerechtigkeit von 1963“,[18] seine Habilitationstheorie der Rechtsgewinnung 1967,[19] Recht und praktische Vernunft 1979[20] und Grundprobleme der Rechtsphilosophie 2003.[21] Neben diesen monographischen Werken zur Rechtsphilosophie sind auch folgende Aufsätze zu nennen, die in dem Sammelwerk Recht Vernunft Wirklichkeit erschienen sind. Es sind: Offene und verdeckte Urteilsgründe. Zum Verhältnis von Philosophie und Jurispru-

---

15 vgl. dazu ausführlich seine Autobiografie: Kriele, Anthroposophie und Kirche, Erfahrungen eines Grenzgängers, Freiburg i.Br. 1996

16 Vgl. Langheidt, NJW 2011, 198

17 Dieser Charakterzug war offenbar so prägend, dass sein Mitherausgeber bei der ZRP ihn in seiner Festschrift als Meister der Kontroverse bezeichnete: Vgl. Gerhard, Martin Kriele: Ein kontroverser Meister – ein Meister der Kontroverse, in: Ziemske/Langheidt/Wilms/Haverkate, Festschrift für Martin Kriele zum 65 Geburtstag, München 1997 S. 1

18 Kriele, Kriterien der Gerechtigkeit, Berlin 1963

19 Kriele, Theorie der Rechtsgewinnung 1. Aufl. Berlin 1967, 2. Aufl. Berlin 1976.

20 Kriele, Recht und praktische Vernunft, Göttingen 1979

21 Kriele Grundprobleme der Rechtsphilosophie, Münster 2003, 2. Aufl. 2004

denz heute (1965)[22] Die vermutete Vernünftigkeit unseres Rechts (1967)[23] Rechtsgefühl und Legitimität (1984)[24] und Gesetzestreue und Gerechtigkeit in der richterlichen Rechtsfindung (1988)[25] In diese Kategorie von Aufsätzen gehört auch der Beitrag Naturrecht, Recht und Politik[26] und Recht als gespeicherte Erfahrung Weisheit – zu einem Argument Ciceros.[27]

Den zweiten Schwerpunkt bilden seine Werke zur Staatsphilosophie und zum Verfassungsrecht. Das aus diesem Bereich wohl erfolgreichste Werk ist seine, die in sechs Auflagen erschienene Einführung in die Staatslehre.[28] Daneben sind die Monografien die Herausforderung des Verfassungsstaats[29] von 1970, Legitimitätsprobleme der Bundesrepublik[30] und Menschenrechte in Ost und West[31] von 1977, Befreiung und politische Aufklärung 1980[32] und Die demokratische Weltrevolution von 1988[33] zu nennen.

Seine staatsphilosophischen und staatsrechtlichen Aufsätze und Beiträge sind sehr zahlreich, sodass die hier vorgenommene Auswahl als Versuch zu betrachten ist, thematische Schwerpunkte abzubilden. Ein Schwerpunkt seiner staatsrecht-

---

22 Erstmalig erschienen in: Kollegium Philosophie kommen, Festschrift für Joachim Ritter, Basel, Stuttgart 1905 und 60, S. 99 ff; wieder veröffentlicht in: Recht Vernunft Wirklichkeit, Berlin 1990, S. 569

23 Erstmalig erschienen unter dem Titel: Gesetzesprüfende Vernunft und Bedingungen rechtlichen Fortschritts, in: Der Staat, 1967, 45 ff; wieder veröffentlicht in: Recht Vernunft Wirklichkeit, Berlin 1990, S. 471

24 erstmalig erschienen unter dem Original Titel Rechtsgefühl und Legitimität der Rechtsordnung, in: Lampe, (Hrsg) Das sogenannte Rechtsgefühl, Opladen 1985, wieder veröffentlicht in Recht Vernunft Wirklichkeit, Berlin 1990, S 505

25 Mehrfach veröffentlicht, unter anderem in Festschrift der rechtswissenschaftlichen Fakultät zur 600 Jahr-Feier der Universität zu Köln, 1988, S. 707 ff; wieder veröffentlicht in Recht Vernunft Wirklichkeit, Berlin 1990,

26 Veröffentlicht in Kriele, die demokratische Weltrevolution und andere Beiträge, Berlin 1997, S. 335

27 Veröffentlicht in: Kriele, die demokratische Weltrevolution und andere Beiträge, Berlin 1997, S. 383

28 Kriele, Einführung in die Staatslehre, 1. Aufl. Opladen 1975, 2. Aufl. Opladen 1981, 3. Aufl. Opladen 1988, 4. Aufl. Opladen 1990 5. Aufl. Opladen 1994 6. Aufl. Stuttgart, Berlin, Köln 2003

29 Kriele, Die Herausforderung des Verfassungsstaats – Hobbes und die englischen Juristen –, Neuwied Berlin, 1970

30 Kriele, Legitimitätsprobleme der Bundesrepublik, München 1977

31 Kriele, Menschenrechte in Ost und West, Köln 1977

32 Kriele Befreiung und politische Aufklärung – ein Plädoyer für die Würde des Menschen, 1. Aufl. Freiburg i.Br., Basel, Wien, 1980, 2. Aufl. 1986.

33 Kriele die demokratische Weltrevolution – warum sich die Freiheit durchsetzen wird –, München 1987.

lichen Arbeiten befasst sich mit Menschenrechten und Grundrechten. Zu nennen sind hier beispielsweise Habeas Corpus als Urgrundrecht (1973)[34] Freiheit und Gleichheit (1983),[35] Vorbehaltlose Grundrechte und die Rechte anderer (1984),[36] Menschenrechte und Gewaltenteilung (1986),[37] Zur Universalität der Menschenrechte (1992)[38] und Ehrenschutz und Meinungsfreiheit (1994).[39] Aus seinen staatsrechtlichen und staatsphilosophischen Beiträgen sind folgende hervorzuheben: Der Supreme Court im Verfassungssystem der USA. Ein kritischer Bericht über neuere amerikanische Literatur (1965),[40] Hobbes und englische Juristen (1970),[41] Das demokratische Prinzip im Grundgesetz (1970),[42] Legitimitätsproblem in der Bundesrepublik (1977),[43] Staatsphilosophische Lehren aus dem Nationalsozialismus (1982).[44] Neben diesen Aufsätzen finden sich zahlreiche Beiträge zu tagespolitischen aktuellen Fragen, wie beispielsweise die Beiträge Deutschland ein Rechtsbegriff (1971)[45] und Ostverträge und nationale Einheit (1973),[46] Friede durch Frie-

34 Zuerst veröffentlicht unter dem Titel: Zur Geschichte der Grund- und Menschenrechte, in: Öffentliches Recht und Politik, Festschrift für H. U. Scrupin, 1973, S. 187 ff.; wieder veröffentlicht in Recht Vernunft Wirklichkeit, Berlin 1990, S. 71 ff.

35 Zuerst veröffentlicht in: Benda/Maihofer/Vogel (Hrsg), Handbuch des Verfassungsrechts, 1983, Seiten 129 ff., wieder veröffentlicht in Recht Vernunft Wirklichkeit, Berlin 1990, S. 143 ff.

36 zuerst veröffentlicht in: JA 1984,629 ff.; wieder veröffentlicht in Recht Vernunft Wirklichkeit, Berlin 1990, S. 604 ff.

37 Zuerst veröffentlicht in: ARSP Beiheft Nr. 33, 1987, wieder veröffentlicht in Recht Vernunft Wirklichkeit S. 190 ff.

38 veröffentlicht in: Kriele die demokratische Weltrevolution und andere Beiträge, Berlin 1997, S. 349 ff.

39 Kriele, NJW, 1994,1897 ff.

40 Zuerst veröffentlicht in: Der Staat, 1965, S. 195 ff.; wieder veröffentlicht in Recht Vernunft Wirklichkeit, Berlin 1990, S. 546 ff.

41 Zuerst veröffentlicht unter dem Originaltitel: „Die Herausforderung des Verfassungsstaats" in der Reihe soziologische Essays, 1970, wieder veröffentlicht in: Recht Vernunft Wirklichkeit, Berlin 1990, S. 239 ff.

42 zuerst veröffentlicht in: VVDStRL, 29, Berlin 1971, S. 46 ff.; wieder veröffentlicht in: Recht Vernunft Wirklichkeit, Berlin 1990, S. 291 ff.

43 Zuerst veröffentlicht als Einleitung zu der gleichnamigen Aufsatzsammlung des Verfassers, Beck'sche Schwarze Reihe, Nr. 168, München 1977; wieder veröffentlicht in: Recht Vernunft Wirklichkeit, Berlin 1990, S. 379 ff.

44 Zuerst veröffentlicht in ARSP 1983, S. 210 ff.; wieder veröffentlicht in Recht Vernunft Wirklichkeit, Berlin 1990, S. 393 ff.

45 zuerst veröffentlicht in ZRP 19 71,261 ff.; wieder veröffentlicht in Recht Vernunft Wirklichkeit, Berlin 1990, S. 10 ff.

46 zuerst veröffentlicht unter dem Titel die Bedeutung der Verträge für den Erhalt der Nation, in: W.W. Schütz, Hrsg., Zur deutschen Frage, 1973, S. 15 ff. wieder veröffentlicht in: Recht Vernunft Wirklichkeit, Berlin 1990, S. 25

densbewegung? (1982),[47] „Wahrheit" in Funk und Fernsehen,[48] Die Ordnung der Verantwortung – rechtsethische Fragen der Immigration (1993)[49] um nur einige zu nennen.

4. Die theologischen Schriften

Neben dem juristischen und philosophischen Werk hat Martin Kriele aber auch in vielfältiger Weise in religiösen und theologischen Fragen veröffentlicht. So befasste er sich in einer ganzen Serie von Aufsätzen mit der Auseinandersetzung um die Besetzung des Amtes des Kölner Erzbischofs in der Nachfolge von Kardinal Frings und um den Theologen Heinz Küng.[50] Zusammen mit Martin Spaemann übersetzte er die von Valentin Tomberg unter Pseudonym veröffentlichten Meditationen mit dem Titel: Die großen Arcana des Tarot.[51] Außerdem veröffentlichte er als Herausgeber vier weitere Schriften von Valentin Tomberg unter dem Titel „Lazarus, komm heraus".[52] Weitere Werke sind seine autobiografischen Betrachtungen Anthroposophie und Kirche (1996)[53] und Glaube und die Vernunft (2008).[54]

5. Rezeption und Kontroversen

Martin Krieles Schriften zu den Menschenrechten und zu Rechtsgewinnung fanden ein großes Echo. So wurde seine Schrift „Nicaragua – Das blutende Herz Amerikas" ins englische, französische, spanische portugiesische und polnische übersetzt. Seine Schrift „Befreiung und politische Aufklärung ein Plädoyer für die

---

47 zuerst veröffentlicht unter dem Titelfriede durch Recht, in: Die christliche Friedensbotschaft, 1982, S. 81 ff.; wieder veröffentlicht in Recht Vernunft Wirklichkeit, Berlin 1990, S. 34 ff.

48 veröffentlicht in: Kriele, die demokratische Weltrevolution und andere Beiträge, Berlin 1997, S. 173 ff.

49 veröffentlicht in: Kriele, die demokratische Weltrevolution und andere Beiträge, Berlin 1997, S. 249 ff.

50 Vgl. Beiträge in: Recht Vernunft Wirklichkeit Teil VII, S. 645 ff.

51 Anonymus d'Outre-Tombe: Die Großen Arcana des Tarot, Bd 1–4, Basel 1983 weitere Auflagen 1989,1992

52 Vgl. Datensatz in der deutschen Nationalbibliothek: https://d-nb.info/1219679739

53 Martin Kriele, Anthroposophie und Kirche, Erfahrung eines Grenzgängers, Basel 1996

54 Martin Kriele, Glaube und Vernunft– kann ein vernünftiger Mensch ungläubig sein?, Stein am Rhein, 2008

Menschenwürde" ist in spanischer, portugiesischer und koreanischer Sprache erschienen. Sein Werk die demokratische Weltrevolution wurde in die koreanische und schwedische Sprache übersetzt.[55] Darüber hinaus löste Martin Kriele einer Reihe von publizistischen Kontroversen aus, beispielsweise über die Rolle des Ehrenschutzes in der Rechtsprechung des BVerfG zur Meinungsfreiheit[56] oder seine rechtspolitischen Beiträge zur Einführung einer Journalistenkammer[57] oder zu staatlichen Warnungen von Sekten.[58] Ein Teil dieser Kontroversen ist durchaus zeitlos und immer noch aktuell. Dies betrifft die Rolle des Ehrenschutzes als Begrenzung der Meinungsfreiheit. In seinem Beitrag hatte Martin Kriele bereits davor gewarnt, dass eine Vernachlässigung des Ehrenschutzes zu einer Verrohung der Sprache und zur Hetze gegen Personen führen könne.[59] Angesichts von Hassrede und Fakenews im Internet, hat dieser vor 30 Jahren und vor der Zeit des World Wide Web geschriebene Beitrag geradezu bedrückende Aktualität.

Inzwischen wird aber Martin Kriele vor allem als Rechtsphilosoph des 20. Jahrhunderts rezipiert. So werden seine Beiträge zu Rechtsgewinnung und zur Rehabilitierung der praktischen Vernunft als Grundlagentexte der deutschen Rechtswissenschaft gewürdigt.[60] Seine Einführung in die Staatslehre wird in der Rechtsprechung des EuGH rezipiert.[61] Es ist davon auszugehen, dass das Werk von Martin Kriele auch weiterhin rezipiert werden wird.

II. Forschungsbereiche

Eine Abgrenzung der Forschungsbereiche von Martin Kriele ist nicht ganz einfach. Entsprechend dem Titel der ihm von seinen Schülern gewidmeten Festschrift „Staatsphilosophie und Rechtspolitik"[62] hat Martin Kriele rechtsphilosophische, staatsphilosophische und (rechts) politische Forschung betrieben. Er selbst hat seine Forschung immer auch als politische Forschung gesehen. Programmatisch

---

55 vgl. zu den Übersetzungen Wilms, NJW 2001,1116.

56 Vgl. Kriele, NJW 1994, 1897 ff.; dagegen Soering, NJW 1994, 2926 ff.

57 Vgl. Kriele, ZRP 1990,109 ff. dagegen Ory, ZRP 1990,289 ff. mit direkter Erwiderung von Kriele ZRP 1990, 291 ff.

58 Vgl. Kriele ZRP 1998, 231 ff.; Osterhagen, ZRP 1998,410; Möhlenbrock, ZRP 1998, 411

59 Vgl. Kriele, NJW 1994, 1897, 1899 f.

60 Vgl. Meder, Omaggio u.a, Hrsg, Juristische Hermeneutik im 20. Jahrhundert – Eine Anthologie von Grundlagentexten der deutschen Rechtswissenschaft, Göttingen 2018.

61 Vgl. Schlussanträge des GA Cruz Villalón v. 14.09.2010 Rs. C-47/08, ECLI:EU:C:2010:513

62 vgl. Ziemske, Langheid, Willens, Haverkate, Staatsphilosophie und Rechtspolitik, FS für Martin Kriele, München 1997

steht dafür der erste Satz seines letzten großen Werkes „Grundprobleme der Rechtsphilosophie“: „Rechtsphilosophie ist politische Aufklärung“.[63] Insofern ist Staats- und Rechtsphilosophie bei Martin Kriele nicht von der Rechtspolitik zu trennen. Daher werden hier keine einzelnen Werkphasen unterschieden. Vielmehr werden die zentralen Themen, die die rechtswissenschaftliche Forschung Martin Krieles zeitlebens beherrscht haben und seine zentralen Thesen hierzu im Folgenden dargestellt. Es sind die Themen Gerechtigkeit, Rechtsgewinnung, Verfassungsstaat und Menschenrechte. Das theologische Werk wird hier nicht berücksichtigt, da es von der staats- und rechtsphilosophischen Arbeit getrennt ist und keinen erkennbaren Einfluss auf seine rechtsphilosophischen Thesen hatte.

1. Gerechtigkeit

Dem Thema Gerechtigkeit hat sich Martin Kriele bereits in seiner Dissertation gewidmet. Die Dissertation Kriterien der Gerechtigkeit ist eine Auseinandersetzung mit dem Relativismus. Für Kriele ist die zentrale Aussage des Relativismus die, dass eine gültige Gerechtigkeitslehre Kriterien angeben müsse, die es erlauben im Einzelfall zu entscheiden was gerecht und ungerecht sei. Solche Kriterien der Gerechtigkeit gebe es nicht.[64] Insofern liege jeder Aussage über Gerechtigkeit letztlich ein Werturteil zugrunde, welches dazu führe, dass Gerechtigkeitsurteile immer relativ seien.[65] Dem setzt Kriele die Erkenntnis entgegen, dass das sogenannte Rechtsgefühl gar kein Gefühl sei, sondern die intuitive Einsicht in die Sprachbedeutung. Rechtsgefühl sei das unreflektierte Wissen von der Bedeutung des Wortes gerecht und seiner Synonyme.[66] Insofern kommt es nicht auf Wertungen, sondern auf Tatsachen an, die grundsätzlich einer Erkenntnis zugänglich seien.[67] Unter diesen Prämissen sei die Gerechtigkeitsfrage eine Lebensfrage der Demokratie, denn sie beruhe in ihrer klassischen Ausprägung auf dem Gedanken, dass Geistesfreiheit den Fortschritt in der Einsicht befördere und das Fortschritt dieser Einsicht eine Annäherung des positiven Rechts an die Gerechtigkeit ermögliche.[68]

Das Rechtsgefühl versteht Kriele als Ergebnis der Unrechtserfahrung. Damit wird die Frage der Gerechtigkeit aus der Umkehr erklärt. „Gerecht ist, Ungerech-

63 vgl. Kriele, Grundprobleme der Rechtsphilosophie, S. 3
64 vgl. Kriele Kriterien der Gerechtigkeit, S. 14.
65 vgl. Kriele Kriterien der Gerechtigkeit, S. 29 dem setzt Kriege
66 vgl. Kriele, Kriterien der Gerechtigkeit, S. 101
67 Vgl. Kriele, Kriterien der Gerechtigkeit, S 102
68 Vgl. Kriele, Kriterien der Gerechtigkeit, S. 104.

tigkeiten zu vermeiden zu überwinden oder wiedergutzumachen“[69] Rechtsgefühl allein genügt allerdings nicht. Vielmehr bedarf es auch eines Wissens über die positive Rechtsordnung. Denn in der Rechtsordnung realisieren sich die Einsichten von Generationen, die diese im Kampf um das Recht erworben hätten. Das Rechtsgefühl, genauer gesagt die Unrechtserfahrung Einzelner, die die geltende Rechtsordnung in einem bestimmten Punkte infrage stellen, bewirkt einen Fortschritt im Recht, indem es die im Großen und Ganzen als gerecht empfunden Rechtsordnung an bestimmten Punkten infrage stellt und gegebenenfalls durch rationale Argumente eine Reform der Rechtsordnung bewirkt. Insofern muss man die Antworten auf die Frage nach der Gerechtigkeit in den die Rechtsentwicklung leitenden und korrigierenden Prinzipien suchen. Moralphilosophische Versuche, die Frage der Gerechtigkeit unabhängig von der Rechtsentwicklung zu lösen haben zu abstrakten und einander zu mindestens teilweise widersprechenden Formeln geführt. Auch Moralphilosophen können ihre Formeln nur anhand der Anschauung einzelner Beispiele von Gerechtigkeitsproblemen entwickeln. Insofern ist die Frage der Gerechtigkeit aus der Anschauung von Rechtsmaterien zu entwickeln aus denen die jeweiligen leitenden rechtsethischen Grundsätze und die diesen zugrunde liegenden Prinzipien herausdefiniert werden. Das rechtsethische Grundprinzip nach Kriele, dass sozusagen den letzten Grundsatz bildet ist der Satz, dass jeder den gleichen Anspruch auf Freiheit und Anerkennung seiner Würde hat. Angesichts der unendlichen Komplexität der Gerechtigkeitsfrage, sei es nicht möglich endgültige eindeutige und unumstrittene Antworten zu geben.[70]

2. Rechtsgewinnung

Nach Kriele ist die Suche nach Gerechtigkeit aus der Unrechtserfahrung des Einzelnen heraus, der Motor der Rechtsentwicklung. Dementsprechend weist Kriele dem Richter eine originäre rechtsschöpferische Gewalt zu. Der Gesetzgeber hat demnach kein Rechtsetzungsmonopol, sondern nur eine Rechtsetzungsprärogative. Von dieser Prärogative kann er jederzeit und in jeder Frage Gebrauch machen mit der Folge, dass dann der Rechtsanwender also der Richter oder Jurist an diese Entscheidungen gebunden sind. Insofern versteht Kriele die Aufgabe des Richters zunächst darin, die einschlägigen Gesetzesstellen auszulegen, um festzustellen was der Gesetzgeber oder der Verfassungsgeber entschieden hat. Des Weiteren ist der Richter insofern an vorangegangene Gerichtsentscheidungen (Präju-

69 Kriele Grundprobleme der Rechtsphilosophie, S. 14.
70 Vgl. zum Ganzen: Kriele Grundprobleme der Rechtsphilosophie, S 15–22

diz) gebunden, als für diese präjudiziellen die widerlegliche Vermutung zugunsten ihrer Vernünftigkeit besteht. Davon zu trennen ist die Legitimierung der Entscheidung durch Gesetz oder Verfassung, die die Frage beinhaltet, ob die durch den Richter entwickelten Norm vom positiven Recht gedeckt ist. Durch die präjudizielle Vermutung wird das Höchstmaß an Rationalität der indiziellen Rechtsentwicklung gewährleistet. Die Rationalität des Rechts wird durch diese Präjudizien gesichert. Denn rationale Entscheidungen und Argumente sind aufgrund der großen Zahl von Faktoren grundsätzlich komplex, sodass rationale Entscheidungen auf die Kooperation der Juristen und auf eine kleinschrittige auf das jeweils zu beurteilende Problem reduzierte Betrachtung angewiesen ist.[71] Aus dieser Prämisse leitet Kriele die für die Lösung eines Rechtsfalles einschlägige Methodik her: Zunächst muss das einschlägige Gesetz gefunden werden, was gedanklich die Begründung einer Normhypothese im Einzelfall voraussetzt. Auf Basis dieser gefundenen gesetzlichen Regelung sind dann die einschlägigen Präjudizien heranzuziehen und dahingehend zu überprüfen, ob es auf den konkreten Fall passt. Hierzu muss der von Kriele als Ratio decidendi bezeichnete wesentliche Gesichtspunkt der Entscheidung herausgearbeitet und gegebenenfalls durch Interpretation angepasst werden. Stellt sich dieser Gesichtspunkt als nicht mehr tragfähig heraus, kann das Gericht auch das Präjudiz überwinden.[72]

Kriele selbst bringt seine Vorstellung zur Rechtsgewinnung in einem seiner letzten Beiträge in der ZRP in einfachen Worten wie folgt auf den Punkt:

> Das Leben sprudelt in unendlicher Fülle immer neue Rechtsfälle hervor, die kein Gesetzgeber je vorhersehen kann, die der Richter aber zu entscheiden hat. In allen Kulturen entstand das Recht zunächst als Richterrecht, gesetzgeberische Kodifikationen folgten nach. Im Regelfall griffen sie auf, was zuvor entwickelt worden war, um es übersichtlich zu ordnen und dem juristischen Laien zugänglich zu machen. Damit schnitten sie die Weiterentwicklung nicht ab; nach rund 100 Jahren entsteht meist ein Bedürfnis nach Neufassung der Kodifikation.[73]

Auf Basis dieser Arbeitsteilung entsteht die vermutete Vernünftigkeit des Rechts. Recht kann sich ändern, die Argumentationslast liegt allerdings bei dem, der eine frühere Entscheidung eines Richters oder des Gesetzgebers für falsch hält.[74]

---

71 Vgl. die wesentlichen Thesen der Schrift Theorie der Rechtsgewinnung: Kriele, Theorie der Rechtsgewinnung, Leitsätze 3–15, S. 311 ff.

72 Vgl. Kriele und Probleme der Rechtsphilosophie S. 31 ff.

73 Kriele ZRP 2008, 51, (52)

74 vgl. dazu Kriele, Die vermutete Vernünftigkeit unseres Rechts, in: Kriele Recht Vernunft Wirklichkeit, S. 471

3. Verfassungsstaat

Die theoretische Vorstellung von Gerechtigkeit und Rechtsgewinnung liegen auch dem Verständnis Martin Krieles vom Verfassungsstaat zugrunde. Dieses Verständnis hat er in seiner Einführung in die Staatslehre dargelegt. In diesem Werk erstellt Kriele zunächst die grundlegende These auf, dass die Legitimität von Staatsgewalt, also die Autorität auf dem Recht erfolgt. Der Unterschied zwischen einer Diktatur und einem Verfassungsstaat besteht demnach darin, dass aufgrund der Herrschaft des Rechts nicht nur die Mitarbeiter des Unterdrückungsapparates, sondern die Gesamtheit der dem Staatsapparat unterworfenen Bürger die Legitimität der jeweils herrschenden anerkennen.[75] Die Wurzeln des modernen Verfassungsstaats sieht Kriele im England des 17. Jahrhunderts und in der Auseinandersetzung mit dem Versuch der Stewardkönige, eine absolutistischen Monarchie in England zu errichten. Das in England durch Richter geprägte gemeine Recht begründete aber eine Gewaltenteilung zwischen König und Parlament, die sowohl dem König als auch dem Parlament Legitimität verliehen. Diese Gewaltenteilung, die Kennzeichen für eine Verfassungsstaat ist, unterschied sich vom absolutistischen Staat, den die Steward-Könige errichten wollten.[76]

Aufgrund der Herrschaft des Rechts in einem Verfassungsstaat gibt es in einem Verfassungsstaat auch keinen Souverän. Das Volk ist nur als verfassungsgebender Souverän anzusehen nicht als Souverän in der Verfassung. Innerhalb der Verfassung hat das Volk festgelegte, rechtlich bestimmte Kompetenzen, beispielsweise die Wahl des Parlaments. Das Fehlen eines Souveräns im Verfassungsstaat ermöglicht effektive Menschenrechte. Da es keinen Souveränen gibt, der Menschenrechte jederzeit zurücknehmen kann, sind diese Menschenrechte selbst Bestandteil des Verfassungssystems und setzen damit den Machthabern Grenzen.[77] Durch die Ergänzung des Prinzips der Freiheit um das Prinzip der Gleichheit wird der Verfassungsstaat zum demokratischen Verfassungsstaat. Hier arbeitet Kriele zunächst heraus, dass Freiheit und Gleichheit identisch sind. Denn im Verfassungsstaat bedeutet Herstellung der Gleichheit nichts anderes als Herstellung der Freiheit im Sinne der Freiheit von Privilegien.[78] All diese Erkenntnisse werden an den historischen Ereignissen und im Gegensatz zu abweichenden staatsphilosophischen Theorien begründet. Insofern ist seine Theorie vom Verfassungsstaat keine originelle Theorie, die von den wesentlichen Prinzipien des de-

---

75 vgl. Kriele Einführung in die Staatslehre, § 3
76 vgl. Kriele Einführung in die Staatslehre §§ 24–29
77 vgl. Kriele Einführung in die Staatslehre §§ 31 f.
78 vgl. Kriele Einführung in die Staatslehre § 52

mokratischen Verfassungsstaats der Bundesrepublik abweicht. Vielmehr gewinnt Krieles Einführung in die Staatslehre ihre besondere Stellung in der staatsphilosophischen Forschung durch die besondere Begründung des demokratischen Verfassungsstaats aus seiner historischen Entwicklung und der Auseinandersetzung mit den demokratischen Verfassungsstaat ablehnenden oder relativierenden Strömungen, wie beispielsweise dem Marxismus, dem Absolutismus oder dem Nationalsozialismus. Es gelingt eine überzeugende Herleitung des demokratischen Verfassungsstaats aus den geschichtlichen Ereignissen und der Philosophiegeschichte.

Diese historisch hergeleitete und begründete Idee des demokratischen Verfassungsstaats, seine Idee von Gerechtigkeit und der Rechtsgewinnung aus der historischen Unrechtserfahrung der Menschen begründen den Optimismus Krieles, dass sich der demokratische Verfassungsstaat und damit die Freiheit durchsetzen wird. In seinem Buch die demokratische Weltrevolution erklärt Kriele anhand der Natur des Menschen, der zwischen Gut und Böse schwanke, das Fortschritt des Rechts möglich und zugleich nötig ist, um den Menschen vor Unterdrückung und gegenseitiger Vernichtung zu bewahren und den Rechtsfrieden zu schaffen, in dem er seine besten Möglichkeiten entfalten kann.[79] „Das Recht, das den Menschen und den Völkern Freiheit zur Selbstgestaltung ihres Lebens gewährleistet und diese Freiheit zugleich so beschränkt, dass die anderen Menschen und Völker die gleiche Freiheit genießen, ist die der Natur des Menschen allein gemäße Gestalt des Zusammenlebens". Dies sei der Grund weshalb der demokratischen Revolution eine natürliche Tendenz auf universale Ausbreitung über die ganze Menschheit innewohne.[80] Die Idee, dass die Freiheit sich durchsetzen wird, knüpft Kriele unter anderem an die Erkenntnis, dass auch Despoten und Diktaturen versuchen stets ihr Handeln pseudo rechtlich zu legitimieren. Sie würden selbst in der Unterdrückung der geistigen Freiheit das Rechtsprinzip anerkennen. Sie erkennen nämlich insgeheim, dass sie die geistige Freiheit fürchten müssen, weil sie dazu führte, das Unrecht öffentlich zur Sprache käme.[81] Kriele führt auch das Argument an, dass demokratische Institutionen politische Kritik und Kontrolle ermöglichen. Wird so etwas nicht erlaubt, entfällt für die Regierung jegliche Effizienzkontrolle.[82] Auch ermöglichten erst bürgerliche Freiheit und die Rechtsidee, dass Staaten wirtschaftlich prosperierenden und dadurch

79 Vgl. Kriele die demokratische Weltrevolution, S. 11 ff.

80 Kriele die demokratische Weltrevolution, S. 12

81 vgl. Kriele die demokratische Weltrevolution S. 99.

82 vgl. Kriele die demokratischere Revolution, S. 42, S. 84 unter Verweis auf Kant, Idee zu einer allgemeinen Geschichte

stärker würden.[83] Diese Thesen, die kurz vor dem Zusammenbruch des Ostblocks erschienen sind, besitzen nach wie vor Aktualität. Sie zeigen sich derzeit in den Protesten im Iran, für die ein offensichtliches Unrecht an einer Frau ein Anlass war. Sie zeigen sich an der erstaunlichen Schwäche Russlands im Krieg gegen die Ukraine.

4. Menschenrechte

Kriele hat als das letzte alles integrierende rechtsethische Prinzip den Satz definiert, dass jeder den gleichen Anspruch auf Freiheit und Anerkennung seiner Würde habe.[84] In seinen Beiträgen hat sich Kriele vor allem mit der Menschenwürde und ihrer Begründung und dem Gedanken der universellen Menschenrechte auseinandergesetzt. Die Menschenwürde begründet er zunächst als naturrechtlichen Grundsatz, nach dem jeder Mensch kraft seines großen Menschseins Anspruch auf Achtung seiner Menschenwürde habe.[85] In seinem späteren Werk begründet Kriele die Menschenwürde religiös. Die Vorstellung von einer den Menschen innewohnenden Würde sei nur nachvollziehbar, wenn man voraussetze, dass Gott oder jedenfalls eine andere himmlische Instanz vorhanden sei, die dem Menschen diesen Adel verliehen habe und seine Achtung gebiete.[86] Er bemüht allerdings auch humanistische Begründungen. So verweist er auf Immanuel Kant, der in seiner Grundlegung zur Metaphysik der Sitten ausgesagt habe, dass der Mensch sich selbst und alle anderen niemals bloß als Mittel sondern jederzeit zugleich als Zweck an sich selbst behandeln solle.[87] In seinen früheren Schriften wird auf die Menschenwürde, vor allem mit der Überwindung von Ausbeutung, Folter, willkürlicher Misshandlung oder Tötung. Solchen Akten menschlicher Willkür wurde entgegengehalten, dass die Opfer dieser Willkür Menschen sind, deshalb als Träger von Rechten unabhängig von moralischen, geistigen oder standesbedingten Qualifikationen ein Anspruch auf Freiheit und Würde haben.[88] In seinem Werk Grundprobleme der Rechtsphilosophie wird dann allerdings die Menschenwürde rein religiös begründet. Die hierzu vorgetragenen Argumente laufen letztlich darauf hinaus, dass aufgrund der Tatsache, dass es Religionen gä-

83 Vgl. Kriele die demokratische Weltrevolution
84 Vgl. Kriele, Grundprobleme der Rechtsphilosophie, S. 19.
85 Vgl. Kriele, Einführung in die Staatslehre, 181
86 Vgl. Kriele Grundprobleme der Rechtsphilosophie, S. 169.
87 vgl. Kriele Grundprobleme der Rechtsphilosophie, S. 172.
88 vgl. Kriele Einführung in die Staatslehre, S. 184 f.

be, derjenige der behaupte es gebe keinen Gott und damit auch keine besondere Würde des Menschen, hierfür eine Beweispflicht habe. Hierzu ist zu sagen, dass diese Begründung weniger überzeugt als die in seinem früheren Werk. Denn das Wesen der Religion ist ja gerade, dass sie den Beweis nicht zugänglich ist, da man an Gott oder höhere Wesen nur glauben oder nicht glauben kann. Insofern kann auch kein Beweis oder Gegenbeweis verlangt werden.

Ein zweiter Schwerpunkt seiner Tätigkeit besteht in der Verteidigung des Gedankens der Universität der Menschenrechte. Hierbei geht Kriele von der Prämisse aus, dass unter Menschenrechte die Rechte zu verstehen sein, die dem Menschen kraft seines Menschseins zustehen. Daher könnten die auch nur universell oder gar nicht gedacht werden. Wer die Universalität der Menschenrechte bestreite, bestreitet die Menschenrechte als solche.[89] Diesen universellen Gedanken hat Kriele insbesondere den Einwänden sozialistischer und anderer Staaten der sogenannten Dritten Welt entgegengehalten, die Universalismus der Menschenrechte, die sich in Europa und Amerika herausgebildet habe, diene nur dem Interesse westlicher Industrieländer. Hierbei bezieht sich Kriele insbesondere auch auf die Theologie der Befreiung, deren menschenrechtswidrigen Kern er bereits in seinem Werk Befreiung und politische Aufklärung[90] herausgearbeitet hat.

Gegen die Argumentation, dass Freiheitsrechte Blick auf die Dritte Welt mit Skepsis zu betrachten und Ursache für Abhängigkeit und Elend seien führt Kriele zunächst die Universalität der Staaten an. Denn der Ursprung der Freiheitsrechte lag in der Erfahrung, dass der im 16. und 17. Jahrhundert entstandene moderne Territorialstaat in Europa mit Gewalt – und Rechtsetzungsmonopol in der Lage war den Menschen vollständig zu entrechten. Dieses völlige Ausgeliefertsein entsprach in der Vorstellung der Aufklärung nicht der Natur des Menschen. Der Natur des Menschen sei es angemessen, das Zusammenleben friedlich, freundlich und vernünftig zu gestalten und sich deshalb gegenseitig Rechte zuzubilligen und diese zu respektieren. Aus dieser Erkenntnis heraus wurde die Gewaltenteilung und die einzelnen Menschenrechte herausgebildet. Diese potentiell allmächtigen Territorialstaaten gibt es heute überall auf der Erde. Daraus folgt, dass diese Idee der Aufklärung für alle Staaten gilt, was Kriele auch an der Tatsache festmacht, dass die überwiegende Zahl Pflichten der Menschen in den letzten Jahrzehnten nicht aus Verfassungsstaaten, sondern aus Staaten stammt, in denen die Menschen entrechtet wurden.[91]

---

89 Vgl. Kriele Grundprobleme der Rechtsphilosophie, S. 181.
90 Vgl. Kriele, Befreiung und politische Aufklärung, 2. Aufl. 1986, S. 248 ff.
91 Vgl. zum Ganzen Kriele, Grundprobleme der Rechtsphilosophie S. 183 ff.

Auch wird darauf hingewiesen, dass die jedenfalls in der allgemeinen Erklärung der Menschen und Bürgerrechte niedergelegten Rechte gerade keine wirtschaftlichen Rechte enthalten, sondern vor allem sich auf politische Grundfreiheiten und personale Freiheiten beziehen.[92]

Die weitere Behauptung, universelle Menschenrechte seien erst dann anzunehmen, wenn ihre Gehalte auch von allen Staaten konzentriert würden, weist Kriele ebenfalls zurück. Dies begründet er damit, dass eine universalisierbare Begründung für Freiheitsgedanken gar keinen Sinn macht. Denn warum sollte ein Staat Freiheitsgewährungen von ihrer Universalität abhängig machen. Erst dadurch, dass die freiheitsbeschränkende Regel rechtfertigungsbedürftig ist, gewinnt die Frage nach der Universalität Bedeutung. Sein Eintreten für Menschenrechte von einer Universal akzeptierten Theorie der Menschenrechte abhängig mache und die Beweislast den Verfechtern der Menschenrechte zuschieben, trete argumentiere letztlich inkonsequent. Wer eine Begründung für die bürgerlichen Freiheitsrechte verlange aber nicht für die Menschenrechte der 2. und 3. Generation richtet sich gegen den Gedanken einer prinzipiell universellen Geltung von Menschenrechten gar nicht. Vielmehr beweist dies, dass nicht nur der Geltungsanspruch der Menschenrechte ein universeller sei, sondern auch das Wissen darum. Auch die rechtsverletzenden Staaten wüssten um den Geltungsanspruch der Menschenrechte, weil sie sich vor ihrem Geltungsanspruch heuchlerischen Fall neigten und sich trotz der Menschenrechtsverletzungen öffentlich zur Anerkennung der Menschenrechte bekennen, ja sogar Menschenrechtskonventionen ratifizieren, obwohl sie gar nicht die Absicht hätten sie einzuhalten.[93]

III. Bewertung und Ausblick

Es ist immer schwierig, zu beurteilen, was von einem wissenschaftlichen Werk überleben wird, zumal wenn der Wissenschaftler gerade erst verstorben ist. Zu Krieles Werk ist zunächst festzuhalten, dass es in einer klaren, einfachen und bildreichen Sprache verfasst ist. Diese sehr eingängige Sprache verführt dazu, dass Gelesene für selbstverständlich einleuchtend und nicht wissenschaftlich originell zu halten. Ein solcher Eindruck ist aber falsch. Das besondere an Krieles staats- und rechtsphilosophischen Studien ist, dass das Recht und der Verfassungsstaat aus seiner historischen Entwicklung heraus verstanden wird. Es han-

92 Vgl. Kriele, Grundprobleme der Rechtsphilosophie, S. 189 f.

93 Vgl. zum Ganzen Kriele Grundprobleme der Rechtsphilosophie, S. 197 ff.

delt sich also nicht um eine abstrakte Theorie des Rechts, sondern um den Versuch aus den historischen Erfahrungen von Juristen und politischen Auseinandersetzungen einen Rechtsfortschritt zu einem Verfassungsstaat und zu universellen Menschenrechten herzuleiten. Die damit adressierten Probleme bestehen nach wie vor. Der demokratische Verfassungsstaat westlicher Prägung (der Westen) wird nun von autoritären Regimen wie z.B. Russland oder die Volksrepublik China herausgefordert. Auch im inneren zeigen sich Tendenzen, die die Demokratie oder den Rechtsstaat zu mindestens infrage zu stellen. Insofern ist das Werk Martin Krieles sicherlich geeignet, als Selbstvergewisserung über die eigenen staats- und rechtsphilosophischen Grundlagen zu dienen. Es kann jedenfalls festgehalten werden, dass gerade in den zwanziger Jahren des 21. Jahrhunderts viele Aussagen Martin Krieles eine neue Aktualität bekommen haben. Insofern ist zu hoffen, dass noch Generationen von Juristen seine Einführung in die Staatslehre, aber auch seine Grundprobleme der Rechtsphilosophie und die Theorie der Rechtsgewinnung lesen und rezipieren werden.

Auswahlbibliografie

Kriterien der Gerechtigkeit, Berlin 1963
Theorie der Rechtsgewinnung, 2. Aufl. Berlin 1976
Recht und praktische Vernunft, Göttingen 1979
Befreiung und politische Aufklärung, 2. Aufl. 1986
Die demokratische Weltrevolution, München 1987
Einführung in die Staatslehre, 6. Aufl. Stuttgart, Berlin, Köln 2003
Grundprobleme der Rechtsphilosophie, 2. Aufl. Münster 2004
Recht Vernunft Wirklichkeit, Sammelband, Berlin 1990
Die demokratische Weltrevolution und andere Beiträge, Sammelband Berlin 1997

https://doi.org/10.1515/9783110767032-017

X
Alexander Hollerbach (1931–2020)

Gerhard Robbers

I.

Alexander Hollerbach wurde am 23. Januar 1931 im badischen Ottenau geboren, das später in die Stadt Gaggenau eingemeindet wurde. Am 15. Dezember 2020 ist er in Freiburg im Breisgau verstorben. Alexander Hollerbach hatte drei Geschwister. Die weiteren familiären Wurzeln liegen im badischen Frankenland. Sein Vater war Ratsschreiber in Ottenau, später, nach dem Zweiten Weltkrieg, zwei Jahrzehnte lang Bürgermeister von Gaggenau. Die Familie, wie auch Alexander Hollerbach selbst, war im katholischen Glauben verwurzelt. Gerade die Verbindung von Rathaus und Pfarrhaus hat ihn stark geprägt. Familie überhaupt war wesentlicher Quell seines Lebens und seines Schaffens. Mit seiner Frau Margrit hatte er fünf Kinder, sie wurden Großeltern zahlreicher Enkelkinder.

Nach seinem Abitur am Altsprachlichen Gymnasium in Rastatt studierte Alexander Hollerbach Rechtswissenschaft an den Universitäten Freiburg im Breisgau, Heidelberg und Bonn. Sein erstes juristisches Staatsexamen legte er 1954 in Freiburg, die Zweite Juristische Staatsprüfung im Jahre 1959 ab.

II.

Im Jahr 1957 wurde Alexander Hollerbach bei Erik Wolf in Freiburg i.Br. mit seiner Arbeit „Der Rechtsgedanke bei Schelling. Quellenstudien zu seiner Rechts- und Staatsphilosophie" promoviert. Philosophische Grundfragen blieben ein zentrales Motiv seines Lebenswerkes. Hier schon wird auch sein besonderes Interesse an Fragen der Personen- und Wissenschaftsgeschichte deutlich. Kurze Zeit war er Assistent von Thomas Württemberg sen., so kam er auch mit dem Strafrecht in nähere Berührung. Alexander Hollerbach habilitierte sich unter der Betreuung von Konrad Hesse an der Universität Freiburg mit der Schrift „Verträge zwischen Staat und Kirche in der Bundesrepublik Deutschland". Im Jahr 1964 wurde ihm die venia legendi für die Fächer Rechtsphilosophie, Staats- und Verwaltungsrecht und Kirchenrecht verliehen.

Im Jahr 1966 wurde Hollerbach als Ordinarius für Öffentliches Recht und Rechtsphilosophie an die damals noch Wirtschaftshochschule genannte Universität Mannheim berufen. Hier wandte er sich intensiv den Fragen der Reform von Universität und universitärer Lehre zu. Sein großes Engagement innerhalb der Universität, in Lehre, Selbstverwaltung und Entwicklung des akademischen Lebens zeigt sich schon hier, es wird beispielgebend in der Ausfüllung seiner Ämter als Dekan und als Prorektor in der Universität Freiburg, ebenso ausgleichend wie standfest.

Schon 1969 kehrte Alexander Hollerbach als Nachfolger von Erik Wolf nach Freiburg i. Br. als Ordinarius für Rechts- und Staatsphilosophie, Geschichte der Rechtswissenschaft und Kirchenrecht zurück. Er übernahm auch die Funktion als Direktor des Seminars für Rechtsphilosophie und evangelisches Kirchenrecht, das, die ökumenische Ausrichtung auch nach außen betonend, in „Seminar für Rechtsphilosophie und Kirchenrecht" umbenannt wurde. Einen Ruf an die Universität Wien lehnte er 1979 ab. Im Jahr 1996 wurde Alexander Hollerbach emeritiert.

Im Jahre 1978 wurde Alexander Hollerbach zum ordentlichen Mitglied der Heidelberger Akademie der Wissenschaften berufen. Von 1984 bis 1998 moderierte er die Essener Gespräche zum Thema Staat und Kirche, die er durch seine ausgleichende Art, seine Toleranz, sein diplomatisches Geschick und seine Gabe, wesentliche und drängende Themen zu finden, nachhaltig geprägt hat. Zu seiner Zeit waren diese Gespräche das zentrale und ökumenisch tonangebende Dialogzentrum des Staatskirchenrechts in der Bundesrepublik Deutschland.

Seinen akademischen Schülern gegenüber war Alexander Hollerbach stets zugewandt, gesprächsbereit und interessiert. Er hat dabei auch viele junge und viele bereits etablierte ausländische Wissenschaftler angezogen. Seine Seminare im Staatskirchenrecht und in der Rechtsphilosophie sind Zentrum intensiver, offener und stets rücksichtsvoller Auseinandersetzung gewesen. Dabei war gerade auch die Diversität der politischen und kulturellen Hintergründe aller Teilnehmer bemerkenswert. Parteipolitische Zugehörigkeiten spielten keine Rolle, bedauert hat Alexander Hollerbach die Streichung aller gesamtdeutscher Bezüge aus der Verfassung der DDR von 1974.

Die Seminare zum Kirchen- und Staatskirchenrecht bildeten schon in der Zusammensetzung von Leitung und Teilnehmer ökumenischen Grund. Bei aller theoretischen Fundierung waren sie stets intensiv auf die Bedürfnisse der Praxis ausgerichtet. In den rechtsphilosophischen Seminaren wurde von ganz unterschiedlichen weltanschaulichen und wissenschaftstheoretischen Grundpositionen aus offen und stets konziliant gestritten. Seinen Mitarbeitern hat Alexander Hollerbach breite Freiheit gelassen, sie konnten in eigenen Lehrveranstaltungen eigenständig agieren und Erfahrungen sammeln. Er war gegenüber Fehlern stets nachsichtig und in der eigenen Disziplin und Genauigkeit vorbildhaft. Regelmäßige Lehrstuhlkonferenzen, besonders zur Entscheidung über Anschaffungen für die Seminarbibliothek gaben Gelegenheit für Austausch und förderten den Zusammenhalt. Den Zusammenhalt förderte Alexander Hollerbach auch bei den Studierenden. Regelmäßig veranstaltete er Seminarwochenenden mit Bergwanderung auf das Fachschaftshaus am Schauinsland, dem Hausberg Freiburgs, und er hielt die Tradition hoch, dass die Teilnehmer seiner abendlichen Seminare nach deren Ende noch im universitätsnahen Gasthaus zu einem Glas Wein zusammensaßen. Sich selbst hat er – in späteren Jahren – als ewigen Studenten bezeichnet.

Seinen eigenen akademischen Lehrern ist Alexander Hollerbach zeitlebens treu verbunden geblieben, Freundschaften hat er gepflegt. Im universitären Kollegenkreis war Alexander Hollerbach hochgeachtet, in Auseinandersetzungen fair und ausgleichend, friedenstiftend im besten Sinne. Es ist selten, einem Menschen zu begegnen, der so klar, unprätentiös und bescheiden, so in sich stimmig im Privaten wie im beruflichen Wirken ist, wie Alexander Hollerbach es war.

Alexander Hollerbach war Träger des Päpstlichen Gregoriusordens. 2003 verlieh ihm die Madrider Universität Complutense die juristische Ehrendoktorwürde. Die Theologische Fakultät der Universität Freiburg ehrte ihn am 25. November 2009 mit der theologischen Ehrendoktorwürde. 2011 erhielt er das Verdienstkreuz 1. Klasse der Bundesrepublik Deutschland. Ebenfalls im Jahre 2011 wurde ihm der Ehrenring der Görres-Gesellschaft verliehen. All dies ist Ausdruck der immensen nationalen und internationalen Reputation und Ausstrahlung von Alexander Hollerbach.

III.

Rechtswissenschaft und gerade auch ihre philosophischen Grundlagen hat Alexander Hollerbach stets als praktische Wissenschaft verstanden, als Theorie, die für die praktische Anwendung fruchtbar sein soll. Nie waren Geschichte der Rechtswissenschaft, Dogmatik, philosophische und theologische Erörterung reiner Selbstzweck, sie waren in Auswahl der Thematik und Behandlung der Problemstellung immer gerichtet auf die Möglichkeit praktischer Wirksamkeit. Geprägt war dieses Arbeiten durch enorme, Verlässlichkeit verbürgende Genauigkeit auch in kleinen technischen Details.

Das Werk Alexander Hollerbachs weist viele Facetten auf. Kostbarkeiten sind die vielen Darstellungen von Persönlichkeiten der Wissenschaftsgeschichte. Sein Hauptinteresse galt dabei nicht den ohnehin bekannten, stets im historischen

Rampenlicht stehenden Gestalten, sondern den eher im Stillen arbeitenden, weithin unbekannten Charakteren, die durch ihre Tätigkeit das Geflecht schaffen, das die Leuchttürme der Wissenschaften trägt und verbindet. So werden Einzelpersönlichkeiten der Vergessenheit entrissen, ohne die Wissenschaft nicht leben kann, und ihre Beiträge gewürdigt.

Das Staatskirchenrecht hat Alexander Hollerbach maßgeblich geprägt. Dem Staatskirchenvertragsrecht hat er mit seiner Habilitationsschrift Maß und Struktur gegeben, über Jahrzehnte ist dieses Werk Referenzort auch für die politische Praxis gewesen und geblieben. Damit hat Alexander Hollerbach ein rechtliches Instrument mitgestaltet, das wesentlich zum gedeihlichen Zusammenwirken, zur fruchtbaren und friedenwahrenden Kooperation von Staat und Religionsgemeinschaften beigetragen hat und beiträgt, ein Instrument, das beide Partner in ihrer jeweiligen Identität belässt, Freiräume bewahrt, Kompetenzen respektiert und Traditionswahrung ebenso wie Fortschritt ermöglicht.

Die Entwicklung des Staatskirchenrechts hat Alexander Hollerbach aufmerksam begleitet und beeinflusst. Mit Übersichtsartikeln und Spezialstudien hat er Richtungen gewiesen, bisweilen vorsichtig gemahnt und stets Ordnung gehalten. Die Wissenschaft vom Staatskirchenrecht der Bundesrepublik Deutschland hat er so maßgebend und umfassend geprägt. Intensiv hat er zur Praxis des Staatskirchenrechts beigetragen durch Gutachten, konzentrierten Rat und aktive Mitarbeit bei Verhandlungen zu Staatskirchenverträgen.

Gerade auch hier, im Staatskirchenrecht, hat Alexander Hollerbach frühzeitig auf die internationale und europäische Dimension hingewiesen und zu ihrer Entwicklung beigetragen. Dies ging weit über den engeren Bereich des Konkordatsrechts hinaus, es hob die Bedeutung internationaler und supranationaler Vereinigungen mit ihrer Wirkung für Religion und Religionsrecht in das Bewusstsein der Rechtswissenschaft, es war aktiver Beitrag für die Einigung Europas. Das Europäische Konsortium für Staat-Kirche Forschung hat Alexander Hollerbach mitbegründet, das Forum, das in den folgenden Jahrzehnten zur Einigung der Europäischen Union in der Dimension von Religion und Kultur wesentlich beigetragen hat durch Bereitstellung von Information und Einsicht, durch persönliche Kontakte und Beratung. Tiefe Verwurzelung in der Heimat geht bei Alexander Hollerbach Hand in Hand, untrennbar verbunden, mit europäischer und internationaler Offenheit.

Das katholische Kirchenrecht verdankt Alexander Hollerbach große Bereicherung durch zahlreiche Einzelstudien, gerade auch in der Verbindung mit dem Blick in das weltliche Recht. Zugleich hat er beratend mitgewirkt an der Schaffung des Codex Iuris Canonici von 1983, hat er gewirkt in seiner Heimatgemeinde und – nicht nur – im Erzbistum Freiburg.

Schon als junger Wissenschaftler hat Alexander Hollerbach die Rechtsdogmatik wesentlich beeinflusst mit seinen durchaus selbstbewussten und innovativen Aussagen zur Methodenlehre von Karl Larenz, in denen er auf die Notwendigkeit hinwies, eine bereichsspezifische Dogmatik zu entwickeln, die den konkreten Bedürfnissen bestimmter Rechtsgebiete Rechnung trägt. Ebenso klar, standfest und risikobereit zeigt sich Alexander Hollerbach in seiner frühen Auseinandersetzung mit Ernst Forsthoff. Diese frühe Schrift mit ihrem Titel „Auflösung der rechtsstaatlichen Verfassung?“ ist zugleich ein zentraler Beitrag zu einer sachangemessenen Verfassungsdogmatik, gegründet in rechtsphilosophischem Bewusstsein, klarem historischem Blick und umfassendem Verständnis für die praktischen Bedürfnisse zukünftiger politischer Entwicklung.

Besondere Zuneigung empfand Alexander Hollerbach zur Kunst der Lexikografie. Zur großen siebenten Auflage des Staatslexikons der Görresgesellschaft hat er durch sorgfältige Redaktion ebenso beigetragen wie durch zahlreiche eigene Einträge, gerade mit Grundsatzartikeln. Viele weitere Lexika verdanken Alexander Hollerbach konzise, hochinformative, einprägsame Einträge. Seine Aufmerksamkeit galt zudem der Entwicklung in der Darstellung von Sachfragen in Abfolgen von Lexika über die Zeit, auch das ein Beitrag zur Wissenschaftsgeschichte.

Überhaupt galt der Wissenschaftsgeschichte sein großes und zunehmendes Interesse. Dabei widmete sich Alexander Hollerbach in vielen Darstellungen den Institutionen wie etwa den einzelnen Fakultäten, insbesondere der Rechts- und Staatswissenschaftlichen Fakultät der Universität Freiburg, aber auch der Rechtswissenschaft an der Universität Mannheim. Besonders aber ging er den handelnden Personen und ihren Beziehungen zueinander nach, er schreibt Wissenschaftsgeschichte ebenso wie Gelehrtengeschichte, der einzelne Mensch mit seinem Bemühen um Erkenntnis und Wahrheit, um das richtige Handeln steht im Mittelpunkt seiner Aufmerksamkeit. So widmet er seinen Blick Persönlichkeiten wie Julius Federer, Josef Schmitt oder Franz Böhm.

Die Zeit des Nationalsozialismus betrachtete Alexander Hollerbach in diesem historischen Arbeiten mit besonderer Intensität. Nicht zuletzt zeigt sich dies auch daran, dass er zahlreiche Dissertationen zu diesem Themengebiet anregte und betreute. Im persönlichen Gespräch konnte er zudem sehr dezidierte Urteile über das Verhalten in dieser Zeit auch von Personen abgeben, die er persönlich kannte oder denen er sogar persönlich nahestand.

In der Rechtsphilosophie ist Alexander Hollerbach allgemeinen Grundfragen des Rechts nachgegangen, in seinen Seminaren wurden regelmäßig aktuell diskutierte Problembereiche behandelt, neu erschienene Positionen befragt und in weitere Horizonte eingeordnet. Alexander Hollerbach neigte dem Naturrechtsdenken zu, wohl wissend um die Schwierigkeit der Letztbegründung des Naturrechts und eben der Letztbegründung überhaupt. Von Anfang seines Studiums an bis ins hohe Alter haben diese Fragen des Naturrechts ihn nicht losgelassen, und er hat sich nicht angemaßt, Lösungen zu behaupten, wo Lösungen nicht möglich waren.

Rechtsphilosophische Kernfragen legten den Grund für Alexander Hollerbachs Umgang mit allen weiteren Rechtsmaterien, ja, man wird sagen dürfen, mit seinem Umgang mit Menschen insgesamt. Es sind dies die Fragen nach Gerechtigkeit und Maß. Und sicher prägte seine Menschlichkeit ebenso sehr seine rechtsphilosophische Grundeinstellung. Diese Grundeinstellung war eben nicht bloße Theorie und Frucht rein theoretischen Bemühens, sondern lebendiges Sein.

Die Breite Hollerbachschen Wirkens erfasste auch das Verfassungsrecht. Dies betraf naheliegend vor allem die verfassungsrechtliche Ausgestaltung des Verhältnisses von Staat und Kirchen. Es erfasste aber auch wesentliche Artikel der baden-württembergischen Verfassung ebenso wie das Grundproblem der Friedenswahrung durch den Staat. All dies zeigt tiefe Verbundenheit mit dem Grundgesetz und seinen zentralen Anliegen, Wissen um die Notwendigkeiten der Gemeinschaftspflege ebenso wie Klarheit im Ansprechen zentraler Streitpunkte. Es waren wichtige Beiträge zunächst zur Konsolidierung des Grundgesetzes und zur Selbstvergewisserung der noch jungen und später dann gefestigten Bundesrepublik Deutschland, mutig, zukunftsgerichtet und zugriffskräftig.

Ausgewählte Schriften von Alexander Hollerbach

Der Rechtsgedanke bei Schelling. Quellenstudien zu seiner Rechts- und Staatsphilosophie, Frankfurt a.M. 1957, 453 S.

Auflösung der rechtsstaatlichen Verfassung? Zu Ernst Forsthoffs Abhandlung „Die Umbildung des Verfassungsgesetzes“ in der Festschrift für Carl Schmitt, in: Archiv des Öffentlichen Rechts 85 (1960) S. 341–270

Verträge zwischen Staat und Kirche in der Bundesrepublik Deutschland, Frankfurt a.M. 1965, XVI, 308 S.

Die Kirchen unter dem Grundgesetz, in: Veröffentlichungen der Vereinigung der deutschen Staatsrechtslehrer 26 (1968) S. 57–106

Neuere Entwicklungen des katholischen Kirchenrechts, Karlsruhe 1974, 46 S.

Selbstbestimmung im Recht, Heidelberg 1996, 31 S.

Religion und Kirche im freiheitlichen Verfassungsstaat. Bemerkungen zur Situation des deutschen Staatskirchenrechts im europäischen Kontext, Berlin u. New York 1998, 36 S.

Katholizismus und Jurisprudenz. Beiträge zur Katholizismusforschung und zur neueren Wissenschaftsgeschichte, Paderborn 2004, 330 S.

Ausgewählte Schriften. In Verbindung mit Joachim Bohnert, Christof Gramm, Urs Kindhäuser, Joachim Lege, Alfred Rinken hrsg. v. Gerhard Robbers, Berlin 2006, 601 S.

Jurisprudenz in Freiburg. Beiträge zur Geschichte der Rechtswissenschaftlichen Fakultät der Albert-Ludwigs-Universität, Tübingen 2007, IX, 430 S.

Schriften zu Alexander Hollerbach

Vollständiges Verzeichnis der wissenschaftlichen Arbeiten (bis 2006), in: Ausgewählte Schriften, S. 559–581

Verfassung – Philosophie – Kirche. Festschrift für Alexander Hollerbach zum 70. Geburtstag, hrsg. v. Joachim Bohnert, Christof Gramm, Urs Kindhäuser, Joachim Lege, Alfred Rinken, Gerhard Robbers, Berlin 2001, 923 S.

Konrad Hesse, Alexander Hollerbach zum 70. Geburtstag, in: AöR 126 (2001) S. 1–9

Das Recht der Staatskirchenverträge. Colloquium aus Anlass des 75. Geburtstags von Alexander Hollerbach, hrsg. v. Stefan Mückl, Berlin 2007

Verleihung der theologischen Ehrendoktorwürde an Professor Dr. Dr. h.c. Alexander Hollerbach, 25. November 2009, Freiburg 2010. Darin: Georg Bier, Laudatio, S. 11–17, und Alexander Hollerbach, Ius utrumque. Gedanken zu Vergangenheit und Gegenwart, S. 21–36

Von Stefan Mückl, In memoriam Alexander Hollerbach (1931–2020), in: Freiburger Diözesan-Archiv 140 (2020), S. 7–11

Joachim Lege, Alexander Hollerbach, in: JuristenZeitung 76 (2021), S. 95–96

https://doi.org/10.1515/9783110767032-018

XI
Thomas Oppermann (1931–2019)

Michael Kilian

I. Herkunft und Lebenslauf

Thomas Oppermann entstammte als einziges Kind einer der letzten Generationen des gehobenen deutschen Bildungsbürgertums. Sein Vater, Universitätsprofessor Dr. phil. Hans Oppermann, war aus Braunschweig, war Altphilologe und Wilhelm Raabe-Forscher, seine Mutter, Dr. phil. Ella Oppermann, aus Kiel, war Lehrerin und promovierte Kunsthistorikerin. Geboren am 15. Februar 1931 in Heidelberg verlebte er seine Kindheit und Jugend an den wechselnden Wirkungsorten seines Vaters in Heidelberg und Freiburg i. Br. sowie Straßburg im Elsaß, zuletzt infolge des Kriegsendes in Wolfenbüttel und Hamburg, wo sein Vater am Ende Schulleiter der berühmten Gelehrtenschule des „Johanneums" war. Oppermann studierte von 1951 bis 1956 nach anfänglichem Zögern Rechtswissenschaften in Frankfurt/Main, Freiburg i. Br., Lyon und Oxford, zuletzt in Hamburg. Dies verschaffte ihm die passende Grundlage für seine späteren vielfältigen Aktivitäten im Rahmen der Einigung Europas. Das Assessorexamen bestand er 1959, in den Jahren 1957 bis 1960 arbeitete er an der Forschungsstelle für Völkerrecht der Hamburger rechtswissenschaftlichen Fakultät, die Herbert Krüger leitete. Ihm blieb er zeitlebens eng verbunden. An dieser Forschungsstätte wirkten als junge Wissenschaftler auch Dietrich Rauschning, Helmut Quaritsch sowie Klaus Vogel, die später zu Oppermanns engem wissenschaftlichen „Netzwerk" zählten. Kollege Krügers war der spätere europarechtliche Pionier Hans-Peter Ipsen.

Von 1960 bis 1967 arbeitete Oppermann zunächst als Hilfsreferent, am Schluss im Range eines Regierungsdirektors in der jungen Europaabteilung des Bundeswirtschaftsministeriums unter Ulrich Everling und lernte dabei in der Praxisausbildung auch die deutsche Vertretung bei der NATO in Paris unter Botschafter Wilhelm G. Grewe, seinem früheren Hamburger Lehrer, kennen. Diese Zeit wurden unterbrochen durch eine Habilitationsstipendium der DFG 1964/65, nachdem Oppermann bereits zuvor mit dem Thema „Britisches Unterhauswahlrecht und Zweiparteiensystem"[1] 1961 bei Grewe, dann, nach dessen Einstieg in der diploma-

1 Aufgrund eines DAAD-Stipendiums in Oxford.

tischen Dienst, in Freiburg bei Joseph H. Kaiser und Konrad Hesse promoviert worden war.

Der Spross einer solchen Familie konnte eigentlich nur selbst Universitätsprofessor werden. Tatsächlich begann Thomas Oppermann seine juristische Laufbahn jedoch als Beamter im Bundeswirtschaftsministerium in Bonn, zuletzt als Regierungsdirektor. Erst über Umwege nahm Herbert Krüger in Hamburg den begabten und gebildeten jungen Mann als Habilitanden an. Oppermann war nie im eigentliche Sinn Wissenschaftlicher Assistent an einem Lehrstuhl gewesen, und er bedauerte öfters, nie diese Lehrzeit bei einem Professor in der wissenschaftlichen Gemeinschaft fast Gleichaltriger genossen zu haben. Umso mehr kümmerte er sich später um den Werdegang seiner Mitarbeiter und Schüler und organisierte seinen Lehrstuhl in Tübingen wie ein kleines Ministerium mit exakten Zuständigkeiten, Ein- und Ausgang-Aktenkörben, Aktenvermerken sowie regelmäßigen Dienstbesprechungen. Oppermann gab selbst zu, dass in ihm „eine pedantische Ader" schlummerte. Wissenschaft muss organisiert werden, besonders die auf den richtigen Begriffen beruhende Rechtswissenschaft: regelmäßiges Treffen mit den Mitarbeitern am jour fixe jede Woche im Semester und – wenn möglich – auch während der Semesterferien, Durchsicht aller maßgeblichen Zeitschriften des Seminars (Umlauf) und deren systematische „Verzettelung" in Karteikästen.

Anfang 1967 wurde Oppermann von der Hamburger Fakultät mit einer umfangreichen Arbeit zum Thema „Kulturverwaltungsecht – Bildung – Wissenschaft – Kunst" habilitiert. Das Buch erschien 1969 im Verlag Mohr Siebeck, Tübingen. Während dieser Jahre hatte er zudem auf Anraten Krügers eine Monographie „Die Algerische Frage"[2] verfasst, sodass seine venia auch die Politikwissenschaft einbezog und diese auch in Oppermanns Lehrstuhlbezeichnung in Tübingen („Öffentliches Recht IV") enthalten war.

Zum 1. Oktober 1967, also zum „vorrevolutionären" Wintersemester 1967/68, wurde Oppermann als Nachfolger des im Sommer 1967 überraschend verstorbenen Staats- und Völkerrechtlers Adolf Schüle zum Ordinarius für Staats- und Völkerrecht in Tübingen ernannt. Einem gleichzeitig ergangenen Ruf an die eben errichtete Ruhr-Universität Bochum hatte er die traditionsreiche Tübinger Juristische Fakultät[3] vorgezogen. Oppermann lehrte und lebte, nachdem er Rufe nach Hamburg und nach Bonn (Nachfolge Karl Josef Partsch) abgelehnt hatte, bis zu seinem Tod 2019 in Tübingen. Die Lehrstuhlbezeichnung lautete Öffentliches Recht, Europarecht und Völkerrecht und Auswärtige Politik.

---

2 1961 auch französisch erschienen.

3 Damals noch eine Abteilung der Rechts- und Wirtschaftswissenschaftlichen Fakultät.

Oppermann hatte fünf Schüler: Armin Dittmann (Stuttgart-Hohenheim), Michael Kilian (Halle/Saale), Claus-Dieter Classen (Greifswald), Frank Fechner (Ilmenau) und Ulrich Gassner (Augsburg), dazu zahlreiche Doktoranden und Doktorandinnen des In- und Auslands, darunter bekannte Namen wie die Journalisten Marc Beise (SZ) und Klaus Kleber (ZDF).

Thomas Oppermann wurde für sein wissenschaftliches und öffentliches Wirken mit mehreren Ehrendoktoraten und hohen staatlichen Auszeichnungen geehrt. Am 26. Januar 2019 starb er an den Folgen einer Operation im 87. Lebensjahr, wenige Wochen vor seinem 88. Geburtstag. Er wurde im Tübinger Stadtfriedhof bestattet; einem Friedhof in der Nähe seiner Wirkungsstätte, der Neuen Aula, und auf dem eine Fülle an bedeutenden Persönlichkeiten begraben ist, deren Liste große Namen von Friedrich Hölderlin, Ludwig Uhland bis zu Carlo Schmid aufweist.

II. Prägungen und Berufseinstellung

Thomas Oppermann bezeichnete sich selbst[4] als konservativ-liberal, wobei die Betonung auf konservativ liegen muss. Staatsrecht war für ihn politisches Recht, auch das Europa- und Völkerrecht. Dies bedeutete aber nicht Parteilichkeit. Dennoch müsse jemand, dessen Feld die eminent politiknahe Disziplin wie das Verfassungsrecht ist, im Streit der Meinungen auch eigene Überzeugungen besitzen dürfen., es sei sogar zu fordern. Er folgte darin seinem Lehrer Herbert Krüger. „Absolute Neutralität“ gebe es nicht, eine solche sei allenfalls in einer Art von Selbsttäuschung.

Politisch prägte Oppermann nach eigener Aussage die Kanzlerschaft Konrad Adenauers und dessen Ringen um die Souveränität der entstehenden Bundesrepublik, ihrer Westbindung und ihrer Teilnahme an der europäischen Einigung. Ein weiterer Lehrer war ihm in dieser Richtung Wilhelm G. Grewe. Zusätzliche Prägungen erfolgten durch die „Freiburger Schule“ der Nationalökonomie und deren Umsetzung in der „sozialen Marktwirtschaft“ durch Ludwig Erhard und Alfred Müller-Armack. Oppermann stand so der CDU nahe, begrüßte aber auch die Ostpolitik ab 1969 durch Willy Brandt. Sein großes Lebensziel war die Unterstützung und Bestärkung des europäischen Einigungswerks, verkörpert durch einen ihrer Gründer, Walter Hallstein. Mit Hallstein verband Oppermann vor allem in

4 In einem unveröffentlichten Lebensrückblick kurz vor seinem Tod, den der Verf. von ihm erhalten hat.

dessen letztem Lebensjahrzehnt eine enge, fruchtbare, persönliche wie wissenschaftliche Verbindung.

Vor diesem Hintergrund erscheinen die überaus vielfältigen Aktivitäten Oppermanns in den Bereichen der Politikberatung, der wissenschaftlichen Organisationen, staatlicher und kultureller Einrichtungen sowie bei der Wahrnehmung umfangreicher Auslandskontakte folgerichtig.

III. Wissenschaftliche und sonstige Aktivitäten

Thomas Oppermann gehörte von 1967 bis 1999 aktiv und danach als weiter emsig tätiger Emeritus der bedeutenden Tübinger Juristischen Fakultät an.[5] Auch nach seiner Emeritierung lebte er bis zu seinem Tod in seinem Haus auf dem Tübinger Schloßberg mit Blick auf das Ammertal.[6]

Thomas Oppermann war stets der Auffassung, ein Professor des öffentlichen Rechts habe zugleich die Aufgabe, auch öffentliche Ämter zu übernehmen, Theorie und Praxis miteinander zu verbinden, und so mit Nachdruck auszuüben. Dabei kamen ihm seine Erfahrungen im Bundeswirtschaftsministerium, bei der damaligen EWG und bei der NATO zugute.

So nahm Oppermann im Laufe seines langen Lebens die unterschiedlichsten öffentlichen Funktionen wahr: Mitglied des Rundfunkrats des damaligen Südwestfunks in Baden-Baden und beim Kultursender ARTE, von 1971 bis 2004 Vorstandsmitglied der Wissenschaftlichen Buchgesellschaft e.V. (heute: wbg) in Darmstadt, Gremienmitglied des Goethe-Instituts e.V. in München und bei der Wissenschaftsförderstiftung Adolf-Töpfer-Stiftung F.V.S. in Hamburg.

Wichtige öffentliche Ämter waren von 1983 bis 1985 die Vizepräsidentschaft der Universität Tübingen und die langjährige Mitgliedschaft im Staatsgerichtshof von Baden-Württemberg in Stuttgart als Nachfolger von Otto Bachof von 1985 bis 2003 (zwei Wahlperioden). Aktive Mitarbeit und leitende Tätigkeiten in wissenschaftlichen Vereinigungen kamen hinzu, so Vorstandsämter in der Vereinigung der deutschen Staatsrechtslehrer und in der Deutschen Gesellschaft für Völkerrecht (später in Deutsche Gesellschaft für Internationales Recht umbenannt), beim Arbeitskreis Europäische Integration (AEI), bei der International Law Asso-

5 Zu dieser Zeit lehrten an der Tübinger Fakultät Josef Esser, Fritz Baur, Hermann Lange, Ludwig Raiser, Joachim Gernhuber, Erich Fechner, Ferdinand Elsener, Horst Schröder, Carl Peters, Jürgen Baumann, Otto Bachof, Günter Dürig, Martin Heckel.

6 In Tübingen kursiert der Spruch des Tübinger Lokaldichters (und Metzgers dazu) Christian Späth: „Die Welt, die ist kein Jammertal, am wenigsten im Ammertal …“.

ciation (ILA) und in der Gesellschaft für Europarecht. war er wichtiges Mitglied der International Law Association (ILA). Auf internationaler Ebene initiierte er so das International Trade Law Committee (ITLC) der ILA über mehrere Tagungsperioden hinweg.

Oppermann stand sehr intensiv für wissenschaftliche Beratungsaufgaben in der Politik zur Verfügung, so die Beratung von Kultusminister Wilhelm Hahn bei der Hochschulgesetzgebung der siebziger Jahre oder 1981 in der Sachverständigenkommission „Staatszielbestimmungen, Gesetzgebungsaufträge“ der Bundesministerien des Innern und der Justiz,[7] 1989 die Leitung einer Kommission zur Positionierung Baden-Württembergs im Europäischen Binnenmarkt und ab 1992 die Mitarbeit im inoffiziellen Beraterkreis von Ministerpräsident Erwin Teufel (sog. „Teufelskreis“).

Hinzu kamen zahlreiche Auslandsreisen v.a. für das Goethe-Institut, so in Westafrika und in Korea, Auslandsaufenthalte u.a. in Mittel- und Osteuropa, in Japan, in Jerusalem und in Chicago, Tagungsreisen zu Tagungen der ILA usw.

Oppermann lag nach eigener Aussage mehr am Gestaltenden, wie es sich aus Kommissions-Mitgliedschaften, Beratungen oder gutachterlichen Expertisen ergibt. Prozessvertretungen übernahm er nur, wenn es sich nicht vermeiden ließ. So führte er – anders als manche Staatsrechtslehrer – nur wenige Verfahren vor Gerichten, so etwa vor den Luxemburger Europäischen Gerichtshöfen in Sachen Deutscher Sekt und von 1996 bis 2003 in der Frage der Zulässigkeit von Beihilfen des Landes Sachsen für den Ausbau von VW-Werken in den neuen Bundesländern. Oppermann war allerdings ein gesuchter Gutachter, so u.a. für die Kommunen als Schulträger, für die Stiftung Volkswagenwerk, für das Umweltbundesamt in Berlin, die CMA in Bonn (Landwirtschaftsmarketing) oder für den Süddeutschen Rundfunk Stuttgart. Beim Deutschen Juristentag trat er ebenfalls als Gutachter auf.

Sehr intensiv widmete er sich der Forschung, so rief er Ende der achtziger Jahre in Tübingen eine DFG-Forschergruppe „Europäische und internationale Wirtschaftsordnung aus der Sicht der Bundesrepublik Deutschland“ ins Leben. Referate hielt er früh bei der Deutschen Gesellschaft für Völkerrecht und bei der Deutschen Staatsrechtslehrervereinigung. Für beide Vereinigungen organisierte er Tagungen (Hamburg 1989 bzw. Bayreuth 1992, Mainz 1993).

In der Lehre war Thomas Oppermann ein beliebter Professor und Prüfer, der diese Lehrform der Vorlesung, wie auch die Übung, da aus einem Gelehrtenhaushalt kommend, sehr schätzte. Dies galt besonders für das Verfassungsrecht, das Völkerrecht und das Europarecht, dessen Vorlesung er ab 1968 aus kleinen

---

7 Der Bericht der Kommission erschien 1983.

Anfängen mit zwölf Hörern bis zu am Ende 200 bis 300 Hörern anhob. Das Europarecht eroberte sich so, befördert nicht zuletzt durch das erfolgreiche Lehrbuch Oppermanns, einen festen Platz im juristischen Curriculum. Als neuen Vorlesungsstoff baute er z.B. das Medienrecht auf. Gleichermaßen liebte Oppermann das Abhalten von Seminaren, so entwickelte er besonders die Form des „Lektüreseminars", das die Studierenden zum Lesen von Büchern veranlasste. Oft waren die Seminare mit Exkursionen, etwa nach Baden-Baden, Straßburg, Luxemburg oder Genf verbunden.

Oppermann unterhielt zahlreiche Kontakte im In- und vor allem auch im Ausland, von denen hier nur wenige genannt werden können. So bestand eine enge Verbindung mit dem im Ruhestand in Stuttgart lebenden Gründungs-Präsidenten der EWG-Kommission Walter Hallstein, aus der mehrere Publikationen hervorgingen, so vor allem die Publikation einer Auswahl der Reden Hallsteins während dessen Zeit in der EWG-Kommission 1958 bis 1967.

Während seiner aktiven Zeit, aber auch danach im Ruhestand, unternahm Oppermann zahlreiche Vortragsreisen, so nach Polen (1987), Jena und Ostberlin sowie Prag (1990), 1991 nach Chicago. Sodann Reisen im Auftrag des Goethe-Instituts nach Indien (1971), in den Maghreb (1980), nach Westafrika (1982), nach Japan/Hongkong/Singapur (1990), später auch nach Algier, Ghana und Zaire. Hinzu kamen weitere Vortragsreisen nach Japan, Korea, Taiwan-Hongkong und bereits 1990 auch nach Kanton. Oppermann beteiligte sich an der Gründung der deutsch-ungarischen Andrassy-Universität in Budapest 2001/2 und hielt an der Kant-Universität Kaliningrad 2007 einen Sommerkurs.

Eine besondere Bedeutung hatte für Oppermann im Ruhestand die Mitarbeit von 2002 bis 2008 im Brüsseler Konvent für die Erarbeitung einer reformierten EU-Verfassung als Berater von Ministerpräsident Erwin Teufel unter dem Vorsitz des früheren französischen Staatspräsidenten Valéry Giscard d'Estaing.

Oppermann unterhielt internationale Wissenschaftsbeziehungen v.a. zu Frankreich, Polen, Japan, USA und Israel. Ab 1979 nahm er am deutsch-italienischen Verfassungscolloquium teil, es folgten deutsch-polnische Treffen und deutsch-israelische Colloquien im Rahmen der Kossoy-Hall-Stiftung. Zahlreiche Gastprofessuren führten Oppermann nach Aix-en-Provence (1993), ab 1988 nach Tel Aviv und Jerusalem, zu mehreren deutsch-israelischen Symposien (1982, 2006), zu einer Gastprofessur in Jerusalem 1999, zu deutsch-japanischen Symposien in Tübingen sowie in Tokyo und Kyoto.

IV. Wissenschaftliches Werk und Bedeutung

Frühe Schriften Oppermanns behandelten das britische Unterhauswahlrecht (Dissertation) sowie – wie erwähnt – die „algerische Frage“ (1959); damals ein Tabubesetztes Politikum ersten Ranges, zumindest in Frankreich. Damit richtete sich Oppermann schon früh auch politikwissenschaftlich aus, was später seinen europapolitischen Intentionen zugute kommen sollte. Oppermann dachte immer auch politikwissenschaftlich.

Oppermann selbst bezeichnete in seinen unveröffentlichten Lebenserinnerungen als Lieblingsfächer das Verfassungs-, Europa- und Völkerrecht. Vertieft befasste er sich auch mit dem Bildungs-, Wissenschafts- und Medienrecht, später kam das Internationale Wirtschaftsrecht hinzu, weitere Forschungsfelder, die er zeitweise bearbeitete (oft aus Gutachten herrührend), waren das Lebensmittelrecht, das Umweltverfahrensrecht und das Rundfunkfinanzrecht.

Seine Arbeitsmaxime war, als Wissenschaftler sowohl praxisnah wie mit politischem Bezug zu arbeiten, denn sowohl Verfassungsrecht wie Völker- und Europarecht ist (auch) politisches Recht. Hinzu kamen Interdisziplinarität und Internationalität seines Wirkens auf unterschiedlichen Ebenen: von Vorlesung und Seminar bis zur Hohen Politik.

Wissenschaftlicher Stil und Schreibstil lassen sich bei den Geisteswissenschaften – und Oppermann zählte die Rechtswissenschaft zu einer angewandten Geisteswissenschaft (vielleicht sogar zu einer speziellen Kulturwissenschaft) – nur schwer trennen. Sein Schreib- und Redestil war „leicht“ und um Plastizität bemüht, gedankliche Dunkelheit war nicht seine Sache. Man hatte Wert auf eine sorgfältige Formulierung zu legen, was stetes Ringen um den richtigen und präzisen sprachlichen Ausdruck bedeutete. Transparenz war Pflicht: jedes Gutachten trug auf der Titelseite einen Vermerk für die Kurzfassung „Für den eiligen Leser“. Eine private Bücherordnung baut man am besten nach der alphabethischen Folge der Verfasser auf, um so rascher an das zu suchende Werk zu kommen. Dasselbe galt für die in Ordnern durchnummerierten Sonderdrucke, die reichlich eintrafen.

Klare Sprache und das Bemühen um gedankliche Klarheit verbanden sich, hierfür halfen auch Studienaufenthalte in Lyon und Oxford. Zudem wollte er wirken und überzeugen, auch Kompromisse finden, wo es – wie oft in der Rechtswissenschaft – um streitige Dinge ging. Oppermann bevorzugte pragmatische Lösungen, der gesunde Menschenverstand sollte auch beim wissenschaftlichen Arbeiten nicht ausgeschaltet werden. Er suchte den Konsens, ohne um jeden Preis harmoniesüchtig zu sein. Denn Rechtswissenschaft hat immer auch mit Rechtspolitik und Politik als solcher zu tun.

Dies zeigte sich in vielfacher Hinsicht in seinen Äußerungen zur Bildungspolitik, zur Deutschlandpolitik und besonders zur Europapolitik. Oppermann liebte Begriffe und Begriffsprägungen, so etwas bezeichnete er die Europäische Gemeinschaft Ende der Siebziger Jahre als eine „parastaatliche Superstruktur". In der Lehre, die er mit großem Einsatz betrieb – sei es in der großen Vorlesung und Übung, wie in der kleinen Spezialvorlesung und vor allem im Abhalten von Seminaren – schätzte er intelligente und eingängige Vereinfachung, Konzentration auf das Wesentliche und Beschränkung. Leise Ironie kennzeichnete seine Redeweise, ohne dabei verletzend zu wirken. Deutscher Bierernst, abstraktes Theoretisieren und trockener Gelehrtenton waren seine Sache nicht. Man sollte aus seinen Veranstaltungen etwas „nach Hause tragen können". Oppermann erwies sich so auch als begabter und gesuchter Pädagoge, was im Wissenschaftsbetrieb nicht selbstverständlich ist. Immer wieder sprach er davon, dass Erfolg in der Lehre nur im „immer einfacher werden in der Darstellung" liegen könne. Im angesprochenen Bemühen um vernunftgeleiteten Konsens und um praxisnahe Lösungen vermied er daher das Theoretisierung um jeden Preis und suchte dies abzukürzen, wo es ging. Dogmatik ja, aber nur, soweit nötig und soweit sie hermeneutisch weiterhalf. Originelles war zu fördern („nicht den fünfzehnten Aufsatz über die Nebenbestimmungen des Verwaltungsakts verfassen"), reine Routine war verpönt und unproduktiv.

V. Die einzelnen Themenfelder

1. Bildungs- und Medienrecht

Mit seiner Habilitationsschrift Kulturverwaltungsrecht gelang Oppermann in den sechziger Jahren eine – längst fällige – Zusammenfassung und dogmatische Durchdringung eines Gebietes des öffentlichen Rechts, das zuvor aus lose zusammenhängenden Regelungskomplexen bestanden hatte. Erst seit Oppermanns Werk konnte man von einem zusammengehörenden „Kulturverwaltungsrecht" sprechen.[8]

Angeregt durch das Wirtschaftsverwaltungsrecht von Ernst Rudolf Huber verfolgte die Herbert Krüger zugeeignete Habilitationsschrift Oppermanns das Ziel,

8 Überblick bei Frank Fechner, Auf dem Weg vom Kulturverwaltungsrecht zu einem europäischen Kulturrecht, in: Classen/Dittmann/Fechner/Gassner/Kilian (Hg.), „In einem vereinten Europa dem Frieden der Welt zu dienen …", 2001, S. 687 ff.

sowohl etwas von den grundlegenden, Bildung, Wissenschaft und Kunst übergreifenden Zusammenhängen aufzuzeigen, als auch Unterschiede innerhalb dieses großen Sachbereichs des besonderen Verwaltungsrecht zu benennen. In zahlreichen Einzelpublikationen hat Oppermann in den Folgejahren immer wieder Themen des Kulturverfassungs- und Verwaltungsrechts aufgegriffen sowie zahlreiche Promotionen aus diesem Rechtsgebiet angeregt und betreut.

Speziell für den Bildungsbereich liegt das besondere Verdienst des „Kulturverwaltungsrechts" von Oppermann darin, dass es die letzte zusammenfassende Darstellung des Schulwesens als einer „Insel des Absolutismus" (Gerhard Anschütz) bietet, bevor

- nach dem „Abschied vom besonderen Gewaltverhältnis" und
- der „Entdeckung" des Gesetzesvorbehalts auch für das Schulwesen,

eine umfassende Verrechtlichung auch dieses Fachgebiets einsetzte.

Mit seinem Gutachten zum 51. Deutschen Juristentag (Stuttgart 1976) unter dem Titel „Nach welchen rechtlichen Grundsätzen sind das öffentliche Schulwesen und die Stellung der an ihm Beteiligten zu ordnen?" hat Oppermann diese Entwicklung aufgegriffen und fortgeschrieben, getragen von dem – für ihn typischen – Bemühen, die schulrelevanten allgemeinen Verfassungsgrundsätze und Verfassungswerte mit den schulrelevanten individuellen Grundrechtspositionen harmonisch zu verbinden. Mit diesem Gutachten hat Oppermann die weitere Diskussion um die verfassungsrechtliche Einhegung des Schulrechts maßgeblich beeinflusst. Im Schulrecht entwickelte Oppermann auch eigene Vorstellungen zum „Erziehungsauftrag der Schule".

Im Austausch mit der Kultur- und Medienpraxis im Bildungs-, Wissenschafts- und Medienrecht legte Oppermann Wert auf das Interesse des Staates an leistungsfähigen Strukturen in Schule und Universität bzw. die Rechtfertigung öffentlich-rechtlicher Medien in einem zunehmend liberalisierenden Umfeld.

Auch im Rundfunkrecht, das sich immer weiter zu einem eigenen Rechtsgebiet entwickelte, steuerte Oppermann dogmatische Elemente bei, so zum Bereich der sog. „Staatsferne" des öffentlich-rechtlichen Rundfunks (und Fernsehens) und später, als die funktechnischen Möglichkeiten auch einen Privatfunk zuließen, den Gedanken einer wohl spezifisch deutschen „dualen Rundfunkverfassung".[9]

Leitelemente der deutschen öffentlich-rechtlichen Rundfunkordnung waren für ihn die Gewährleistung einer Grundversorgung, die Sicherung der Staatsferne, eine hinreichende Finanzierung im Grundsatz auf der Basis von Rundfunk-

9 Th. Oppermann, Auf dem Weg zur gemischten Rundfunkverfassung in der Bundesrepublik Deutschland?, JZ 1981, S. 721 ff.

gebühren mit zusätzlichen Werbeeinnahmen[10] und ein breit gefasster Kulturauftrag.

2. Staats- und Verfassungsrecht, Deutschlands Rechtslage

Als Schüler Herbert Krügers, dem die Rechtslage Deutschlands in hohem Maße am Herzen lag, steuerte Oppermann eine Reihe von Gedanken in Ideen bei Aufsätzen zur Deutschlandpolitik und zum Verhältnis der beiden deutschen Staaten. Er gab die Hoffnung auf die Erlangung der deutschen Einheit nicht auf, resignierte aber beim Besuch Erich Honeckers in Bonn. Durch die Einheit, wie sie im Herbst 1990 durch glückliche außenpolitische Umstände zustande kam, ist dieser Teil seines Werks Rechtsgeschichte geworden.

3. Völkerrecht und Internationales Wirtschaftsrecht

Im Völkerrecht befasste sich Oppermann mit zahlreichen Themen, so mit der grenzüberschreitende Verfahrensbeteiligung von ausländischen Grenznachbarn im deutschen Umweltverfahrensrecht, mit der Bekämpfung des Internationaler Terrorismus durch völkerrechtliche Maßnahmen und – als langjähriger Schwerpunkt – mit den Grundlagen einer Neuen Weltwirtschaftsordnung.[11]

Oppermann widmete sich in den achtziger Jahren des vorigen Jahrhunderts vorwiegend dem damals noch neuer Wirtschafts-Entwicklungsvölkerrecht. Er nahm dabei eine aufgeschlossen-konservative Haltung ein: man sollte sich auf den bereits festgestellten rechtlichen Bestand aller akzeptablen Regeln des GATT/WTO

---

10 S. etwa Th. Oppermann, Rundfunkgebühren-Rundfunkordnung-Rundfunkideologie, JZ 1994, S. 499 ff.; ders., Zukunftsperspektiven der Finanzierung des öffentlichen Rundfunks, in: K. Stern/C-E Eberle/P. Lück/K.H. Hansmeyer/Th. Oppermann (Hg.), Die Finanzierung des Rundfunks nach dem Gebührenurteil des Bundesverfassungsgerichts, 1996, S. 52 ff.

11 S. Th. Oppermann, „Neue Weltwirtschaftsordnung" und Internationales Wirtschaftsrecht, in: Einigkeit und Recht und Freiheit, FS f. Karl Carstens, hg. von B. Börner/H. Jahrreiß/K. Stern, 1984, S. 449 ff.; ders., Die Seoul-Erklärung der International Law Association vom 29.– 30. August 1986 über die fortschreitende Entwicklung von Völkerrechtsprinzipien einer neuen Weltwirtschaftsordnung, in: Völkerrecht Recht der Internationalen Organisationen Weltwirtschaftsrecht FS für Ignaz Seidl-Hohenveldern, Hg. von K.-H. Böckstiegel/H.-E. Folz/J. M. Mössner/K. Zemanek, 1988, S. 449 ff. Sehr aktuell ders.: Multilateral oder Bilateral? Die Zukunft der Weltwirtschaft, in: Global Wisdom on Business Transactions, International Law and Dispute Resolution, FS G. Wegen, 2015, p. 59 ff.

und Prinzipien stützen. Man sollte aber auch zur Kenntnis nehmen, dass es starke Strömungen, vor allem des heute sog. „globalen Südens“ gibt, die versuchen, partizipatorische Elemente zu etablieren. Dies schließt sowohl einen Anspruch auf Teilhabe an technischen Entwicklungen (sog. Technologietransfer) als auch Ideen einer „materiellen Gleichheit“ ein, welche die nur formale souveräne Gleichheit der Staaten ablösen soll. Solche Ideen sind nicht grundsätzlich und vollständig abzulehnen, müssen sich aber erst in speziellen Anwendungsfällen von völkerrechtlichen Verträgen bewähren, in denen sich die Parteien auf ihre Anwendung verständigt haben. Erst dann besteht vielleicht eine Chance auf allgemeine Akzeptanz und Eingang in das Völkergewohnheitsrecht.

4. Europarecht

Eine besondere Bedeutung kommt dem Denken Thomas Oppermann für das damals noch junge Europarecht zu. Hier erwies er sich bald als einer der schöpferischsten und bedeutendsten Vertreter dieses sich immer dynamischer ausbreitenden und vertiefenden Fachs. Sein europarechtliches Denken kreiste in seinen letzten Jahrzehnten vor allem um die Themen EEA und Wirtschaftsverfassung, Euro-Rettung, Nizza-Vertrag und Verfassungskonvent, europäische Verfassung, die Mega-Union als Erfolgsgeschichte?, die Leitideen der Europäischen Integration, die Stellung des Europäischen Parlaments, die EU-Reform und die Demokratie sowie die Erneuerung der EU. Bilanzen zog er 1977 „Europa vor der Direktwahl“, 2000 „Der Europäische Traum nach der Jahrtausendwende“ und 2004 „Europäische Hoffungen nach fünfzig Jahren“.

Vor allem mit dem groß angelegten, nach zehnjähriger Vorarbeit publizierten Lehrbuch Europarecht, das im renommierten Verlag C.H. Beck erschien, und das ab 1991 bisher neun Auflagen erlebte,[12] rückte Oppermann in die erste Reihe der führenden Europarechtler Mitteleuropas auf und prägte damit Generationen von Studierenden in diesem immer wichtiger werdenden juristischen Fach.

Oppermann ging es im Europarecht immer um die „großen Linien“, Detailuntersuchungen überließ er in der Regel anderen. Er suchte die Gesamtschau der Form Europas und deren Anpassung an die wechselnden Zeitumstände.

Oppermanns europarechtliches Denken kreiste um grundsätzliche Begriffe, Gegebenheiten und Abläufe der europäischen Einigung: Rechtsqualität des Europarechts, Souveränität als Frage nach dem „letzten Wort“, Suche nach dem Ziel der europäischen Einigung. Es drehte sich um die Reform der EU, die repräsenta-

12 Mit der 9. Auflage zog sich Oppermann als Mitverfasser zurück.

tive wie die unmittelbare Demokratie in der Union und die Voraussetzungen ihrer Erneuerung der Integration sowie um deren Leitideen. Wie ist die Entwicklung von der „Gründungsgemeinschaft zur Mega-Union" historisch zu beurteilen? Erfolgsgeschichte oder nicht? bis hin zu Spezialproblemen der „Euro-Rettung" in der Rechtsgemeinschaft. Die letzten Jahre der Bemühungen Oppermanns um Europa waren durch das Bemühen geprägt, eine europäische Verfassung zu entwerfen und, nachdem dies misslungen war, nach gleichwertigem Ersatz zu fragen (Vertrag von Lissabon). Oppermanns wissenschaftliche Bemühungen um die Ausarbeitung einer geschlossenen europäischen Verfassung von 2002 bis 2004, welche die Zersplitterung der einzelnen Vertragsteile des primären EU-Rechts beseitigen sollte, scheiterte 2005 an ablehnenden Referenden der französischen und der niederländischen Wählerschaft. Dennoch gab er in seinem Bemühen nicht auf.

5. Wissenschaftliches Fazit

Oppermann bekam im Laufe seiner langen Karriere zu zahlreichen runden und halbrunden Geburtstagen Festschriften (1981, 2001) und Symposien, aus denen Sammelwerke entsprangen (1996, 2011, 2016). Zu seinem fünfundsiebzigsten Geburtstag gaben Kollegen und Schüler gesammelte Schriften Oppermanns zum Europarecht beim Verlag Duncker & Humblot heraus.

Thomas Oppermann zog am Ende seines Lebens in einer privaten Lebensbeschreibung[13] folgendes Fazit seiner rechtswissenschaftlichen Bemühungen:

- Wie die meisten Kollegen seiner Generation habe er seinen Respekt vor dem Grundgesetz als der bisher gelungensten deutschen Verfassung zum Ausdruck zu bringen versucht.
- Er wünsche sich eine glückliche Zukunft Europas als einer dauerhaften Union eigener Prägung, die Frieden, Wohlstand und den Rang des Kontinents in der heutigen Welt garantiere.
- International sei auf eine allmähliche vertragliche und justiziell verfestigende Ordnung der Weltwirtschaft als Speerspitze global akzeptierten und praktizierten Völkerrechts zu setzen.
- Man hüte sich aber vor Illusionen hinsichtlich der Wirkungskraft juristischer Äußerungen und Publikationen. Von wenigen Genieentwürfen abgesehen seien sie wie Spuren im Sand, die eine Weile den Weg wiesen, bevor sie allmählich verwehten.

13 Vgl. die Anmerkung oben.

– Die eigentliche Chance akademischer Tätigkeit in der Jurisprudenz sei nicht das beschriebene Papier, sondern die „Weitergabe des Feuers“ (Jean Jaurès) im Dialog mit den dem Lehrer anvertrauten jungen Menschen. Wichtigster Lohn und Rechtfertigung der eigenen Bemühungen um das Recht erschienen ihm der eigene Anteil am Erfolg ihres späteren Werdeganges zu sein.

VI. Auswahlbibliographie

Von den über 380 wissenschaftlichen Arbeiten und Veröffentlichungen Oppermanns können hier nur wenige, besonders kennzeichnende Titel genannt werden:

Die algerische Frage. Rechtlich-politische Studie, Stuttgart 1959 (225 S.).
Britisches Unterhauswahlrecht und Zweiparteiensystem, 1961 (151 S.).
Kulturverwaltungsrecht. Bildung, Wissenschaft, Kunst, Grundlagen im Rahmen der Verfassungsordnung der Bundesrepublik Deutschland, 1969 (646 S.).
Nichteinmischung in innere Angelegenheiten. Zur Abgrenzung der Nichteinmischung gegenüber Intervention und Interzession, ArchVR 141, 1970, S. 321 ff.
Das parlamentarische Regierungssystem des Grundgesetzes; Anlage, Erfahrungen, Zukunftseignung, VVdStRL 33 (1975), S. 8 ff.
Grundfragen der Mitgliedschaft in internationalen Organisationen, Karlsruhe 1975, S. 53 ff. (Bericht der Dt. Gesellschaft für Völkerrecht, Bd 17).
Nach welchen rechtlichen Grundlagen sind das öffentliche Schulwesen und die Stellung der an ihm Beteiligten zu ordnen? Gutachten C zum 51. Deutschen Juristentag, München 1976, 108 S.
Die Europäische Gemeinschaft als parastaatliche Superstruktur. Skizze einer Realitätsumschreibung, in: Rolf Stödter/Werner Thieme (Hrsg.), Hamburg Deutschland Europa, Beiträge zum deutschen und europäischen Verfassungs-, Verwaltungs- und Wirtschaftsrecht, Festschrift für Hans Peter Ipsen zum siebzigsten Geburtstag,1977, S. 685–699.
Der Beitrag des Internationalen Rechts zur Bekämpfung des Internationalen Terrorismus, in: FS für Hans-Jürgen Schlochauer, 1981, S. 496 ff.
Schule und berufliche Ausbildung, in: Josef Isensee/Paul Kirchhof (Hg.), Handbuch des Staatsrechts der Bundesrepublik Deutschland, Bd VI, Heidelberg 1989, S. 329 ff.
Freiheit von Forschung und Lehre, in: Josef Isensee/Paul Kirchhof (Hg.), Handbuch es Staatsrechts der Bundesrepublik Deutschland, Heidelberg 1989, S. 809 ff.
„In einem vereinten Europa dem Frieden der Welt zu dienen …“ Der internationale Verfassungsauftrag nach 40 Jahren Grundgesetz, in: Knut Wolfgang Nörr (Hrsg.), 40 Jahre Bundesrepublik Deutschland. 40 Jahre Rechtsentwicklung, 1990, S. 29–50.
Europarecht, München 1991, bis heute (2022) neun Auflagen, später zus. mit Claus-Dieter Classen u. Martin Nettesheim.
Eine Verfassung für die Europäische Union. Der Entwurf des Europäischen Konvents, DVBl. 2003, S. 1165–1176 und 1234–1246.
Europäischer Verfassungskonvent und Regierungskonferenz 2002–2004. Zur „gemischten“ Entstehung der Europäischen Verfassung 2004, in: DVBl. 2004, S. 1264–1271.
Ius Europaeum – Beiträge zur Europäischen Einigung, hg. von C. D. Classen, M. Nettesheim u. W. Graf Vitzthum, 2006 (512 S.), gesammelte Schriften zum Europarecht.

https://doi.org/10.1515/9783110767032-019

XII
Otto Kimminich (1932–1997)

Stephan Hobe

Otto Kimminich gehört zu der Generation deutscher Völkerrechtlerinnen und Völkerrechtler, die ab den 1970er Jahren nach dem 2. Weltkrieg die Lehre des Völkerrechts betrieben. Nach einem außergewöhnlichen Schicksal – sein Vater stirbt, als er erst 13 Jahre alt ist – und er wird – geboren 1932 in Niklasdorf, dem damaligen Sudetenland – später aus tschechischen Ressentiments gegen Deutsche aus seiner Heimat vertrieben, findet er eine neue Heimat in Bayern, holt dort in Rekordzeit unter Überspringen einiger Klassen Schule und danach auch die Hochschule nach.[1] Das rechtswissenschaftliche Hochschulstudium wird in Erlangen und Regensburg absolviert, worauf dann noch ein Volkswirtschaftsstudium an der amerikanischen University of Virginia folgt – dies alles mit Prädikatsnoten. Schon im Jahre 1956 wird Kimminich bei Friederich August von der Heydte in Würzburg promoviert, die Habilitation erfolgt im Jahre 1964 ebenfalls in Würzburg bei Herrmann Raschhofer. Danach wird Kimminich noch im Jahre 1964 Professor an der neu gegründeten Universität Bochum, wo er das (internationale) öffentliche Recht zusammen mit Walter Rudolf und Ingo v. Münch befördert, um dann im Jahre 1971 einem Ruf an die ebenfalls neu begründete Universität Regensburg zu folgen, wo er bis zu seinem Tode im Jahre 1997 forschte und lehrte.[2]

Die nachfolgende Schilderung bezieht sich hauptsächlich auf das immense – internationalrechtliche – Œuvre von Otto Kimminich, welches bis zu seinem Tode etwa 100 selbständige Schriften und ca. 700 Beiträge umfasste, Zeugnis ganz besonders herausragender literarischer Produktivität. Dabei sollen solche Themenbereiche besonders betrachtet werden, die für Kimminich wohl auch im Vordergrund seines Schaffens standen. Zum einen das allgemeine Völkerrecht, zum zweiten der Bereich der Menschenrechte und dann, ganz besonders prononciert, das internationale Flüchtlings- und Migrationsrecht.

---

1 Hartmut Krüger, Otto Kimminich, NJW 1997, S. 3075.

2 Ingo von Münch, Otto Kimminich, AVR 1997, 253 f.

I. Allgemeines Völkerrecht

Otto Kimminich beginnt seine wissenschaftliche Karriere im Völkerrecht mit seiner Dissertation aus dem Jahre 1956, betreut von Friederich August von der Heydte, vorgelegt an der Universität Würzburg unter dem Titel „Das Recht der Nacheile im modernen Völkerecht". Lege artis untersucht die dünne 127-seitige Schrift Fälle der Nacheile am Land; zum Meer hin und in der Luft. Die solide Schrift hat freilich keine grundstürzenden Besonderheiten zu Tage gefördert.

Insbesondere Otto Kimminichs Lehrbuch des Völkerrechts, erschienen erstmals im Jahre 1975 im Verlag „Dokumentationen aus Pullach",[3] der mit anderen kleinen Verlagen für die UTB Schriftenreihe verantwortlich war, ist es, in welcher Kimminich das Völkerrecht in seiner Breite präsentierte.

Am Anfang des Ganges durch dieses kleine Lehrbuch steht ein Geständnis. Mich hat als Student die 2. Auflage dieses handlichen (flexiblen) UTB Taschenbuchs[4] überhaupt erst zum Völkerecht gebracht. Warum? Weil das Buch packend geschrieben war – Otto Kimminich war ein Meister des Formulierens. Aber auch, weil es interdisziplinär angelegt war. In verlockenden Worten wirbt der Verfasser am Anfang seines Buches darum, es mit dem Völkerrecht zu versuchen,[5] um – einen Ausdruck Rudolf Bernhardts aufgreifend – dem „Provinzialismus deutscher Juristenausbildung" zu entfliehen.[6] Kimminich zeigt in den ersten Kapiteln „das Völkerrecht im Kreise verwandter Disziplinen"[7] und „Völkerrecht und internationale Politik"[8] auf und weist auf den Unterschied von Sein und Sollen hin („Normen und Fakten").[9] Das regte zum Nachdenken an und die zahlreichen Literaturangaben ließen einen beim Nachlesen auch in das ein oder andere völkerrechtliche Buch schauen. Zudem fand Kimminichs historische Ader in seiner phänomenalen Beschreibung der Völkerrechtsgeschichte ebenso grenzüberschreitend Ausdruck.[10]

Nach den dann folgenden Pflichtkapiteln über Völkerrechtssubjekte und Quellen (mit ausgelagertem Vertragsrecht) ist dann ein entscheidendes Merkmal die Herausstellung der Friedenserhaltungspflicht als einer Hauptpflicht des Völker-

3 Otto Kimminich, Einführung in das Völkerrecht, Pullach 1975.

4 Otto Kimminich, Einführung in das Völkerrecht, München 1983.

5 Kimminich FN 3, S. 5–12.

6 Rudolf Bernhardt, Vom Provinzialismus deutscher Juristenausbildung, JZ 1971, S. 581.

7 Kimminich, FN 5, S. 29 ff.

8 Kimminich, FN 5, S. 40 ff.

9 Kimminich, FN 5, S. 48 ff.

10 Otto Kimminich, Deutsche Verfassungsgeschichte, 2. Auflage, Baden-Baden 1987.

rechts.[11] Der zweite große Akzent ist der Schilderung der Menschenrechte auf universeller und regionaler Ebene gewidmet.[12] In dieses Kapitel ist – vergleichsweise knapp, der internationale Flüchtlings- und Minderheitenschutz eingearbeitet.[13] Dem humanitären Völkerrecht kommt wieder relativ breiter Umfang zu[14] und das Buch schließt mit Staatenverantwortlichkeit und einem Kapitel über die Internationale Rechtsprechung.[15]

Ein zweites Geständnis muss folgen. Es war mir eine große Freude und Ehre, als mir Otto Kimminichs Witwe Annemarie kurz nach dessen Tode die Fortführung des bis dato in sechs erfolgreichen Auflagen erschienenen Werkes anvertraute. Obwohl das Werk in den nunmehr erschienenen weiteren fünf Auflagen, so hoffe ich, meine Handschrift trägt, fühle ich mich immer noch der interdisziplinären Anlage und den zahlreichen Hinweisen auf die Literatur sehr verpflichtet.[16]

Hinzugefügt gehört auch, dass sich Kimminich ab den späten 1960er Jahren immer stärker der sogenannten Friedensforschung zuwendete. Im Gefolge von Johan Galtung und Dieter Senghaas plädierte auch Otto Kimminich dafür, dass Frieden mehr sei als nur die Abwesenheit von Gewalt und man deshalb in den positiven und den negativen Frieden unterscheiden müsse. 1968 wurde Kimminich von dem bekannten Politikwissenschaftler Iring Fetscher zur Teilnahme an der Frankfurter Arbeitsgruppe für Friedens- und Konfliktforschung eingeladen, dessen Leitung er alsbald übernahm.

II. Menschenrechte

Nach dem, was Otto Kimminich in seiner Jugend erleben musste, ist es kaum verwunderlich, dass er sich in seinem Wirken den Menschenrechten zugewandt hat. Aus einer katholisch-konservativen Grundgesinnung heraus ficht Kimminich ohne Berührungsängste mit der äußersten Rechten – so z.B. auch mit der äußerst rechts positionierten österreichischen Freiheitlichen Partei (FPÖ) – für die Rechte

11 Kimminich, FN 5, S. 277 ff.
12 Kimminich, FN 5, S. 353 ff.
13 Kimminich, FN 5, S. 378 ff.
14 Kimminich, FN 5, S. 417 ff.
15 Kimminich, FN 5, S. 495 ff.
16 So habe ich zwischen der 7. Auflage 1999 und der 9. Auflage 2008 Otto Kimminich immer noch als Erstautor belassen, erst ab der 10. Auflage wurde es dann dank der doch umfassenden eigenen Neubearbeitung zu einem Buch nur noch unter meinem Namen.

von Flüchtlingen und Asylsuchenden. Bestimmend ist dabei das universelle Gewaltverbot, welches eben für ihn auch einen menschenrechtlichen Gehalt offenbart. Der Allgemeinen Erklärung der Menschenrechte vom 10.12.1948 wird jeweils in den ersten Auflagen seines Völkerrechtsbuches nur empfehlende Wirkung zugesprochen, und die beiden sich 1966 anschließenden Menschenrechtspakte werden zunächst eher negativ, etwa in Bezug auf ihre fehlende Verbindlichmachung gesehen.[17] Auf der anderen Seite lobt Kimminich die regionalen Menschenrechtsschutzinstrumente wie vor allem die Europäische aber auch die Amerikanische Menschenrechtskonvention wegen der in ihnen bereits ausgeprägten Durchsetzungsinstrumente etwa in Form der Menschenrechtsgerichtshöfe.[18] Insgesamt ist allerdings festzustellen, dass trotz einer Monografie über Menschenrechte[19] der Schwerpunkt des Schaffens den Spezialgebieten des Menschenrechtsschutzes, sowie besonders dem Flüchtlingsschutz galt – und das ist natürlich in ganz besonderer Weise mit dem Schicksal Otto Kimminichs erklärlich.

III. Internationales Migrations- und Flüchtlingsrecht

Noch sehr viel prononcierter als das Gebiet der allgemeinen Menschenrechte berührten Otto Kimminich ja aufgrund seines persönlichen Schicksals die Fragen des internationalen Flüchtlings- und Migrationsrechts. Hier ist er, nachdem die Grundlagen bereits in seiner Habilitationsschrift von 1962 „Der Internationale Rechtsstatus des Flüchtlings" gelegt worden waren, zeitlebens aktiv gewesen und, so wird man ohne Zweifel sagen können, er hat es in diesem Gebiet zur weltweit anerkannten Meisterschaft gebracht.

Die ungefähr 450 Druckseiten starke Habilitationsschrift unternimmt es erstmals, den Status des Flüchtlings in die völkerrechtliche Doktrin einzuführen. Das Werk von Kimminich leistet hier Pionierarbeit. Es ist eine umfassende Beschreibung und Analyse der Praktiken, welche die rechtliche Behandlung von Flüchtlingen in verschiedenen Aufnahmestaaten beschreibt, wobei Kimminich tendenziell für eine Stärkung der menschenrechtlichen Position der Flüchtlinge Partei ergreift.

17 Kimminich, FN 5, S. 361.
18 Kimminich, FN 5, S. 389 ff.
19 Otto Kimminich, Menschenrechte, 1973.

Zunächst beschreibt Kimminich in einem ersten Teil des Buches das Flüchtlingsrecht in seiner Entwicklung seit der Antike (Kap. I: Der Begriff des Flüchtlings, Kap. II: Der Schutz des Flüchtlings durch das allgemeine Völkerrecht; Kap. III: Der Schutz des Flüchtlings durch partikulares Völkerrecht) und dann im zweiten Teil findet sich eine Bestandsaufnahme des deutschen Asyl- und Flüchtlingsrechts (Kap. IV: Der Schutz des Flüchtlings durch das Grundgesetz für die Bundesrepublik Deutschland). Letzterer Teil wird dabei angereichert von der Schilderung des Schicksals deutscher Flüchtlinge, die Kimminich freilich zutreffend als den Status des Flüchtlings nicht eigentlich innehabend skizziert. Dennoch ist zutreffend bemerkt worden, dass er es meisterhaft verstand, das Schicksal etwa der Vertriebenen aus dem Sudentenland (wie er selbst) in die Nähe der diskutierten und beschriebenen Flüchtlingsprobleme zu rücken.

Kimminichs Hauptargument ist, dass sich das Flüchtlingsrecht gerade in den 1960er und 1970er Jahren sehr stark in Bewegung befände; weil die Menschenrechte sich überall auf der Welt durchzusetzen begännen, sei auch für das Flüchtlingsrecht die daran orientierte Generallinie entscheidend und produktiv. In der Perspektive komme deshalb zunehmend eine Stellung des Asylrechts als individuelles Menschenrecht mit Anspruchscharakter in Betracht. Diese Forderung Kimminichs, nämlich das Asylrecht als Anspruchsposition des Individuums zu sehen, ist für damalige Verhältnisse geradezu revolutionär – sie ist bleibend mit dem Namen Otto Kimminichs verbunden!

Später gibt Kimminich noch ein Buch zum Asylrecht heraus. Sein „Law of Asylum“[20] geht über den damaligen Rechtsstatus des Flüchtlings hinaus und zeigt eine äußerst fortschrittliche Rechtsauffassung. In diesem Buch macht Kimminich klar, weshalb Deutschland aus seiner Geschichte gerade in der Ausgestaltung des Asylrechts gelernt habe. Wenn Deutschland nunmehr an einem klaren Asylrecht festhalte, habe dies entscheidend mit der nationalsozialistischen Vergangenheit zu tun. Später folgt er diesem Leitmotiv weiter und plädiert etwa in dem Buch „Hauptprobleme des Asylrechts“[21] von 1983, namentlich an die deutsche Adresse gerichtet, dass es, um Asyl beantragen zu können, keines Beleges individueller Verfolgung bedürfe, weil – so Kimminich – dies auch Millionen Juden vor und während des 2. Weltkrieges nicht dazu verholfen hätte, Asyl zu bekommen.

Ein anderer sehr spezieller Akzent von Kimminichs Werk ist das Plädoyer für ein Volksgruppenrecht sowie das „Recht auf Heimat“. Volksgruppe ist gerade nicht eine Minderheit – insofern steht Kimminichs Ansatz quer zu internationalen Kodifikationsbemühungen um das Minderheitenrecht – weil es nicht unbe-

---

20 Otto Kimminich, Asylrecht, Berlin 1968.

21 Otto Kimminich, Grundprobleme des Asylrechts, Darmstadt 1983.

dingt auf eine kleine Anzahl entsprechender Angehöriger rekurriert. Die Bezugnahme auf die „Volks"-gruppe geschieht vielmehr bewusst und als Abgrenzung zum Staat. Das Volk und damit die Ethnie sei das Bestimmende und nicht die Staaten. Das macht hier natürlich Anklänge an nationalsozialistisches Gedankengut erkennbar,[22] was Kimminich, der auch prominenter Heimatvertriebenen-Vertreter war, tatsächlich auch immer von dieser politischen Seite angreifbar gemacht hat.

Volksgruppe ist für Kimminich dabei viel eher eine natürliche Einheit als eine politische oder staatsorientierte. Sie habe einen festen Kontakt zu einem bestimmten Territorium, in dem sie verwurzelt sei. Damit habe eine Volksgruppe subjektive Anspruchspositionen nach dem Völkerrecht inne. Das Recht auf Heimat sei etwa ein kollektives Recht der Volksgruppe. Und nur das Selbstbestimmungsrecht der Völker ermögliche den Volksgruppen ein auskömmliches Leben im Staatsverband. Schließlich ermächtige das Volksgruppenrecht die Mitglieder der Volksgruppe, sich massiv gegen die Überfremdung des Territoriums zur Wehr zu setzen. Damit stehen Kimminichs Ideen in gewisser Weise auch parallel zu Bestrebungen des Europarats im Sinne einer Unterschutzstellung der Regional- bzw. Minderheitensprachen, bzw. die Europäische Charta für regional und Minderheitensprachen.[23]

IV. Zusammenfassung

Otto Kimminich hat mit seinem breiten Œuvre vor allem auf den Gebieten des Völkerrechts und des internationalen Asyl- und Flüchtlingsrechts wichtige Veröffentlichungen vorgelegt. Geprägt von seinem persönlichen Schicksal ist ihm die menschenrechtliche Anreicherung der Rechtsstellung des Flüchtlings ein Herzensanliegen, welches er in vielen seiner Werke verfolgt. In einer Welt, in der aus den verschiedensten Gründen die Anzahl der Flüchtlinge nicht ab-, sondern stetig weiter zunimmt, sollte man sich immer wieder seine warnende Stimme in Erinnerung rufen. Mag manches aus seiner Feder etwas stark pointiert formuliert gewesen sein: es war doch stets getrieben, von dem zutiefst humanen Ansatz einer Verbesserung der Rechtsstellung und damit der Lebensbedingungen der-

22 Lora Wildenthal, German Human Rights enter the Mainstream: Otto Kimminich, in: The Language of Human Rights in Germany, 2013, S. 102, 118.

23 Siehe zu alledem Otto Kimminich, Minderheiten, Volksgruppen, Ethnizität und Recht, in: Klaus J. Bade (hrsg.), Das Manifest der 60: Deutschland und die Einwanderung, München 1994, 195 et seq.; ders., Neue Probleme im Asylrecht, Mainz, 1985, S. 160–174, insb. S. 168.

jenigen, die ohne Zweifel als die Schwächsten der sogenannten internationalen „Gemeinschaft“ dastehen. Insofern sollte uns die Arbeit am internationalen Flüchtlingsrecht Ansporn und Vermächtnis sein.

Wichtige Veröffentlichungen

Der Internationale Rechtsstatus des Flüchtlings, Köln u.a. 1962
Rüstung und politische Spaltung, Gütersloh 1964
Asylrecht, Berlin 1968
Völkerrecht im Atomzeitalter, Freiburg i.Br. 1969
Menschenrechte – Versagen und Hoffnung, München 1971
Einführung in das Völkerrecht (1. Aufl. 1975 – 6. Aufl. 1997)
Schutz der Menschen in bewaffneten Konflikten, München 1979
Der Aufenthalt von Ausländern in der Bundesrepublik Deutschland, Baden-Baden 1980
Grundprobleme des Asylrechts, Darmstadt 1983
Religionsfreiheit als Menschenrecht, Mainz 1990
Die Menschenrechte in der Friedensregelung nach dem Zweiten Weltkrieg, Berlin 1990
Deutschland und Europa, Berlin 1992
Der völkerrechtliche Hintergrund der Aufnahme und Integration der Heimatvertriebenen und Flüchtlinge in Bayern, München 1993

https://doi.org/10.1515/9783110767032-020

XIII
Peter Badura (1934–2022)

Michael Brenner und Markus Möstl

I. Die Person Peter Badura

Peter Badura, ohne Frage einer der bedeutendsten deutschen Staatsrechtslehrer der zweiten Hälfte des 20. Jahrhunderts, wurde am 21. Februar 1934 in Oppeln in Oberschlesien geboren. Der Beruf des Vaters – Rechtsanwalt und Notar in Oppeln – prägte Badura frühzeitig; aber auch sein tiefes Interesse für Philosophie zeichnete früh den Weg auf den Lehrstuhl für Öffentliches Recht, Rechts- und Staatsphilosophie an der Ludwig-Maximilians-Universität München vor. Doch die unbeschwerte Kindheit endete jäh mit dem Tod des Vaters am letzten Kriegstag in der Nähe von Prag. Die herannahende Rote Armee zwang dann die Mutter mit ihren drei Söhnen zur Flucht gen Westen. Eine vorläufige Aufnahme fand die Familie, die alles Hab und Gut in Oppeln zurücklassen musste und nach Aussage von Baduras Bruder „arm wie eine Kirchenmaus“ war, zunächst in Münchberg in Oberfranken, bevor sie sich schließlich dauerhaft in Erlangen niederließ.

Nachdem Badura sein Abitur in Hof abgelegt hatte, studierte er Jura in Erlangen, wo er Mitglied der katholischen Studentenverbindung K.St.V Rhenania Erlangen im KV war, und in Berlin. Er legte 1956 das Erste Juristische Staatsexamen, anschließend das Zweite Staatsexamen ab. An der Juristischen Fakultät der Universität Erlangen war er zunächst als wissenschaftliche Hilfskraft und später als Assistent bei Hans-Jürgen Bruns und Alfred Voigt beschäftigt. Im Jahr 1959 wurde er bei Alfred Voigt mit der Dissertation „Die Methoden der neueren allgemeinen Staatslehre“ promoviert. 1962 habilitierte er sich ebenfalls bei Voigt in Erlangen mit der wegweisenden Schrift „Das Verwaltungsmonopol“ und erhielt die venia legendi für das Fach Öffentliches Recht. 1964 folgte Badura einem Ruf auf einen Lehrstuhl für Öffentliches Recht an der Georg-August-Universität Göttingen. Dem Ruf auf den Lehrstuhl für Öffentliches Recht, Rechts- und Staatsphilosophie an der Ludwig-Maximilians-Universität folgte er im Jahr 1970; diesen hatte er bis zu seiner Emeritierung, die ihm außerordentlich schwerfiel, im Jahr 2001 inne. Doch hielt ihn die Entpflichtung nicht davon ab, auch weiterhin mit stets Regelmäßigkeit in das Institut für Politik und Öffentliches Recht zu fahren und im Emeriti-Zimmer seinen Forschungen nachzugehen.

Der Wiederaufbau deutscher Staatlichkeit, die Verwirklichung der Herrschaft des Rechts, der Aufbau der Verfassungsgerichtsbarkeit und die europäische Integration begleiteten Badura während seines Studiums und seiner anschließenden wissenschaftlichen Laufbahn; er wurde gewissermaßen mit all diesen Entwicklungen groß und prägte sie dann schließlich selbst mit. Auf der Grundlage seines immensen rechtshistorischen und rechtsphilosophischen Wissens gelang es ihm, die Entwicklung des Verfassungs- und Verwaltungsrechts in der zunächst noch jungen Bundesrepublik in ein großes staatsrechtliches Gemälde einzuordnen und dieses ständig um neue Erkenntnisse zu ergänzen oder auch kritisch zu begleiten und zu kommentieren, wie dies etwa in seiner Kommentierung des Art. 6 im Grundgesetz-Kommentar von Dürig/Herzog/Scholz deutlich wird. Seine Sicht auf das durch die Rechtsprechung des Bundesverfassungsgerichts maßgeblich geprägte Grundgesetz findet sich in seinem „Staatsrecht" wieder, dessen 7. Auflage Badura noch im Jahr 2018 – mithin schon im hohen Alter – präsentieren konnte; das Buch, längst schon ein Standardwerk der staatsrechtlichen Literatur, stellt zugleich Baduras grundgesetzliches Vermächtnis dar.

Gelegenheit, seine Sicht auf das Grundgesetz darzulegen, boten Badura aber nicht nur die Vorlesungen, sondern auch seine zahlreichen Nebentätigkeiten; so war er als Gutachter bei schwierigen Rechtsfragen gefragt, als Sachverständiger bei zahllosen Verfassungsänderungen und Gesetzgebungsverfahren auf Bundes- wie auf Landesebene, in für die Fortentwicklung des Verfassungsrecht maßgeblichen Verfahren als Prozessbevollmächtigter vor dem Bundesverfassungsgericht und vor Verwaltungsgerichten des Bundes und der Länder, als Richter im Nebenamt am Oberverwaltungsgericht Lüneburg und als langjähriges Mitglied zunächst des Rundfunk- und anschließend, bis ins hohe Alter, des Verwaltungsrats des Bayerischen Rundfunks. Seine fachliche Expertise wurde aber auch im Fernsehen geschätzt, wo er komplizierte Sachverhalte in wenigen Sätzen auf den Punkt bringen und dem Zuschauer verständlich vermitteln konnte.

Badura war Hochschullehrer mit Leib und Seele, sein Herz gehörte der Universität, seinem Lehrstuhl, seinen Mitarbeitern und seinen Studenten. Um das persönliche Wohlergehen seiner Lehrstuhlmannschaft war er stets besorgt, an deren Fortkommen immer interessiert. Die zahlreichen Einladungen zum Mittagessen dienten nicht nur dem fachlichen Austausch, sondern gaben Badura auch Gelegenheit zum persönlichen Gespräch. Doch selbst in einem solchen Kontext blieb er immer der akademische Lehrer, dessen Verständnis der Verfassung als einer integrativen Rahmenordnung im Sinne Rudolf Smends immer wieder zum Vorschein kam, ebenso seine Zurückhaltung gegenüber einer zu weitreichenden Konstitutionalisierung des einfachen Gesetzesrechts.

Baduras Vorlesungen waren gleichermaßen faszinierend wie anspruchsvoll, sie vermittelten den Studierenden die Tiefen des Verfassungs- und Verwaltungsrechts in immer druckreifer Manier. Badura war stets rechtzeitig vor Beginn der Vorlesung im Hörsaal, schritt vor dem Pult auf und ab, trat dann an das Mikrofon und begann seine Ausführungen auf die Minute genau und stets mit den Worten: „Meine Damen und Herren, wir haben in der vergangenen Stunde ... behandelt", um anschließend den Bogen zum aktuellen Vorlesungsstoff zu spannen. Beendet wurde jede Vorlesung dann mit der immergleichen Formulierung: „Und damit möchte ich für heute schließen." Die persönliche wie fachliche Autorität, die Badura im stets gut gefüllten Hörsaal ausstrahlte, sorgte freilich für eine gewisse Distanz zwischen ihm und den Studierenden, so dass Fragen in der Vorlesung kaum gestellt wurden. Doch überwand ein Student die Hürde der Annäherung und sprach Badura nach der Vorlesung an, so nahm sich dieser stets Zeit für dessen Anliegen, bevor er wieder in sein Büro entschwand.

Die Vorlesungswochen waren für Badura stets klar strukturiert, seine Vorlesungstage waren über Jahrzehnte hinweg montags, mittwochs und donnerstags. Eine über all die Jahre institutionalisierte Konstante war indes das staatsrechtliche Seminar in der Ludwigstraße 28/Rückgebäude. Hier blieb genügend Zeit für das intensive Zwiegespräch und die Diskussionen mit den Seminarteilnehmern, aber auch für kritische Anmerkungen und Nachfragen zu den Seminarreferaten; doch war das Seminar auch der Ort für ausholende und tiefschürfende Einführungen Baduras in das jeweilige Seminarthema, um dieses in einen größeren staatsrechtlichen Zusammenhang einzuordnen. Darüber hinaus bot das Seminar für Badura aber auch die Gelegenheit, qualifizierte Studierende für das wissenschaftliche Arbeiten zu begeistern und ggf. als studentische Mitarbeiter für seinen Lehrstuhl zu rekrutieren. Und manch einer dieser Seminarteilnehmer blieb auch über das Studium hinaus Badura verbunden, sei es als wissenschaftlicher Mitarbeiter, als Doktorand oder gar als Habilitand.

Seine Schülerschaft war denn auch groß. Während seiner wissenschaftlichen Laufbahn betreute er über 100 Doktoranden, davon alleine 85 während seiner Münchner Jahre, und fünf Habilitanden. Die Herkunft aus Baduras Schule war dann auch die Gewähr dafür, überall mit offenen Händen, aber auch mit hohen Erwartungen willkommen geheißen zu werden. Und auch für die zahlreichen ausländischen Doktoranden, die Badura betreute, war die akademische Verwandtschaft mit Badura die beste Garantie dafür, dass diese in ihren Heimatländern in hohe staatliche Positionen oder wissenschaftliche Ränge aufsteigen konnten.

Neben vielfachen freundschaftlichen Beziehungen zu seinen deutschen Kollegen pflegte Badura aber auch stets enge persönliche Bande zu einer Vielzahl ausländischer Kollegen, insbesondere in Italien, Japan, Österreich, Polen, Portugal und Taiwan. Seine zahlreichen Reisen in diese Länder dienten dem wissenschaftlichen Austausch und der Vermittlung des deutschen Verfassungs- und Verwaltungsrechts, waren aber auch durch ein tiefes Verständnis und eine große Offenheit für die Eigenheiten anderer Rechtssysteme geprägt; die im Ausland gewonnenen Erkenntnisse ließ Badura denn auch gelegentlich in seine Vorlesungen, in Vorträge oder Aufsätze einfließen. Die Verleihung von Ehrendoktortiteln der Universitäten Lissabon und Taipeh untermauern eindrucksvoll die ihm im Ausland entgegengebrachte Wertschätzung.

Im persönlichen Umgang war Badura stets höflich und korrekt. Allzu viel persönliche Nähe war seine Sache freilich nicht. Doch sein feiner und hintergründiger Humor, sein etwas altväterlicher Charme, seine geistreichen, manchmal auch spitzfindigen oder gar spitzen Bemerkungen machten jedes Treffen und jedes Gespräch mit ihm zu einem bereichernden Ereignis, nicht zuletzt wegen historischer oder philosophischer Randnotizen, die er gerne einwarf. Bewegte sich die Unterhaltung auf juristischem Terrain und ließen die Studenten, Doktoranden oder Habilitanden die Gedanken zu sehr fliegen, so holte sie die Frage Baduras stets schnell wieder auf den Boden des geltenden Rechts zurück: „Und wie soll das in der Praxis funktionieren?"

Dass Badura seine Wahlheimat im oberbayerischen Kochel am See fand, war sicherlich auch der Liebe seiner Frau zur Natur geschuldet. Badura genoss seinen großen Garten, besuchte die kulturellen Schätze der an Kirchen und Klöstern reichen Umgebung des Oberlandes und genoss es, alljährlich an Mariä Himmelfahrt zusammen mit seinen Assistenten dem Umzug der Gebirgsschützen zuzuschauen und anschließend bei Bier und Schweinebraten am Seefest teilzunehmen. Dass er in seiner Heimatgemeinde zu einem geschätzten Mitbürger wurde, war zum einen sicherlich seiner Reputation zu verdanken; die Wertschätzung, die ihm allseits entgegen wurde, nahm er bescheiden, aber durchaus gerne entgegen. Zum anderen war er eng mit dem Franz-Marc-Museum in Kochel verbunden, dessen Stiftungsrat er viele Jahr lang vorsaß. Gäste aus dem In- und Ausland führte er gerne durch die Räume und präsentierte die verschiedenen Gemälde Franz Marcs und des Blauen Reiters, ergänzt durch Erläuterungen zur Landschaft des „Blauen Landes", die er aus eigener Anschauung kannte.

Doch wäre Peter Badura ohne seine Frau Karin nur unvollständig beschrieben. Sie war die starke Frau, die hinter ihm stand und ihm den Rücken freihielt. Das gemeinsame Heim am Rothenberg Süd in Kochel am See, Ende der siebziger Jahre des vergangenen Jahrhunderts bezogen und nahe des Franz-Marc-Museums gelegen, war ihre Wirkungsstätte; und es war ihr keine Mühe zuviel, ihrem Mann eine heimelige, mit Andenken aus aller Welt bestückte Atmosphäre für sein berufliches Wirken zu schaffen und ihm bei all seinem vielfältigen Wirken die Möglichkeit zum Innehalten und Reflektieren in seiner den Blick auf die Kocheler Bergwelt gewährenden und überbordend mit Büchern ausgestatteten Bibliothek zu geben. Karin Badura, in Schanghai als Tochter eines deutschen Arztes geboren, begleitete ihren Mann auf vielen Reisen, zu den Tagungen der Staatsrechtslehrervereinigung und auch zu vielen Seminaren, die Badura, gefördert von der Hanns Martin Schleyer-Stiftung, an verschiedenen Orten in Oberbayern durchführte. Sie war immer sehr am Fortgang der wissenschaftlichen Arbeiten der Mitarbeiter ihres Mannes interessiert, erkundigte sich regelmäßig nach deren Fortschritten und war, etwa bei den Jahresausflügen des Lehrstuhls, immer auf deren Wohlergehen bedacht. Insbesondere bei den vorweihnachtlichen Einladungen in das Privathaus in Kochel verwöhnte sie die Mitarbeiterinnen und Mitarbeiter ihres Mannes mit kulinarischen Köstlichkeiten; durch ihre warmherzige und feinfühlige Art gelang es ihr bei solchen Anlässen stets, eine nahezu familiäre Atmosphäre entstehen zu lassen. Die Sache von Peter Badura war auch die ihre. Leider verstarb Karin Badura viel zu früh im Jahr 2011 und ließ ihren Mann alleine und auch etwas hilflos zurück.

Peter Badura hat ein erfülltes Wissenschaftlerleben gelebt. Im Kreise der Staatsrechtslehrer war er ohne Zweifel eine Ausnahmeerscheinung, als Jurist eine wirkungsmächtige Koryphäe, als „Chef" gleichermaßen fordernd wie wegweisend. Er hat die Entwicklung des deutschen Verfassungsrechts maßgeblich mit beeinflusst und mehrere Generationen von jungen Juristinnen und Juristen geprägt. Die deutsche Staatsrechtslehre ist ihm für sein Wirken zu großem Dank verpflichtet.

II. Das Werk Peter Baduras

Das literarische Oeuvre von Peter Badura ist Resultat einer schier unerschöpflichen Schaffenskraft. Man wird kaum bestreiten können, dass Peter Badura zu den produktivsten, vielseitigsten und einflussreichsten deutschen Staatsrechtslehrern der zweiten Hälfte den 20. Jahrhunderts und des beginnenden 21. Jahrhunderts zählt. Bereits zu seinem 70. Geburtstag im Jahre 2004 wies sein Veröffentlichungsverzeichnis 24 selbstständige Schriften sowie beinahe 300 weitere Abhandlungen, Kommentierungen und sonstige Beiträge auf[1] – und da hatte er noch anderthalb Jahrzehnte auch als Emeritus ungebrochener wissenschaftlicher Leistungsfähigkeit vor sich, in die z.B. vier weitere Auflagen seines „Staatsrechts", die großen Kommentierungen im Maunz/Dürig (Art. 6, 7, 33 GG) sowie viele weitere Aufsätze und Buchbeiträge fielen. Sein Werk umfasst, was die Art des Zugriffs anbelangt, die volle Spannbreite von grundlagenorientiert-methodisch ausgerichteten Beiträgen, über juristische Dogmatik im besten Sinne des Wortes bis hin zum fruchtbaren Dialog mit der Praxis, und was die Themenfelder anbelangt, eine kaum überbietbare Breite vom gesamten Staats- und Verfassungsrecht, das er

1 Vgl. FS Badura, 2004, S. 1265 ff.

wie nur wenige beherrschte, über das von ihm von Beginn an mit besonderer Aufmerksamkeit begleitete Europarecht bis hin zu großen Feldern des Allgemeinen und Besonderen Verwaltungsrechts, in denen er ebenfalls wichtige Impulse zu setzen vermochte. Worüber auch immer er schrieb: Seine Worte waren wohl gesetzt, überlegt und verlässlich. Die deutsche Staatsrechtslehre konnte sich an ihm orientieren. Und auch international fand sein Werk großen Anklang; eine Reihe seiner Schriften ist in englischer, italienischer, japanischer, chinesischer und griechischer Sprache erschienen.

Den Grundstein für sein wissenschaftliches Werk bilden die beiden Qualifikationsschriften, die die zwei Hauptgegenstände seines Schaffens – Staat und Verwaltung – je auf ihre Weise in den Blick nehmen:

Dem Staat nähert sich die 1959 erschienene Dissertation[2] über eine eingehende Würdigung der vielfältigen „Methoden der neueren Allgemeinen Staatslehre". Für P. Baduras Herangehensweise charakteristisch ist dabei ein Grundzug, der auch sein gesamtes späteres Werk prägt: eine grundsätzlich positive Sicht einer „multiplicity of approaches", d.h. die Skepsis gegenüber jeder Form methodischer Einseitigkeit, die dem Gegenstand „Staat" nicht gerecht wird. In der Einleitung zur 2. Aufl. 1998[3] stellte er in eben diesem Sinne klar: „Der umfassenden Wirkung und Wirksamkeit des Staates entspricht die Vielseitigkeit der Betrachtung und Methode, die notwendig ist, um diese elementare Erscheinung und unüberholte Form politischer Herrschaft zu erfassen". In seinem Nachruf auf Peter Badura für die Vereinigung der Deutschen Staatsrechtslehrer schrieb P.M. Huber dementsprechend zu Recht: „Auch wenn er seine Positionen mit Verve vertreten konnte, waren ihm Einseitigkeiten fremd"; sein Wirken war stets an der Sache ausgerichtet, ein Denken in Schulen kannte er nicht.[4]

Die 1963 erschienene Habilitationsschrift betrachtet „Das Verwaltungsmonopol"[5] als eine der Techniken, durch die der nachliberale Staat seine – gerade auch leistenden und gestaltenden – Zwecke verwirklicht. Betreten wird damit ein thematisches Feld, dass P. Badura sein wissenschaftliches Leben lang begleiten sollte: die (gewandelte) Gestalt des Verwaltungsrechts im sozialen Rechtsstaat, das stets neu auszutarierende Verhältnis von Staat und Wirtschaft sowie insbesondere die

---

2 P. Badura, Die Methoden der neueren Allgemeinen Staatslehre, 1959; 2. (um eine neue Einleitung erweiterte) Aufl. 1998; ins Italienische übersetzt (I metodi della nuove dottrina generale dello Stato, 1998).

3 P. Badura, Die Allgemeine Staatslehre heute (Neue Einleitung zum Nachdruck der Erstausgabe), s. Fn 2, S. VIII.

4 P.M. Huber, Nachruf auf Peter Badura (versandt mit dem 2. Rundschreiben/2022 der VDStRL vom 12.6.2022), S. 2, 3.

5 P. Badura, Das Verwaltungsmonopol, 1983.

leistenden und gewährleistenden Funktionen des Staates – von klassischer Daseinsvorsorge hin zu den modernen Steuerungsformen des Gewährleistungsstaates nach der Privatisierung von Bahn, Post und Telekommunikation in den 1990er Jahren. Der Rezensent bescheinigte der Habilitationsschrift, das „gedanklich klare“ Buch habe „einen vollen Ertrag hinsichtlich des gestellten Themas erbracht“.[6]

Im Bereich des Staatsrechts gibt es fast nichts, zu dem Peter Badura in seiner Zeit keine Wegmarken gesetzt hätte. In die 1960er Jahre fielen wichtige Kommentierungen im Bonner Kommentar, unter denen namentlich diejenige zu Art. 38 GG besonders herausragt; Wahlen, Parlamentarismus und parteienstaatliche Demokratie blieben Themen, die ihn auch später nicht losließen. In den 1970er Jahren spielten in seiner Forschung wirtschaftsverfassungsrechtliche Untersuchungen eine größere Rolle; den Anfang machte 1971 das (später in drei Auflagen erschienene) Lehrbuch „Wirtschaftsverfassung und Wirtschaftsverwaltung“;[7] von besonderer Bedeutung ist außerdem das 1977 veröffentlichte (und der zum „Mitbestimmungsurteil“ des BVerfG führenden Verfassungsbeschwerde der Arbeitgeberverbände beigefügte), gemeinsam mit F. Rittner und B. Rüthers verfasste Gemeinschaftsgutachten „Mitbestimmungsgesetz 1976 und Grundgesetz“.[8] Das Rundfunkverfassungsrechts trat dann in den 1980er Jahren stärker in den Vordergrund;[9] wirtschaftsverfassungsrechtliche Themen wurden u.a. durch den Artikel „Eigentum“ im Handbuch des Verfassungsrechts[10] fortgeführt. 1986 erschien in 1. Aufl. sein „Staatsrecht“,[11] auf das gleich noch gesondert einzugehen ist. Beginnend mit dem Ende der 1980er Jahre erscheinen sukzessive zentrale Beiträge zum Handbuch des Staatsrechts, namentlich zur parlamentarischen Demokratie, zur Rolle der Verfassung sowie zur Wiedervereinigung.[12] Die 1990er Jahre sind in besonderer Weise von Fragen der (von ihm auch in der Politikberatung stark begleiteten) Postreform (dazu dann Kommentierungen zu Art. 73 Nr. 7 und 87 f. GG im

6 W. Thieme, AöR 90 (1965), 388/390.

7 P. Badura, Wirtschaftsverfassung und Wirtschaftsverwaltung, 1971, 3. Aufl. 2008.

8 P. Badura/F. Rittner/B. Rüthers, Mitbestimmungsgesetz 1976 und Grundgesetz. Gemeinschaftsgutachten, 1977.

9 Z.B. P. Badura, Verfassungsrechtliche Bindungen der Rundfunkgesetzgebung, 1980; ders., Rundfunkfreiheit und Finanzautonomie, 1986; ders., Gleichgewichtige Vielfalt im dualen System des Rundfunks, JA 1987, 180.

10 P. Badura, Eigentum, in Benda/Maihofer/Vogel (Hrsg.), Handbuch des Verfassungsrechts, 1983 (2. Aufl. 1994), § 10.

11 P. Badura, Staatsrecht. Systematische Erläuterung des Grundgesetzes für die Bundesrepublik Deutschland, 1986, zuletzt 7. Aufl. 2018.

12 P. Badura, in Isensee/Kirchhof, HdbStR I (1987) § 23; VII (1992), §§ 159, 160, 163; VIII (1995) § 189.

Bonner Kommentar 1997) und von Folgefragen der Wiedervereinigung geprägt; auch die Religion und das Staatskirchenrecht rücken vermehrt in den Fokus.[13] Ab der Jahrtausendwende schließlich erscheinen große Kommentierungen im Maunz/Dürig; zu Art. 6 GG wird eine Linie vertreten, die sich dem Trend entgegenstellt, das dort der Ehe (als Lebensgemeinschaft von Mann und Frau) und der Familie gegebene „besondere" Schutzversprechen des Staates im Zuge sich wandelnder Anschauungen zum leeren Wort verkommen zu lassen. Gemeinsam mit H. Dreier gab P. Badura im Jahre 2001 die zweibändige Festschrift 50 Jahre Bundesverfassungsgericht heraus;[14] – sie versteht sich als „repräsentative Gabe der Staatsrechtslehrer der Bundesrepublik Deutschland" an das höchste deutsche Gericht, welches „dem Geltungsanspruch der Verfassung institutionellen Ausdruck" gibt und „ihrem Vorrang Durchsetzungskraft" verleiht. In seinem den zweiten Band beschießenden Beitrag[15] bekennt sich Badura letztlich zu dem (und sei es auch mit einem – wie er sagte – „etwas schiefen" Bild ausgedrückten) Verständnis der Verfassung als „Rahmenordnung des Staates", aus dem sich auch Grenzen der verfassungsgerichtlichen „Konkretisierung" der Verfassung ergeben;[16] das BVerfG, so fährt er fort, betrachte „das Grundgesetz nicht als Grundordnung für das gesamte Gemeinwesen"; vom BVerfG „eine umfassende gesellschaftliche Integration zu erwarten, muß ins Leere gehen".

Gleichsam die Summe des staatsrechtlichen Denkens von Peter Badura findet sich in seinem seit 1986 in sieben Auflagen erschienenen Werk „Staatsrecht. Systematische Erläuterung des Grundgesetzes" verkörpert.[17] Zu Recht spricht P.M. Huber davon, dieses Buch enthalte in gewisser Weise die geronnene Lebenserfahrung des Staatsrechtslehrers Badura.[18] Dem Zugriff nach ist es durchaus innovativ und ungewöhnlich, indem es das Genre des Lehrbuchs und des Kommen-

---

13 P. Badura, Das Staatskirchenrecht als Gegenstand des Verfassungsrechts, in: Listl/Pirson (Hrsg.), Handbuch des Staatskirchenrechts, 2. Aufl. 1995, Bd. 1, S. 211; P. Badura, Das Kreuz im Schulzimmer, BayVBl. 1996, 33, 71.; zuvor bereits: P. Badura, Der Schutz von Religion und Weltanschauung durch das Grundgesetz, 1989.

14 P. Badura/H. Dreier, Festschrift 50 Jahre Bundesverfassungsgericht. Erster Band: Verfassungsgerichtsbarkeit, Verfassungsprozeß; Zweiter Band: Klärung und Fortbildung des Verfassungsrechts, 2001; siehe dort zu den folgenden Zitaten das Vorwort.

15 P. Badura, Verfassung, Staat und Gesellschaft in der Sicht des Bundesverfassungsgerichts, in FS. 50 Jahre BVerfG, Zweiter Band, S. 897 ff. (insb. S. 898, 902).

16 Vgl. auch P.M. Huber (Fn 4): „In der Sache vertrat er insoweit ein Verständnis der Verfassung als Rahmenordnung und stand einer übermäßigen Konstitutionalisierung des Rechts einschließlich des damit einhergehenden Ausbaus von Rechtsschutzmöglichkeiten eher skeptisch gegenüber".

17 Siehe Fn 11.

18 P.M. Huber (Fn 4), S. 2.

tars zusammenführt.[19] Es ist eine unvergleichliche Fundgrube für prägnante, wohlüberlegte Aussagen für denjenigen, der im Staatsrecht mit seinen immer unübersichtlicheren Problemfeldern und Streitfragen nach verlässlicher Orientierung sucht.[20] Der Einschätzung des Rezensenten aus dem Jahre 1987, dass die Darstellung „durch die gedankliche Durchdringung des Stoffes, ihre Eleganz sowie die Präzision der Sprache" besteche, kann nur beigepflichtet werden.[21] Welch Zeitspanne allein zwischen der ersten Auflage 1986 und der siebten Auflage 2018 liegt und welchen Wandel an Herausforderungen das Staatsrecht in dieser Zeit zu bewältigen hatte, wird lebendig, wenn man in die Vorworte der jeweiligen Auflagen blickt: Die erste Auflage beginnt mit dem Erstaunen darüber, welch bemerkenswerte Selbstständigkeit und welchen Inhaltsreichtum das Staatsrecht des nach Diktatur, Krieg und Zusammenbruch zunächst in Westdeutschland errichteten neuen deutschen Staates entwickelt hat. Das Vorwort zur zweiten Auflage 1996 thematisiert sodann die Wiedervereinigung, die zwar die Verfassungskontinuität der Bundesrepublik gewahrt, dennoch aber ein Staatswesen neuer Legitimität hervorgebracht habe; zugleich wird die Weiterentwicklung Europas durch den Maastrichter Vertrag hervorgehoben, durch die die Verfassung Deutschlands „zu einem Tragpfeiler der überstaatlichen Föderation" wird. Das Vorwort zur siebten und letzten Auflage 2018 konstatiert hingegen Tendenzen einer zunehmenden „politischen und kulturellen Zerklüftung" und einer tiefgreifenden Veränderung der Arbeitsweise und Wirkung von Information und Kommunikation durch die digitalen sozialen Medien; parallel bringe die Europäisierung ein zunehmend „integriertes" Verfassungsrecht hervor. Diesen Veränderungsprozessen werden bleibende Grundwahrheiten über Staat und Staatsrecht gegenübergestellt. Zum Staat wird gesagt: „Nach wie vor begründet jedoch der in der Völkerrechtsgemeinschaft und der europäischen Föderation agierende Staat die Geltung, Garantie und Legitimität von Verfassung, Recht und Gesetz und kann dadurch Freiheit und Gerechtigkeit, Sicherheit und Recht schaffen und gewährleisten". Und zum Staatsrecht wird ausgeführt: „Dogmatisierung durch System und Begriffe der Jurisprudenz des Öffent-

---

19 Vgl. W.-R. Schenke, JZ 1987, 506.

20 Vgl. bereits das Vorwort zur Erstauflage: „Es ist die Fülle der Einzelheiten, in der die Grundgedanken und Leitbegriffe des Staatsrechts praktisch werden und Anschaulichkeit für den Betrachter erhalten. Verständlichkeit und innere Ordnung gewinnt die Fülle der Einzelheiten nur durch die Grundgedanken und Leitbegriffe. Das ist das Programm dieses Buches."

21 W.-R. Schenke, JZ 1987, 506/507; vgl. auch die Einschätzung von Rixen, BayVBl. 2016, 501/502: „Alle werden von der Kompaktheit der Darstellung, der Konsistenz der Argumentation und der Klarheit der Sprache profitieren". Für weitere Einschätzungen vgl. die Übersicht bei S. Rixen, BayVBl. 2013, 287, z.B. H.P. Ipsen NJW 1986, 2009: „Höchst originelle Integrationsleistung".

lichen Rechts bedarf der Erfahrung durch die Staatspraxis und – in einer tieferen Dimension – durch die Geschichtlichkeit von Staat, Verfassung und Recht". Badura hat – in allen Wandlungsprozessen der Zeit – Kurs gehalten; in ihm konnte sich die Staatsrechtslehre stets ihres Standorts vergewissern.

In den verwaltungsrechtlichen Forschungen Peter Baduras standen zunächst Untersuchungen zur Entstehung des wissenschaftlichen Verwaltungsrechts im liberalen Rechtsstaat (prägend dabei: Konzentration auf die zweckentleerten Rechtsformen obrigkeitlichen Verwaltens, d.h.: vorwiegend formale Betrachtungsweise) sowie zu seiner gewandelten Gestalt im sozialen Rechtsstaat der Gegenwart im Vordergrund (Verschiebung des Fokus auf die – auch lenkenden und gestaltenden – Verwaltungszwecke und Ausrichtung der Handlungsformenlehre auf diese hin, d.h.: stärker teleologische Betrachtungsweise). Beispielhaft können die Verschriftlichung der Göttinger Antrittsvorlesung,[22] eine kleine Monographie zum Verwaltungsrecht des liberalen Rechtsstaats[23] und ein Aufsatz zur „Daseinsvorsorge als Verwaltungszweck der Leistungsverwaltung"[24] genannt werden. In den 1970er Jahren treten dann – neben Fragen des Wirtschaftsverwaltungsrechts[25] – vor allem auch die Großthemen der Zeit, das Planungsrecht[26] und das Verwaltungverfahrensrecht,[27] stärker hervor. Das Rundfunkrecht[28] sowie das Post- und Telekommunikationsrecht[29] bildeten später weitere Schwerpunkte, die unter den unterschiedlichsten Gesichtspunkten beleuchtet wurden. Aber auch auf den klassischen Feldern des Verwaltungsrechts blieb P. Badura tätig: Im Jahre 1989 erschien beispielsweise ein von ihm zusammen mit P.M. Huber verfasstes umfängliches Sonderheft der BayVBl. zur Staats- und Verwaltungsorganisation des Freistaates Bayern; und auch die Rechtsstellung der Gemeinden und Fragen der kom-

---

22 P. Badura, Verwaltungsrecht im liberalen und im sozialen Rechtsstaat, 1966.

23 P. Badura, Das Verwaltungsrecht des liberalen Rechtsstaates. Methodische Überlegungen zur Entstehung des wissenschaftlichen Verwaltungsrechts, 1967.

24 P. Badura, DÖV 1966, 624.

25 P. Badura, Wirtschaftsverfassung und Wirtschaftsverwaltung, 1971, 3. Aufl. 2008; P. Badura, Wirtschaftsverwaltungsrecht, in v. Münch (Hrsg), Besonderes Verwaltungsrecht, 1969, 12. Aufl. Schmidt-Aßmann (Hrsg.), 2003, 245.

26 Hierzu eine Vielzahl an Aufsätzen, z.B. in FS 25 Jahre BayVerfGH, 1972, 157; BayVBl. 1976, 515; FS 10 Jahre Bitburger Gespräche, 1984, 27.

27 P. Badura, Das Verwaltungsverfahren, in Erichsen/Martens (Hrsg.) Allgemeines Verwaltungsrecht, 1975, 12 Aufl. Erichsen/Ehlers (Hrsg.), 2003.

28 Z.B. Aufsätze in JA 1987, 180; ZUM 1988, 155; ZUM 1989, 317; FS A. Scharf, 2000, 12.

29 Z.B. Aufsätze in ArchPT 1981, 260; 1991, 389; 1996, 318. Mitherausgabe des Beck'schen PostG Kommentars, 2000.

munalen Selbstverwaltung spielen immer wieder eine Rolle.[30] Es ist demnach ein erstaunlich breites Feld an Themen des Allgemeinen und Besonderen Verwaltungsrechts, auf dem P. Badura tätig war.

Ein besonderes Augenmerk war in Baduras Schaffen stets auch auf das Europarecht und die europäische Integration gerichtet. Dass der europäische Nationalstaat der Gegenwart Wohlfahrt und individuelle Daseinssicherung nur noch in einer supranationalen Kooperation zu garantieren imstande ist, war ihm eine selbstverständliche Gewissheit.[31] Aufsehen erregt hat insbesondere sein Vortrag auf der Staatsrechtslehrertagung 1964, in dem Badura den „verfassungsrechtlichen Charakter" der europäischen Integration früh und weitsichtig erkannt hat; die in diesem Vortrag – nur wenige Jahre nach Gründung der EWG – aufgeworfene Frage, wie eine nichtstaatliche supranationale Gewalt konstitutionell bestimmt und begrenzt werden kann, blieb über Jahrzehnte virulent, ebenso wie die von Badura gegebene Antwort gültig blieb, dass im Maße des Fortschreitens der supranationalen Integration auch die Ideen von Demokratie und Rechtsstaat ihren staatlichen und nationalen Entstehungsgrund überschreiten müssen.[32] Zu Recht hat P.M. Huber[33] darauf hingewiesen, dass die Einsichten dieses Referats nicht nur Generationen von Juristen bei ihrem Zugriff auf das Europarecht angeleitet, sondern – wie ein Symposium anlässlich seines 80. Geburtstages[34] ergeben hat – auch wenig von ihrer Aktualität eingebüßt haben. Die späteren Forschungen von Peter Badura betonen verstärkt auch den Föderalismus als ein einendes Band zwischen der deutschen und der europäischen Verfassungsentwicklung. Eine wenige Jahre nach der Wiedervereinigung Deutschlands angestellte Untersuchung zur Verfassung des Bundesstaates Deutschland in Europa beispielsweise formuliert dies in ihrem Schlussgedanken wie folgt: „Der Föderalismus hat im 19. Jahrhundert die nationale Einheit Deutschlands erreicht. Er ist ein Prinzip und Integrationsmotor für das noch nicht abgeschlossene Werk der Wiedervereinigung Deutschlands. Und er ist Grundlage für das schon weit fortgeschrittene, aber erst noch zu vollendende vereinte Europa".[35]

30 Von einem Aufsatz über die Rechtsetzung durch Gemeinden (DÖV 1963, 561) über eine Untersuchung zu Grundrechten der Gemeinde (BayVBl. 1989, 1) bis zu einem Beitrag zu ihrer wirtschaftlichen Betätigung (DÖV 1998, 818).

31 P. Badura, Die Verfassung des Bundesstaates Deutschland in Europa, 1993, S. 52.

32 P. Badura, Bewahrung und Veränderung demokratischer und rechtsstaatlicher Verfassungsstruktur in den internationalen Gemeinschaften, VVDStRL 23 (1966), 34 f., 38, 66 f.

33 P.M. Huber (Fn 4), S. 2.

34 Vgl. AöR 141 (2016) 106 ff.

35 P. Badura, Die Verfassung des Bundesstaates Deutschland in Europa, 1993, S. 60. Zur Thematik vgl. auch P. Badura, Der Bundesstaat Deutschland im Prozeß der europäischen Integration, 1993.

https://doi.org/10.1515/9783110767032-021

XIV
Hasso Hofmann (1934–2021)

Christian Waldhoff

Hasso Hofmann war gleichermaßen Staatsrechtslehrer wie Rechtsphilosoph. Es fällt schwer zu beurteilen, welches dieser beiden großen Forschungsfelder in Oeuvre und Wirken hervorsticht. Zu beiden Bereichen – hinzutritt noch die damit verwobene historische Dimension von Recht und Staat – hat er dauerhaft Fortwirkendes beigetragen. In diesen zusammenhängenden Sphären sticht auch nach seinem Tod die unbestechliche intellektuelle Redlichkeit hervor. Als akademischer Lehrer war er geschätzt, ja er wurde verehrt.[1] *Hofmann* hat keine Schule begründet, seine Schülerschar fühlte sich gleichwohl in einem bestimmten Sinn als Gemeinschaft, wie nicht nur bei Jubiläumsveranstaltungen oder dem Gedächtnissymposion fühlbar war. Intellektuelle Strenge machten seine Seminare zu Höhepunkten akademischen Lehrens und Lernens. *Hofmann* war produktiv, aber kein Vielschreiber. Rein dogmatische Arbeiten mussten ihm offensichtlich als Glasperlenspiel erscheinen – alle wichtigen staats- und umweltrechtlichen Veröffentlichungen sind stets mit einem deutlichen historischen und / oder philosophischen Grundlagenbezug konzipiert, die drei eingangs herausgestellten Forschungsfelder verbanden sich in den Texten und lassen sich mit den gängigen Klassifizierungen daher schwer einordnen.

Wissenschaftlich geehrt wurde dies alles nicht nur durch Ehrendoktorate der Goethe-Universität Frankfurt/Main sowie der Universität Athen, sondern auch durch die Mitgliedschaft sowohl in der Bayerischen, als auch in der Berlin-Brandenburgischen Akademie der Wissenschaften. Die engsten persönlichen, kulturellen wie wissenschaftlichen Beziehungen galten der romanischen Welt, vor allem Italien – so ist es kein Zufall, dass zahlreiche seiner wichtigen Werke (nicht nur die beiden Qualifikationsschriften) in die italienische Sprache übersetzt wurden. Um das Bild der Person abzurunden sei auf die kulturellen, vor allem die musikalischen Interessen hingewiesen. *Hofmann* spielte mit Leidenschaft Cello und nahm rege am Musikleben – nicht nur in Berlin – teil.

---

1 Um nur die Hochschullehrer aufzuführen: Zur Habilitation führte er allein *Horst Dreier*; promoviert wurden von ihm u.a. die späteren Kollegen *Angelika Siehr, Tobias Herbst, Beatrice Brunhöber.* Vgl. die Würdigungen durch *Wolfgang Durner*, Hasso Hofmann als Hochschullehrer. Ein studentischer Rückblick auf die Jahre 1987 – 1989, JöR 70 (2022), S. 761 ff., und *Angelika Siehr*, Hasso Hofmann als akademischer Lehrer – Persönliche Erinnerungen, ebd., S. 765 ff.; *Horst Dreier*, Hasso Hofmann (1934–2021): Ein Nachruf, ARSP 107 (2021), S. 300 ff.

I. Werdegang

Hasso Hofmann wurde 1934 in Würzburg geboren und starb 2022 dort. Er wuchs im mittelfränkischen Ansbach auf. Ein gemäßigtes fränkisches Timbre war stets in der Sprache erkennbar. Schon mit sechs Jahren verlor er seinen Vater im Krieg. Rechtswissenschaft und Philosophie studierte *Hofmann* in Heidelberg, München und Erlangen. Als prägende Lehrer bezeichnete er später *Karl Löwith, Hans-Georg Gadamer, Wolfgang Kunkel* und *Ernst Forsthoff*. 1962 wurde er in Erlangen bei *Alfred Voigt* mit einer am Legitimitätsbegriff anknüpfenden entwicklungsgeschichtlichen Arbeit über Staatsphilosophie *Carl Schmitt* promoviert. 1970 erfolgte ebenfalls bei *Voigt* – nach dem gleichaltrigen *Peter Badura* – die Habilitation mit einer großangelegten Wort- und Begriffsgeschichte zur Repräsentation. 1976 wurde *Hofmann* nach Würzburg auf einen Lehrstuhl für Rechtsphilosophie, Staats- und Verwaltungsrecht berufen. Einen Ruf nach Freiburg i.Br. lehnte er ab. Nach der Wiedervereinigung lockte die Humboldt-Universität zu Berlin, die Stadt hatte er während des Mauerfalls bereits als Fellow am Wissenschaftskolleg in historischer Stunde näher kennengelernt. Kurze Zeit war *Hofmann* auch Vizepräsident der Humboldt-Universität, musste dieses in jeder Hinsicht aufreibende Amt aus gesundheitlichen Gründen jedoch schnell wieder aufgeben. Eine weitere produktive Fellowship führte ihn in der zweiten Hälfte der 1990er Jahre für ein Jahr an die Carl Friedrich von Siemens Stiftung nach München, der er insgesamt eng verbunden war.

Im Folgenden werden Schlaglichter auf das Werk geworfen – der Profession des Autors entsprechend mit einem Schwerpunkt auf den verfassungsrechtlichen Werken.

II. Staatsrecht und Verfassungsgeschichte

Staatsrechtlich[2] trat *Hasso Hofmann* mit seinem Konstanzer Staatsrechtslehrerreferat zu den Grundpflichten als verfassungsrechtlichem Problem 1982 näher hervor.[3] Das Referat bildete dann auch die Grundlage für einen der beiden Beiträge

2 Vgl. zuletzt *Christian Waldhoff*, Der Verfassungsstaat des Grundgesetzes im Schnittpunkt historischer Entwicklungslinien. Historische und systematische Zusammenhänge im staatsrechtlichen Werk von Hasso Hofmann, in: Dreier (Hrsg.), Repräsentation und Legitimität im Umwelt- und Verfassungsstaat, 2022, S. 9 ff.

3 *Hasso Hofmann*, Grundpflichten als verfassungsrechtliche Dimension, VVDStRL 41 (1983), S. 42 ff.

im Handbuch des Staatsrechts.[4] Die Themenwahl durch den seinerzeitigen Vorstand der Vereinigung der Deutschen Staatsrechtslehrer mag auch vor dem zeitgeschichtlichen Umbruch am Ende der sozialliberalen Bonner Koalition verortet werden – das Reden über Pflichten lag, wie auch *Hofmann* betont, in der Luft. Gerade das mahnt ihn zur Vorsicht, obgleich er selbst auch soziale Destabilisierungstendenzen erkennt. Außerdem war ihm protestantisches Pflichtbewusstsein biographisch alles andere als fremd. Aus diesem Spannungsverhältnis zwischen Pflichtenethik und freiheitlich angeleiteter Pflichtenskepsis wurden Funken geschlagen. Wie kaum anders zu erwarten bildet den Großteil des Referats eine minutiöse geistes- und ideengeschichtliche Rekonstruktion von Grundpflichten, v.a. in Parallelisierung und Entgegensetzung zur Menschen- und Grundrechtsentwicklung. Der Begriffshistoriker scheint durch, wenn nachgezeichnet wird, wie aus „Naturpflichten" oder „Menschenpflichten" im Konstitutionalismus positivierte Rechtssätze wurden. Völlig klar erscheint dem Referenten stets, dass der Rekurs auf Pflichten dem Freiheitsversprechen der Verfassung, als „Grundrechtsindividualismus des Bonner Grundgesetzes" charakterisiert, gegenläufig ist. Diese großangelegte verfassungstheoretische Analyse mündet in folgender Feststellung: „Alles dies – das Prinzip der individuellen Freiheit mit dem daraus folgenden Postulat der Bestimmtheit und Begrenztheit der Eingriffsmöglichkeiten, daß Äußerlichwerden des von der Moral getrennten Rechts und die Einschmelzung des Zwangsmoments in den Rechtsbegriff – machen den Begriff der Pflicht juristisch höchst problematisch und engen die Möglichkeiten einer freiheitlichen Verfassung, den Status der Rechtsgenossen auch durch Rechtspflichten zu definieren, a priori weitgehend ein. Denn unter solchen Voraussetzungen ist die Pflicht allemal ein sekundärer, ein bedingter und abgeleiteter, kein konstituierender Begriff."[5] Die verfassungsrechtliche Dimension der Grundpflicht schrumpft damit auf „konstitutionelle Programmatik".[6]

Eine noch engere Verbindung zwischen den rechtsphilosophischen und verfassungsrechtlichen Interessen Hofmanns bot sein nach dem Wechsel nach Berlin in Angriff genommene neue Interpretation der Menschenwürdegewährleistung des Grundgesetzes.[7] Auch hier gab es einen aktuellen Kontext: Die Probleme der Koordinierung der ost- und westdeutschen Regelungen zum Schwangerschafts-

4 *Hasso Hofmann*, Grundpflichten und Grundrechte, in: Isensee/Kirchhof (Hrsg.), Handbuch des Staatsrechts der Bundesrepublik Deutschland, Bd 9, 3. Aufl. 2011, § 195.

5 *Hofmann*, Grundpflichten (Fn 3), S. 55.

6 Ebd., S. 79.

7 *Hasso Hofmann*, Die versprochene Menschenwürde, 1993.

abbruch nach der Wiedervereinigung.[8] „Die versprochene Menschenwürde“ war *Hofmanns* Antrittsvorlesung an der Berliner Humboldt-Universität. Offen deklariertes Ziel war Art. 1 Abs. 1 GG gegen eine missbräuchliche Vereinnahmung im Sinne eines „metaphysischen Begründungsbreis“ zu schützen.[9] Den überkommenen „Theorien“ wird als eigener Ansatz die später von anderen so genannte Anerkennungstheorie entgegengestellt. Dies löst die Garantie aus substanzhaften Vorstellungen des Angeborenen und überführt „Würde“ in einen Relations- bzw. Kommunikationsbegriff: Würde konstituiert sich demnach durch wechselseitige Anerkennung in Form von sozialen Achtungsansprüchen, letztlich also in mitmenschlicher Solidarität. Sie ist damit stets auf eine konkrete Anerkennungsgemeinschaft rückbezogen, der Universalität des überkommenen Würdediskurses wird so die „Partikularität der Verwirklichungsgemeinschaft“ gegenübergestellt. Damit wird differenziert zwischen der universellen Idee der Menschenwürde als moralischem Postulat und der Positivierung derselben als Staatsfundamentalnorm. Textlicher Anhaltspunkt im Text des Grundgesetzes ist v.a. die Präambel, in der sich die Menschen als „Rechtsgenossen“ wechselseitig Anerkennung versprechen: Menschenwürde als „Staatsgründungsakt gegenseitiger Anerkennung unserer menschlichen Achtungsansprüche“. Dieses Konzept mag (auch) nicht alle Probleme der „nicht interpretierten These“ (*Theodor Heuss*) lösen, kann aber als Versuch strenger methodischer Rückbindung gelesen werden.

Die Sorge um unzulässige metaphysische Überfrachtungen kennzeichneten auch seine wenigen religionsrechtlichen Äußerungen.[10] Das musste konkrete Folgerungen für den Rechtsrahmen der bioethischen Entwicklung nach sich ziehen.[11]

Ein weiterer Schwerpunkt in *Hofmanns* Schaffen war der historische-philosophische Rückbezug zentraler staatsrechtlicher Fragen wie Demokratie, Gesetz, oder Verfassung. Diese Kategorien werden tiefschürfend historisch hergeleitet und kontextualisiert.[12] Die dadurch erzeugte historische Informiertheit schützt vor allzu gewagten Versuchen des Hineininterpretierens von Gewünschtem in der Gegenwart. So kann etwa die Herleitung des *legistischen* Postulats der Allgemein-

---

8 Vgl. etwa BVerfGE 88, 203 sowie *Ulrike Lembke*, Debatten um die Regulierung des Schwangerschaftsabbruchs 1990 bis 1993: kulturelle Differenzen oder westdeutsche Hegemonie?, in: 30 Jahre Deutsche Einheit (= Recht und Politik, Beiheft 8), 2021, S. 58 ff.

9 *Hofmann*, Menschenwürde (Fn 7), S. 7.

10 V.a. *Hasso Hofmann*, Recht, Politik und Religion, JZ 2003, S. 377 ff.

11 Vgl. etwa *Hasso Hofmann*, Biotechnik, Gentherapie, Genmanipulation – Wissenschaft im rechtsfreien Raum?, in: JZ 1986, S. 253 ff.

12 Um nur Einiges zu nennen *Hasso Hofmann*, Die Grundrechte 1789 – 1949 – 1989, NJW 1989, S. 3177 ff.; Die Entdeckung der Menschenrechte, 1999; vom Wesen der Verfassung, JöR 51 (2003), S. 1 ff.; Geschichtlichkeit und Universalitätsanspruch des Rechtsstaats, Der Staat 34 (1995), S. 1 ff.

heit der Gesetze vor einer extensiven Auslegung von Art. 19 Abs. 1 Satz 1 GG warnen: „Sanktioniert sind Verstöße gegen diese Ordnung daher weniger durch das Verdikt der Verfassungswidrigkeit als durch die politischen Folgen einer Störung des Systems.“[13]

III. Nachweltschutz

Weniger bekannt dürfte heute *Hofmanns* früher Einsatz für das Umweltrecht sein, obgleich dazu Anlass bestünde[14] – Umweltrecht in einem ganz spezifischen Zugriff: Die friedliche Nutzung der Kernenergie wird nicht über den Topos des „Restrisikos“ einer atomaren Katastrophe in der Gegenwart problematisiert, sondern unter den (im Übrigen bis heute) ungelösten Fragen der atomaren Entsorgung.[15] 1981 existierte weder eine die Verantwortung für die nachfolgenden Generationen umfassende Staatszielbestimmung Umweltschutz im Grundgesetz, noch war das Entsorgungsproblem einfachgesetzlich angegangen worden. Das Buch argumentiert im Kern, d.h. auf das Langzeitrisiko bezogen, staatstheoretisch, bezieht die naturwissenschaftlich-technischen Tatsachen jedoch ebenso ausführlich ein wie die betroffenen positivrechtlichen Gebiete (Atomrecht, Abfallrecht, Wasserrecht usw.). Ohne die einschlägige Staatszielbestimmung muss auf die Schutzpflichtdimension der Grundrechte – auch in ihrer zeitlichen Anwendung –, zurückgegriffen werden. Aus der Geschichte der Menschenrechte wird hergeleitet, dass grund- bzw. menschenrechtlicher Schutz von Anfang an nicht nur die Gegenwart erfassen sollte, sondern auch programmatisch in die Zukunft reichte. Den Kern einer Entwicklung einer juristischen „Zukunftsethik“[16] bildet jedoch eine staatstheoretische Deutung der Präambel des Grundgesetzes, indem die ver-

---

13 *Hasso Hofmann*, Das Postulat der Allgemeinheit des Gesetzes, in: Starck (Hrsg.), Die Allgemeinheit des Gesetzes, 1987, S. 9 (44).

14 Zu diesem Aspekt des Werkes zuletzt *Oliver Lepsius*, Nachweltschutz und Langzeitverantwortung im Verfassungsrecht, in: Dreier (Hrsg.), Repräsentation und Legitimität im Verfassungs- und Umweltstaat, 2022, S. 37 ff.

15 *Hasso Hofmann*, Rechtsfragen der atomaren Entsorgung, 1981; Kurzfassung des zentralen Kapitels: Nachweltschutz als Verfassungsfrage, ZRP 1986, S. 87 ff.; daneben sind auch umweltrechtliche Arbeiten eher konventionellen Zuschnitts zu erwähnen, etwa: Der Einfluß der Großtechnik auf Verwaltungs- und Prozeßrecht, UPR 1984, S. 73 ff.; Natur und Naturschutz im Spiegel des Verfassungsrechts, JZ 1988, S. 265 ff.; Technik und Umwelt, in: Benda/Maihofer/Vogel (Hrsg.), Handbuch des Verfassungsrechts, 2. Aufl. 1994, § 21, sowie einige immissionsschutzrechtliche Kommentierungen in dem von *Hans-Joachim Koch* und *Dieter H. Scheuing* hrsg. einschlägigen Kommentar.

16 *Hofmann*, atomare Entsorgung (Fn 15), S. 261.

fassunggebende Gewalt nicht als einmaliger historischer Akt, sondern gleichsam als eine Art Zukunftsversprechen verstanden wird. So können zukünftige Generationen auch in Rechtsfragen der Gegenwart einbezogen werden. Lange vor und wesentlich eingehender begründet als es die aktuelle Klimaschutzentscheidung des Ersten Senats des Bundesverfassungsgerichts vermochte,[17] hatte *Hofmann* ein überzeugendes verfassungsrechtliches und staatstheoretisches Konzept von Nachweltschutz entwickelt.

IV. Rechtsphilosophie, Staatstheorie

Beide Qualifikationsschriften *Hasso Hofmanns* waren keine rechtsdogmatischen Arbeiten. Die angesichts der seinerzeitigen heftigen Kontroversen ausgesprochen mutige Dissertation aus dem Jahr 1962 kennzeichnet sich selbst als Entwicklungsgeschichte der politischen Philosophie *Carl Schmitts*. Als durchgehendes Band bei einem Autor, der so viele Wandlungen durchlaufen hat, wird die Frage der Legitimation staatlicher Macht, also von Herrschaft identifiziert. Philosophisch läuft das bei *Schmitt* auf ein anderes Programm hinaus, was *Hofmann* selbst verfolgt (dazu sogleich[18]), nämlich „ein Philosophieren über Recht und Staat aus der Faktizität einer konkreten historischen Machtlage heraus".[19] Die Entwicklungsphasen, die er in *Schmitts* Werk unterscheidet und analysiert, sind die „rationale Legitimität (1912–1922)", die Phase des Existenzialismus (1923–1933), die „rassische Legitimität (1934–1936)" und die „geschichtliche Legitimität (ab 1937)". Im Vorwort betont *Hofmann*, dass er es bewusst vermieden habe, *Schmitt* in Plettenberg zu besuchen, um wissenschaftliche Objektivität besser wahren zu können.

Die Habilitationsschrift zu Begriff und Konzept von „Repräsentation" lässt sich angesichts des gewaltigen herangezogenen Epochenumfangs von der Antike bis ins 19. Jahrhundert nicht in wenigen Sätzen charakterisieren oder gar zusammenfassen. Wie zuletzt *Ulrich K. Preuß* herausgearbeitet hat (und in dem Werk selbst ebenfalls angedeutet wird), geht es in der Sache neben der Begriffsgeschichte auch darum, gegen seinerzeit noch in Anknüpfung an *Rousseaus* Redeweise von der vermeintlichen „Identität von Herrschern und Beherrschten" präsentere identitäre Repräsentationsverständnisse etwa von *Carl Schmitt* wie *Gerhard Leib-*

17 BVerfGE 157, 30.

18 Prägnant insofern der erste Satz des Vorworts zur ersten Auflage der Rechts- und Staatsphilosophie, 2000: „Nachdenken über das Recht ist Teil des Nachdenkens über die gute, den Menschen zuträgliche Ordnung des Gemeinwesens."

19 *Hofmann*, Legitimität gegen Legalität, 2. Aufl. 1992, S. 12.

holz, ein demokratisches, „westliches“ Verständnis entgegen zu setzen, um damit „Brücken zur angelsächsischen Demokratietheorie zu schlagen“.[20] Ausdrücklich werden die Emigranten *Karl Loewenstein*, *Carl Joachim Friedrich* und *Ernst Fraenkel* in Bezug genommen. Auch wenn die Begriffsgeschichte bei der Französischen Revolution bzw. beim Konstitutionalismus endet, zielt das Werk doch auf ein bis in die Gegenwart virulentes Problem.[21]

Verbreitet ist in Nachrufen und sonstigen Würdigungen zu lesen, *Hofmann* habe seinen eigenen rechtsphilosophischen Standpunkt nicht in einem großen Wurf, als geschlossenes System dargelegt. Dieser sei nur den impliziten oder expliziten Kommentaren seiner historischen Darstellungen der Rechtsphilosophie sowie einzelner rechtsphilosophischer Probleme und Begriffe gleichsam mosaikhaft zu entnehmen. Das ist wenn nicht zu relativieren, so doch zu erklären: Zum einen existiert mit der „Einführung in die Rechts- und Staatsphilosophie“ ein erfolgreicher, fünf Auflagen erlebender Grundriss sehr individuellen Zugriffs und Prägung.[22] Zum anderen handelt es sich bei der Beobachtung jedoch weniger um ein Versäumnis als um ein Programm: Für *Hofmann* lassen sich Rechtsphilosophie und Rechtsgeschichte niemals trennen. Der rein analytische Zugang der Rechtstheorie „als Theorie des Rechts ohne Gerechtigkeitsfragen“ oder vergleichbarer Ansätze „verblasst“ für ihn zu einer residualen Sammelbezeichnung ohne eigenes Profil.[23] Für *Hofmann* ist jede Philosophie des Rechts notwendig ein neuer Versuch der Antwort auf die ewige Frage nach der Gerechtigkeit: Rechtsphilosophie ist „Philosophie der Gerechtigkeit“. Die schließt im Staat der Moderne insbesondere die Soziale Frage ein. Eine besondere Akzentuierung erfährt *Hofmanns* Ansatz durch die begriffsnotwendige Umsetzung und Beantwortung von Gerechtigkeitsfragen durch und mit den Mitteln, den Techniken des Rechts, die sich aus den Urformen Gebot, Vertrag, Sitte[24] ableiten lassen. Aus der Polarität der als Gerechtigkeitsfragen formulierten materialen Gehalte von Recht und ihrer zwingenden formalen Umsetzung in Rechtsformen erhellt sich seine differenzierte Position gegenüber dem Rechtspositivismus: So wenig es eine einzig wahre und universell gültige Antwort auf die Frage nach dem richtigen Recht gibt, so wenig ist das Recht weder seinem Inhalt noch seiner Form nach bloß kontingent. Vielmehr bildet sich die Gestalt einer konkreten Rechtsordnung – der „der je ge-

---

20 *Hasso Hofmann*, Repräsentation, 3. Aufl. 1998, S. 30.

21 Zusammen mit *Horst Dreier*: Repräsentation, Mehrheitsprinzip und Minderheitenschutz, in: Schneider/Zeh (Hrsg.), Parlamentsrecht und Parlamentspraxis, 1989, § 5.

22 *Hasso Hofmann*, Einführung in die Rechts- und Staatsphilosophie, 1. Aufl. 2000, 5. Aufl. 2011.

23 *Hasso Hofmann*, Wissenschaftsgeschichtliche Aspekte des Rechtsdenkens, JZ 2019, S. 265 (269).

24 *Hasso Hofmann*, Gebot, Vertrag, Sitte: die Urformen der Begründung von Rechtsverbindlichkeit, 1993.

schichtlich partikulären praktischen Vernunft einer Sozietät" aus „Urerfahrungen" und „Schlüsselerlebnissen".[25] Aufgabe jeder Rechtsphilosophie ist somit auch die „Aufhellung und kritische Prüfung der lebensweltlichen Voraussetzungen unseres Rechtsbewusstseins und Rechtsdenkens."[26]

V. Schluss

Abschließend sei der notwendigerweise unvollkommene Versuch gewagt, Werk und Person aus der Distanz noch einmal zusammenfassend zu würdigen.

Bezogen auf das Werk möchte ich auch an dieser Stelle die Würdigung *Hasso Hofmanns* zu seinem 65. Geburtstag durch *Alexander Hollerbach* erneut in Erinnerung rufen: „Wer das wissenschaftliche Werk von Hasso Hofmann auch nur in Umrissen kennt, wird mir zustimmen, daß eine Würdigung nur, um es biblisch auszudrücken, ‚mit Furcht und Zittern' (Eph. 6, 5) unternommen werden kann. Denn schon bei einem ersten Blick, erst recht bei genauerem Zusehen, wird man einer üppig-reichen Vielfalt gewahr, treten beträchtliche Höhen und Tiefen in Erscheinung, tun sich eine erstaunenswerte Weite des Horizonts und ein differenzierter Reichtum der Perspektiven auf, zeigt sich eine kompakte Dichte des Gedankens".[27] Sieht man genauer hin, fällt auf, dass dogmatische Arbeiten nie in dogmatischer Technik verharren; so etwas musste *Hofmann* als sinnloses Glasperlenspiel erscheinen. Alle herausragenden dogmatischen Schriften haben einen dezidierten Grundlagenbezug, sei es verfassungsgeschichtlicher, sei es rechtsphilosophischer oder staatstheoretischer Natur. Umgekehrt verharren die wissenschaftsgeschichtlichen, die begriffsgeschichtlichen oder rechtsphilosophischen Arbeiten nicht in Gegenwarts- oder Rechtsferne. So finden sich in der womöglich manchem Leser als eher schwerverdaulich daherkommenden Habilitationsschrift v.a. in den Fußnoten durchaus deutliche Wertungen und Stellungnahmen über eine reine Begriffsgeschichte hinaus und formt eine Art Repräsentationsbegriff für die Demokratie. In der frühen Arbeit zu *Carl Schmitt* musste sich die entwicklungsgeschichtliche Herangehensweise zu Lebzeiten des Autors des analysierten Werks samt aktiver Schule notwendig auf Auslegung und Anwendung des Grundgesetzes beziehen. Ein übliches Einteilungsraster hinsichtlich der Schriften *Hofmanns* versagt daher schnell. Zudem wird sowohl historisch-ideengeschichtlich

---

25 *Hofmann*, Rechts- und Staatsphilofophie (Fn 22), 1. Aufl. 2000, S. 69 f.

26 *Hofmann*, Rechts- und Staatsphilosophie (Fn 22), 1. Aufl. 2000, S. 70.

27 *Alexander Hollerbach*, Laudatio auf Hasso Hofmann, in: Dreier (Hrsg.), Philosophie des Rechts und Verfassungstheorie, 2000, S. 9.

als auch philosophisch weit zurückgegriffen, insbesondere über die Epoche der Entstehung des modernen Verfassungsstaats, d.h. das letzte Drittel des 18. Jahrhundert hinaus. Nicht zuletzt dies verhindert die Berufung auf „Großformeln“, wie sie etwa im Neutralitätsparadigma des Staates großer Teile der Schmitt-Schule üblich war.

Mir sind nur wenige Staatsrechtslehrer bekannt, die eine derart ausgeprägte Kongruenz von Werk und Persönlichkeit aufwiesen. Zurückhaltung mischte sich mit intellektueller Präzision, der große Auftritt war *Hofmanns* Sache nicht. Sein Schüler *Horst Dreier* charakterisiert die Persönlichkeit: „Hasso Hofmann ist ein Mann der eher leisen Töne ... Zudem dürfen die subtilen Untertöne in den von aufgedonnerter Rhetorik freien Texten des Jubilars niemals überhört werden. ... Die uns in der Person Hasso Hofmanns begegnende Skepsis ist ... frei von Zynismus oder Fatalismus; gelegentlich aufblitzender Spott wird durch menschliche Wärme gemildert. Der ganze Charakter strahlt souveräne Gelassenheit aus ...“[28]

Auswahlbibliographie

Legitimität gegen Legalität. Der Weg der politischen Philosophie Carl Schmitts, 1. Aufl. Neuwied 1964, 6. Aufl. Berlin 2020

Repräsentation. Studien zur Wort- und Begriffsgeschichte von der Antike bis ins 19. Jahrhundert, 1. Aufl. Berlin 1974, 4. Aufl. Berlin 2010

Legitimität und Rechtsgeltung. Verfassungstheoretische Bemerkungen zu einem Problem der Staatslehre und der Rechtsphilosophie, Berlin 1977

Rechtsfragen der atomaren Entsorgung, Stuttgart 1981

Grundpflichten als verfassungsrechtliche Dimension, VVDStRL 41 (1983), S. 42 ff.

Bioethik, Gentherapie, Genmanipulation. Wissenschaft im rechtsfreien Raum?, JZ 1986, S. 253 ff.

Die Entwicklung des Grundgesetzes nach 1949, in: Isensee/Kirchhof (Hrsg.), Handbuch des Staatsrechts der Bundesrepublik Deutschland, Bd 1, 1. Aufl. Heidelberg 1987, § 7; 3. Aufl. Heidelberg 2003, § 9 (Die Entwicklung des Grundgesetzes 1949 bis 1990)

Die versprochene Menschenwürde, Berlin 1993 (= AöR 118 (1993), S. 353 ff.)

Gebot, Vertrag, Sitte. Die Urformen der Begründung von Rechtsverbindlichkeit, Baden-Baden 1993

Bilder des Friedens oder Die vergessene Gerechtigkeit. Drei anschauliche Kapitel der Staatsphilosophie, 1. Aufl. München 1997, 2. Aufl. München 2008

Einführung in die Rechts- und Staatsphilosophie, 1. Aufl. Darmstadt 2000, 5. Aufl. Darmstadt 2011

Vom Wesen der Verfassung, JöR 51 (2003), S. 1 ff.

---

28 *Horst Dreier*, Glückwünsche, JZ 2004, 788.

Sammelbände

Recht – Politik – Verfassung. Studien zur Geschichte der politischen Philosophie, Frankfurt a.M. 1986
Verfassungsrechtliche Perspektiven. Aufsätze aus den Jahren 1980–1994, Tübingen 1995

über Hasso Hofmann

Alexander Hollerbach, Laudatio auf Hasso Hofmann, in: Dreier (Hrsg.), Philosophie des Rechts und Verfassungstheorie. Geburtstagssymposion für Hasso Hofmann, Berlin 2000, S. 9 ff.

Horst Dreier, Glückwünsche. Hasso Hofmann 70, JZ 2004, S. 788 f.

Horst Dreier, Hasso Hofmann (1934–2021): Ein Nachruf, ARSP 107 (2021), S. 300 ff.

Horst Dreier (Hrsg.), Repräsentation und Legitimität im Verfassungs- und Umweltstaat. Gedächtnissymposion für Hasso Hofmann, Berlin 2022 (mit Beiträgen u.a. von *Christian Waldhoff, Ulrich K. Preuß, Agostino Carrino, Jana* und *Thomas Osterkamp* (mit vollständigem Publikationsverzeichnis))

JöR 70 (2022) mit Beiträgen u.a. von *Dietmar Willoweit, Wolfgang Durner, Angelika Siehr* und *Reinhard Mehring*

https://doi.org/10.1515/9783110767032-022

XV
Knut Ipsen (1935–1922)

Volker Epping und Wolff Heintschel von Heinegg

Knut Ipsen wurde am 9. Juni 1935 in Hamburg geboren. Er stammt, ebenso wie sein jüngerer Bruder Jörn Ipsen,[1] aus einer traditionsreichen Juristenfamilie. Er besuchte die Volksschule in Schierhorn/Kr. Harburg (1942–1945), die Mittelschule in Buchholz (1946–1949), 1949–1953 das Holstengymnasium Neumünster und anschließend (1953–1956) das Alte Gymnasium Flensburg. Nach einem dreijährigen Dienst in der Bundeswehr (Ausscheiden als Leutnant der Reserve; 1970 Major der Reserve) absolvierte er von 1959 bis 1962 ein Studium der Rechtswissenschaften an der Christian-Albrechts-Universität zu Kiel. Vor seinem Referendariat in Schleswig-Holstein von 1964 bis 1967 war er ein Jahr lang als wissenschaftliche Hilfskraft am Institut für Internationales Recht in Kiel tätig. Im Jahr 1967 schloss er sein Studium mit dem zweiten juristischen Staatsexamen und der Promotion zum Thema „Rechtsgrundlagen und Institutionalisierung der atlantisch-westeuropäischen Verteidigung“ ab. Von 1967 bis 1974 arbeitete er als wissenschaftlicher Assistent seines akademischen Lehrers Eberhard Menzel am Institut für Internationales Recht in Kiel, das 1995 in Walther-Schücking-Institut umbenannt wurde. Diese Zeit war überschattet vom Gesundheitszustand seines akademischen Lehrers, der nach seinem ersten Herzinfarkt im Februar 1966 dann im Herbst 1972 einen gesundheitlichen Zusammenbruch erlitt, der ihn dienstunfähig machte. Nach seiner Habilitation im Jahr 1972 mit seiner Habilitationsschrift zum Thema „Biologische und chemische Kampfmittel im Völkerrecht“ übernahm Knut Ipsen zunächst eine Lehrstuhlvertretung an der Universität Kiel, um dort den Ausfall seines akademischen Lehrers zu kompensieren, bevor er zum Sommersemester 1974 dem Ruf auf den Lehrstuhl für Öffentliches Recht III (Völkerrecht) der Juristischen Fakultät der Ruhr-Universität Bochum folgte.

Von 1977 bis 1979 war Knut Ipsen zunächst Prorektor für Lehre, bevor er 1979 zum Rektor der Ruhr-Universität gewählt wurde und dieses Amt bis 1989 innehatte. Mit insgesamt zehn Jahren Amtszeit ist Knut Ipsen in der Riege der Altrektoren derjenige, der das Amt in der Geschichte der Ruhr-Universität am längsten ausgeübt hat. In seine Rektoratszeit fällt in baulicher Hinsicht die Eröffnung

---

1 Jörn Ipsen war von 1981 bis zu seiner Pensionierung 2012 Professor an der Universität Osnabrück und seit der Gründung 1989 Direktor des Instituts für Kommunalrecht. Er amtierte von 2007 bis 2013 als Präsident des Niedersächsischen Staatsgerichtshofs, dessen Mitglied er seit 2006 war, s. https://de.wikipedia.org/wiki/Jörn_Ipsen.

des Auditoriums Maximum, der Bezug der Universitätsverwaltung am Nordforum, die Fertigstellung des Studierendenhauses und schließlich die Eröffnung des Musischen Zentrums, mit der die ursprüngliche Gesamtplanung baulich finalisiert wurde. Zudem gelang es ihm, den unmittelbar neben dem botanischen Garten liegenden, denkmalgeschützten Beckmanns Hof zu erwerben und zum Internationalen Begegnungszentrum der Ruhr-Universität auszubauen. In seine Amtszeit fallen auch die ersten Jahre des sog. „Bochumer Modells" der praxisnahen medizinischen Ausbildung, die 1977 begonnen wurde, nachdem das Land NRW aus finanziellen Gründen auf den ursprünglich geplanten Neubau einer Campus-Klinik an der Ruhr-Universität verzichten musste. Um langfristig tragfähige Strukturen für die Medizinerausbildung in Bochum zu schaffen, wurde diese Aufgabe verschiedenen Kliniken der Umgebung übertragen und mit den Trägern entsprechende Kooperationsverträge geschlossen.[2]

Im Jahr 1988 gründete er das Institut für Friedenssicherungsrecht und Humanitäres Völkerrecht der Ruhr-Universität (IFHV).[3] Von 1988 bis zum Jahre 2000 war er der Direktor des Institutes, stand aber weiterhin mit Rat und Tat dem Institut zur Seite. Dabei lag ihm als Gründungsdirektor neben der interdisziplinären Ausrichtung stets die praktische Bedeutung der Forschung am Herzen, wie z. B. bei der Mitwirkung des Instituts an der Gewohnheitsrechtsstudie des IKRK. Auf seine Arbeit blickte Knut Ipsen anlässlich der 30-Jahr-Feier des IFHV 2018 – durchaus und zurecht stolz – zurück, und hob in seinem Vortrag die Bedeutung der interdisziplinären Forschung sowie der Bedeutung der Arbeit des IFHV für die völkerrechtliche und politische Praxis hervor: Die Forschungen am IFHV sei auch auf die Überwindung mancher unbestreitbaren Unzulänglichkeiten dieser Rechtsmaterie gerichtet. Seine abschließende Analyse, die heutige internationale Sicherheitspolitik sei kritikwürdig, verbunden mit dem Appell, die Völkerrechtswissenschaft werde auch zukünftig Beiträge zur Friedenssicherung leisten müssen,[4] hat sich schon oft bewahrheitet.

Mitinitiiert von Knut Ipsen gab das IFHV seit seiner Gründung mit Unterstützung des DRK-Generalsekretariats die wissenschaftliche Vierteljahresschrift „Humanitäres Völkerrecht-Informationsschriften HuV-I" heraus, die mittlerweile als halbjährlich erscheinendes Doppelheft mit dem Titel „Humanitäres Völkerrecht (HuV) – Journal of International Law of Peace and Armed Conflict" erscheint und

2 http://www.uk.rub.de/entstehung/index.html.de.

3 https://forschung.ruhr-uni-bochum.de/de/institut-fuer-friedenssicherungsrecht-und-humanitaeres-voelkerrecht-ifhv.

4 Knut Ipsen, Das IFHV in den vergangenen drei Dekaden von Friedenssicherungsrecht und humanitärem Völkerrecht, HuV 2019, 229–239.

seither die akademische und praxisnahe Debatte in der juristischen und interdisziplinären Konfliktforschung prägt. In der ebenfalls von ihm initiierten Schriftenreihe des IFHV, die „Bochumer Schriften zur Friedenssicherung und zum Humanitären Völkerrecht", sind in deren 48 bis 2003 erschienenen Bänden zahlreiche von ihm betreute Doktorarbeiten zu Einzelfragen des Humanitären Völkerrechts (wie z.B. der Band 47 zum Landmineneinsatz[5]) und Konferenzsammelbände der vom IFHV organisierten nationalen und internationalen Tagungen erschienen.[6]

Darüber hinaus war Knut Ipsen Mitglied des Direktoriums des Instituts für Entwicklungsforschung und Entwicklungspolitik (IEE),[7] des Instituts für Deutschlandforschung[8] und des Instituts für Berg- und Energierecht[9] der Ruhr Universität (IBE).[10] Dem Direktorium des IBE gehörte er bis zu seinem Tode an und unterstützte noch die Verhandlungen über die Fortführung des IBE als Institut der Juristischen Fakultät ab 2023. Seit der auch von ihm betriebenen Gründung des Instituts im Jahre 1987 (zusammen mit Peter J. Tettinger (+2005), Fritz Fabricius (+2006) und Uwe Hüffer (+2012)) wirkte Knut Ipsen an den Forschungsarbeiten des IBE mit, anfänglich zum Aufsehen erregenden Altlastenskandal im damaligen Dortmunder Neubaugebiet Dorstfeld-Süd. Der daraus entstandene Band 2 der von ihm mit herausgegebenen Reihe „Bochumer Beiträge zum Berg- und Energierecht"[11] darf als impulsgebend auch für die spätere Gesetzgebung des Bundes zum Bodenschutz angesehen werden (BBodSchG 1999).[12] Seine völker- und europarechtliche Expertise brachte Knut Ipsen insbesondere in die Untersuchungen des Instituts zur beginnenden Liberalisierung im europäischen Binnenmarkt für

5 Knut Dörmann, Völkerrechtliche Probleme des Landmineneinsatzes – Weiterentwicklung des geltenden Vertragsrechts durch das geänderte Minenprotokoll vom 3. Mai 1996 zum UN-Waffenübereinkommen von 1980, 2002.

6 Z.B. Knut Ipsen/Walter Poeggel, Das Verhältnis des vereinigten Deutschlands zu den osteuropäischen Nachbarn zu den historischen, völkerrechtlichen und politikwissenschaftlichen Aspekten der neuen Situation; Wissenschaftliche Konferenz anläßlich des 50. Jahrestages der Beendigung des Zweiten Weltkrieges, 1993; Wolff Heintschel von Heinegg, The military objective and the principle of distinction in the law of naval warfare : report, commentaries and proceedings of the Round-Table of Experts on International Humanitarian Law Applicable to Armed Conflicts at Sea, Ruhr-Universität Bochum 10.–14. November 1989, 1991.

7 http://www.development-research.org/.

8 https://www.ruhr-uni-bochum.de/deutschlandforschung/.

9 https://www.ruhr-uni-bochum.de/ibe/.

10 https://www.ruhr-uni-bochum.de/ibe/.

11 Ipsen/Tettinger, Altlasten und kommunale Bauleitplanung, 1988.

12 https://www.ruhr-uni-bochum.de/ibe/ (abgerufen 29.07.2022).

Energie ein.[13] Auch als Vortragsredner trat er wiederholt hervor, zuletzt mit einem viel beachteten Referat zur Entstehung der Europäischen Gemeinschaft für Kohle und Stahl („Montanunion") anlässlich des 60-jährigen Bestehens der späteren „Römischen Verträge" (2017[14]). Der in integrationsgeschichtlicher Sicht aufschlussreiche Text wurde später auch in polnischer Sprache publiziert, zumal Knut Ipsen der Austausch mit den Juristischen Fakultät in Breslau und Krakau am Herzen lag – ebenso wie die von ihm mit Claude Bluman (Univ. Paris II – Panthéon-Assas) begründete Partnerschaft mit der Universität François Rabelais im französischen Tours.[15]

Im Kontext der deutschen Wiedervereinigung wurde Knut Ipsen im Rahmen der Bildung der ersten Regierung im neuen Bundesland Sachsen von Kurt Biedenkopf, dem vormaligen Gründungsrektor der Ruhr Universität, mit dem er seit seiner Berufung an die Ruhr Universität verbunden war, gebeten, das Wissenschaftsressort zu übernehmen. So reizvoll diese Aufgabe für ihn war, lehnte er das Angebot dann schweren Herzens ab. Nach seinem Verständnis hätte der Eintritt in das erste Kabinett Biedenkopf einen Umzug nach Sachsen unabdingbar gemacht. Aus Verbundenheit mit seiner neuen Heimat Bochum, namentlich seiner Familie und seinen dortigen Freunden, folgte er dem Ruf nicht, ohne sich indes der Mitwirkung an der großen nationalen Aufgabe, die die Wiedervereinigung darstellte, zu verschließen. Aufgrund seiner großen und langjährigen Expertise als Rektor der Ruhr Universität Bochum und seinem besonderen Interesse an Osteuropa, insbesondere an der Republik Polen, wurde er von der Landesregierung Brandenburgs, namentlich dem ersten Wissenschaftsminister Hinrich Enderlein gebeten, die Universität in Frankfurt an der Oder, die von 1506 bis 1811 die erste Brandenburgische Landesuniversität war, wieder aufzubauen. Als bekennender Europäer nahm er diese Aufgabe gerade auch deswegen an, als er den Standort als ideale Brücke zur Republik Polen und zu Osteuropa sah. Er sah die große Chance, an der Grenze zwischen West- und Osteuropa mit der wieder zu gründenden Viadrina zur europäischen Integration beizutragen und zwar bewusst interdisziplinär arbeitend. Die Europa-Universität wurde daher auch von ihm als eine politische Gründung verstanden, die sinnbildlich steht gegen engstir-

---

13 Siehe dazu u.a. Hüffer/Ipsen/Tettinger, Die Transitrichtlinien für Gas und Elektrizität, Bochumer Beiträge zum Berg- und Energierecht Bd 14, 1991.

14 https://news.rub.de/presseinformationen/wissenschaft/2017-05-10-termine-und-veranstaltungen-montanunion-e-mobil-finanzmarktkrise, abgerufen: 1.8.2022.

15 S. dazu die deutsch-polnischen Tagungsbände von Ipsen/Kieres/Schnapp/Tettinger (Hrsg.), Allgemeines Verwaltungsrecht und Energierecht, Bochumer Forschungsberichte zum Berg- und Energierecht Bd 2 (1990).

nige Nationalismen und für ein gemeinsames Zusammenleben in einem den alten Westen wie den neuen Osten umfassendes Europa. Mit großem Verv nahm Knut Ipsen sich der Konzeption und als Gründungsrektor der Europa-Universität Viadrina in Frankfurt (Oder) zusammen mit den maßgeblich von ihm benannten Mitgliedern des Gründungssenats[16] von 1991 bis 1993 der Umsetzung des Konzepts an.[17] Bereits zwei Jahre nach der Gründung, studierten über 1000 Studentinnen und Studenten aus sieben Nationen an der Viadrina in drei Fakultäten (Jura, Kulturwissenschaften und Wirtschaftswissenschaften) und die Mehrzahl der ausgeschriebenen Stellen war besetzt. Wie von ihm intendiert setzte sich die Studierendenschaft nicht nur in den ersten, von ihm als Rektor noch verantworteten beiden ersten Studienjahren zu mehr als einem Drittel aus polnischen Studenten zusammen. Damit wurde die auch von ihm angestrebten Vergabe von einem Drittel der Studierendenplätze an polnische Bewerber zur Sicherung des Anspruchs enger wissenschaftlicher Vernetzung mit Polen erreicht. In der Zusammenarbeit mit der Adam-Mickiewicz-Universität in Posen wurde zudem die Idee eines „Collegium Polonicum" als eine zur gemeinsamen Lehr- und Forschungstätigkeit mit der Europa-Universität Viadrina bestimmten Einrichtung in Słubice auf der Frankfurt gegenüberliegenden Oderseite entwickelt und mit einer symbolische Grundsteinlegung 1992 gegründet.[18]

Seine Emeritierung an der Ruhr Universität erfolgte im Juli 2000. Aus diesem Anlass wurde ihm von seinen Schülern die Festschrift mit dem Titel „Brücken bauen und begehen" gewidmet, die die Vielfältigkeit des Wirkens von Knut Ipsen aufzeigte, die nicht an den Grenzen unseres Landes und Kontinents, an den Grenzen der Rechtswissenschaft und anderer Disziplinen oder an den Grenzen der Politik haltmachte. Bezeichnend dafür war schon früh sein bereits angesprochenes besonderes Interesse an Osteuropa, das namentlich der Republik Polen galt. Seine enge Beziehung zur Jagiellonischen Universität in Krakau drückte sich in der Zeit des in Polen verhängten Kriegsrechts (1981–1983) auch dadurch aus, dass er selbst einen LKW mit Hilfsgütern nach Kraukau fuhr. Sinnbildlich für diesen Charakterzug von Knut Ipsen als Brückenbauer aber steht die Neugründung der

---

16 Prof. Dr. Hermann G. Grimmeiss, Prof. Dr. Dr. h. c. Hans N. Weiler, Prof. Frédéric Hartweg, Prof. Dr. Dr. h.c. Rudolf von Thadden, Prof. Dr. Toni Hochmuth, Jürgen Schlegel, Karl Josef Schmücker, Sir Prof. em. David A. O. Edward, Prof. Dr. Waldemar Pfeiffer, Prof. Dr. Karol Jonca, Prof. Dr. Ilse Kunert, Prof. Dr. Karl-Heinz Rädler, Prof. Dr. Klaus Anderbrügge, Dr. Jerzy Drewnowski, Prof. Dr. Dr. h.c. Joachim Starbatty

17 Europa-Universität Viadrina Frankfurt (Oder), Denkschrift der Europa-Universität Viadrina Frankfurt (Oder), 1993.

18 https://www.cp.edu.pl/de/index.html

Viadrina, die er – wie ausgeführt – einerseits in einem geeinten Europa verortet sah, zugleich aber auch die enge Verbindung zu Polen widerspiegelt.

Knut Ipsen war ein begnadeter Hochschullehrer, der die Studierenden für das Öffentliche Recht begeisterte. Auch während seiner Rektoratszeiten legte er stets Wert darauf, Vorlesungen in der gesamten Breite des Öffentlichen Rechts persönlich durchzuführen. Terminlichen Einbindungen, die mit seinen Lehrveranstaltungen kollidierten, versuchte er sich immer mit großen Nachdruck zu entziehen. Seinem Verständnis als Öffentlich-Rechtler folgend, der sich keineswegs nur auf das Völkerrecht reduzieren ließ, hat er bis in sein letztes Semester Großvorlesungen und Übungen in der gesamten Breite des Öffentlichen Rechts übernommen. Nicht nur insoweit, sondern u.a. auch als akademischer Lehrer war er beispielgebend. Er zeigte uns nicht nur die Pfade in die Rechtswissenschaft, namentlich das Öffentliche Recht und das Völkerrecht, sondern gestand seinen Mitarbeitern auch den Freiraum zu, sich in vielfältigster Weise zu entwickeln. Aus seiner Schule sind gestandene Juristen hervorgegangen, die in unterschiedlichsten Berufsfeldern Karriere gemacht haben. Er räumte dem Nachwuchs nicht nur Chancen ein, sondern unterstützte ihn auch mit Nachdruck. Hiervon zeugen 38 abgeschlossene Promotionen mit ihm als fürsorglichen Doktorvater. Den engeren Kreis seiner Schüler nahm er schon früh als Mitautoren in sein Völkerrechtslehrbuch auf und zwei seiner Schüler führte er zur Habilitation. Aber nicht nur das: Die Lehrstuhlweihnachtsfeiern im Hause Ipsen, die Lehrstuhlfahrten und die sonstigen außeruniversitären Aktivitäten, zum Teil auch mit seiner Frau Heike und seinen beiden Kindern, Björn und Goede, waren – nicht ohne Grund – legendär, aber auch vorbildgebend.

Knut Ipsen, dem eine venia legendi für das Öffentliche Recht verliehen worden war, verstand sich in erster Linie als Staats- und Völkerrechtler mit einem besonderen Interesse für das Völkerrecht und dort namentlich das humanitäre Völkerrecht sowie das Recht der internationalen Sicherheit, was schon in seiner Habilitationsschrift zum Ausdruck kam und sich in zahlreichen Publikationen zu Grundfragen des Rechts des bewaffneten Konflikts,[19] der Abrüstung und Rüstungs-

19 Vgl. insbesondere: Kombattanten und Nichtkombattanten, in: D. Fleck (Hrsg.), Handbuch des humanitären Völkerrechts in bewaffneten Konflikten, 4. Aufl., Oxford 2021, 93–128; Perfidy, in: Encyclopedia of Public International Law, Vol III, Amsterdam et al. 1997, 978–981; Auswirkungen des Golfkriegs auf das humanitäre Völkerrecht, in: W. Voit (Hrsg.), Das humanitäre Völkerrecht im Golfkrieg und andere Rotkreuz-Fragen, Bochum 1992, 29–48; Die „offene Stadt" und die Schutzzonen des Genfer rechts, n: D. Fleck (Hrsg.) Beiträge zur Weiterentwicklung des humanitären Völkerrechts für bewaffnete Konflikte, Hamburg 1973, 149–210.

kontrolle[20] sowie der Sicherheitspolitik[21] widerspiegelte. Dabei war es ihm ein besonderes Anliegen, das humanitäre Völkerrecht mit dem Friedenssicherungsrecht zu verknüpfen,[22] was ja auch die Gründungsidee des IFHV war. Darüber hinaus hat er sich in seinem wissenschaftlichen Werk den verfassungs- und völkerrechtlichen Aspekten der Sicherheits- und Verteidigungspolitik sowie des Verhältnisses der beiden deutschen Staaten[23] zugewendet. Besonders zu erwähnen sind neben seiner Dissertation[24] die Kommentierungen im Bonner Kommentar zu den Artikeln 12a, 17a, 87a, 115b und 115f GG, die Beiträge zu Artikel 80a GG,[25] zur Institutio-

---

20 Neben seiner Habilitationsschrift, die leider nie veröffentlicht wurde, siehe Knut Ipsen Beiträge (Die amerikanischen und sowjetischen Abrüstungsvorschläge von 1962/1963; Zum Problem der Stabilität während des Abrüstungsverfahrens) in: J. Delbrück K. Ipsen/W.A. Kewenig (Hrsg.), Abschreckung und Entspannung: Fünfundzwanzig Jahre Sicherheitspolitik zwischen bipolarer Konfrontation und begrenzter Kooperation, Berlin 1977, 478–508, 532–546; A Nuclear-Weapon-Free World: Legal Problems, in: J. Rotblat/F. Blckaby (Hrsg.), Towards a Secure World in the 21st Century, London 1991, 98–108; Explicit Methods of Arms Control Treaty Evolution, in: J. Dahlitz/D. Dicke (Hrsg.), The International Law of Arms Control and Disarmament, New York 1991, 75–93; Kriegswaffenkontrolle und Auslandsgeschäft, in: U. Beyerlin/M. Bothe/R. Hofmann/E.-U. Petersmann (Hrsg.), Recht zwischen Umbruch und Bewahrung: Völkerrecht – Europarecht – Staatsrecht, Festschrift für Rudolf Bernhardt, Berlin et al. 1995, 1041–1062.

21 Vgl. etwa Sicherheitspolitische und völkerrechtliche Aspekte der biologischen und chemischen kampfmittel, EA 1972, 589–600; Entwicklung zur „collective economic security" im Rahmen der vereinten Nationen?, in: W.A. Kewenig (Hrsg.), Die Vereinten Nationen im Wandel, Berlin 1975, 11–45; Ein europäisches kollektives Sicherheitssystem. Annahmen und Realisierungschancen, in: K. Ipsen/H. Fischer (Hrsg.), Chancen des Friedens, Baden-Baden 1986, 55–71; Gewaltverbot – Interventionsverbot – Nichteinmischung: Elemente der Gemeinsamen Sicherheit, in: H.-J. Heintze (Hrsg.), Von der Koexistenz zur Kooperation: Völkerrecht in der Periode der Ost-West-Annäherung Ende der 80er Jahre, Bochum 1992, 1–12; Sovereignty and Collective Security, in: D.S. Lutz (Hrsg.), Das Undenkbare denken, Festschrift für Egon Bahr zum siebzigsten Geburtstag, Baden-Baden 1992, 461–473; Eine neue Völkerrechtsordnung?, in: E. Bahr/D.S. Lutz (Hrsg.), Unsere Gemeinsame Zukunft – Die Europäische Sicherheitsgemeinschaft (ESG), Baden-Baden 1994/95, 185–194.

22 Vgl. dazu International Law Preventing Armed Conflicts and International Law of Armed Conflict – a Combined Functional Approach, in: Chr. Swinarski (Hrsg.), Studies and Essays on International Humanitarian Law and Red Cross Principles in Honour of Jean Pictet, Genf/Den Haag 1984, 349–359.

23 Siehe u.a.: Die Staatsangehörigkeit der Bürger West-Berlins, JIR 16 (1973), 266–300; Die UN-Mitgliedschaft der beiden deutschen Staaten und die deutsche Frage, Politik und Kultur 1975, Heft 1, 3–18; K. Ipsen/W. Poeggel (Hrsg.), Das Verhältnis des vereinigten Deutschlands zu den osteuropäischen Nachbarn – zu den historischen, völkerrechtlichen und politikwissenschaftlichen Aspekten der neuen Situation, Bochum 1993.

24 Rechtsgrundlagen und Institutionalisierung der atlantisch-westeuropäischen Verteidigung, Hamburg 1967.

25 Die Bündnisklausel der Notstandsverfassung (Artikel 80a Abs. 3 GG), AöR 94 (1969), 260–279; Bündnisfall und Verteidigungsfall, DÖV 1971, 583–588; Der Einsatz der Bundeswehr zur Vertei-

nalisierung der Verteidigung im westeuropäischen Raum[26] sowie die stetig aktualisierten Beiträge zu den völkerrechtlichen Problemen des Nordatlantikvertrages.[27] Zudem hat die Vielfalt seines beruflichen Wirkens in weiteren Publikationen insbesondere zum Wissenschafts- und Hochschulrecht,[28] zum Berg- und Energierecht[29] und zur Entwicklungspolitik[30] ihren Niederschlag gefunden. Das Verzeichnis seiner Veröffentlichungen weist neben weiteren Beiträgen zum Völker- und Verfassungsrecht insgesamt neun von ihm und seinen Weggefährten herausgege-

---

digung, im Spannungs- und Verteidigungsfall sowie im internen bewaffneten Konflikt, in: K.-D. Schwarz (Hrsg.), Sicherheitspolitik: Analysen zur politischen und militärischen Sicherheit, 2. Aufl., Bad Honnef 1977, 419–441.

26 JöR 21 n.F. (1972), 1–63.

27 Zuletzt: Völkerrechtliche Probleme des Nordatlantikvertrages, in: J.-D. Schwarz (Hrsg.), Sicherheitspolitik: Analysen zur politischen und militärischen Sicherheit, 3. Aufl., Bad Honnef 1978, 435–445.

28 Vgl. u.a.: Die europäische Herausforderung an unser Bildungssystem, in: Europa-Universität Viadrina Frankfurt (Oder) (Hrsg.), Reden zur Eröffnung der Europa-Universität Viadrina Frankfurt (Oder) am 6.9.1991, Frankfurt (Oder) 1992, 40–61; Steuerung und Förderung fremdfinanzierter Forschung durch die Hochschule, in: Arbeitsgruppe Fortbildung im Sprecherkreis der Hochschulkanzler (Hrsg.), Drittmittelforschung und Nebentätigkeit, Essen 1988, 189–207; Die Gruppenuniversität im Spannungsfeld zwischen Entscheidungszuständigkeit und Verantwortung, in: Arbeitsgruppe Fortbildung im Sprecherkreis der Hochschulkanzler (Hrsg.), Verantwortung und Entscheidungsmacht, Essen 1992, 71–85; Das Rektorat/Präsidium als Kollegialorgan – Geeignetes Instrument zur Realisierung der Einheitsverwaltung?, in: Arbeitsgruppe Fortbildung im Sprecherkreis der Hochschulkanzler (Hrsg.), Einheitsverwaltung – Stäbe, Essen 1993, 11–28.

29 Die europarechtlichen Grenzen deutscher Kohlepolitik, in: P.J. Tettinger (Hrsg.), Allgemeines Verwaltungsrecht und Energierecht – Verwaltungsverfahren, Planung, Organisation und Staatshaftung bei Kohleberbau und Energieversorgung, Bochum 1990, 1–11; Prävention oder Reaktion? Sicherheitsmaßnahmen und Sicherheitsstandards im Rahmen der Internationalen Atomenergie-Organisation und die Konvention über kerntechnische Unfälle vom 26.9.1986, in: U. Hüffer/K. Ipsen/P.J. Tettinger (Hrsg.), Berg- und Energierecht vor den Fragen der Gegenwart, Festschrift für Fritz Fabricius zum 70. Geburtstag, Stuttgart et al. 1989, 357–376; Energierechtsfragen in einem „gemeinsamen europäischen Haus“, in: RWE Energie Aktiengesellschaft (Hrsg.), 11. Hochschultage Energie, Essen 1991, 73–81; Die Transitrichtlinien für Gas und Elektrizität – eine Studie zu den rechtlichen Schranken bei der Verwirklichung des Binnenmarktes für Energie (gemeinsam mit U. Hüffer und P.J. Tettinger), Stuttgart et al. 1991.

30 UNCTAD – Konferenz der Vereinten Nationen für Handel und Entwicklung (Welthandels- und Entwicklungskonferenz) (gemeinsam mit H.-J. Rungweber), in: R. Wolfrum N.J. Prill/J.A. Brückner (Hrsg.), Handbuch Vereinte Nationen, München 1977, 464–468; Entwicklungspolitik und Völkerrecht, Bochum 1991; Zum Problem der menschenrechtsorientierten Konditionalität von Entwicklungspolitik, in: Institut für Entwicklungsforschung und Entwicklungspolitik (Hrsg.), Neuorientierungen der Entwicklungspolitik. Festschrift zum 25-jährigen Bestehen des Instituts für Entwicklungsforschung und Entwicklungspolitik, Frankfurt a.M. et al. 1995, 181–211.

bene Monografien, vier von ihm mitbetreute Schriftenreihen[31] sowie drei Periodika[32] aus, die er initiiert und maßgeblich geprägt hat.

Als sein akademischer Lehrer Eberhard Menzel durch schwere Krankheit an der Fortführung seiner Arbeiten an der zweiten Auflage seines Völkerrechtslehrbuchs gehindert wurde, übernahmen seine damaligen Assistenten unter der Regie von Knut Ipsen die Aufgabe der Neuauflage. Neben dem Einleitungskapitel (Regelungsbereich und Funktion des Völkerrechts), dem Kapitel zur Völkerrechtlichen Verantwortlichkeit und zum Völkerstrafrecht übernahm Knut Ipsen das für sein Lebenswerk prägende Kapitel zum bewaffneten Konflikt und zur Neutralität. Den Menzel / Ipsen (1979), der ab der dritten Auflage (1990) unter Ipsen, Völkerrecht, firmiert, verantwortete er bis zur 6. Auflage (2014) selbst, bevor er es in die Hände seiner Schüler übergab. Auf Bitten seiner Schüler wirkte er noch an der 7. Auflage (2018) an dem von Eberhard Menzel begründeten und von ihm über fünf Auflagen fortgeführten Standardwerk des Völkerrechts als Mitautor mit.

Knut Ipsens Affinität zum Humanitären Völkerrecht war keineswegs auf den akademischen Bereich beschränkt. In den Jahren von 1975 bis 1977 gehörte er der deutschen Regierungsdelegation bei der diplomatischen Konferenz in Genf als Berater an, in deren Ergebnis die ersten beiden Zusatzprotokolle zu den Genfer Konventionen entstanden. Zudem engagierte er sich im Deutschen Roten Kreuz seit 1986 zunächst als Bundeskonventionsbeauftragter. 1994 wurde er zum Präsidenten des DRK e.V. gewählt. Dieses Amt hatte er insgesamt drei Wahlperioden inne, bis er im Jahr 2003 nicht mehr zur Wiederwahl antrat. In seine Amtszeit fiel nicht nur der Umzug des DRK-Generalsekretariats von Bonn nach Berlin, sondern auch die Reform der Arbeitsweise innerhalb der Internationalen Rotkreuz- und Rothalbmond-Bewegung, die er entscheidend prägte. Auf internationaler Ebene setzte er sich vorbehaltlos und nachhaltig für einen umfassenden wirkungsvollen Schutz des Emblems des Roten Kreuzes ein.

---

31 Bochumer Schriften zur Entwicklungsforschung und Entwicklungspolitik (gemeinsam mit U. Andersen, D. Bender, H. Dürr, K. Hottes, W. Kraus, V. Nienhaus, W. Voß, J.H. Wolf), München 1975–1999; Bochumer Materialien zur Entwicklungsforschung und Entwicklungspolitik (gemeinsam mit D. Bender, K. Hottes, W. Köllmann, W. Kraus, P. Meyer-Dohm, K. Ringer, Chr. Uhlig, W. Voß, J.H. Wolf), Stuttgart/Wien, 1976–1986; Bochumer Beiträge zum Berg- und Energierecht (gemeinsam mit Th. V. Dannwitz, U. Hüffer, P.J. Tettinger), Stuttgart et al. Seit 1988; Bochumer Schriften zur Friedenssicherung und zum Humanitären Völkerrecht (gemeinsam mit H. Fischer und J. Wolf), Bochum und zuletzt Berlin, seit 1989.

32 Politik und Kultur (gemeinsam mit einem Herausgeberkollegium), Berlin 1974–1990; Humanitäres Völkerrecht – Informationsschriften, seit 1988; Die Friedens-Warte – Journal of International Peace and Organization (gemeinsam mit V: Rittberger und Chr. Tomuschat), Berlin, seit 1996.

Aber auch nach dem Ende seiner Präsidentschaft engagierte sich Knut Ipsen weiter für die Verbreitung des humanitären Völkerrechts und der Rotkreuz-Grundsätze. Diesem Engagement geschuldet ist das ihm zu Ehren durchgeführte Symposium „International Humanitarian Law Facing New Challenges“ (2005).

Knut Ipsen hat aber auch als Prozessvertreter in zahlreichen, nicht allein für die Auslegung des Grundgesetzes entscheidenden Verfahren Akzente gesetzt. Besondere Erwähnung bedarf die ihm zusammen mit Jochen Abr. Frowein übertragene Prozessvertretung der Bundesregierung vor dem Bundesverfassungsgericht zu der Frage, ob die die Bundesrepublik Deutschland sich mit deutschen Streitkräften an einem Einsatz im Rahmen von Aktionen der Nordatlantikpakt-Organisation (NATO) und der Westeuropäischen Union (WEU) zur Umsetzung von Beschlüssen des Sicherheitsrates der Vereinten Nationen (UNO) beteiligen darf. Das Bundesverfassungsgericht folgte in seinem für die „Out of area“-Einsätze grundlegenden, wohl als rechtshistorisch herausragend zu bezeichnenden Urteil vom 12. Juli 1994, der Argumentation von Ipsen und Frowein und erklärte solche Einsätze bewaffneter deutscher Streitkräfte als verfassungskonform, wenn der Bundestag vorher zustimmt.[33] Anzumerken ist, dass das Honorar für die Prozessvertretung für einen Skiurlaub des gesamten Lehrstuhls verwandt wurde als Dank des Lehrstuhlinhabers für die Unterstützung des Lehrstuhls bei der Prozessführung und der Erarbeitung der umfänglichen Schriftsätze für das Bundesverfassungsgericht.

Zudem war Knut Ipsen seit 1991 Mitglied des Ständigen Schiedshofes in Den Haag und Mitglied des Beirats der Bundesakademie für Sicherheitspolitik sowie der Kommission „Gemeinsame Sicherheit und Zukunft der Bundeswehr“ beim Bundesministerium der Verteidigung. Für sein Wirken erhielt er u.a. die Ehrendoktorwürden der Universitäten Sheffield, Krakau, Wroclaw und Frankfurt (Oder), den Ehrenring der Stadt Bochum und das Kavalierkreuz des Verdienstordens der Republik Polen.

Am 17. März 2022 ist Knut Ipsen nach kurzer, schwerer Krankheit in Bochum im 87. Lebensjahr verstorben.

---

33 BVerfG 90,286 ff.

https://doi.org/10.1515/9783110767032-023

XVI
Jost Delbrück (1935–2020)

Stephan Hobe

I. Die wissenschaftliche Karriere im Überblick

Die Lebensdaten von Jost Delbrück erstrecken sich von 1935 bis 2020, eine für wahr in der deutschen und europäischen Geschichte ereignisreiche Zeit, die auch das wissenschaftliche Werk von Jost Delbrück nachhaltig prägen sollte.

Geboren im Jahre 1935 in Pyritz/Pommern verbringt er die Schulzeit in Kiel, studiert dann in Kiel, Marburg und Tübingen Rechtswissenschaften und Politische Wissenschaften und legt 1958 das Referendar-Examen vor dem Justizprüfungsamt des Schleswig-Holsteinischen Oberlandesgerichts ab. Den juristischen Vorbereitungsdienst unterbricht er, um von August 1959 bis Juli 1960 als Stipendiat der Christian-Albrechts-Universität zu Kiel an der Indiana University Bloomington an der dortigen School of Law zu studieren. Dem Erwerb des dortigen LL.M. folgt die Ablegung der großen juristischen Staatsprüfung im Jahre 1963, woraufhin es Delbrück wieder an die Indiana University führt. Dort verbringt er das akademische Jahr 1963/64.

1963 wird er mit einer von Georg Dahm betreuten völkerrechtlichen Dissertation zur „Entwicklung des Verhältnisses von Sicherheitsrat und Vollversammlung der Vereinten Nationen“[1] an der Universität Kiel promoviert, um nach der Assistentenzeit zwischen 1964 und 1971 daselbst auch habilitiert zu werden. Thema der von Eberhard Menzel betreuten Habilitationsschrift ist: „Die Rassenfrage als Problem des Völkerrechts und nationaler Rechtsordnungen“.[2]

Schon 1972 erfolgt die Berufung an die Universität Göttingen und die Bestellung zum Direktor des Instituts für politische Wissenschaften und allgemeine Staatslehre, in der Nachfolge von Gerhard Leibholz. Und bereits zum 01. Oktober 1976 wird Delbrück als Nachfolger seines Lehrers Eberhard Menzel zurück nach Kiel berufen, wo er das Institut über volle 25 Jahre als Direktor leitet.

---

1 Die Entwicklung des Verhältnisses von Sicherheitsrat und Vollversammlung der Vereinten Nationen, Diss., Kiel 1964, 128 S.

2 Die Rassenfrage als Problem des Völkerrechts und nationaler Rechtsordnungen, Habil., Frankfurt am Main 1971, 324 S.

Der *homo politicus* Jost Delbrück hat sich vielfach engagiert. Auszugsweise seien die Tätigkeit als Ausbilder für Attachés des Auswärtigen Dienstes, das Amt des Richters im Nebenamt von 1978–1990 beim Oberverwaltungsgericht Lüneburg, damals noch zuständig für Niedersachsen und Schleswig-Holstein, das Amt des Dekans der Rechtswissenschaftlichen Fakultät und dann über vier Jahre von 1985–1989 das Amt des Präsidenten, später Rektors der Christian-Albrechts-Universität genannt. Zudem steht er der Deutschen Gesellschaft für Völkerrecht von Juni 1997 – März 2001 vor. Das vielfache Wirken Jost Delbrücks wird u.a. mit 2 Ehrendoktoraten gewürdigt: zum einen verleiht ihm „seine" alma mater, die University of Indiana in Bloomington im Jahre 2002 einen LL.D. h.c. und zum anderen die Fakultät für Geistes-, Sozial- und Erziehungswissenschaften der Otto-von-Guericke Universität Magdeburg ebenfalls 2002 den Ehrendoktorgrad.

II. Das Völkerrechtliche Œuvre

1. Menschenrechtsschutz

Jost Delbrück war mit Leib und Seele Völkerrechtler. Dabei beginnt, inspiriert durch die Arbeit an der Habilitation, sich sein Interesse zunächst der Frage des Menschenrechtsschutzes zuzuwenden. Es beginnt mit der kleinen Schrift zum „Inhalt und Geltung der Menschenrechte nach heutigem Völkerrecht"[3] aus dem Jahre 1966, befasst sich mit der „Drittwirkung der Grundrechte durch völkerrechtliche Verpflichtung?"[4] im Jahre 1974, geht „Der Wirkung des völkerrechtlichen Diskriminierungsverbotes"[5] 1974 nach und kulminiert in dem wichtigen neues Terrain betretenden Aufsatz „Menschenrechte im Schnittpunkt zwischen universalem Schutzanspruch und staatlicher Souveränität"[6] im German Yearbook of In-

3 Inhalt und Geltung der Menschenrechte nach heutigem Völkerrecht, Politik 1966, Heft 1, S. 13–39.

4 Drittwirkung der Grundrechte durch völkerrechtliche Verpflichtung?, in: H. Schneider/V. Götz (Hrsg.), Im Dienst an Recht und Staat – Festschrift für Werner Weber zum 70. Geburtstag, Berlin 1974, S. 223–238 (auch abgedruckt in: J. Delbrück, Die Konstitution des Friedens als Rechtsordnung, herausgegeben von K. Dicke, S. Hobe, K.-U. Meyn, E. Riedel und H.-J. Schütz, Berlin 1996, S. 44–58); englisch in: Law and State 12 (1975), S. 61–76.

5 Die Wirkung des völkerrechtlichen Diskriminierungsverbotes, in: Evangelische Akademie Hofgeismar (Hrsg.), Der Ausländer im internationalen Recht, Protokoll Nr. 88/1974.

6 Menschenrechte im Schnittpunkt zwischen universalem Schutzanspruch und staatlicher Souveränität, German Yearbook of International Law 22 (1979), S. 384–402 (auch abgedruckt in: J. Schwartländer (Hrsg.), Menschenrechte und Demokratie, Kehl/Straßburg 1981, S. 11–26).

ternational Law 1979, dessen Mitherausgeber Delbrück seit der Ernennung zum Institutsdirektor in Kiel 1976 geworden war. Der kluge Hinweis darauf, dass effektiver Menschenrechtsschutz nur um den Preis der Lockerung staatlicher Souveränität zu bekommen sei, ist geradezu ein wesentliches Leitmotiv für die 1970er und 80er Jahre. Denn dieses Spannungsverhältnis ermutigt schließlich etwa – jedenfalls in einem übertragenen Sinne – die Schöpfer der Charta 77 in der damaligen Tschechoslowakei dazu, ihre Berufung auf die Menschenrechte prononciert auch dann geltend zu machen, wenn dies staatlicherseits eher inopportun war.

2. Frieden und Abrüstung

Ein zweites Thema berührt Delbrück dann ebenfalls besonders stark. Es ist dies die Frage der internationalen und europäischen Sicherheit und Abrüstung. Seine Arbeiten wie „Implications of Superpower Deployment of Anti-Ballistic Missile Systems for Third Countries, particularly for those in Europe“[7] aus dem Jahre 1969, „Modelle eines gesamteuropäischen Sicherheitssystems“[8] 1972, und „In Search of a Lasting System of European Security – Changes and Hazards of some Models of European Security System“,[9] ebenfalls aus dem Jahre 1972, stechen ins Auge, wie auch Beiträge zu „Regionale Zusammenschlüsse und ihre Auswirkung auf die Souveränität der Staaten“[10] und „Die Adäquanz der völkerrechtlichen Kriegsverhütungs- und Friedenssicherungsinstrumente im Lichte der Kriegsursa-

7 Implications of Superpower Deployment of Anti-Ballistic Missile Systems for Third Countries, particularly for those in Europe, in: C. F. Barnaby/A. Boserup (Hrsg.), Implications of Anti-Ballistic Missile Systems, London 1969, S. 93–102 (zusammen mit H. Ahfeld, C. F. Barnaby, F. Calogero, J. Prawitz).

8 Modelle eines gesamteuropäischen Sicherheitssystems, Jahrbuch für Friedens- und Konfliktforschung 2 (1972), S. 87–101 (auch abgedruckt in: J. Delbrück, Die Konstitution des Friedens als Rechtsordnung, herausgegeben von K. Dicke, S. Hobe, K.-U. Meyn, E. Riedel und H.-J. Schütz, Berlin 1996, S. 136–152).

9 In Search of a Lasting System of European Security – Changes and Hazards of some Models of European Security System, European Yearbook 20 (1972), S. 77–98 (auch abgedruckt in: J. Delbrück, Die Konstitution des Friedens als Rechtsordnung, herausgegeben von K. Dicke, S. Hobe, K.-U. Meyn, E. Riedel und H.-J. Schütz, Berlin 1996, S. 153–176).

10 Regionale Zusammenschlüsse und ihre Auswirkung auf die Souveränität der Staaten – Zugleich ein Beitrag zur Frage der Funktionsfähigkeit des Nationalstaates unter den Bedingungen der modernen Welt, in: G. Picht/C. Eisenbart (Hrsg.), Frieden und Völkerrecht, Stuttgart 1973, S. 457–484 (auch abgedruckt in: J. Delbrück, Die Konstitution des Friedens als Rechtsordnung, herausgegeben von K. Dicke, S. Hobe, K.-U. Meyn, E. Riedel und H.-J. Schütz, Berlin 1996, S. 99–121).

chenforschung“[11] aus dem Jahr 1975. Es ist der Bereich, der am Schnittpunkt zwischen Rechtswissenschaft und politischer Wissenschaft gelegen, für die Berufung Delbrücks auf den auch politikwissenschaftlich ausgerichteten Lehrstuhl in Göttingen mitverantwortlich war und seine spätere intensive Arbeit in interdisziplinären Projekten der Friedensforschung, wie auch seine Arbeit in der Kammer für öffentliche Verantwortung der Evangelischen Kirche in Deutschland[12] maßgeblich mitgeprägt haben.

3. Dahm/Delbrück/Wolfrum, Völkerrecht

Ab dem Jahre 1989 erscheint dann das erste wissenschaftliche Opus Magnum, in der Neuherausgabe des von seinem Lehrer Georg Dahm begründeten Völkerrechtslehrbuchs. Zusammen mit Rüdiger Wolfrum legt Jost Delbrück den ersten Teilband des ersten Bandes vor. Mir liegt noch die (wohl) letzte Arbeitsversion dieses Bandes vor, welches Generationen von Mitarbeiterinnen und Mitarbeitern am Institut in Kiel in den verschiedensten Weisen beschäftigt hat und in dem sich auch aus diesen Gründen interessante Korrekturanweisungen befinden.

Am Anfang steht bei der Erörterung des Geltungsgrundes des Völkerrechts der für Jost Delbrück so prägende schlichte und einprägsame Satz: „Das Völkerrecht gilt, weil es notwendig ist“.[13] Denn „Recht ist ..., was dem Willen, den Wertvorstellungen, der Rechtsüberzeugung der internationalen Gemeinschaft entspricht und in ihr im Allgemeinen als Norm des praktischen Handelns befolgt wird.“ Zudem „versuchte man, das Völkerrecht ohne Rücksicht auf die allgemeine Rechtsüberzeugung auf politische, religiöse, moralische, soziale Forderungen zu stützen, so liefe dies angesichts der rationalen Unbeweisbarkeit solcher Werte und Normen auf Willkür hinaus, auf die das Völkerrecht nicht gestützt werden

---

11 Die Adäquanz der völkerrechtlichen Kriegsverhütungs- und Friedenssicherungsinstrumente im Lichte der Kriegsursachenforschung, Jahrbuch für Internationales Recht 17 (1975), S. 87–124 (auch abgedruckt in: J. Delbrück, Die Konstitution des Friedens als Rechtsordnung, herausgegeben von K. Dicke, S. Hobe, K.-U. Meyn, E. Riedel und H.-J. Schütz, Berlin 1996, S. 201–237).

12 Eine internationale Friedensordnung als rechtliche und politische Gestaltungsaufgabe – Zum Verständnis rechtlicher und politischer Bedingungen der Friedenssicherung im internationalen System der Gegenwart, in: Kirchenamt im Auftrage des Rates der EKD (Hrsg.), Frieden politisch fördern: Richtungsimpulse. Sechs Expertenbeiträge für die Evangelische Kirche in Deutschland, Gütersloh 1985, S. 145–172 (auch abgedruckt in: J. Delbrück, Die Konstitution des Friedens als Rechtsordnung, herausgegeben von K. Dicke, S. Hobe, K.-U. Meyn, E. Riedel und H.-J. Schütz, Berlin 1996, S. 254–274).

13 Dahm/Delbrück/Wolfrum, Völkerecht I/1, 1989, S. 41

kann."[14] Es geht Delbrück also um Wertvorstellungen und eine Rechtsüberzeugung. Er ist davon überzeugt, dass sich in der internationalen Gemeinschaft durchweg nur wertgebundene Anschauungen durchsetzen können. Ein optimistisches Weltbild ist ihm entsprechend eigen. Und wenn man der sehr stark soziologischer Erkenntnistheorie folgende Grundlegung des Bandes unter dem Titel „Das Völkerrecht als Rechtsordnung des internationalen Systems"[15] folgt, so wird angesichts dieses brillanten historischen Abrisses der Entwicklung des modernen internationalen Systems und des sich auf das System beziehenden Völkerrechts deutlich, wie weit wir heute von der Konstellation des Jahres 1989 entfernt sind.

Insgesamt sind drei Teilbände des ersten Bandes des Völkerrechts entstanden. Am Schluss seines Lebens verließen Jost Delbrück die Kräfte, um auch noch den zweiten Band zu beschicken, der sich mit den völkerrechtlichen Teilordnungen wie etwa der internationalen Friedensordnung, der Menschenrechtsordnung, der Wirtschaftsordnung und der Kommunikationsordnung befassen sollte. Immerhin ist ein Teil dieses Bandes 2, insofern er von Jost Delbrück zu bearbeiten gewesen wäre, noch in Form der „Internationalen Verkehrsordnung" anlässlich seines 80. Geburtstages erschienen.[16]

4. Die Konstitution des Friedens als Rechtsordnung

Doch wenden wir uns einem weiteren Schwer- und Höhepunkt des Delbrück'schen Schaffens zu, es ist dies sein Lebenswerk: „Die Konstitution des Friedens als Rechtsordnung." Die Grundentscheidung des Artikels 2 Ziff. 4 und der Kapitel VII und VIII der UN-Charta stellt für Delbrück das Völkerrecht der Zeit nach 1945 auf eine neue Stufe. Das kategorische Gewaltverbot der Charta sah er als „kopernikanische Wende des Völkerrechts" hin zu einem wirklich globalen Friedensvölkerrecht an.[17] Frieden ist unteilbar und damit zusammenhängend als Einheit des Rechts in einem globalen Mehrebenensystem zu verstehen; so wird der Friedensbegriff an eine stets wachsende Völkerrechtsordnung geknüpft. In dieser Perspektive folgt aus dem Spannungsverhältnis zwischen staatlicher Souveränität und den Menschenrechten die Möglichkeit, ja Notwendigkeit einer humanitären

14 Dahm/Delbrück/Wolfrum, Völkerecht I/1, 1989, S. 42

15 Siehe Dahm/Delbrück/Wolfrum, Völkerrecht Band 1/1 1989, S. 1, 1. Teil, Die Grundlagen – 1. Kap.: Das Völkerrecht als Rechtsordnung des internationalen Systems.

16 Jost Delbrück, Die internationale Verkehrsordnung, Berlin, 2015.

17 Klaus Dicke, Friede und die Dynamik der Völkerrechtsordnung, Vortrag aus Anlass der akademischen Gedenkveranstaltung für Jost Delbrück, 19. November 2021, S. 5 f.

Intervention bei schwersten Menschenrechtsverletzungen aufgrund einer entsprechenden Ermächtigung des Sicherheitsrats.

5. Weltinnenrecht

Es zeigt dies in einer weiteren Konsequenz das zunehmend porös werdende Verhältnis von staatlichem Innen und Außen: Alles, so Delbrück in seinem nächsten Denkschritt, wird zum Weltinnenrecht.[18] Die letztlich beim Sicherheitsrat der Vereinten Nationen allokierte Rechtsdurchsetzungsmacht, in Kiel auf den berühmten deutsch-amerikanischen Symposien der 1990er Jahre ausführlich diskutiert,[19] macht die Konzeption unter einer Bedingung zu einer machtvollen: Dass es, wonach es in den frühen 1990er Jahren aussah, zu einer Einigkeit der ständigen Ratsmitglieder in ihrer Verantwortung für den Weltfrieden kommt. Dass dies derzeit nicht gegeben ist, spüren wir alle, und dies stellt sicherlich, wenn man so will, einen möglichen Einwand gegen Delbrücks Konzeption dar.

Aber tut es das wirklich? Was ist eigentlich die Aufgabe, die jedes der ständigen Sicherheitsratsmitglieder wahrnehmen sollte? Ist es nicht eine bestimmte von Art. 24 UNCh spezifizierte (primary responsibility for the maintenance of international peace and security) Form von Verantwortung für den internationalen Frieden und müssten nicht hinter diese große Verantwortung so egoistische Überlegungen wie das Pochen auf die eigenen – auch territorialen – Vorteile zurücktreten? Ich bin mir sicher, dass wir uns dieser Frage zunehmend stellen müssen. Es geht in der Fortsetzung des Delbrück'schen Denkens auch um die Frage der Justiziabilität der Entscheidungen des Sicherheitsrats nach Kapitel VII. Wenn wir es ernst nehmen wollen, mit einem „Peace under International Law", also dem rechtsgebundenen Friedensbekenntnis, dann ist das die richtige Konsequenz.

---

18 Dieser von Delbrück erstmals in seiner Schrift „Wirksameres Völkerrecht oder neues Weltinnenrecht"?, in: Winrich Kühne (Hrsg.), Blauhelme in einer turbulenten Welt, Baden – Baden 1993, S. 101–131 vorgeschlagenen Konzeption ist dann die ihm zu seinem 70. Geburtstag im Jahre 2005 von seinen Schülerinnen und Schülern dargebrachte Festschrift unter dem Titel „Weltinnenrecht" ausdrücklich gewidmet, siehe Dicke, Klaus (u.a., Hrsg.), Weltinnenrecht – Liber Amicorum Jost Delbrück (Veröffentlichungen des Walther-Schücking-Instituts für Internationales Recht an der Universität Kiel, 155), 2005.

19 Jost Delbrück (Hg.), The Future of International Law Enforcement: New Scenariros –New Law?, Berlin 1993; The Allocation of Law Enforcement Authority in the International System, Berlin 1995; International Law of Cooperation and State Sovereignty, Berlin 2002.

III. Resümee

Und so kann man ein sehr positives vorwärtsgewandtes Resümee des Schaffens von Jost Delbrück ziehen. Das durch den Rekurs auf die Menschenrechte wertgebundene Völkerrecht schafft in der Tat eine adäquate Basis für das Zusammenleben der Völker auch in Zeiten internationaler militärischer Konflikte, und auch in Zeiten des die Grundlagen der menschlichen Existenz bedrohenden Klimawandels. Die Konsequenz ist ein Arbeiten der internationalen Gemeinschaft in internationaler Zusammenarbeit unter Überwindung ideologischer Differenzen für die Erhaltung der in ihrer Existenz zunehmend bedrohten Menschheit.

Das ist das Vermächtnis Jost Delbrücks, für welches es sich zu arbeiten lohnt.

Schrifttum

Die Entwicklung des Verhältnisses von Sicherheitsrat und Vollversammlung der Vereinten Nationen, Diss., Kiel 1964, 128 S.

Die Rassenfrage als Problem des Völkerrechts und nationaler Rechtsordnungen, Habil., Frankfurt am Main 1971, 324 S.

Direkter Satellitenrundfunk und nationaler Regelungsvorbehalt, Frankfurt am Main 1982, 89 S.

(Hg.) Friedensdokumente aus fünf Jahrhunderten: Abrüstung – Rüstungskontrolle – Kriegsverhütung, 2 Teilbände, Kehl am Rhein/Straßburg 1984, 1625 S.

Völkerrecht, Band I/1, 2. Auflage des von Georg Dahm begründeten Werkes, Berlin/New York 1989, 571 S. (zusammen mit R. Wolfrum).

Völkerrecht, Band I/2, 2. Auflage des von Georg Dahm begründeten Werkes, Berlin 2002, 509 S. (zusammen mit R. Wolfrum).

Völkerrecht, Band I/3, 2. Auflage des von Georg Dahm begründeten Werkes, Berlin 2002, 662 S. (zusammen mit R. Wolfrum).

Die internationale Verkehrsordnung: Grenzüberschreitender Verkehr zu Lande, auf Binnenwasserstraßen und in der Luft, Berlin 2015, 309 S.

Inhalt und Geltung der Menschenrechte nach heutigem Völkerrecht, Politik 1966, Heft 1, S. 13–39.

Methods of Furthering the Word-Wide Acceptance of a Non-Proliferation Treaty, in: F. Barnaby (Hrsg.), Preventing the Spread of Nuclear Weapons, London 1969, S. 180–191.

Implications of Superpower Deployment of Anti-Ballistic Missile Systems for Third Countries, particularly for those in Europe, in: C. F. Barnaby/A. Boserup (Hrsg.), Implications of Anti-Ballistic Missile Systems, London 1969, S. 93–102 (zusammen mit H. Ahfeld, C. F. Barnaby, F. Calogero, J. Prawitz).

Modelle eines gesamteuropäischen Sicherheitssystems, Jahrbuch für Friedens- und Konfliktforschung 2 (1972), S. 87–101 (auch abgedruckt in: J. Delbrück, Die Konstitution des Friedens als Rechtsordnung, herausgegeben von K. Dicke, S. Hobe, K.-U. Meyn, E. Riedel und H.-J. Schütz, Berlin 1996, S. 136–152).

In Search of a Lasting System of European Security – Changes and Hazards of some Models of European Security System, European Yearbook 20 (1972), S. 77–98 (auch abgedruckt in: J. Delbrück, Die Konstitution des Friedens als Rechtsordnung, herausgegeben von K. Dicke, S. Hobe, K.-U. Meyn, E. Riedel und H.-J. Schütz, Berlin 1996, S. 153–176).

Regionale Zusammenschlüsse und ihre Auswirkung auf die Souveränität der Staaten – Zugleich ein Beitrag zur Frage der Funktionsfähigkeit des Nationalstaates unter den Bedingungen der modernen Welt, in: G. Picht/C. Eisenbart (Hrsg.), Frieden und Völkerrecht, Stuttgart 1973, S. 457–484 (auch abgedruckt in: J. Delbrück, Die Konstitution des Friedens als Rechtsordnung, herausgegeben von K. Dicke, S. Hobe, K.-U. Meyn, E. Riedel und H.-J. Schütz, Berlin 1996, S. 99–121).

Die Wirkung des völkerrechtlichen Diskriminierungsverbotes, in: Evangelische Akademie Hofgeismar (Hrsg.), Der Ausländer im internationalen Recht, Protokoll Nr. 88/1974.

Die Adäquanz der völkerrechtlichen Kriegsverhütungs- und Friedenssicherungsinstrumente im Lichte der Kriegsursachenforschung, Jahrbuch für Internationales Recht 17 (1975), S. 87–124 (auch abgedruckt in: J. Delbrück, Die Konstitution des Friedens als Rechtsordnung, herausgegeben von K. Dicke, S. Hobe, K.-U. Meyn, E. Riedel und H.-J. Schütz, Berlin 1996, S. 201–237).

Menschenrechte im Schnittpunkt zwischen universalem Schutzanspruch und staatlicher Souveränität, German Yearbook of International Law 22 (1979), S. 384–402 (auch abgedruckt in: J. Schwartländer (Hrsg.), Menschenrechte und Demokratie, Kehl/Straßburg 1981, S. 11–26).

Collective Security, in: R. Bernhardt (Hrsg.), Encyclopedia of Public International Law, Instalment 3, Amsterdam/New York/Oxford 1982, S. 104–114.

Collective Self-Defence, in: R. Bernhardt (Hrsg.), Encyclopedia of Public International Law, Instalment 3, Amsterdam/New York/Oxford 1982, S. 114–117.

Christliche Friedensethik und die Lehre vom gerechten Krieg in völkerrechtlicher Sicht, in: E. Lohse/U. Wilckens (Hrsg.), Gottes Friede den Völkern. Dokumentation des wissenschaftlichen Kongresses der Evangelischen Kirche in Deutschland und der Nordelbischen Evangelisch-Lutherischen Kirche vom 17. bis 19. Juni 1984 in Kiel, Hannover 1984, S. 49–62.

Abrüstung – Rüstungsbeschränkung – Rüstungssteuerung: Kriegsverhütung, in: J. Delbrück (Hrsg.), Friedensdokumente aus fünf Jahrhunderten: Abrüstung – Rüstungskontrolle – Kriegsverhütung, Teilband 1, Kehl am Rhein/Straßburg 1984, S. 1–33.

A European Peace Order and the German Question – Legal and Political Aspects, Michigan Journal of International Law 11 (1990), S. 897–911 (auch abgedruckt in: J. Delbrück, Die Konstitution des Friedens als Rechtsordnung, herausgegeben von K. Dicke, S. Hobe, K.-U. Meyn, E. Riedel und H.-J. Schütz, Berlin 1996, S. 177–191).

A Fresh Look at Humanitarian Intervention under the Authority of the United Nations, Indiana Law Journal 67 (1992), S. 887–901.

The Impact of the Allocation of International Law Enforcement Authority on the International Legal Order, in: J. Delbrück (Hrsg.), Allocation of Law Enforcement Authority in the International System, Berlin 1995, S. 135–158.

„Laws in the Public Interest“ – Some Observations on the Foundations and Identification of erga omnes Norms in International Law, in: V. Götz/P. Selmer/R. Wolfrum (Hrsg.), Liber amicorum Günther Jaenicke – Zum 85. Geburtstag, Berlin/Heidelberg/New York 1998, S. 17–36.

Structural Changes in the International System and its Legal Order: International Law in the Era of Globalization, Schweizerische Zeitschrift für Internationales und Europäisches Recht 11 (2001), S. 1–36.

Prospects for a „World (Internal) Law?“: Legal Developments in a Changing International System, Indiana Journal of Global Legal Studies 9 (2002), S. 401–431.

Walther Schücking's Contribution to the International Rule of Law, in: T. Giegerich (Hrsg.)/U. Heinz (Mitherausgeberin), A Wiser Century? – Judicial Dispute Settlement, Disarmament and the Laws of War 200 Years after the Second Hague Conference, Veröffentlichungen des Walther-Schücking-Instituts für Internationales Recht an der Universität Kiel, Band 173, Berlin 2009, S. 53–58.

https://doi.org/10.1515/9783110767032-024

XVII
Hans-Peter Schneider (1937–2021)

Helmut Goerlich

I. Einleitung

Sachlichkeit und Bescheidenheit seien es, meint *Michael Stolleis*, in seiner letzten, noch selbst fertiggestellten Veröffentlichung, die Juristinnen und Juristen meist doch daran hindern, Autobiographien zu schreiben.[1] Vielleicht kommen Wirkungen professioneller Verschwiegenheit oder Vertraulichkeit hinzu, ähnlich Ärzten. Anders liegt es indes wohl, wenn zeitgeschichtliche Dimensionen politischer Ämter oder internationaler oder innerdeutscher, oft vielleicht sozusagen auch diplomatischer Verfassungs-Missionen die Berufsausübung prägen. So liegt es bei Hans-Peter Schneider. Er hat eine umfangreiche Autobiographie vor allem auch dazu veröffentlicht.[2] Sie erfasst sein Wirken bis auf die letzte knappe Dekade vor seinem überraschenden Tod im Frühjahr 2021.[3] Da es im vorliegenden Beitrag vor allem auch um solche Missionen geht, ist vielleicht folgende Vorbemerkung veranlasst: Gegen jede Verfassungsdiplomatie, die westliche Verfassungstraditionen sozusagen in andere Kulturen exportiert, lässt sich allerdings einwenden, sie überspiele kulturelle Differenzen, die sich ergeben, wo es an der erforderlichen intrinsischen Akzeptanz westlicher Verfassungstradition und damit übrigens auch von deren Menschenrechten fehlt. Damit zeigen sich zudem die unvermeidbaren Widersprüche, die sich im Verhältnis zu regionalen Kulturen zu der Universalitätsbehauptung dieser Rechte und deren Verfassungsstrukturen sowie zwischen dem Respekt für diese Kulturen und Normativitätspostulaten westlichen Rechts ergeben. Deshalb setzen Verfassungsdiplomatie und Menschenrechtspolitik immer auch einen ausgeprägten Realitätssinn voraus; auch erfordern sie bei ihren Adressaten das, was man „Willen zur Verfassung" genannt hat; dabei zielt dieser Wille auf eine „Vollverfassung", die nur vorliegt, wenn sie auch Grundfreiheiten

---

1 Vgl. *ders.*, „recht erzählen". Regionale Studien 1650–1850, Frankfurt am Main 2021, S. 116 f.

2 Siehe Hans-Peter Schneider, Verfassungszeit. Ortstermine von Jena bis Tripolis, Jena und Quedlinburg 2012.

3 Für den knappen Nachruf eines Kollegen in Hannover siehe K. Waechter, NVwZ 2021, S. 702; den Nachruf in den Mitteilungen der Vereinigung der Staatsrechtslehrer verfasste F. Hufen; Glückwünsche gab es zum 75. Geburtstag von K. Waechter, JZ 2012, S. 1176 u. F. Hufen AöR 137 (2012), S. 625 f.

und Menschenrechte enthält. Zugleich zeigen gerade die jüngeren Jahre unserer Zeit, die Schneiders Autobiographie mit ihrem wortschöpferischen Titel „Verfassungszeit" anspricht, die Unvermeidlichkeit der Aufgabe einer das Konzept der „Vollverfassung" zugrundelegenden Verfassungsdiplomatie, deren Erfüllung allerdings immer auch gebietet, an örtliche und regionale Traditionen und Kulturen anzuknüpfen.

II. Die Ausgangsdisposition im Aufriss

Hans-Peter Schneider sah sich in vielen verschiedenen Rollen und fühlte sich offenbar wohl darin, so als Wissenschaftler und Verfassungspolitiker, Gründungsdekan der Juristenfakultät in Hannover, Leiter eines in einer großen Tradition stehenden Seminars, politischer Professor, Ratgeber von Verfassungsausschüssen in alten und neuen Ländern der Bundesrepublik, zunächst stellvertretendes Mitglied des Staatsgerichtshofes der Freien Hansestadt Bremen, dann lange zugleich Richter des Niedersächsischen Staats- und des Sächsischen Verfassungsgerichtshofes, als griechischer Ehrendoktor, zeitweiliges Vorstandsmitglied der Vereinigung der Deutschen Staatsrechtslehrer, Berater des Chefs der Bundeskanzleramtes in Angelegenheiten der Europäischen Verfassung, sachverständiges Mitglied der ersten oder Berater der Landtagsbank in der zweiten Föderalismuskommission der Bundesrepublik, Leiter der „Forschungsstelle für Zeitgeschichte des Verfassungsrechts" an der Universität Hannover und Geschäftsführender Direktor des „Deutschen Instituts für Föderalismusforschung e.V.", Hannover.[4] Hinzukommen neben einem Forschungsaufenthalt an der *Law School* in Chicago, Michigan, USA, 1980, zuvor schon zahlreiche, nicht abreißende Beratertätigkeiten im Ausland, darunter bei der Verfassunggebung in Madrid nach dem Tod Francos, solchen Tätigkeiten auf den Philippinen in Manila sowie auch in der Nähe, etwa nach den Affären in Kiel, dann später bei der Schaffung der jetzigen Verfassung in Niedersachsens, in der deutschen Vereinigung bei der Debatten des Runden Tisches und des Kuratoriums in Sachen „neue" Verfassung oder Grundgesetzreform auf nationaler Ebene, und in den neuen Ländern in Sachsen bei der Vergangenheitsbewältigung, in Sachsen-Anhalt in Fragen der Volksgesetzgebung, zu Staatszielen und Lebensordnungen in Thüringen, sowie dann wiederum in der weiten

---

4 Nahezu all dies nennt der Klappentext der eben genannten Autobiographie, der allerdings die Mitgliedschaft in zwei mit den politischen Parteien und ihrer Finanzierung befassten Kommissionen verschweigt: die eine eingesetzt von Bundespräsident *Karl Carstens*, die andere von *Richard von Weizsäcker*.

Welt aus Anlass der dortigen Verfassungsentwicklung in Kapstadt, Südafrika, alsdann östlich in Tiflis in Georgien in Fragen eines Rechtsstaates, über zehn Jahre in Moskau und bis nach Tatarstan und an den Don, in Maputo in Mosambique im Schatten des dortigen Bürgerkrieges, in Belgrad zu Schicksalsfragen der in vielem zu Unrecht gebeutelten serbischen Nation, und wieder nahe in Brüssel auf dem Wege zur europäischen Verfassung, dann offenbar in vorsichtiger Distanz in Amman ein Beitrag zur Verfassungsarbeit im Irak und wieder noch näher in Berlin zur Modernisierung des deutschen Bundesstaates und schließlich mit dann doch noch weniger Glück in Libyen in Tripolis – und all dies neben der Teilnahme an vielen Kongressen, wissenschaftlichen Veranstaltungen ähnlicher Art und neben im engeren Sinne beruflichen und auch wissenschaftlichen Kontakten.[5] Insgesamt ein Bild, das keinen Zweifel an der Bedeutung dieses Staatsrechtslehrers erlaubt, gerade in seiner untypischen Vielfalt und in dem offenbar aus einer Quelle schöpfenden verfassungspolitischen Engagement. Es ist kein Zufall, dass diese Persönlichkeit neben ihrem Ehrendoktorat zweimal besondere Ehrengaben gewidmet erhielt, einmal zum 60. Geburtstag[6] – darin insbesondere ein Geburtstagsblatt von *Peter Häberle*[7] – und ein andermal zum 70. Geburtstag ihre Festschrift,[8] diese begleitet von einer eingehenden Würdigung des wissenschaftlichen Werkes des geehrten Lehrers aus der Feder seines Schülers *Friedhelm Hufen*. Das reiche Geburtstagsblatt zeichnet sich durch Brillianz, Treffsicherheit und sinnfällige Ironie aus, ebenso wie durch ein sicheres Urteil zum Rang der Arbeit von Hans-Peter Schneider, die Würdigung des wissenschaftlichen Werkes durch ihre Sorgfalt, ihre Vollständigkeit und ihre einem Schüler angemessenen Respekt. Beide zusammen erübrigen nahezu eine erneute Darstellung zum Gegenstand. Dies gilt zumal Hans-Peter Schneider neben seinen gutachterlichen Tätigkeiten und den wiederkehrenden Aufenthalten in der weiteren neuen Heimat Südafrika[9] neben dem Standort in Hannover später nur noch selten zu im engeren Sinne wissenschaftlichen Veröffentlichungen Zeit fand und dafür vielleicht auch kaum die technischen Voraussetzungen verfügbar waren; wenn doch, dann waren es eher staatsphilosophische Beiträge, so etwa die von der „Globalisierung des deutschen Grundgesetzes“ handelnde Rede zum goldenen Doktor-

5 All dies folgt dem Inhaltsverzeichnis der Autobiographie.

6 Vgl. F. Hufen, Hrsg., Bundesstaat – Parlament – Opposition. Symposium aus Anlass des 60. Geburtstages von Hans-Peter Schneider, Baden-Baden 2001.

7 Das mehrere Seiten umfassende Geburtstagsblatt v. P. Häberle in: F. Hufen, (Anm. 6), S. 155 ff.

8 Siehe F. Hufen u. a., Hrsg., Verfassungen. Zwischen Recht und Politik. Festschrift zum 70. Geburtstag für Hans-Peter Schneider, Baden-Baden 2008, S. 565 ff.

9 Siehe H.-P Schneider, (Anm. 2), S. 389.

jubiläum,[10] oder der auf Staatskunst zielende Beitrag in der Festschrift für Paul Kirchhof.[11] Das sind Reprisen älterer Arbeiten oder sie greifen klassische Themen des Autors fallbezogen und vereinzelt noch gutachtlich veranlasst dokumentarisch auf.[12] Offensichtlich nahm auch die Arbeit an der Autobiographie in ganz erheblichem Maße Zeit in Anspruch. Sie ist bisher – soweit ich sehe – nicht gewürdigt worden.

III. Herkunft – Bildung – Persönlichkeit

Angefangen hat alles im Geburtsort, in Jena in Thüringen 1937. An diese erste Heimat erinnerte sich der gestandene Mann gern wieder, als er öfters mit dem eigenen Wagen durch Thüringen und dessen kleinräumige Welt – immer noch, scheint es, aufgeteilt in von ihm erwähnte Fürstentümer und Adelssitze – fuhr, um 1990 seine Rolle als Berater in Verfassungsfragen in Erfurt wahrzunehmen.[13] In Thüringen blieb die Familie nach Kriegsende bis zur Übersiedlung nach Bremen – der zweiten Heimat des Sohnes der Familie – nach Schwierigkeiten mit dem SED-Regime. Der Vater, ein Schulrat, war offenbar nicht geneigt, sich dessen Erwartungen anzupassen. In Bremen setzte sich die altsprachlich-klassische Bildung des Sohnes am alten Gymnasium, der herkömmlichen Gelehrtenschule der Hansestadt, fort. Diese hatte der Großvater mütterlicherseits gepflegt, zugleich Gymnasialdirektor und Leiter des Lehrerseminars, zudem Oberpfarrer, nicht nur Schulmann, schon vor 1918 im kleinsten Territorialstaat Deutschlands; in diesem Zwergstaat war dieser Großvater offenbar nahezu Standesperson mit Zugang zu Hofe,[14] nämlich dem des *Fürs-*

10 Die sog. *lectio aurea*, vgl. H.-P. Schneider, Verfassung u. Verfassungsrecht im Zeichen der Globalisierung – zwischen nationaler Entgrenzung u. transnationaler Entfaltung, gedr. Fassung in JöR 65 (2017) S. 294 ff.

11 H.-P. Schneider, Regierung: Staatsleitung als Staatskunst, in: H. Kube u.a. (Hrsg.), Leitgedanken des Rechts. Band I Staat und Verfassung. Paul Kirchhof zum 70. Geburtstag, Band 1, Heidelberg u. a. 2013, S. 765 ff.

12 H.-P. Schneider, Kyrill-Alexander Schwarz (Hrsg.), Parlamentarische Opposition zwischen Effektivität und Egalität: Dokumentation des Verfahrens über Oppositions- und Minderheitenrechte vor dem Bundesverfassungsgericht, Baden-Baden 2017 zu BVerfGE 142, 25 ff. – Oppositions- und Minderheitenrechte.

13 Siehe ders., (Anm. 2), S. 221.

14 Vgl. ders., (Anm. 2), S. 18 f; P. Häberle beobachtet bei „HPS" eine gewisse Neigung zum Monarchischen, etwa im Verhältnis zur spanischen Königin um 1978 und nach dem Besuch des Festzeltes des Schahs in Teheran 1974, vgl. ders., (Anm.7), S. 158 f., die – wie man sieht – im familiären Thüringen Wurzeln haben mag.

tentums Reuß jüngere Linie. Die klassische Bildung und das Höfische veranlasste den Abiturienten offenbar, den Berufsweg eines Diplomaten einschlagen zu wollen, weshalb er zunächst vor allem Politikwissenschaft studierte, bis ihm auffiel, dass ein juristischer Studienabschluss die dreijährige Diplomatenschule um ein Jahr verkürzen würde.

Zu Beginn seines Studiums in Freiburg im Breisgau machte er die von ihm lange zurück im Gespräch gern und seit 2012 nun auch gedruckt erinnerte Bekanntschaft mit der einen Tag nach ihm verstorbenen späteren Ehefrau eines deutschen Diplomaten, *Angelika Marie von Mendelssohn* (dann: *-Siebeck* (Doppelname)). Ihr Vater besaß damals noch, oder man muss sagen, wieder ungestört wenigstens sein Hofgut nahe Zwiefalten auf der Schwäbischen Alb; ein Hof, den Schneider als Student besucht hat; er war offenbar Ort der Begegnung auch einer gewissen, teils aus dem Hintergrund Berlins wohl wieder hervorgetretenen *jeunesse dorée.* Diese *entourage* verleitete ihn, für zwei Semester nach München zu wechseln, wo angeblich, wie es hieß, auch Scheine viel leichter zu erwerben wären.[15] Er kehrte indes nach den beiden Semestern wohl ernüchtert nach Freiburg zurück, nun in das Seminar seines Doktorvaters *Erik Wolf*; schon vor den Semestern in München das Seminar des zu früh verschiedenen Politikwissenschaftlers *Arnold Bergsträsser*, was zu einem von *Bergsträsser* nach einem Seminar-Referat ermöglichten Auslandssemester in Paris führte, und nach Rückkehr aus München doch – wie er schreibt – im zweiten Anlauf auch in das Seminar von *Konrad Hesse*, neben demjenigen von *Horst Ehmke*, der inzwischen in Freiburg lehrte.

Nicht jedem wird zustehen, die Persönlichkeit von Hans-Peter Schneider, die sich auch aus diesem Bildungsweg ergab, zu würdigen. In unvergleichlicher Weise hat indes *Peter Häberle* in seinem schon erwähnten Geburtstagsblatt zu seinem 60. Geburtstag dies getan, sozusagen rund wie der Geehrte und in aller Harmonie, wie sie dieser samt ihrem Glanz dank seines heiteren Gemüts liebte; so sehr, dass er Konflikte auch aus der Welt schaffte, indem er etwaige Kontrahenten schlicht aus seinem Leben und damit seinem autobiographischen Bericht darüber strich, wie etwa seinen bis dahin wohl besten Freund *Ekkehard Wienholtz* und dessen allseits geschätzte Frau *Huberta* oder einen Doktoranden, der schon sein Koautor gewesen war, jedoch mit seinem Dissertationsprojekt nicht zu Ende kam, aber auch einem auf andere Weise weniger erfolgreichem Schüler anderer Art.[16] Sein Harmoniebedürfnis war es andererseits wohl auch, das ihm ermög-

---

15 Vgl. zu *A.v. Mendelssohn* in diesem Studienabschnitt auch ihre Erwähnung in der Autobiographie, siehe H.-P. Schneider, (Anm. 2), S. 45 f.

16 Zu Harmonie u. Harmonien, Heiterkeit und Freundlichkeit und mithin Glanz bei „HPS" vgl. P. Häberle, (Anm. 7), S. 155 u. 162; dieser Sinn mag auch sein Eintreten für die Aufnahme der bre-

lichte, ohne Skrupel in Gutachten regelmäßig zu dem dem Auftraggeber gefälligen Ergebnis zu kommen. Daneben stand seine Kunst des raschen und treffsicheren Zugriffs auf ein Thema oder Themenfeld, was von erheblicher Präsenz und sicherem Urteil auch über Umstände des Augenblicks zeugt. Zu dieser Eigenschaft kam eine stilistisch sichere Feder, die manche veranlasste, ihn insoweit mit *Ulrich Scheuner* zu vergleichen.[17] Zweifellos pflegte er eine elegante Sprache. Diese Eigenschaft half ihm wohl dabei, Risiken und Untiefen geschickt auszuweichen und dennoch weithin Zustimmung zu erlangen. Diese Stilsicherheit ermöglichte auch die Bewältigung einer großen Zahl von Aufgaben und Vorhaben. Sie erlaubte auch eine rasche Arbeitsweise, wenn sie mit großer Auffassungsgabe, munterer Schlagfertigkeit und einer selbstbewussten Freude daran einhergehen. *Häberle*, früher Assistent bei *Ehmke*, war im Gegensatz zu Schneider nicht Mitglied des SPD geworden und hatte dann auch nicht zwischen politischer Ambition und Wissenschaft zu entscheiden. Anders Schneider, er entschied sich nach Wahrnehmung regionaler Parteiämter in Südbaden aber doch für die Wissenschaft. Die politische Erfahrung führte indes hin zu seinem großen Thema im Rahmen der Habilitation. Assistent war er nach *Alexander Hollerbach* bei *Erik Wolf*, die Habilitation ergab die *venia* öffentliches Recht, Rechtsphilosophie und Kirchenrecht. Wie er sich vom „frommen *Erik Wolf*-Schüler zum vigilanten, gegenwartsoffenen *K. Hesse*-Schüler" wandelte, blieb schon *Peter Häberle* unklar und ist heute nicht mehr zu erschließen.[18] Gewiss ist aber, dass er zu einer Zeit, als die deutsche Staatsrechtslehre noch in einem mehr oder weniger konservati-

---

mischen Kollegen in die Vereinigung der Staatsrechtslehrer befördert haben – dazu H. Schulze-Fielitz, Die Wissenschaftskultur der Staatsrechtslehrer im Spiegel der Geschichte ihrer Vereinigung, Tübingen 2022, S. 29; auch mag er Grundlage für Komplimente an konservative Partner sein, vgl. etwa H.-P. Schneider, Staatsreform und Verfassungspolitik. Rupert Scholz als Initiator u. Innovator im konstitutionellen -modernisierungsprozess des vereinigten Deutschland, in: R. Pitschas u. A. Uhle, Hrsg., Hrsg., Wege gelebter Verfassung in Recht u. Politik. Festschrift für R. Scholz zum 70. Geburtstag, Berlin 2007, S. 109 ff.; auffällt weiterhin als Fall des Ausblendens um der Harmonie willen: die Autobiographie erwähnt den prominenten Kollegen, der vor Hans-Peter Schneider auf der Liste der Stelle in Hannover stand, namentlich nicht, im Gegensatz zu den anderen Fällen der Zweitplatzierung; und dies obwohl jener Kollege ihm politisch nahegestanden haben dürfte, wohl aber auch, weil er als konfliktfreudig gelten konnte.

17 So beiläufig sein Kollege Henning Zwirner gegenüber dem Autor dieser Zeilen; zu Zwirner H.-P. Schneider, (Anm. 2), S. 61 ff., 309 sowie die ganz andere Bewertung Zwirners, nämlich als Mentor des jungen Kollegen bei P. Häberle, (Anm. 7), S. 155; u. H.-P-Schneider, Henning Zwirner zum Gedächtnis, in: A. v. Brünneck. Hrsg., H. Zwirner, Politische Treupflicht des Beamten, Unveränderter Nachdruck der Diss. v. 1956 mit drei neueren Beiträgen v. H. Zwirner, Baden-Baden 1987, S. 315 ff.; siehe auch den Nachruf v. H. Goerlich AöR 110 (1985), S. 620 f.

18 Vgl. dazu die zitierte Formulierung bei P. Häberle, (Anm. 7), S. 156.

ven *mainstream* verharrte, zu einem der wenigen sozusagen und nach dem eigenen Selbstverständnis „fortschrittlichen" Leuchttürme wurde. Zweifellos spielt er dabei für die Pluralisierungs- und Internationalisierungsprozesse der Vereinigung der Deutschen Staatsrechtslehrer eine wichtige Rolle.[19]

IV. Ein selektiver Blick auf das von berufener Seite schon gewürdigte Werk

Die rechtsphilosophische Dissertation – Studien zu Leibniz' Naturrecht[20] – bei *Erik Wolf* entwickelte sich zum Standardwerk. Es balanciert zwischen einem säkularisierten „rationalen" Naturrecht im Sinne von *Hobbes* oder *Pufendorf* und *Leibniz'* christlichem Naturrecht, an dem dieser festhielt, obwohl er der rationalen Methode *more geometrico* durchaus verbunden war. Im Ergebnis blieb dabei die Frage offen, welche Bedeutung sein Ansatz für die Rechtsphilosophie heute hat. Gewiss bleibt der exemplarische Charakter dieser Arbeiten. Als gesichertes Ergebnis sieht die Schrift am Ende, dass Leibniz die sich verwirklichende Wahrheit in der historischen Tradition ihrer Überlieferungen verstand. Die späteren Beiträge zur Leibniz-Forschung, die als Referate auf Kongressen oder Tagungen und aus anderen Anlässen heraus entstanden, setzten die Forschungen der Dissertation fort, wohl allerdings ohne wirklich neue Felder zu erschließen. Schon seine Dissertation umrankten drei solche Veröffentlichungen zu *Leibniz*.[21]

Darauf folgte zwei Jahre später eine kleinere Monographie zu Richterrecht, Gesetzesrecht und Verfassungsrecht und damit zum Beruf der Rechtsprechung

---

19 Dazu H. Schulze-Fielitz, Die Wissenschaftskultur etc., (Anm. 16), S. 190 ff. (197) u. 208 ff.; dabei hatten diese Reformgruppen einen tiefen Sinn für Reputation, d.h. sie wollten dazugehören; zu dieser H. Goerlich, Die Rolle von Reputation in der Rechtswissenschaft, in: E. Hilgendorf. H. Schulze-Fielitz, Hrsg. Selbstreflexion der Rechtswissenschaft, 2. Aufl. Tübingen 2021, S. 207 ff.

20 H.-P. Schneider, Justitia Universalis. Quellenstudien zur Geschichte des ‚Christlichen Naturrechtes' bei Gottfried Wilhelm Leibniz, Frankfurt am Main 1967.

21 So A. Hollerbach in seiner Rezension, siehe Zeitschrift der Savigny Stiftung für Rechtsgeschichte Kan. Abt. 55 (1969) S. 581 ff.; u. die Rezension: R. J. Mulvaney, Studia Leibnitiana, Bd 2 Heft 3 (1970) S. 236 ff.; zu Leibniz wirkte Schneider jedenfalls an dem Band Rechts- u. Staatsphilosophie bei G. W. Leibniz, hrsg. v. T. Altwicker u.a., Tübingen 2020, nicht mehr mit; zuvor finden sich zu ihm öfters Veröffentlichungen bis 2001; rezipiert sind die Schriften etwa bei S. Schlinker, G. W. Leibniz (1646–1716), in: M. Schmoeckel et al., Ed., Great Christian Jurists in German History, Tübingen 2020, p. 188 seqq. (192 seqq., footnotes 9, 14 et al.).

im demokratischen Gemeinwesen, die ihren Autor gewissermaßen von der Philosophie hin zum heutigen Recht begleitete.[22]

Breitenwirkung im Sinne von bis vor wenige Jahre andauernden Auseinandersetzungen in Qualifikationsschriften mit ihren Thesen entfaltete hingegen der 1974 erschienene erste und alleinige Band der Habilitationsschrift zu Begriff, Funktion und Aufgaben der parlamentarischen Opposition, die *Konrad Hesse* als Erstgutachter und weiterer akademischer Lehrer zur Annahme empfahl, allerdings begleitet von der Verpflichtung, einen weiteren Band zu Einzelfragen vorzulegen, was indes – wie Schneider selbst biographisch erwähnt – nie geschah. Aber beginnend mit einer Änderung der hamburgischen Verfassung steht sie am Anfang der Aufnahme des Begriffs der Opposition und mancher ihrer Attribute im Landesverfassungsrecht, allerdings zunächst noch ohne die Garantie der Chancengleichheit für die Opposition.[23] Auch wenn damit teils keineswegs abschließend ausgesagt ist, was die Opposition beanspruchen kann, so ist das ein erster Schritt und wird den Verfassungsgerichten in den Ländern ermöglichen, auf dieses Basis fortzubilden, was der Opposition als Institution zukommt. Der Autor selbst setzte sich für die Umsetzung seiner Vorstellungen früh, vor allem schon in Schleswig-Holstein, ein und hatte damit vor der Welle der Verfassungsarbeit in den Ländern nach 1990 Erfolg,[24] auch wenn die Konkretisierung durch eine weitere Ausstattung der Parlamente mit Befugnissen nur zögerlich verwirklicht wurde. Das führte gegenläufig aber auch zu einer an der bisherigen – durch den Verfassungstext in seinem Wortlaut fixierten – Rechtslage festhaltenden Entscheidung des Bundesverfassungsgerichts, die zugunsten der Antragstellerin im Wege der Behauptung eines Verfassungswandels gegen den Text hätte überwunden werden müssen; zwar anerkannte das Gericht den Grundsatz effektiver parlamentarische Opposition und ihren Schutz, beharrte aber auf dem individualis-

---

22 Zur Rezension dieser Schrift zurückhaltend, aber freundlich F. Werner, DöV 1969, S. 480.

23 Vgl. H.-P. Schneider, Die parlamentarische Opposition im Verfassungsrecht der Bundesrepublik Deutschland. Teil 1. Grundlagen, Frankfurt a. M. 1974; zu ihrer und ihrer Folgeaufsätze Breitenwirkung in den Verfassungen der Länder: Art. 23 a HmbVerf; weitergehend Art. 12 Schlesw.-Holst.Verf; Art. 19 NiedersVerf; Art. 40 SächsVerf; Art. 48 Sächs.-Anhalt. Verf; Art. 59 Thür. Verf.; u. Art. 55 Abs. 2 BrandenburgVerf; Art. 26 Meck.-VorpomVerf; Art. 25 Abs. 3 BerlinVerf; für das Echo in der Literatur siehe H. Dreier, in: ders. (Hrsg.) Grundgesetz-Kommentar Bd II 3. Aufl. 2015 Art. 20 (Demokratie) Rn 59 mit FN 214 u. Rn 75 m.w. N.; monographisch P. Cancik, Parlamentarische Opposition in den Landesverfassungen. Eine verfassungsrechtliche Analyse der neuen Oppositionsregelungen, Berlin 2000; sie nimmt auch zu den wissenschaftlichen Beiträgen Schneiders zu diesem Thema Stellung; zudem nun A. Ingold, Das Recht der Oppositionen. Verfassungsbegriff – Verfassungsdogmatik – Verfassungstheorie, Tübingen 2021, bes. S. 135 ff.

24 Siehe Schneider, (Anm. 2), S. 127 ff.

tischen, im Kern aus Art. 38 Abs. 1 Satz 2 GG ersichtlichen Konzept der Anknüpfung von konkreten Rechten an einzelne mit einem Mandat ausgestatteten Personen; insofern setzte sich das Begehren der Antragstellerin nicht, auch nicht unter Heranziehung der umstrittenen Rechtsfigur der verfassungswidrigen Verfassungsnorm, durch.[25]

Weitere Monographien erschienen oft in Koautorenschaft und waren manchmal Druckfassungen erstatteter Gutachten. Größeres Gewicht haben wohl die Beiträge in Fachzeitschriften, Sammelwerken und in Festschriften. Dabei erschienen zunächst grundlegende Aufsätze vor allem im Archiv des öffentlichen Rechts.[26] Hervorzuheben ist allerdings besonders das Eröffnungsreferat auf der Staatsrechtslehrertagung in Göttingen im Jahre 1984.[27] Es wird bis heute als grundlegender Beitrag zitiert, wenn auch öfters betont wird, er entwickle weitgehende Positionen.[28] Zudem griff H.-P. Schneider manchmal über das Thema hinaus, etwa wenn er neben der Verfassungsauslegung ganz im Geist der damaligen Phase der Rechtsprechung und ihrer Akteure vor allem zu den funktionell-rechtlichen Grenzen der Verfassungsgerichtsbarkeit, zudem als Element der Verfassungsinterpretation, sprach.[29] Besondere Beachtung verdient indes der grundlegende Beitrag zum Verständnis der verfassunggebenden Gewalt, den er nach der Auseinander-

---

25 Vgl. BVerfGE 142, 25 ff., 54 ff. (55, 65 ff.) Rn. 82 ff. (84, 110 ff.) und dazu den Anm. 12 genannten Dokumentationsband; H.-P. Schneider war in dem Verfahren Bevollmächtigter der Antragstellerin; das Urteil ergab Diskussion: C. D. Classen, JöR 65 (2017) S. 263 ff. (270, 290) bemerkt zu Recht, dass ein Metaprinzip nicht positives Verfassungsrecht verdrängen kann; siehe auch M. Rossi u. K.-E. Hain, JZ 2016, S. 1169 ff.; Ph. Lassahn, NVwZ 2016, S. 929 f.; M. Sachs, JuS 2016, S. 764 ff.; Ch. Hillgruber, JA 2016, S. 638 ff.; A. Uhle, ZG 2018, S. 750 ff.; D. Kuhn, ZParl 2020, S. 449 ff.; P. Starski, DöV 2016, S. 750 ff. auch J. v. Achenbach, Der Staat 58 (2019) S. 325 ff. (335 f.); auch P. Cancik, ZParl 48 (2017), S. 516 ff. (524 f.) u.a. mehr.

26 Siehe H.-P. Schneider, Opposition und Information. Der Aktenvorlageanspruch als parlamentarisches Minderheitsrecht, AöR 99 (1974) S. 628 ff.; oder ders., Die Verfassung als Aufgabe und Struktur. Landesbericht zum IX. Internationalen Kongress für Rechtsvergleichung in Teheran 1974, AöR Beiheft 1 (1974) S. 64 ff.; dann ders., Entscheidungsdefizite der Parlamente. Über die Notwendigkeit einer Wiederbelebung der Parlamentsreform, AöR 105 (1980) S. 1 ff.; auch ders., Direkte Anwendung und indirekte Wirkung von Verfassungsnormen, in: Deutsche Landesreferate zum Öfftl. Recht u. Völkerrecht für den XI. Internationalen für den XI. Internationalen Kongress für Rechtsvergleichung in Caracas 1982, hrsg. v. R. Bernhardt u. U. Beyerlin, Karlsruhe 1982, S. 23 ff.

27 H.-P. Schneider, Art. 12 GG – Freiheit des Berufs und Grundrechte der Arbeit, VVDStRL 43 (1985) S. 7 ff.

28 Vgl. etwa R. Broemel, Interaktionszentrierte Grundrechtstheorie, Tübingen 2021, S. 226 ff.

29 Siehe H.-P. Schneider, Probleme der Verfassungsinterpretation, in: H.-P. Schneider u. R. Steinberg, Hrsg., Verfassungsrecht zwischen Wissenschaft und Richterkunst. Konrad Hesse zum 70. Geburtstag, Heidelberg 1990, S. 39 ff.

setzung um die Wege zur deutschen Einheit veröffentlichte, indem er die allgemeine Lehre von dieser Gewalt dem Grundgesetz gemäß säuberlich unterschied und ihre gegenwärtige Bedeutung erschloss.[30] Die vielen Veröffentlichungen zeigen weiterhin auch, dass ihr Autor hinaus in die Welt strebte; er nahm nicht nur an internationalen Kongressen in *Teheran* und *Caracas* teil, veröffentlichte vielmehr außerdem nicht nur in deutscher Sprache, sondern auch auf Spanisch, italienisch und englisch. Zu einem eigenen Lehrbuch des Verfassungsrechts kam es jedoch nicht, aber für ein Funkkolleg schrieb er 1982 einen Beitrag zur Funktion der Verfassung und 1985 trug er für ein Lehrbuch des Niedersächsischen Landesrechts den längeren Abschnitt zum Verfassungsrecht bei.[31]

Schon zuvor hatten sich Beiträge dieser Art in Handbüchern und auch Kommentierungen[32] sowie Festschriften[33] gefunden. Hinzukamen weitere Ausarbeitungen in Tagungs- oder Sammelbänden. Zugleich veröffentlichte der Autor zunächst oft in *Die öffentliche Verwaltung*, später aber immer öfter und dann nahezu regelmäßig in der *Neuen Juristischen Wochenschrift*[34] und kaum mehr in gro-

30 H.-P. Schneider, Verfassunggebende Gewalt (1992), HdBStR XII, 3. Aufl. 2014, § 255; zum Vorgang der deutschen Vereinigung vgl. auch seine Bemerkungen in ders., (Anm. 2) S. 153 ff., wo er sich zum Verhältnis von Art. 23 und Art. 146 – frühere Fassungen – GG äußert, das im Rahmen der deutschen Vereinigung jedenfalls sehr strapaziert wurde, indem ein Volksentscheid über die damalige Grundgesetzreform technisch gewandt ausgeschlossen wurde.

31 Ersterer später wieder abgedruckt in Einführung in das öffentliche Recht, hrsg. v. D. Grimm, Heidelberg 1985, S. 1 ff.; siehe außerdem Niedersächsisches Staats- und Verwaltungsrecht, hrsg. v. H.-P. Schneider u. H. Faber, Frankfurt am Main 1985, S. 44 ff.

32 Vgl. H.-P. Schneider, Das parlamentarische System, in: Handbuch des Verfassungsrechts etc., hrsg. v. E. Benda u.a., Berlin 1983, S. 239 ff.; später ders., Verfassungsrechtliche Bedeutung u. pol. Praxis der parl. Opposition, in: Parlamentsrecht u. Parlamentspraxis etc., hrsg. v. dems. u. W. Zeh, Berlin 1978, S. 1055 ff. u. ders., Grundrechte und Verfassungsdirektiven, in: Handbuch der Grundrechte in Deutschland und Europa, Bd I: Entwicklung und Grundlagen, Heidelberg 2004, S. 707 ff. (§ 18); gewichtig auch die Kommentierungen Art. 38 bis 48 GG – Der Bundestag – und Art. 62 bis 69 GG – Die Bundesregierung – in: AK-GG, Bd 2, Neuwied 1984, S. 251–430 u. 526–630; 3. Aufl. Bd 2, Neuwied 2001/2002.

33 Zuerst ders., Börsenzugang und Berufsfreiheit, in: Zweihundert Jahre Geld und Brief. Festgabe an die Niedersächsische Börse, hrsg. v. C.P. Claussen u.a., Frankfurt 1987, S. 257 ff., dann ders., Repräsentation und Partizipation des Volkes als Problem demokratischer Legitimität, in: Ein Richter, ein Bürger, ein Christ. Festschrift für Helmut Simon, hrsg. v. W. Brandt u.a., Baden-Baden 1987, S. 243 ff.; auch ders., Richter oder Schlichter? Das Bundesverfassungsgericht als Integrationsfaktor, in: Festschrift für Wolfgang Zeidler, hrsg. v. W.Fürst u.a. Berlin 1987, S. 293 ff.; aktualisiert abgedruckt in: Aus Politik und Zeitgeschichte B 16/99 v. 16.4.1999, S. 9 ff.

34 Siehe ders., Die Gesetzmäßigkeit der Rechtsprechung. Zur Bindung des Richters an Gesetz und Verfassung, DöV 1975, S. 443 ff.; aber auch später ders., Verfassungsrecht der Länder – Relikt oder Rezept? DöV 1987, S. 749 ff; dann ders., Verfassungsgerichtsbarkeit und Gewaltenteilung. Zur Funktionsgerechtigkeit von Kontrollmaßstäben und Kontrolldichte verfassungsgerichtlicher

ßen statusbetonten wissenschaftlichen Zeitschriften, hingegen aber in handlichen Bänden allgemeiner Verlage.[35] Die Produktivität ist insgesamt erstaunlich und manchmal der Zeit fast voraus.[36] Daneben finden sich zudem viele auf Aktualität und Debatte ausgerichtete kleinere Beiträge, auch in politisch ausgerichteten Blättern und Gazetten, nicht nur für das Fachpublikum bestimmt, und schließlich zu Kontroversen oder Themen, die auf Aufträge hoffen ließen.

Auch die behandelten Gegenstände verändern sich im Sinne einer unterschiedlichen Häufigkeit und Streuung. Dominant blieb das Verfassungsrecht, jedoch kam Schneider neben seiner anfänglichen Neigung zu Diplomatie und Politik von der Rechtsphilosophie und sogar vom evangelischen Kirchenrecht dank seines Lehrers *Erik Wolf* nicht ganz weg. Später traten auch Gebiete des Verwaltungsrechts bis hin zu Sozial- und Steuerrecht hinzu, was offensichtlich teils durch Gutachten motiviert war. Daneben stehen zugleich große Herausgeberschaften, etwa zum Parlamentsrecht oder zur Geschichte der Entstehung des Grundgesetzes, ebenso viele – wie gesagt – elegante und schon deshalb rasch wirksame Beiträge zum Fortschritt der Verfassungsrechtswissenschaft.

V. Verfassungsdiplomatie hierzulande und auswärts

Bisher sind die Leistungen von Hans-Peter Schneider als „Verfassungsdiplomat" nicht voll erfasst. Die beratende Tätigkeit auf diesem Felde im In- und Ausland hielt von 1976 bis 2008 an. Dafür ist auf seine Selbstdarstellung in seiner Autobiographie zurückzugreifen. Dies mag Schwächen mit sich bringen. Auch ein solcher Text hält einer kritischen Durchsicht nicht immer Stand. Und im vorliegenden

---

Entscheidung, NJW 1980, S. 2103 ff. u. ders., Die Vollstreckungskompetenz nach § 35 BVerfGG – ein Notverordnungsrecht des Bundesverfassungsgerichts?, NJW 1994, S. 2590 ff.; die Veröffentlichungen in der NJW setzen ein mit zwei Entscheidungsanmerkungen, vgl. ders., NJW 1969, S. 1342 f. u. NJW 1983, S. 1529 f. u. ders., Rechtsschutz und Verfassungsschutz. Zur Kontrolle der nachrichtendienstlichen Tätigkeit durch Verwaltungsgerichte, NJW 1978, S. 1601 ff.

35 Vgl. etwa ders., Eigenart und Funktionen der Grundrechte im demokratischen Verfassungsstaat, in: Grundrechte als Fundament der Demokratie, hrsg. v. J. Perels, Frankfurt am Main 1979, S. 11 ff.

36 Siehe etwa ders., Wie kann die Wahrheit geschützt werden? Konzepte und Instrumente zur Aufdeckung von Desinformation und Manipulation in Zeiten des Krieges, in: tempore belli: Desinformation als Waffe im politischen Meinungskampf, Pößneck 2006, S. 197 ff. (Loccumer Protokolle 63/04).

Zusammenhang kommt es weniger darauf an, wie man diese Leistungen und ihre Darstellung im Einzelnen sieht, als auf das objektive Bild, das auch hinter einer solche Darstellung auftaucht. Zunächst stößt man dabei auf den objektiven Befund der Arbeitsleistung, der vielen Reisen, der wechselnden Szenarien, der Vorbereitungen und des Durchhaltens in all den Sitzungen, Gesprächen und Begegnungen welcher Art immer. *Peter Häberle* hat diese Leistung gespiegelt in der Fähigkeit des Betroffenen, jederzeit, gleichgültig zu welcher Zeit und in welcher Umgebung, Schlaf zu schöpfen.[37] Damit ist diese Leistung aber nicht vom Tisch, denn die erforderliche Konzentration, die Vorbereitung und die Durchführung bleibt damit jeweils ihr Teil und ergibt als Ganzes ein objektives Leistungsbild.

Neben solchen persönlichen Faktoren sind zum objektiven Befund einer Bewertung derartiger Leistungen auch folgende Beobachtungen heranzuziehen: Hans-Peter Schneider fiel immer wieder eine Aufgabe zu, bei der Schaffung von Grundstrukturen von Verfassungen mit zu wirken – manchmal auch bis in einzelne Formulierungen. Diese Aufgabe hatte er wahrzunehmen im jeweiligen Kontext der Gesellschaften, Länder oder Staaten, die neu verfasst oder durch eine Verfassung erst geschaffen werden sollten. Dass hierbei Fallstricke kultureller oder wirtschaftlicher Differenz diese Tätigkeit immer wieder grundsätzlich und im Einzelfall in Frage stellen, steht auf einem anderen Blatt. Denn jedenfalls stellte sich die Aufgabe. Und dies vor dem Hintergrund der nicht erst seit der Aufklärung transatlantischen Verfassungstraditionen[38] immer wieder in neuer Kraft auftretenden Konstitutionalismen.[39] Sie gewannen regelmäßig neue Fahrt – nicht nur in Gestalt der unvergessenen Idee der Revolution, sondern – auch gut kantisch gesprochen – in derjenigen des Vereins freier Bürger unter Rechtsgesetzen. Dies geschah in Dekaden nach dem Ende des zweiten Weltkrieges, nicht nur in Westeuropa, sondern weltweit, so etwa auch in Indien.[40] Es geschah auch in Phasen der deutschen Wiedervereinigung und in zahlreichen Wandlungen von Gesellschaften der vorausgegangenen Staatenwelt.

Sozusagen in den Strudel solcher transitorischer Prozesse eines in dieser Zeit stetig virulenten Konstitutionalismus geriet Hans-Peter Schneider – weshalb immer und auf wessen Veranlassung das auch immer geschehen sein mag. Jeden-

---

37 P. Häberle (Anm. 7), S. 156.

38 Zuerst J. G. A. Pocock, The Machiavellian Moment. Florentine Political Thought and the Atlantic Republican Tradition, Princeton 1975.

39 Dazu Ch. Thornhill, A Sociology of Constitutions. Constitutions and State Legitimacy in Historical-Political Perspective. Cambridge, UK, 2011, S. 327 ff. zu Phasen des Konstitutionalismus nach 1945.

40 Zur rechtsgeschichtlichen Seite M. P. Singh, V. N. Shukla's Constitution of India, 12th Edition, Lucknow 2013, S. A-1 ff.

falls wurde er so zu einer Person der Verfassungsdiplomatie und als solche ist er *sine ira et studio* zu würdigen. Und Teile dieser Phasen von Konstitutionalismus spiegeln sich denn auch im Aufbau seiner Autobiographie. Vorausgehen dem Abschnitte über – wie Schneider es nennt – „Herkunft und Berufung (1937–1975)". Dabei ist von allgemeinem Interesse das letzte Kapitel dieses Abschnitts, nämlich „Hannover – Gründung einer Fakultät". Es folgen fünf Teile, beginnend unter der Überschrift „Erste Verfassungsjahre (1976–1989)", wobei hier auch ein Kapitel über den prägenden Aufenthalt an der Law-School in Chicago zu finden ist; dann „Verfassungen im vereinten Deutschland (1990–1994)", vom runden Tisch bis zu Staatszielen und Lebensordnungen in Thüringen; danach weniger spezifisch „Beratungen in Afrika und Osteuropa (1995–1999)", wobei hier das Kapitel über „Kapstadt – das Fundament des Regenbogens" am Anfang steht; alsdann noch allgemeiner „Staat und Verfassung im 21. Jahrhundert (2000–2009)", lehrreich zu Serbien, zur gescheiterten europäischen Verfassung und neben einem Zwischenspiel zur den Föderalismusreformen in Deutschland, diese gerahmt von Beratungen für den Irak in Amman und sozusagen zwischen den Zelten vor Tripolis, also in Libyen; und schließlich „Rückblick und Ausblick" mit dem abschließenden Kapitel „Gedanken zur Verfassungsräson".

Offensichtlich sucht das Buch der Tätigkeit in Fragen der Verfassung eine solide Grundlage zu geben. Es wird nämlich zwischen Verfassungsberatung – „die stets der wissenschaftlichen Fundierung bedarf"[41] – und bloßer Verfassungspolitik – offensichtlich im Sinne professioneller Politik als Beruf – unterschieden. Die tiefere Basis dieser Unterscheidung ermöglichte dem Autor offenbar der Forschungsaufenthalt in Chicago im Herbst 1980. Hier wurde ihm das verwaiste Büro des amerikanischen Richters *Antonin Scalia* zugewiesen, der damals in Washington am Supreme Court of the U.S. amtete. Noch deutlicher kollegial und freundschaftlich begegnete ihm die amerikanische, in der Verfassungsinterpretation immer einflussreichere Schule[42] des *„originalism"* in Chicago in Gestalt des dortigen Kollegen *David Currie*. Diese Eindrücke beflügelten Schneider zurück in Deutschland offenbar auch auf dem Weg in das groß angelegte Forschungs- und Editionsprojekt „Das Grundgesetz: Dokumentation seiner Entstehung". Dieses Projekt wurde gewiss durch die amerikanische Debatte angeregt, es hat aber auch der Methode seines zu früh verstorbenen Kollegen *Henning Zwirner* in Han-

41 H.-P. Schneider, (Anm. 2), S. 105.

42 Ohne Bezug zum „originalism", ganz innerdeutsch sozusagen H.-P. Schneider, Der Wille des Verfassunggebers. Zur Bedeutung genetischer und historischer Argumente für die Verfassungsinterpretation, in: Verfassungsstaatlichkeit. Festschrift für Klaus Stern zum 65. Geburtstag, hrsg. v. J. Burmeister, München 1997, S. 903 ff.

nover entsprochen, wiewohl dieser auch geistesgeschichtliche und insofern gerade textübergreifende Zusammenhänge zu pflegen wusste, von *Roger Williams*[43] bis zur Paulskirche. Gewiss ist, dass die Studierenden im staatsrechtlichen Seminar dort, an dem auch *Zwirner* mitwirkte, diese amerikanischen Erfahrung Schneiders teilten. Sie alle unternahmen nämlich gemeinsam eine prägende Studienreise in die USA, insgesamt eine Erfahrung, die anschließend auch die Lehre in diesem Seminar beeinflusste. Als Dank schenkten die Mitreisenden Schneider ein Exemplar der umfassenden Edition der Quellen der amerikanischen Bundesverfassung. Das Forschungs- und Editionsprojekt zur Entstehung des Grundgesetzes fügte sich jedenfalls so auch in eine heute immer noch erinnerte Fakultätstradition. Es besteht bis heute fort. Von 32 in Aussicht genommenen Bänden sind schon mehr als 12 erschienen. Dabei berichtet Schneider nicht vom rechtspolitischen Hintergrund des *„originalism"* in den Vereinigten Staaten, gewiss sein gutes Recht als früherer Gast.[44]

Von ähnlichem Gewicht ist der Bericht zuvor zur Erfahrung in der beratenden Tätigkeit in Spanien nach dem Ende des Franco-Regimes auf dem Weg zur spanischen Verfassung, wie sie heute gilt: Nicht nur findet man dort ausgeführt, dass nicht der direkte Rat im Sinne eines Vorschlags, sondern der Bericht von der Erfahrung mit der Bewältigung vergleichbarer Probleme anderswo zum Beratungserfolg führt, Belehrung also nicht taugt. Dies geschieht dort wiederum nicht in einem theoretischen Bezugsrahmen, wie er etwa durch die amerikanische Debatte um die Legitimität der Verfassungsvergleichung aufscheint, sondern schlicht in Form einer Mitteilung der Erfahrung.[45] Besonders interessant ist dort die vergleichende Schilderung zur Antwort darauf, ob ein föderaler Staatsaufbau in Spanien nach den dortigen geschichtlichen Erfahrungen in Frage kommen

---

43 Zu diesem H. Dreier, Zur Bedeutung der Reformation bei der Formatierung des säkularen Staates, in: Reformation und Politik, hrsg. v. M. Reichel u.a., Halle an der Saale 2015, S. 301 ff. (333 ff.).

44 Exemplarisch zum „originalism" R. H. Bork, The Tempting of America. The Political Seduction of the Law, New York und London 1990; Präsident Reagan nominierte Bork für den Supreme Court, was scheiterte; zu diesem Interpretationsansatz L. H. Tribe, American Constitutional Law, 3d Ed. Vol. 1., N.Y. 2000, S. 47 ff.

45 Auch dies mag seinen Grund auch darin haben, dass beim Schreiben auch dieses Abschnitts kein Zugang zu einer einschlägigen Bibliothek bestand; heute würde man etwa zurückgreifen auf R. Hirschl, Comparative Matters. The Renaissance of Comparative Constitutional Law, Oxford UK 2014; zur Rolle des Beraters am Beispiel Südafrika auch die Bemerkungen in der *lectio aurea*: H.-P. Schneider, (Anm. 10), S. 302 f.; dort beschreibt er übrigens auch knapp zur Sache, was er zugunsten einer integrativen und zugleich demokratisch geprägten Bundesstaatlichkeit dort empfahl und wohl auch bewirkte – was den Dank, die Anerkennung der dortigen Seite und den Wohnsitz in Südafrika verständlich macht.

konnte. Hier zeigt sich, dass Schneider auch die empirische Seite der Föderalismusdebatten durchaus präsentieren konnte. Sie musste auch im Föderalismus-Institut – wie er es in Hannover nun leitete – gepflegt werden.

Die ersten und auch späteren Beratungsaufträge *ad personam* kamen zustande durch Anfragen der Repräsentanten der *Friedrich-Ebert-Stiftung* in den Hauptstädten der betreffenden Länder, hier also Madrid und dann Manila, mithin jenseits der üblichen Forschungsfinanzierungen. Die Institute in Hannover veränderten ihren Status von Zeit zu Zeit, blieben indes über Jahre arbeitsfähig. Anschließend an den Bericht über den Aufenthalt in Chicago folgt ein Kapitel über den alsbald gescheiterten Beratungsauftrag in den Philippinen. Der von der genannten Stiftung eingesetzte „Verfassungstherapeut", so er selbst, konnte angesichts der dortigen Konfliktlagen keine Hilfen anbringen: Selbstbestimmung und Selbstverwaltung blieben dort umkämpft und die Auseinandersetzungen blutig. Anders gewesen war dies im Falle des ersten Beratungsauftrages durch die *Friedrich-Ebert-Stiftung*, nämlich in dem vorausgegangenen transitorischen Prozess Spaniens von der Diktatur zur konstitutionellen Monarchie in den Jahren 1977/78. Hier kam Schneider als deutscher Verfassungsrechtler zum Zuge dank eines Hinweises seines früheren Freiburger Lehrers *Horst Ehmke*, neben – von anderer Seite und anderer *couleur* – *Ingo von Münch* und *Wilhelm Kewenig*. Schneiders Bericht sieht den Autor selbst im Mittelpunkt und enthält sehr einleuchtende und weiterführende Beobachtungen dazu, weshalb ein Föderalismus für Spanien aus seiner Geschichte heraus und aufgrund der starken Traditionen der Regionen kein taugliches Modell sein konnte.

Den neuerlichen, nun innerdeutschen Einstieg in Beratungstätigkeiten ergab dann 1987 die Lage in Kiel nach der Landtagswahl in Schleswig-Holstein. Der Landtag, nicht eine politische Stiftung, erteilte den Beratungsauftrag; drei Wissenschaftler wurden sachverständige Mitglieder der Enquete-Kommission „Verfassungs- und Parlamentsreform", darunter Hans-Peter Schneider. Diese Kommission kam zu einer grundsätzlichen Neubestimmung der Funktionen der Landesparlamente im Interesse einer echten Kontrolle der Landesregierung und dies manifestiert durch eine neue Landesverfassung, wie es dann auch geschah.[46] Damit war zugleich wiederum eine Rezeption der Habilitationsschrift und ihrer Begleitveröffentlichungen verbunden. Das setzte sich fort in der Arbeit im Rahmen der Schaffung neuer Verfassungen der neuen Länder nach der Wiedervereinigung sowie dann in Bayern 1998–2001 und in den Ergebnissen der Föderalismus-Kommission I (2003–2004), nämlich „Reform des Föderalismus – Stärkung der

---

46 Ausführungen u. Übernahmen aus dem Schlussbericht der Kommission H.-P. Schneider, (Anm. 2), S. 123 ff.

Landesparlamente", in deren Schlussbericht solche Schritte wiederum vorgeschlagen wurden. Der „Echo-Effekt" der Kieler Neuerungen, wie Schneider es nennt, machte diese Vorschläge umso interessanter.

In Kiel hatte die Landtagswahl ein Patt im Landtag ergeben. Die bisherige Regierung abzulösen war aber nur im Wege eines konstruktiven Misstrauensvotums möglich, da dort die Verfassung die Figur des im Übrigen „ewigen Ministerpräsidenten" enthielt. Daher empfahl sich, dessen Amtszeit an die Wahlperiode des Landtages zu binden, ihn also nach deren Ablauf nur noch die Geschäfte führen zu lassen. Außerdem empfahl sich, die Zahl der Sitze im Landtag auf eine ungerade Zahl festzulegen. Hinzugefügt wurde die Befugnis zur Selbstauflösung. Außerdem lag nahe, die Opposition als „wesentlichen Bestandteil der parlamentarischen Demokratie" in der Verfassung zu verankern, und zwar über die in Hamburg neuerdings schon bestehende Regelung hinaus verbunden mit einem Recht auf Chancengleichheit mit der Regierung, wie es vom Bundesverfassungsgericht bis dahin jedenfalls nur erwogen worden war.[47] Auch ein Bürgerbeauftragter wurde geschaffen, ebenso das Institut der Volksgesetzgebung in drei Stufen, von der Initiative über das Volksbegehren bis zum Volksentscheid.

An die Kieler Reformdebatte schloss in der DDR die friedliche Revolution von 1989 an. *Herta Däubler-Gmelin,* MdB und Rechtspolitikerin der SPD, bat Schneider, die der SPD verwandten Gruppen in Berlin beim Zentralen Runden Tisch der DDR zu beraten. Daher stieß er im Januar 1990 dazu. Die freien Wahlen zur Volkskammer ergaben indes eine von der CDU geführte Regierung. Es kam aber noch zu einem Reformentwurf für die Verfassung der DDR, jedoch konkurrierte ihre Umsetzung alsbald mit dem Beitritt nach Art. 23 GG oder einer gesamtdeutschen Verfassungsgebung nach Art. 146 GG, beide in der damaligen Fassung. Auch an dieser Debatte nahm Schneider teil, indem es sich dem „Kuratorium für einen demokratisch verfassten Bund deutscher Länder" anschloss, das im Nationaltheater in Weimar geschichtsschwanger tagte; er hielt dort eine Grundsatzrede, die an die Aussagen von *Carlo Schmid* zum Status des Grundgesetzes im Parlamentarischen Rat anschloss, wonach kein Beitritt diese Verfassung zu einer gesamtdeutschen Verfassung machen könne. Indes ging der Lauf der Dinge über diese legitimen Bemühungen hinweg: Der rasche Beitritt lag angesichts der internationalen Situation nahe und wurde vollzogen, jedoch ohne dass die geforderten Wahlen zu einer verfassunggebenden Versammlung eingeleitet wurden.

47 Eingehend geschildert findet man die Diskussion um diese Neuerungen bei H.-P. Schneider (Anm. 2) S. 127 ff., sowie dort auch den Umstand, dass das zugehörige „Parlamentsinformationsgesetz" erst nach einer entsprechenden Regelung in Bayern und Sachsen-Anhalt in Kraft trat, das die Unterrichtungspflichten der Regierung gegenüber der Opposition ausgestaltet.

Es kam nur zur Grundgesetzreform, an der Hans-Peter Schneider nur mittelbar mitwirkte, nämlich über die Tätigkeit als Berater und persönlicher Mitarbeiter des Obmanns der SPD in der befassten Verfassungskommission, *Hans-Jochen Vogel.*[48] So war Schneider von zwei Enden her mit den Dingen befasst. Das Kuratorium hatte allerdings einen teilweise auf den Ergebnissen der Arbeit in Schleswig-Holstein basierenden, im Ganzen sehr viel weitergehenden Verfassungsentwurf vorgelegt, an dem Hans-Peter Schneider auch mitgewirkt hatte; bei der Grundgesetzreform wurden weder diese Vorschläge noch diejenigen des runden Tisches aufgegriffen, im Gegenteil, selbst solche nicht, die mit den internationalen Verpflichtungen der Bundesrepublik vereinbar waren.[49]

An der Entstehung der Verfassungen in mehreren neuen Ländern hatte Hans-Peter Schneider anschließend mit Ausnahme von Brandenburg und Mecklenburg-Vorpommern ebenfalls Anteil. Die Erträge auch der Habilitationsschrift setzten sich fort. Zunächst kam es aber zur Arbeit an der Verfassungsreform in Niedersachsen. Auch hier, vor der Tür der Fakultät in Hannover, ergab sich eine fruchtbare Mitwirkung. Wiederum war er in zwei Rollen beteiligt, einmal durch die Arbeit für die SPD-Fraktion bei der Erstellung von deren Entwurf, und das andere Mal als wissenschaftlicher Sachverständiger in der Anhörung vor dem Landtag. Und auch hier kam es zu den Widerständen nicht etwa gegen die Ausstattung der Opposition im Landtag mit Rechten und Befugnissen, sondern vor allem in Fragen der bürgerschaftlichen Beteiligung. Die Quoren für derartige Verfahren wurden so hoch gesetzt, dass sie nicht praktisch werden können. Das galt dann auch für Sachsen und Thüringen, weniger für Sachsen-Anhalt und jenseits der Aktivitäten von Hans-Peter Schneider auch für Brandenburg. Das Interesse an diesen Fragen hatte indes nicht so sehr im Zentrum der wissenschaftlichen Arbeit von Hans-Peter Schneider gestanden.

Eingehend schildert er dann seine Mitwirkung an der Verfassunggebung in Sachsen und zudem seine Tätigkeit als Richter am dortigen Verfassungsgerichtshof, wo er auch an der Interpretation von Kautelen dieser Verfassung mitwirkte, etwa bei Auslegung des Personalvertretungsrechts, des geforderten zügigen recht-

48 In diesem Zusammenhang schlugen offenbar Rupert Scholz und H.-P. Schneider diejenigen Regelungen in Art. 23 GG vor, die heute die Identitätskontrolle ermöglichen; daran mitgewirkt zu haben, darauf war H.-P. Schneider offenbar besonders stolz, vgl. ders., (Anm. 10), S. 307; sowie ders., Staatsreform und Verfassungspolitik etc., (Anm. 16), S. 123.

49 Vgl. die Übersicht bei Hans-Peter Schneider, (Anm. 2), S. 149 ff., 160 ff. – neben einer generellen Kritik auch zur Scheu vor einer starken Bürgerbeteiligung – etwa entsprechend den bestehenden bayerischen Regelungen; damals H.-P. Schneider, Das Grundgesetz – auf Grund gesetzt? Die Deutschen haben wenig Talent zur Verfassungsreform, NJW 1994, S. 558 ff.

lichen Gehörs und zur Haushaltswirksamkeit eines Volksantrages.[50] In Sachsen-Anhalt arbeitete Schneider neben *Christian Starck* als Sachverständigem wohl aufgrund der vorausgegangenen Befassung mit der Verfassunggebung in Niedersachsen; und Schneiders wissenschaftlicher Assistent, *Uwe Berlit*, war damals freigestellt als parlamentarischer Assistent der dortigen SPD-Fraktion im Landtag tätig; er wurde von dieser in den Verfassungsausschuss entsandt.[51] Es ergab sich also wieder die Möglichkeit des Einflusses an zwei Enden. In Thüringen konnte Hans-Peter Schneider nicht an allen einschlägigen Sitzungen teilnehmen, obwohl sich dort die Verfassunggebung etwas verzögerte; vorgesorgt war aber dadurch, dass auch *Rudolf Steinberg* als Sachverständiger dort präsent war.[52]

VI. Neue Erfahrungen jenseits des engeren europäischen und deutschen Kreises

An die Phase der „Verfassungszeit" nach der deutschen Vereinigung schloss sich für Hans-Peter Schneider eine weitere an, die ihn nach Afrika und Osteuropa führte. Die folgenden – oft wiederum von der *Friedrich-Ebert-Stiftung* vermittelten – Beratungstätigkeiten betrafen auch andere Gebiete des Verfassungsrechts. So ging es etwa nicht mehr vor allem um Grundrechte und Staatsziele, Bürgerbeteiligung und die Rolle von Landesparlamenten, um die Opposition sowie deren Rechte in diesem Rahmen. Es ging vielmehr dann auch um bundesstaatliche Strukturen und Föderalismus, Rechtsstaat und Regierbarkeit. Das gilt, wie die Berichte zeigen, für Südafrika, für Georgien, für Russland und auch für Mozambique, einem ungemein großflächigen, kaum zentral steuerbaren Land. Auch die zum Scheitern führenden Beratungstätigkeiten für den Irak, in Libyen und für das zerfallende Jugoslawien folgten. Diese Fälle, in denen Interventionen welcher Art immer von außen eine erhebliche Rolle spielten, zentrierten um solche Themen aus gutem Grund. Zugleich manifestierte sich, in welchem Maße das soziale Substrat für eine moderne, unseren Vorstellungen nahe Verfassungskultur eine Rolle spielt. Das thematisiert Schneider selten, aber doch manchmal, so etwa früh schon im Falle Spaniens, das hier eigene Erfahrungen mit auf Sezession ausge-

50 Vgl. ders., (Anm. 2), S. 189 ff.

51 Zu den Besonderheiten in Sachsen-Anhalt und den großen Verdiensten des späteren und dann zu früh verstorbenen Ministerpräsidenten *Dr. Reinhard Höppner* eingehend H.-P. Schneider, (Anm. 2), S. 196 ff.

52 Siehe ders., (Anm. 2), S. 221 ff.

richteten Strömungen besaß und besitzt, aber auch in anderer Weise für Regionen der früheren Sowjetunion. Daher ergibt sich insgesamt doch eine gewisse Gegenprobe für die Mission des Verfassungsdiplomaten, der eben nur säen kann, wo eine gewisse und vor allem auch historisch fundierte Pflege des Bodens dafür stattgefunden hat und diese Saat aufgehen konnte.

Der Bericht über die Mission in Südafrika ab 1995, die schließlich zu einer weiteren Heimat seines Autors führte, ist sehr konzise gehalten, für einen Leser, der *outsider* ist, beinahe zu knapp, verglichen mit den sonst sehr farbigen Einführungen in den Kontext der jeweiligen Beratungstätigkeit. Hauptziele der Politik in Südafrika waren damals sogenanntes *nationbuilding*, Ausgleich und innerer Frieden. Ein wesentliches rechtliches Instrument in diesem Zusammenhang war die Umsetzung einer den Verhältnissen angemessenen Binnenstruktur des Staatsaufbaus durch die Verfassung. Dafür bot die deutsche Bundesstaatlichkeit anschauliche Strukturen – wobei die dann gefundenen Lösungen der südafrikanischen Verfassung Folgeprobleme und Fehler der deutschen Struktur vermieden haben: das gilt vor allem für die Exekutivlastigkeit von Legislativkörperschaften, die Dominanz der Bürokratien und die Ausschaltung der Landesparlamente[53] hierzulande. Diese Erfolge konnte man mit Hilfe der durch eine Gastprofessur in Südafrika etwas weniger sichtbar hervorgehobenen deutschen Beratung leichter erzielen, da sie die deutschen Probleme kannte. Neben anderen Aspekten führte das zu einem vollen Erfolg der Mission.

Ganz anders verliefen weitere Missionen, nun 1997 nach Georgien, um dort – finanziert von der *Gesellschaft für technische Zusammenarbeit* (*GTZ*) – ein Verfassungsgericht aufzubauen, und später in der russischen Föderation. In Georgien führte das zu wesentlichen Reformen im Rechtswesen und in der Aus- und Fortbildung der Richterschaft, was auch eine Verlängerung des Förderprogramms erforderlich gemacht hätte, die indes nicht gewährt wurde. Hinzukamen sachverständige Beratungen im Auftrag des Europarats, die dann die Aufnahme Georgiens in diesen Rahmen beförderten. Hingegen scheiterten auch vom Auswärtigen Amt positiv bewertete Bemühungen, Territorialkonflikte mit Vorstufen hin zu föderativen Formen zu mildern – letztlich wohl an den im Spiel befindlichen Großmachtinteressen im Umfeld. Die ab 1993 entstandenen und bis 2002 anhaltenden Missionen in Russland erbrachten Einsichten in die zunächst dual zu verstehende Struktur des dortigen Föderalismus; sie setzt sich zusammen aus einerseits Regelungen der Verfassungen und andererseits selbständigen konkurrierenden vertraglichen Regelungen zwischen der Zentralgewalt und den „Subjekten

53 Vgl. Hans-Peter Schneider, (Anm. 2), S. 232 f., 230; in der Sache ein weiterer Hinweis oben Anm. 45.

der Föderation", also den dezentralen Einheiten.[54] Hinzu kommen im Übrigen Erwartungen an eine starke zentrale Steuerung durch Dekret oder Weisung aus Moskau. Die Wandlungen des deutschen Föderalismus kennen solche Erwartungen nicht, aber doch schon den anhaltenden Ruf nach einheitlicher in einem Zusammenwirken geschaffenen Regelung. Zudem werden hierzulande verfassungsrechtliche Gestaltungen zunehmend durch mit diesen kompatiblen Vertragsstrukturen zwischen Bund und Ländern ergänzt, was – so Schneider – zunehmend zu Formen gemeinsam ausgeübter Staatsgewalt führt. In Russland kommt hinzu, dass konkurrierende Gesetzgebungszuständigkeiten voraussetzungslos von der zentralen Ebene ausgeschöpft werden können und werden. Außerdem können Rügen wegen Zuständigkeitsmängeln nicht angebracht werden – womit zunehmend der hergebrachte Zentralismus der sowjetischen Zeiten Urständ feiert. Solche Fragen wurden auf Tagungen, auch im Föderalismus-Institut in Hannover, erörtert; so wurden dessen Tagungen Ausgangspunkt weiterer Beratungstätigkeit, zunächst in Tatarstan. Wenn daraus im Einzelfall klare vertragliche Regelungen hervorgehen, dann können sie zu Barrieren jedenfalls gegen sezessionistische Bestrebungen werden. Weitere Besuche fanden statt in Pjatigorsk, Barnaul und Gorna-Altaisk, alle in abgelegeneren Regionen. Im Ergebnis zweifelt Schneider selbst am Erfolg seiner Bemühungen. Die föderative Staatspraxis der Russischen Föderation, geprägt von in ihr manifesten „Asymmetrien, Heteronomien und Hierarchien" – wie Hans-Peter Schneider sie nennt –, ging über sie hinweg. Aus ganz anderen Gründen mag es nicht sehr anders liegen mit den Bemühungen zweier Reisen nach Mozambique nach 1998, die wiederum die *Friedrich-Ebert-Stiftung* initiierte.

Auch die weiteren Tätigkeiten mit internationaler Ausrichtung ergaben sich aus den Aufgaben des Föderalismus-Instituts in Hannover. Zunächst wirkte es nach 1999 an einem Gutachten zum künftigen Status des Kosovo nach dem auch durch deutsche Voreiligkeiten im Wege der Anerkennung Sloweniens und Kroatiens als selbständigen Staaten beschleunigten Prozess mit; sie verfestigten das Auseinanderbrechen Jugoslawiens. Ausgelöst wurde der Gutachtenauftrag durch die Aktivitäten des befreundeten Instituts von *Thomas Fleiner-Gerster* und seiner Frau *Lidija R. Basta Fleiner,* nämlich dem *Institut für Föderalismusforschung* in Fribourg/Schweiz; zudem lag er aufgrund von Kontakten zum griechischen Außenministerium nahe, das wegen des künftigen Status des heutigen Nordmazedoniens die Dinge im Auge hatte. Auch hier hätte wohl ein früher Ausgleich Lösungen ermöglichen können, die kriegerische Auseinandersetzungen und ethnische Säuberungen vermieden hätten.

54 Dies ist schon sehr vereinfacht, vgl. ders., (Anm. 2), S. 266 f.

Weiterhin wurde Hans-Peter Schneider auf Vorschlag der Staatskanzlei in Hannover bei den Beratungen zum europäischen Verfassungsvertrag zur Wahrung der Interessen von Untergliederungen in föderalen Strukturen ab 2001 zugezogen. Ebenso war er international erneut befasst mit Verfassungspolitik im Interesse eines friedlich-föderalen Ausgleichs im Irak. Eine Tätigkeit in Bagdad – auf Anregung des Auswärtigen Amtes – kam allerdings aus Sicherheitsgründen nicht in Betracht, jedoch arrangierte die *Friedrich-Ebert-Stiftung* 2005/2006 zahlreiche Konsultationen in Amman, die zu diesem Ende führen sollten. Und an den Beratungen der Kommission zur Reform der Föderalismusreform II in Berlin war Hans-Peter Schneider als Föderalismus-Sachverständiger 2007–2009 beteiligt. Schließlich ließ er sich 2006 ein auf sachverständige Beratung zur Schaffung einer freieren Verfassung in Libyen. Vor dem Zusammenbruch des Regimes *Gadafi* wurde von einem der Söhne des Diktators eine Öffnung der Diktatur für freiere Formen der Herrschaft Teil eines politischen Programms. Hier erwiesen die tatsächlichen Verhältnisse, dass eine föderale Ordnung schon wegen der großen regionalen Unterschiede zwischen einem schmalen, dicht besiedelten und industrialisierten Küstenstreifen und großflächigen, dünn besiedelten Wüstenregionen nicht möglich war. Der friedliche Weg hin zu einer liberalen Demokratie wurde wenig später aufgegeben. Es kam zum Sturz des Regimes.

Das letzte Kapitel der Autobiographie „Gedanken zur Verfassungsräson" fällt knapp aus.[55] Um die eigene Position bei all den Anstrengungen um Verfassungen zu erläutern, sucht es zunächst den „*Willen zur Verfassung*" im Sinne der Freiburger Antrittsvorlesung von *Konrad Hesse* auf,[56] wobei dieser Bezug Schneiders diesen Willen aus seinem Kontext bei Hesse herauslöst.[57] Damit, so sagt Schneider, werde auch das sichtbar, was ihn in seiner Arbeit geleitet habe. Sodann findet man in einer auch für Laien zugänglichen Weise dargestellt, was eine Verfassung – um die es hier geht – überhaupt ist. Es werden Verfassungsvoraussetzungen genannt, darunter eine kompatible politische Kultur, passende wirtschaftliche Verhältnisse und die Glaubwürdigkeit des öffentlichen Lebens sowie einen Ausgleich zwischen Arm und Reich. Dann wird erläutert, welche Arten von Ver-

---

55 Bemerkenswert erscheint, dass a.a.O., S. 405, in diesem Kapitel eine Photographie von einem Besuch in Peking im Rahmen des im Text unter dem Bild genannten „Rechtsstaatsdialogs" mit Vertretern der VR China abgebildet ist, auf der H.-P. Schneider jemanden in Peking begrüßt, sich aber sonst kein Satz dazu findet.

56 Vgl. Abdruck des Textes der Vorlesung in: Konrad Hesses normative Kraft der Verfassung, hrsg. v. J. Krüper, M. Payandeh u. H. Sauer, Tübingen 2019, S. 1 ff. (8 ff.) u. dort die Analyse v. R. Wahl, Die normative Kraft der Verfassung. Die Antrittsvorlesung Konrad Hesses in ihrem historischen Kontext, S. 19 ff. (32 ff.).

57 Das gilt auch für seine *lectio aurea*, vgl. H.-P. Schneider (Anm. 10) S. 296.

fassungen es gibt, wie eine Verfassung dieser Art entsteht, ob man sie ändern kann, wozu sie dient, was sie leisten kann und wer sie schützt. Das klingt sehr abstrakt, wird aber durch den Rückgriff auf Regelungen des Grundgesetzes für die Bundesrepublik Deutschland und auf Beispiele aus Schneiders Beratungspraxis sehr anschaulich. Nach dem Vorwort der Autobiographie sollten diejenigen Leser, die noch keinen Zugang zum Thema „Verfassungen" mitbringen, dieses Kapitel zuerst lesen – eine Aufgabe der Einführung in das Buch, die das Kapitel in der Tat erfüllen kann. Zudem hellt es auf, welche Themen in der „Verfassungszeit" dieser Autobiographie, also im Berufsleben des Autors, die Hoffnungen, Erwartungen und auch späteren Enttäuschungen seine Auftraggeber zur Zeit ihrer Suche um Rat beflügelten. In der wissenschaftlichen Arbeit des Autors hätte dieses Kapitel indes auch als Aufriss für eine Verfassungslehre dienen können, wäre dazu die Kraft noch zur Hand gewesen, auch in der Abgeschiedenheit der neuen Wahlheimat in Südafrika oder aus ihr heraus.

VII. Blick zurück

Zweck des vorliegenden Beitrags, insbesondere der Darstellung der internationalen und innerdeutschen Beratungstätigkeiten von Hans-Peter Schneider war die Würdigung seiner wissenschaftlichen Leistung auf diesem Gebiet, nachdem sein Werk und seine Tätigkeit als Hochschullehrer schon von anderen eingehend gewürdigt worden sind. Hierzu lässt sich feststellen, dass der Umfang, die Vielfalt, die Intensität und die Wirksamkeit der Beratungstätigkeiten für sich genommen eine außerordentliche Leistung darstellen. Solche Tätigkeiten werden sehr selten in diesem Maße wahrgenommen. Sie setzen nicht nur große Fähigkeiten des Ausgleichs, der Anpassung und der spontanen Intervention voraus, sondern auch den Willen, die Spannkraft und die Bereitschaft, diese einzusetzen. In diesem Sinne ist und bleibt Hans-Peter Schneider eine außerordentliche Erscheinung der deutschen Staatsrechtslehre. Das Grundgesetz als international respektierte Verfassung hat ihm sicher auf diesem Weg geholfen und er hat dieses Ansehen gefördert.[58] Auch das lässt ihn und seine verfassungspolitischen Leistungen in besonderem Maße hervortreten. Auf internationaler Ebene gilt das besonders wohl für die Beratungs-

58 Vgl. dazu besonders seine Ausführungen in der *lectio aurea*, vgl. ders., (Anm. 10), S. 300 ff.; diese stützt sich weithin auf verfassungsgeschichtliche, verfassungsvergleichende u. verfassungskulturelle Postulate von u.a. D. Grimm, S. Baer, P. Häberle u. R. Wahl, wobei er Grimms Kritik an einem globalen Konstitutionalismus allerdings scharf zurückweist; dieser geht von einem demokratischen Verfassungsbegriff aus.

tätigkeit in Spanien, in Südafrika, und dem Ansatz nach auch in Georgien. Im Übrigen gilt indes *mutatis mutandis* nicht nur für Personen, sondern auch für ihre Meriten, zumal im Falle von Juristen und Diplomaten, was der in London arbeitende Bankier *Sir Siegmund Warburg* (1902–1982) einmal schrieb. Er lebte übrigens als Kind und in jungen Jahren – bis zum ausgezeichneten Abitur – auf der Schwäbischen Alb nahe Bad Urach. 1974 steht in einem Brief an seinen Arzt, *Dr. Heinz Goldman*: „We should not deceive ourselves into thinking that when we die we shall be remembered intensively for more than a limited number of days – except by a very few people to whom we are bound by the closest ties of friendship and emotional attachment."[59]

59 Vgl. mit dem archivalischen Nachweis N. Ferguson, High Financier. The Lives and Time of Siegmund Warburg, London 2010, S. XIII.

https://doi.org/10.1515/9783110767032-025

XVIII
Michael Stolleis (1941–2021)

Walter Pauly

I. Wegbereiter einer modernen Wissenschaftsgeschichte des öffentlichen Rechts

Seit Studientagen hatte Michael Stolleis die Frage umgetrieben, ob ein so beispielgebendes Werk wie Franz Wieackers „Privatrechtsgeschichte der Neuzeit“ (2. Auflage 1967) nicht auch für das öffentliche Recht geschrieben werden könne. Die Umsetzung dieser Idee mündete Mitte der achtziger Jahre in einen Drittmittelantrag, der noch von einer einbändigen Abhandlung der „Geschichte des öffentlichen Rechts in Deutschland“ binnen eines Jahres ausging, woraus dann aber im Verlauf eines guten Vierteljahrhunderts vier Bände erwachsen sollten.[1] Das Werk hat seinem Autor bereits in der Realisierungsphase höchste wissenschaftliche Anerkennung und Auszeichnung eingetragen: drei Jahre nach Erscheinen des ersten Bandes den Leibniz-Preis der Deutschen Forschungsgemeinschaft (1991), ein Jahr nach der des dritten Bandes den Preis der Internationalen Balzan-Stiftung (2000), zwei Jahre nach der des abschließenden vierten Bandes die Aufnahme in den Orden Pour le mérite für Wissenschaften und Künste (2012) sowie schließlich den Hegel-Preis der Stadt Stuttgart (2018). Entstanden war mit den Jahren ein weitgespanntes Panorama publizistischer Gelehrsamkeit, das das Denken und die Diskurse über öffentliche Angelegenheiten und Herrschaft von der Frühen Neuzeit bis zur deutschen Wiedervereinigung und teils darüber hinaus rekonstruierte; sein Blickwinkel war dabei der einer rechtlich-politisch zentrierten intellectual history mit Elementen einer „Ideen-, Geistes-, Mentalitäts- oder Literaturgeschichte“.[2] Eine solcherart gefasste und betriebene Wissenschaftsgeschichte des öffentlichen Rechts bildete in der deutschen Forschungslandschaft des 20. Jahrhunderts ein Desiderat. Vorläufer fand sie im Wesentlichen in der von Robert von Mohl Mitte des 19. Jahrhunderts vorgelegten dreibändigen „Geschichte und Literatur der Staatswissenschaften“ sowie in Johann Stephan Pütters (in der Ergänzung

1 M. Stolleis, Geschichte des öffentlichen Rechts in Deutschland, Bd 4, 2012, S. 678 („Rückblick“).
2 Gegenstandsbestimmung in der der späten, vorbildlichen Synthese bei M. Stolleis, Verfassungs- und Verwaltungsgeschichte, 2017, S. 34.

durch Johann Ludwig Klüber) vierbändigen „Litteratur des Teutschen Staatsrechts“ aus dem letzten Drittel des 18. Jahrhunderts. Interessiert am verständlichen Erzählen in elegantem Stil, wollte Stolleis den windungsreichen Transportwegen von Gedanken folgen und die „Sedimentschichten geistiger Produktion“ durchdringen; wie er im für ihn nicht scharf von der wissenschaftlichen Sphäre abgegrenzten literarischen Kontext ausführte, sollte auf diese Weise letztlich das „geistige Europa“ erforscht und ein Beitrag zu einer „Kulturgeschichte des menschlichen Denkens“ geleistet werden.[3]

II. Biographisches

Geboren am 20. Juli 1941 in Ludwigshafen am Rhein, aufgewachsen im vorderpfälzischen Gimmeldingen, einem heutigen Stadtteil von Neustadt an der Weinstraße, verbrachte Michael Stolleis seine Jugend auf dem Carl-Theodor-Hof, den sein Vater Erich Stolleis 1950 erworben hatte und, selbst Winzersohn, neben seiner Anwaltstätigkeit als Weingut bewirtschaftete. Nach dem Abitur am Neustädter altsprachlichen Kurfürst-Ruprecht-Gymnasium absolvierte Stolleis zunächst die Winzergehilfenprüfung, an die sich ab 1961 das Studium der Rechtswissenschaft in Heidelberg anschloss, wo er auch Mitglied des Corps Saxo-Borussia wurde. Sein Studium hat Stolleis ab 1963 in Würzburg, bald ergänzt um die Fächer Germanistik und Kunstgeschichte, fortgeführt und 1965 mit dem Ersten Staatsexamen abgeschlossen. Der Wechsel nach München brachte den zeitlebens sowohl menschlich als auch wissenschaftlich hoch geschätzten Kontakt mit Sten Gagnér (1921–2000), der die 1967 erfolgte Promotion betreute, auf die 1969 das bayerische Assessorexamen folgte. Seit 1970 Assistent an dem von Axel Freiherr von Campenhausen geleiteten kirchenrechtlichen Institut habilitierte Stolleis sich 1973 an der Universität München für die Fächer Staats- und Verwaltungsrecht, Neuere Rechtsgeschichte und Kirchenrecht, um nach einem Vertretungssemester in Kiel bereits 1974 auf einen Lehrstuhl an die Goethe-Universität Frankfurt am Main berufen zu werden, der er trotz Rufen nach Düsseldorf (1980) und Göttingen (1989) die Treue hielt.

3 M. Stolleis, Brotlose Kunst. Vier Studien zu Johann Peter Hebel, 2006, S. 71 f., wobei das „chaotisch wuchernde Netzwerk“ des Erzählgutes von „nicht-linear“ verfahrenden Fährtensuchern erschnuppert und verfolgt würde. Zugleich interessierte Stolleis sich für die jeweiligen Übermittlungs- und Lernformen und damit den individuellen und gesellschaftlichen Wissenstransfer; vgl. ders., Der lernfähige und lernende Staat, in: J. Fried / M. Stolleis (Hrsg.), Wissenskulturen, 2009, S. 58 ff., u. ders., Wie Institutionen lernen, 2016.

Stolleis war nach eigenem Bekunden ein Mann der Universität, und er blieb es auch, nachdem er 1991 zum wissenschaftlichen Mitglied der Max-Planck-Gesellschaft und Direktor des Max-Planck-Instituts für europäische Rechtsgeschichte in Frankfurt/M. ernannt worden war. Als sein Habilitand und Mitarbeiter seit 1990 habe ich seine täglichen Schreibtischwechsel erlebt: Morgens meist schon vor 7 Uhr am Lehrstuhl seine Texte in den PC eingebend, blieb er dort bis zum regelmäßigen, oft gemeinsamen Besuch der Bockenheimer Mensa, dann erfolgte der Übergang ins Institut im Hausener Weg, im Sommer zuweilen abgekühlt im Freibad Hausen oder Brentanobad, und nicht selten kehrte er am späten Nachmittag wieder in das Universitätsgebäude in der Senckenberganlage zurück. Stolleis war ein bei den Studierenden beliebter Hochschullehrer, und ihm war der Kontakt zu diesen wichtig. Studentische Seminare begriff er als wertvolle Diskussionsforen und zugleich eine unverzichtbare Gelegenheit zur Rekrutierung von Doktoranden und Nachwuchskräften. Beeindruckend waren seine persönliche Bescheidenheit, sein vielfach gerühmter menschenfreundlicher Ton, seine hohe kommunikative Kompetenz, sein breit gefächerter Kenntnisreichtum, sein nachhaltiges wissenschaftliches Interesse, sein unermüdlicher Fleiß und vor allem seine enorme schriftstellerische Produktivität. Dabei konnte er seinem Gegenüber durchaus fordernd und mit deutlicher Kritik begegnen, verbunden zumeist mit einer Ermunterung zu einem gelingenden Neuansatz. Sein wissenschaftlicher Anspruch, seine analytische Stärke wie Schärfe gewannen insbesondere auch bei Vortrags- und Diskussionsveranstaltungen eine greifbare Präsenz.

Für eine besondere Belebung des rechtshistorischen Diskurses sorgte seit Ende der achtziger Jahre das Graduiertenkolleg für europäische mittelalterliche und neuzeitliche Rechtsgeschichte, an dem Stolleis neben insgesamt sieben Frankfurter Kollegen aus der Privatrechtsgeschichte maßgeblich beteiligt war. Einen international und interdisziplinär noch weiter gespannten Rahmen bot das MPI, dem Stolleis eine neue Ausrichtung und damit verbunden weithin wahrgenommenen Glanz verlieh, das ihn aber auch viel Kraft kostete. Die Leitung dieses Hauses bis zum Eintritt in den Ruhestand, dort wie in der Universität im Jahr 2006, verlängerte sich um die Spanne von 2007 bis 2009, in der sich Stolleis als kommissarischer Direktor erneut in die Pflicht nehmen ließ. Seinem Einsatz verdankt sich der Institutsneubau auf dem Campus Westend und seiner Strahlkraft der Fortbestand des Instituts in einer Zeit, in der das Göttinger Schwesterinstitut für Geschichte abgewickelt werden sollte. Belege für die Resonanz auf die vielfältigen akademischen Aktivitäten und wissenschaftlichen Leistungen liefern auf ihre Weise die Verleihungen des Bundesverdienstkreuzes I. Klasse (2010) und des Großen Bundesverdienstkreuzes mit Stern (2015), vor allem aber die Ehrendoktorate der Universitäten Lund (1999), Toulouse (2002), Padua (2004) und Helsinki (2010). Zeugnis eines überragenden Forscherlebens legt nicht zuletzt die Aufnahme in zahlreiche Akademien im In- und Ausland, darunter die Finnische wie die Königlich Dänische Akademie der Wissenschaften und Literatur, die Deutsche Akademie für Sprache und Dichtung, die Berlin-Brandenburgische Akademie der Wissenschaften sowie die Deutsche Akademie der Naturforscher Leopoldina.

III. Werkphasen und -schichten

Angesichts von über 550 Schriften, Abhandlungen und Aufsätzen sowie ungezählten Rezensionen lässt sich das Oeuvre von Stolleis nur schlaglichtartig ohne jeden Anspruch auf Vollständigkeit vorstellen. Früh deuten sich einzelne thematische Motive an, die im Fortgang des Werkes wieder aufgegriffen und variiert werden. Gleichzeitig treten auf den einzelnen Werkstufen neue Arbeitsfelder hinzu, die kunstvoll in das Gesamtgewebe eingeflochten werden. Das große Leitthema bildet dabei die Geschichte des öffentlichen Rechts, und die durchgängige Methode einer Historisierung aller untersuchten Gegenstandsbereiche liefert gleichsam den roten Faden.

1. Recht, Moral und Politik in der Philosophie der Spätaufklärung

Die wissenschaftlichen Anfänge von Stolleis liegen auf dem Gebiet der Aufklärungsphilosophie. Mit dem Breslauer Popularphilosophen Christian Garve (1742–1798) widmet sich die Dissertation einer Übergangsfigur zwischen dem verblassenden rationalistischen Naturrechtssystem eines Christian Wolff und der kometenhaft aufsteigenden Vernunftphilosophie Immanuel Kants. Der junge Doktorand zeigt auf, wie der sich selbst als „der deutsche Hume" stilisierende Garve mit utilitaristischem Wirklichkeitssinn das moralisch Gute und rechtlich Geltende mit dem Nützlichen konfundiert. Garves Glückseligkeitslehre erlaubte in ihrer Erfahrungsabhängigkeit, Einzelfallorientierung und populären Präsentation Stolleis zufolge einen aufschlussreichen Einblick in die zeitgenössischen Wertvorstellungen und bündelte sowohl durch ihren Eklektizismus als auch über die vielfältig an ihr geübte Kritik zentrale geistesgeschichtliche Entwicklungslinien.[4] Um diese auf breiterer Quellengrundlage herauszuarbeiten, entstand im Verlauf von fünf

4 M. Stolleis, Die Moral in der Politik bei Christian Garve, Diss. Iur. München, Leidig-Druck 1967, S. 113 ff. u. passim.

Jahren eine Neubearbeitung der Untersuchung, die an mehreren Stellen charakteristische Grundzüge des späteren Denkstils von Stolleis erkennen lässt. So wird der Erkenntniswert gerade der „Zwischenphase“ inmitten von „Gipfeln“ herausgestellt und Garve in seiner „Aversion gegen begriffliche Abstraktionen“ gewürdigt, wogegen Wolff „more geometrico aus Begriffen neue Wahrheiten abzuleiten“ versucht habe.[5] Während Garves Werk auf eine verständliche Darstellung schwieriger Gedanken ausgerichtet gewesen sei, habe Kant „das Bedürfnis nach größerer Popularität kurzerhand“ missachtet; sein gleichwohl unbestreitbarer Erfolg wird einem „Bedürfnis nach Unterwerfung unter einen geistigen Führer“ zugeschrieben.[6] Anders als Kant habe Garve durch das eigene Denken die Wirklichkeit nicht zu revolutionieren gesucht, sondern Philosophie als Mittel des Trostes und weniger der Erkenntnis eingesetzt, indem notwendige Zusammenhänge aufgezeigt und mit gelehrten und wohlabgewogenen Argumenten affirmiert worden seien. Thematisch wird schließlich bereits die Völkerrechtsgeschichte, auch in seinem ersten veröffentlichten Begleitaufsatz,[7] der wohlgemerkt in einer rechtsphilosophischen Zeitschrift erscheint – wie denn auch die Buchproduktion mit dem genannten Erstling in der Reihe „Monographien zur philosophischen Forschung“ anhebt.

Der Faden der Aufklärungsphilosophie findet sich binnen einer Dekade in einem Aufsatz zu Bedeutungskomponenten und -wandlungen des Terminus „Bürger“ wieder aufgenommen, der die historischen Prozesse einer absolutistischen Herstellung eines vergleichsweise einheitlichen Untertanenverbandes, einer Ausdifferenzierung einer gegenüber dem Staat sicherungsbedürftigen bürgerlichen Gesellschaft und schließlich des Aufkommens von Ansprüchen politischer Mitbestimmung ausleuchtet.[8] Sodann führte die „Geschichte des öffentlichen Rechts“ Stolleis erneut zur Aufklärung, zu den teils schon früher einsetzenden, aber in ihr kulminierenden Rationalisierungsschüben und Säkularisierungstendenzen. Einen zentralen Stellenwert im deutschen Kontext des ius publicum universale nahm die Glückseligkeit ein, in die durchaus zwiespältig Freiheit eingelesen wurde. Garve dagegen wird nur noch in seiner Eigenschaft als „Übersetzer“ in einer Fußnote erwähnt.[9] Aus diesem Fundus schöpft dann wiederum ein 1994 in Halle

---

5 M. Stolleis, Staatsraison, Recht und Moral in philosophischen Texten des späten 18. Jahrhunderts, 1972, S. 3, 11 u. 20.

6 Hierzu und zum Folgenden M. Stolleis (Fn 5), S. 100 ff.

7 M. Stolleis, Über die Verbindung der Moral mit der Politik, ARSP Bd 55 (1969), S. 269 ff.

8 M. Stolleis, Untertan – Bürger – Staatsbürger, in: R. Vierhaus (Hrsg.), Bürger und Bürgerlichkeit im Zeitalter der Aufklärung, 1981, S. 65 ff.

9 M. Stolleis, Geschichte des öffentlichen Rechts in Deutschland, Bd 1, 1988, S. 324 Anm. 182.

an der Saale gehaltener Vortrag,[10] der sich keineswegs in einer Hommage an die dortige Frühaufklärung erschöpft, sondern den Bogen bis zur kantischen Eudämonismuskritik und Rechtsstaatskonzeption („status juridicus") schlägt. Garve taucht dann allerdings noch einmal in einer Beisteuerung zu einer Anthologie auf, die Aufklärung in einem Festschriften- und Akademiebeitrag.[11]

2. Rechtsgeschichte des Nationalsozialismus

Nach einer Vorstudie zum Gemeinschaftsgedanken[12] dekonstruiert die Habilitationsschrift die im nationalsozialistischen Recht instrumentalisierten Gemeinwohlformeln, die jedoch zu einem großen Anteil bereits dem tradierten Recht zu eigen waren. Herausgearbeitet wird die Bedeutsamkeit der fachrechtlichen Verwendungszusammenhänge, die minutiös in Rechtspraxis und -literatur nachgezeichnet werden. Eine darauf gestützte Diskreditierung des Gemeinwohls, wie sie nach 1945 angetroffen werden konnte, lag Stolleis fern. Dennoch wollte er eine Skepsis gegenüber Gemeinwohlformeln gerade auch für die Zeit einer erfolgten Historisierung des Nationalsozialismus wach halten.[13] Weder die verbreitete Sichtweise eines nationalsozialistischen Missbrauchs der „wahren Gemeinwohlidee" ließ er gelten, noch die verharmlosende Kaschierung der Unterschiede zwischen dem NS-Gebrauch und dem Gehalt der älteren Gemeinwohlformeln.[14] Konsequent folgt von daher auf die Einleitung ein rechtshistorischer Abriss der Gemeinwohlidee, der insbesondere die nicht erst 1933 aufgekommenen Lehren eines germanisch-deutschen Rechtsdenkens einer kritischen Revision unterzieht und sich wissenschaftstheoretisch zur Ideologiekritik des kritischen Rationalismus namentlich eines Karl Popper bekennt,[15] woran Stolleis zeitlebens festgehalten hat. Seine Betrachtung entsprechender rechtsphilosophischer Positionen lässt eine deutliche

---

10 M. Stolleis, Jus publicum und Aufklärung, N. Hammerstein (Hrsg.), Universitäten und Aufklärung, 1995, S. 181 ff.

11 M. Stolleis, Christian Garve. Über die Muße, in: Ein solches Jahrhundert vergisst sich nicht mehr. Lieblingstexte aus dem 18. Jahrhundert, 2000, S. 577 ff., ders., Aufklärung und öffentliches Recht, H. de Wall u.a. (Hrsg.), Festschrift für Christoph Link, 2003, S. 993 ff., u. ders., Aufklärung und Modernisierung des Rechts, in: R. Enskat u.a. (Hrsg.), Aufklärung und Wissenschaft. Acta Historica Leopoldina Bd 57, 2011, S. 63 ff.

12 M. Stolleis, Gemeinschaft und Volksgemeinschaft, Vierteljahreshefte für Zeitgeschichte 1972, S. 16 ff.

13 M. Stolleis, Gemeinwohlformeln im nationalsozialistischen Recht, 1974, S. 305.

14 M. Stolleis (Fn 13), S. 8 u. 297.

15 M. Stolleis (Fn 13), S. 27.

Reserve gegenüber spekulativen geschichtsphilosophischen Positionen, insbesondere aus dem Vorstellungsbereich des Deutschen Idealismus, erkennen. Für den Zusammenhang von Gemeinwohl und Staatszweck referiert die Schrift den heterogenen Theoriebefund seit 1900 anhand von Gierke, Kjellén, Jellinek, Kelsen, Schmitt, Heller und Smend, um vor diesem Hintergrund die in der NS-Lehre typische Verknüpfung von organizistischem Staatsbegriff und einer Instrumentalisierung des Staates nachzuzeichnen. Keineswegs selbstzweckhaft diente der Staat vielmehr einem letztlich irrational bestimmten Volk, dessen begrifflicher Zuschnitt in der Staatsrechtsliteratur der Endzeit der Weimarer Republik vorbereitet wurde. Trotz völkischer Grundierung wurde die Gemeinwohlkonkretisierung als eine Führerdomäne verstanden. Beschrieben werden die im Detail überaus inhomogenen Anwendungspraktiken, die ebenso eine gewisse Beharrungskraft überkommener Entscheidungsmuster beinhalteten wie eine Tarnung partikularer Interessenverfolgung durch die Fassade eines behaupteten Gemeinschaftsnutzens. Hinter diesem verdeckten Interessenpluralismus standen Stolleis zufolge Machtrivalitäten und Positionskämpfe, wie sie nicht zuletzt die polyarchische Gesamtstruktur des NS-Systems kennzeichneten.

Die Auseinandersetzung mit dem Nationalsozialismus blieb ein Lebensthema. Dafür dürfen biographische Bezüge hergestellt werden, war sein Vater Erich Stolleis (1906–1986) schon Jahre vor der Machtergreifung in die NSDAP eingetreten und seit 1937 Oberbürgermeister der Industriestadt Ludwigshafen. Vierzehn Tage vor der Geburt seines ersten Sohnes Michael war er als freiwilliger Kriegsteilnehmer in Nordafrika in britische Gefangenschaft geraten, aus der er erst 1947, interniert in Australien, zurückkehrte. Der lange Zeit abwesende Vater hatte als Mitglied verschiedener NS-Organisationen und Inhaber lokal exponierter Funktionen parteiinterne Konflikte erlebt und Anfeindungen erfahren; sein Befehl eines Polizeieinsatzes gegen die SA in der Reichsprogromnacht hatte ihn für den zuständigen Gauleiter zum „Parteifeind Nummer eins“ werden lassen.[16] Möglicherweise hat dieser familiäre Hintergrund dem jungen Rechtshistoriker ein besonderes Gespür für disparate Strömungen, diffuse Positionen und politische Divergenzen während der Zeit des Nationalsozialismus vermittelt. Über Gespräche zwischen ehemaligen Nationalsozialisten und ihren Kindern, in denen über die Beurteilungskompetenz aus eigenem Zeiterleben versus nachträglicher Lektüre debattiert wurde, hat Michael Stolleis geschrieben und hierin zu Recht keine spe-

16 M. Stolleis, Nahes Unrecht, fernes Recht, 2014, S. 137. Stolleis, ebd., S. 135, nennt als Initialzündung seines Interesses am NS den aufrüttelnden Besuch der Brecht-Inszenierung von „Der aufhaltsame Aufstieg des Arturo Ui“ im Theater am Schiffbauerdamm zu Schulzeiten.

zifische Problemstellung der NS-Geschichte gesehen.[17] Dass Zeitzeugen ausschnitthafte Einblicke eröffnen und auf ihre Weise für Hintergrund und Farbe sorgen können, beschreibt eben nur einen ersten Schritt im Erkenntnisprozess. Methodische Selbstprüfungen und -versicherungen waren Stolleis im Zusammenhang der wissenschaftlichen Befassung mit dem Nationalsozialismus schon deswegen wichtig, weil er um die tiefen psychisch-emotionalen Spuren gerade dieses Zeitabschnitts sogar für die nachfolgenden Generationen wusste. Aufschlussreich ist ebenfalls seine Beobachtung, dass die – auch von ihm maßgeblich erbrachte – Pionierleistung einer Erforschung der nationalsozialistischen Rechts- und Wissenschaftsgeschichte durch sich qualifizierende Nachwuchskräfte an die Betreuung durch dem Nationalsozialismus fern stehende Hochschullehrer gebunden war.[18] Im Einleitungsaufsatz zum Sammelband, der seine zentralen Abhandlungen zur NS-Rechtsgeschichte umfasst, hat Stolleis sich selbst als einen deutschen Juristen verortet, der „in Frieden und Wohlstand nach 1945 aufgewachsen, [...] weder direkt noch indirekt zu den Opfern des Systems“ gehörte, der sich aber, den Werten der grundgesetzlichen Rechtsordnung verbunden, für jene Zeit und ihre Taten wenn nicht schuldig, so doch verantwortlich fühle.[19] Umso größer war sein Entsetzen über die Enthüllungen hinsichtlich eines Staatsrechtslehrers, der nach dem Ende der NS-Zeit innerlich gewandelt im bundesrepublikanischen Verfassungssystem angekommen schien, anonym jedoch fortlaufend in rechtsextremen Gazetten veröffentlichte. Ein Gesamtporträt der Geschichte des Fachs in der Zeit des Nationalsozialismus hat Stolleis im dritten Band seines opus magnum gezeichnet, das mit dem Befund einer allseitigen Täuschung der Rechtswissenschaftler über das Regime schließt.[20] Die Befürchtungen der Gegner wären durch das Ausmaß der Verbrechen und Verwüstungen in einem kaum vorstellbaren Ausmaß übertroffen worden; die Hoffnungen der Befürworter seien durch den konkreten Verlauf auf jeweils eigene Art enttäuscht worden.

---

17 M. Stolleis, Vorurteile und Werturteile der rechtshistorischen Forschung zum Nationalsozialismus, Teil I, in: NS-Recht in historischer Perspektive, 1981, S. 23.

18 M. Stolleis (Fn 17), S. 20. Man habe ihm in der Münchener Fakultät zu verstehen gegeben, er habe „kein besonders angesehenes Thema“ gewählt, das zudem „sofort mit ‚links‘ assoziiert wurde“, erinnert M. Stolleis (Fn 16), S. 147.

19 M. Stolleis, „Recht im Unrecht“, in: ders., Recht im Unrecht, 1994, S. 9.

20 M. Stolleis, Geschichte des öffentlichen Rechts, Bd 3, 1999, S. 414.

3. Forschungen zur Geschichte des öffentlichen Rechts

Mitte der siebziger Jahre legte Stolleis eine erste Abhandlung zur Staatsräson-Literatur im 17. Jahrhundert vor,[21] nachdem er diesen Themenkreis bereits in seinen Garve-Studien für die Spätaufklärung erörtert hatte. In der Folgezeit behandeln mehrere Aufsätze die unter die schillernde Formel „ratio status" gefassten Ausnahmen von Vertrags-, Rechts- oder Moralnormen, die sich auf necessitas, utilitas oder bonum commune berufen. Dabei werden Bezüge hergestellt zum (Anti)Machiavellismus, Tacitismus, zur Lehre von den arcana imperii sowie zu der für das Regentenhandeln bemühten Metapher von Löwe und Fuchs. In Absetzung von Friedrich Meinecke setzt Stolleis hierbei den Akzent auf eine möglichst vollständige Erfassung der Literaturlandschaft, also nicht nur der Werke der „Zelebritäten", sondern auch der „Mediokritäten" abseits der Gipfelwanderung entlang der großen Geister, wo der berühmte Ideenhistoriker nur noch die verschrobenen Meinungen von dritt- und viertklassigen Denkern anzutreffen meinte.[22] Die über eine Forschungsdekade publizierten Aufsätze zur Frühen Neuzeit, die sich mit der Staatsbildung, der damit verbundenen Gesetzgebungsideologie, den Souveränitätslehren sowie den Auswirkungen der Glaubensspaltung auf das ius publicum befassen, bündelt der zitierte, erst 1990 erschienene Sammelband. An diese Vorarbeiten konnte der 1988 vorgelegte erste Band der „Geschichte des öffentlichen Rechts in Deutschland" anknüpfen, der sich laut Untertitel der „Reichspublizistik und Policeywissenschaft. 1600–1800" widmet. Im Vordergrund steht die Herausbildung des Universitätsfaches „Öffentliches Recht" in der zweiten Hälfte des 16. Jahrhunderts samt seines spezifischen Gegenstandes in einem intrikaten Wechselspiel zwischen verfassungsgeschichtlichen Realien einerseits und wissenschaftsgeschichtlich relevanten Reflexionen sowie der sie ermöglichenden Umstände andererseits. Die teils von Säkularisierungs-, teils von Konfessionalisierungstendenzen getragene Entstehung eines zentralisierten, territorial radizierten Anstaltsstaats, der eigenen politischen, von moralischen und religiösen Bindungen weitgehend freigesetzten Sachgesetzlichkeiten folgte, lieferte eine wesentliche Vorbedingung für das Aufkommen eines diese „Maschine" beschreibenden und ausformenden ius publicum. Trotz der betonten genetischen Verbindung von sich anbahnender moderner Staatlichkeit und Aufkommen des ius pu-

21 M. Stolleis, Textor und Pufendorf über die Ratio Status Imperii im Jahre 1667, in: R. Schnur (Hrsg.), Staatsräson, 1975, S. 441 ff.; vgl. dann vor allem ders., Arcana imperii und Ratio status, 1990.

22 M. Stolleis, Friedrich Meineckes „Die Idee der Staatsräson" und die neuere Forschung, in: ders., Staat und Staatsräson in der frühen Neuzeit, 1990, S. 138, 152 u. 158 f.

blicum[23] legt Stolleis den Schwerpunkt auf das Ius publicum Imperii Romano-Germanici, obschon das Reich nicht umstandslos als Staat begriffen werden kann. Zudem beschreibt er die randständige Bedeutung des ius publicum territoriale im zeitgenössischen Universitätsbetrieb,[24] obwohl sich die Staatsbildung in Deutschland doch gerade in den Territorien vollzog. Aber mit dem „Einbruch des Religionsstreits in das sakral gedeutete Reich" und den hierdurch weiter beförderten Unabhängigkeitsbestrebungen der Territorialstaaten war ein Verrechtlichungsschub und juristischer Problemdruck entstanden,[25] den weder das Gemeine Recht noch die überkommene politische Philosophie zu bewältigen imstande war. Von hier aus spannt die in ihrer Erfassungsbreite und Durchdringungstiefe bahnbrechende Studie den Bogen über die Entwicklungsphasen der Reichspublizistik, das weitgehend naturrechtliche ius publicum universale hin zur Guten Policey und Policeywissenschaft, aus der letztlich das Policey- und damit grosso modo das Verwaltungsrecht erwachsen sollte. Immer wieder profitiert das Werk von einzelnen Vorarbeiten und bildet selbst den Ausgangspunkt für weitere Forschungsprojekte.[26]

Im Abstand von vier Jahren ließ Stolleis den zweiten Band „Staatsrechtslehre und Verwaltungswissenschaft. 1800–1914" seiner „Geschichte des öffentlichen Rechts" folgen. Die im Vergleich zum ersten Band fast auf die Hälfte verkürzte Zeitspanne der Darstellung gilt dem langen 19. Jahrhundert (E. Hobsbawm) zwischen der Epochenschwelle der Französischen Revolution und der Zäsur des Ersten Weltkrieges. Stichwortartig geht es um das öffentliche Recht und seine Wissenschaft im Übergang vom aufgeklärten Absolutismus zum Frühkonstitutionalismus, das Staatsrecht des Deutschen Bundes wie der Territorien, die Staatslehre in Vormärz und Revolution, den Weg zur Reichsgründung, das Reichsstaatsrecht in seinem Glanz, seinen bald auftretenden Rissen, Wandlungen und Erschütterungen, die in Konjunkturen blühende und verdorrende Allgemeine Staatslehre und nicht zuletzt das sich ausbildende Verwaltungsrecht. Zu bewältigen war wiederum eine erdrückende Literaturfülle in Verknüpfung mit einer sich auf verschiedensten Ebenen mit unterschiedlichen „Fließgeschwindigkeiten" verschiebenden Wirklichkeit, was durchaus zu einer „Ungleichzeitigkeit" synchroner verfassungs-, sozial-, kultur- und wissenschaftsgeschichtlicher Befunde und einer ge-

23 M. Stolleis (Fn 9), S. 46.

24 M. Stolleis (Fn 9), S. 186.

25 M. Stolleis (Fn 9), S. 126 ff.

26 Vgl. M. Stolleis, Pecunia nervus rerum, 1983; ders. (Hrsg.), Hermann Conring (1606–1681); ders., (Hrsg.), Staatsdenker in der frühen Neuzeit, 3. Aufl. 1995; K. Härter / M. Stolleis (Hrsg.), Repertorium der Policeyordnungen der Frühen Neuzeit, 11 Bände, 1996 ff., u. weiter M. Stolleis (Hrsg.), Policey im Europa der frühen Neuzeit, 1996.

wissen Ambivalenz und Zerrissenheit, etwa im Zusammentreffen von Nationalismus und Internationalismus, führen kann.[27] Durchgängig betrachtet wird die Legitimitätsfrage, angebunden an den „Rechtsstaat“, die nationale Einigung, die weitgehend blockierte demokratische Partizipation, die späten Parlamentarisierungstendenzen sowie die ökonomische und politische Sekurität. Stolleis vermerkt bereits im ausgehenden 19. Jahrhundert in Phasen der Verunsicherung Anzeichen einer Umstellung auf leistungsstaatliche Abhängigkeiten zur Sicherung der Massenloyalität in der Industriegesellschaft.[28] Ein nachfolgender Sammelband[29] vertieft auch hier einzelne Aspekte, darunter die Verfassungsideale der europäisch gelesenen 48er Bewegung, die sog. innere Reichsgründung und Entstehung des Interventionsstaates, die im Kriegsverwaltungsrecht kulminierte.

Für den dritten Band „Staats- und Verwaltungsrechtswissenschaft in Republik und Diktatur. 1914–1945“, der die Geschichte des öffentlichen Rechts gerade einmal um gut drei Jahrzehnte fortschreibt, verlängert sich der Erscheinungsabstand auf sieben Jahre, was auf eine außerordentliche Dichte des zu analysierenden Materials hindeutet. Die erste, wesentlich während eines Forschungsaufenthaltes an der Universität Lund verfasste Bandhälfte behandelt das öffentliche Recht als Gegenstand und Disziplin im Ersten Weltkrieg, in der anschließenden Revolution und in der ersten deutschen Republik samt ihrer Reichsverfassung. Besondere Aufmerksamkeit erhält die Staatsrechtswissenschaft, die sich 1922 in einer wissenschaftlichen Vereinigung zusammenschließt und in einen über die Grenzen des Fachs und der nationalen Einbettung hinaus viel beachteten, bis heute legendären Methoden- und Richtungsstreit eintritt. Zum Kontext dieser „Generaldiskussion um den Standort“ in einer krisenhaft aufgewühlten Zeit zählt Stolleis zufolge eben auch ein „komplexe[s] System kommunizierender Röhren von Gesetzgebung, Rechtsprechung und Staatspraxis seit 1919“, in dem sich die Staatsrechtslehre zu positionieren hatte, wie aber auch ein Krisenbefund in den Nachbardisziplinen namentlich der Philosophie, Soziologie und Geschichte.[30] Eine Ineinssetzung von methodischen mit politischen Frontlinien wäre in dem einen wie anderen Fall allerdings unterkomplex.[31] In abgewandelter Weise sollte sich die komplexe Brechung neuer systemischer Vorgaben dann auch in der keines-

---

27 M. Stolleis, Der lange Abschied vom 19. Jahrhundert, 1997, S. 5 u. 10 ff.

28 M. Stolleis, Geschichte des öffentlichen Rechts in Deutschland, Bd 2, 1992, S. 458 f.

29 M. Stolleis, Konstitution und Intervention, 2001; vgl. weiter ders., „Junges Deutschland“, jüdische Emanzipation und liberale Staatsrechtslehre im Vormärz, 1994.

30 M. Stolleis (Fn 20), S. 155 ff.; weiter ausgearbeitet bei ders., Der Methodenstreit der Weimarer Staatsrechtslehre – ein abgeschlossenes Kapitel der Wissenschaftsgeschichte?, 2001; ausgehend von H. Triepel vgl. weiter M. Stolleis, Staatsrechtslehre und Politik, 1996.

31 M. Stolleis (Fn 20), S. 185.

wegs homogenen Staatsrechtslehre nach 1933 zeigen, wie Stolleis in der oben bereits angesprochenen Darstellung der Zeit des Nationalsozialismus in der zweiten Bandhälfte ausführt.[32]

Der die 45 Jahre vom Ende des Zweiten Weltkriegs und deutschen Zusammenbruchs bis zur deutschen Wiedervereinigung umfassende vierte, mit über 700 Seiten weitaus umfänglichste und das epochale Werk abschließende Band „Staats- und Verwaltungsrechtswissenschaft in West und Ost. 1945–1990" folgt im Abstand von dreizehn Jahren. Geschildert werden die unterschiedlichen Ausgangsbedingungen und Neuanfänge geschieden nach dem westlichen und östlichen Teil Deutschlands, um dann die Staatsrechtslehre unter dem Grundgesetz in einer an die Politik- und Gesellschaftsgeschichte der Bundesrepublik angelehnten Periodisierung darzustellen und ihr die Phasen, Bedingungen und Instrumentalisierungen der Wissenschaftsentwicklung in der DDR[33] gegenüberzustellen. Informiert wird im Detail über das Geschehen an den einzelnen Universitäten, über prägende Wissenschaftler, über dogmatische Problemstellungen, Etappen und Strömungen, über die für die westliche Entwicklung zentrale Bedeutung des Bundesverfassungsgerichts,[34] ein gewandeltes Demokratieverständnis und eine sich intensivierende Europäisierung. Der Band handelt von einer von Stolleis weitgehend selbst miterlebten und teilweise sogar mitgestalteten Zeit, was eine besondere Nähe zum Gegenstand mit sich bringt, mit allen Vor- und Nachteilen, d.h. authentischen Wahrnehmungen und Einblicken einerseits wie einer hier und dort vielleicht fehlenden Distanz andererseits. Der „Ausblick" durchbricht dann endgültig die Grenze in die Gegenwart seines Schreibens und lässt den Autor am Ende über eine Zukunft spekulieren, in der sich sein Fach, die Geschichte des öffentlichen Rechts, wieder in der allgemeinen Rechtsgeschichte aufgelöst haben wird, weil mit dem modernen Staat ein vom ius privatum separiertes ius publicum verschwunden sein könnte.[35] Binnen Jahresfrist erscheint schließlich noch eine einbändige Gesamtdarstellung,[36] wie sie zum Beginn des Projekts nicht möglich gewesen war, und selbst als Synthese aller vier Bände nach 25 Jahren der Forschung lässt sie den Reichtum ihrer Vorarbeiten streckenweise nur erahnen.

---

32 Für den die vorbereitenden Studien bündelnden Sammelband „Recht im Unrecht" vgl. Fn 19.

33 Vorausgegangen war die Studie M. Stolleis, Sozialistische Gesetzlichkeit. Staats- und Verwaltungsrechtswissenschaft in der DDR, 2009.

34 Begleitend M. Stolleis (Hrsg.), Herzkammern der Republik. Die Deutschen und das Bundesverfassungsgericht, 2011.

35 M. Stolleis (Fn 1), S. 676.

36 M. Stolleis, Öffentliches Recht in Deutschland. Eine Einführung in seine Geschichte (16.–21. Jahrhundert), 2014.

Jeder der vier Bände weist ein hohes Methodenbewusstsein auf, wie es Stolleis' geschichts- und wissenschaftstheoretischem Credo entsprach. Der erste Band favorisiert „die Perspektive der beschriebenen Zeit" und ein Arbeiten „aus den Gegenständen selbst",[37] der zweite Band bekennt, die Quellentexte in ihrer „damaligen Problemsicht ernst zu nehmen und sie aus ihrer historischen Situation" verstehen zu wollen.[38] Der dritte Band erklärt sich dementsprechend für die „historische, nicht die ‚rationale' Rekonstruktion",[39] die den „schriftlichen oder mündlichen, jedenfalls sprachlichen, Zeugnissen" gelten soll,[40] wie der Abschnitt „Methodik" im vierten Band präzisiert. Dass eine historische Entschlüsselung über Wortverwendungsstudien, die bereits die Arbeit über die Gemeinwohlformeln kennzeichnete, in gewisser Weise distanziert und „unterkühlt" wirken kann, war Stolleis durchaus bewusst.[41] Keinen Zweifel hegte er darüber, dass die „Vergangenheit ‚als solche' [...] wie hinter einer Milchglasscheibe" unerreichbar bleibt[42] und Geschichte nur in der Sprache „als geistiges Konstrukt erstehen" kann.[43] Damit werde auch die Abgrenzung „zwischen Historiographie und Fiktion unscharf" und die Rechtsgeschichte wie alle Geschichtsschreibung zu einem von Phantasie, Kreativität und Einbildungskraft bestimmten, wohl aber von der „scientific community" kritisch kontrollierten „Kunstprodukt" ohne endgültig objektivierbaren Wahrheitsgehalt.[44]

4. Jurist und Historiker

Von Anfang an hat Stolleis doppelgleisig publiziert, als Jurist sowie auf dem Gebiet der Rechtsgeschichte seinem Selbstverständnis nach als Historiker.[45] Zur ju-

37 M. Stolleis (Fn 9), S. 56 f.

38 M. Stolleis (Fn 28), S. 6.; dass auch die Juristen „kein einheitliches Ensemble von Experten" bilden, betont ders., Vorwort, in: ders. (Hrsg.), Juristen, 2. Aufl., 2001, S. 8.

39 M. Stolleis (Fn 20), S. 6.

40 M. Stolleis (Fn 1), S. 21. Zur besonderen Problematik zeitgeschichtlicher Forschung ders., Einleitung, in: ders. (Hrsg.), Juristische Zeitgeschichte – ein neues Fach?, 1993, S. 7 ff.

41 M. Stolleis (Fn 16), S. 139 u. 145.

42 M. Stolleis, Rechtsgeschichte schreiben. Rekonstruktion, Erzählung, Fiktion?, 2008, S. 32.

43 M. Stolleis, Rechtsgeschichte als Kunstprodukt. Zur Entbehrlichkeit von „Begriff" und „Tatsache", 1997, S. 14.

44 M. Stolleis (Fn 43), S. 15 ff., u. ders. (Fn 42), S. 48. Konsequent daher auch der Plural bei ders., Verfassungs(ge)schichten, 2017, weil „jede Epoche und jeder Autor" je eigene „Verfassungsgeschichten hervorbringen" würde, die wie alle Historie „Produkt der jeweiligen Gegenwart und ihrer Perspektive auf die Vergangenheit" seien (ebd., S. 20 u. 60).

45 Die von ihm immer wieder nicht nur beiläufig geäußerte Gleichsetzung, „Rechtshistoriker sind Historiker" hat M. Stolleis (Fn 16), S. 163, als seine „dezidierte Meinung" etikettiert.

ristischen Dogmatik steuert er zunächst kleinere Aufsätze zum bayerischen Wege- und Rundfunkrecht bei, sodann zum Kirchen- und Staatskirchenrecht und zunehmend zum Sozialrecht, so dass ihm die Max-Planck-Gesellschaft parallel zur Leitung des Frankfurter Instituts wahlweise auch die des Münchener Instituts für Sozialrecht antragen wird. Der Mittvierziger, damals selbst Mitglied einer Partei, referiert vor der Vereinigung der Deutschen Staatsrechtslehrer über „Parteienstaatlichkeit – Krisensymptome des demokratischen Verfassungsstaates?" und attestiert den Parteien die „Schwerfälligkeit von Tankern" in seinem Schlusswort, in dem er sich ausdrücklich „nicht nur als Rechtshistoriker, sondern auch als Öffentlichrechtler" positionierte.[46] Ein an entlegener Stelle erschienener Beitrag von Stolleis zu Perspektiven des Allgemeinen Verwaltungsrechts[47] fehlt in dem ansonsten gründlichen und in seiner Fülle einschüchternden Literaturverzeichnis auf den Seiten des Frankfurter Instituts. Dort sind auch die ungezählten Buchbesprechungen, nicht zuletzt in der FAZ, aufgelistet, die sich regelmäßig auch Werken zum geltenden Recht widmeten. Noch im Spätwerk finden sich Abhandlungen zur Entwicklung des Sozialstaates, vor allem aber zur Staatslehre, zur Europäischen Verfassung und zur Globalisierung, die historische Befunde vor Augen führen, ohne allerdings hieraus direkte Handlungsanweisungen abzuleiten. In Vorbereitung und Ergänzung seiner „Geschichte des öffentlichen Rechts" hat Stolleis zudem einzelne dogmatische Fachgebiete in ihrer historischen Entwicklung flankierend dargestellt. Zu nennen sind hier insbesondere die vier Aufsätze zu Phasen der „Verwaltungsrechtswissenschaft und Verwaltungslehre" im u.a. von Kurt G. A. Jeserich herausgegebenen Handbuch „Deutsche Verwaltungsgeschichte" (1983–1988) sowie der einbändige Grundriss „Geschichte des Sozialrechts in Deutschland" aus dem Jahre 2003. Erneute Zuwendung erfährt schließlich die Völkerrechtsgeschichte mit dem von Stolleis beantragten und von 1997 bis 2001 geleiteten DFG-Projekt „Deutsche Völkerrechtswissenschaft im Europa des 19. und 20. Jahrhunderts", das hierzu Nachwuchskräfte in Frankfurt versammelte.[48] In diesem Zusammenhang ruft er die Schriftenreihe „Studien zur Geschichte des Völkerrechts" im Nomos-Verlag ins Leben, die seit 2001 auf über 30 Bände aufgewachsen ist. Im Jahr 2004 wird er Mitherausgeber des in Leiden erscheinenden „Journal of the History of International Law". Hatte Stolleis im-

46 M. Stolleis, VVDStRL Bd 44 (1986), S. 167.

47 M. Stolleis, Entwicklungslinien der verwaltungsrechtlichen Dogmatik im industriellen Zeitalter, BWV 1990, S. 152 ff.

48 M. Vec, Eine leuchtende Spur. Zum Tod des Frankfurter Juristen und Völkerrechtshistorikers Michael Stolleis (20. Juli 1941–18. März 2021), Journal of the History of International Law 2021, S. 8.

mer schon im In- und Ausland veröffentlicht, so gewinnt in diesen Jahren sein Werk durch zahlreiche Übersetzungen eine deutliche internationale Sichtbarkeit. Kaum zu überblicken sind seine thematisch wie publikatorisch weit gestreuten Beiträge. Angesichts dieser erst mit dem Tode am 18. März 2021 endenden gewaltigen Produktivität wird auch der über Jahre mit dem Werk vertraute Leser in Staunen versetzt.

Kultur- und Kunstgeschichte geschrieben hat Stolleis mit seinem mehrfach übersetzten Essay zur politisch-theologischen Ikonographie und Metaphorik des Auges. Das in Friedrich Schillers „Lied von der Glocke“ verarbeitete „Auge des Gesetzes“ wird auf Wendungen der französischen Revolutionsgeschichte zurückgeführt, in denen das väterliche Auge des Königs durch das wachsame Auge des Gesetzes abgelöst wurde.[49] Den Hintergrund hierfür bildeten im 17. Jahrhundert einsetzende, auch für die amerikanische Verfassungsentstehung kennzeichnende Entpersonalisierungs- und Versachlichungstendenzen, wie sie auf die Formel „government by law and not by men“ gebracht worden sind. In der Revolution angelegt war bereits die Seite der Überwachung, die ihren Feinden galt, und im System Metternich mit verdrehten Vorzeichen in der Bespitzelung der sog. Demagogen fortgeschrieben wurde. Die Ursprünge der Augensymbolik verfolgt Stolleis zurück bis zum altägyptischen Hieroglyphenzeichen des „Gott-Königs Osiris“, das als Motiv und Zeichen der Weisheit und Gerechtigkeit in Darstellungen des Barocks und der Aufklärung, namentlich bei den Illuminaten, bevorzugte Verwendung fand.[50] Ausgeleuchtet wird überdies der jüdisch-christliche und griechisch-römische Zitatenschatz. Die Entwicklung läuft danach vom alles sehenden nimmermüden Götterauge zum Augenlicht des gerechten und fürsorglichen Fürsten, der in seiner Souveränität alle anderen irdischen Mächte überstrahlt.[51] Von hier aus erfolgt, wie beschrieben, der Übergang zum Auge des Gesetzes, revolutionär vergöttlicht, als Volkswillen idealisiert und mit der Verfassung bekrönt. Seinen Glanz habe es jedoch durch die moderne, auf Kompromisserzielung programmierte und von der Illusion eines freien parlamentarischen Diskurses weit entfernte Gesetzgebungsmaschinerie eingebüßt. Erhalten habe sich nur noch die ironische Bedeutung der Metapher, um die Argusaugen der Polizei oder Geheimdienste zu apostrophieren.

Historische Feinarbeit bieten die in einem mit „Rechtsgeschichte in Geschichten“ untertitelten Band zusammengezogenen Detailstudien, einsetzend mit einem Originalbeitrag zu teils juristisch ausgetragenen Familienzwistigkeiten im spät-

49 M. Stolleis, Das Auge des Gesetzes. Geschichte einer Metapher, 2004, S. 7 u. 65 f.
50 M. Stolleis (Fn 49), S. 31, 33, 42 f. u. 53.
51 Hierzu und zum Folgenden M. Stolleis (Fn 49), S. 21 ff., 34 ff., 51 ff. u. 67 ff.

mittelalterlichen Reval unter Beteiligung des in Erfurt studierten Franziskanermönches Johann von Hilten (1425–1500), für den sich noch Luther wegen dessen Prophezeiungen interessieren sollte.[52] Die Abhandlungen umkreisen die Rechtsstellung von Frauen (Königin, Mutter wie Witwe des Königs, Prinzessin und Mätresse) am Hofe, die Staatsangelegenheit der matrimonia illustra und den operettenhaften Streit von Hofdamen am Meininger Hof, der das Reichskammergericht beschäftigte und den Wasunger Krieg auslöste. Behandelt werden frühneuzeitliche Mnemotechniken zum Auswendiglernen der Digesten, unterschiedliche Verarbeitungen der sozialutopischen „Wunderinsel Barataria", der allfällige Hobbesianismus bei Blaire Pascal und die wie aus der Commedia dell'arte entsprungene Altersstreitigkeit des angesehenen einstigen Heidelberger Rechtsprofessors, späterhin Frankfurter Syndicus und Konsulenten Johann Wolfgang Textor d.Ä, des Ur-Urgroßvaters von Johann Wolfgang von Goethe. Dieser wehrte sich gegen die zuletzt beim Reichskammergericht verlaufene Klage von fünfzehn Lieferanten, darunter auch des Schneiders Friedrich Göthge, seinerseits des Dichters Großvater, auf Zahlung für Luxusgüter, die Textors zweite, fast zwei Generationen jüngere Frau während der bald beendeten Ehezeit bestellt hatte. Dieser Frankfurter Stoff war nach Stolleis' Geschmack. Seine literarische Vorliebe charakterisieren insbesondere auch zwei kleine Texte zum „Siebenkäs" von Jean Paul, den Stolleis auch heutigen Studierenden zur Lektüre an Herz legte. Die geschichtliche Bedeutung von sprachlicher Vermittlung findet Erläuterung anhand von Andersens Märchen „Des Kaisers neue Kleider" (1837), das Stolleis als eine Parabel für die „Durchbrechung von kollektiv auferlegter Staatssprache" liest.[53] Ein Beitrag zu Heldengesängen entwickelt den inneren Zusammenhang von Nationalepen und Verfassungen im 19. Jahrhundert. Den Band beschließen ein Sittenporträt des bigotten Wilhelminismus, zwei Studien zur Vor- und Frühgeschichte der Reinen Rechtslehre u.a. in Würzburg und Erlangen sowie ein Aufsatz zur Entsorgung verbrauchten Rechts.

Das Erscheinen seiner regionalen Studien „recht erzählen" im Sommer 2021 hat Michael Stolleis nicht mehr erlebt. In der Einleitung bekennt er sich zur „erzählerischen Variante der Rechtsgeschichte", die im „scheinbar Kleinen das eigentliche Konzentrat" erblickt und so doch ins Große führt.[54] Schon weil der aus

52 M. Stolleis, Margarethe und der Mönch, 2015, S. 27 f., der, selbst Protestant, in dem gleichnamigen Essay über Hiltens Vorhersage u.a. des auf 1516 datierten Erscheinens eines unwiderstehlichen Anderen berichtet, der das Ende des Mönchtums einleiten werde.

53 M. Stolleis (Fn 52), S. 205.

54 M. Stolleis, „recht erzählen", 2021, S. 6, mit der Unterscheidung eines theoretisierenden Jugend- und eines eher mikrohistorischen Alterstils.

Quellen schöpfende Erzähler deren Risse zu glätten habe, sei die Grenzlinie zur fiktiven Narration unsicher. Die Beiträge befassen sich mit der Ehe Friedrich V. von der Pfalz mit der englisch-schottischen Prinzessin Elisabeth Stuart, dem Juristenleben von Johann Theodor Sprenger (1630–1681), pfälzischen Migranten in Magdeburg, kurpfälzischen Landes- und Policeyordnungen im Hinblick auf Bettler und Vaganten, dem zeitlichen Umfeld des Hambacher Festes und einer Episode aus dem pfälzischen Aufstand im Juni 1849, in der auch ein Neustädter Seiler namens Georg Stolleis auftaucht. Das der Erzählung beigemischte „Gran Heimatliebe oder Mitgefühl für Land und Leute“[55] spannt den Lebensbogen zurück in die Pfalz, in deren Erde Michael Stolleis ruht.

Auswahlbibliographie

Geschichte des öffentlichen Rechts in Deutschland, 4 Bände, 1988–2012.
Staat und Staatsräson in der frühen Neuzeit, 1990.
Recht im Unrecht, 1994.
Konstitution und Intervention, 2001.
Ausgewählte Aufsätze und Beiträge, 2 Bände, 2011.
Margarethe und der Mönch, 2015.
„recht erzählen“, 2021.

55 M. Stolleis (54), S. 14.

https://doi.org/10.1515/9783110767032-026

XIX
Dieter Birk (1946–2021)

Rolf Eckhoff

Dieter Birk wurde am 16. Juni 1946 in Freising geboren. Dort besuchte er das humanistische, später das musische Gymnasium. Ab 1966 studierte er zunächst in Tübingen und München Rechtswissenschaft. Als ihm das Studium dort 1968 zu unruhig wurde, wechselte er an die neu gegründete Universität in Regensburg und legte dort 1970 das erste juristische Staatsexamen ab. Danach arbeitete er als wissenschaftlicher Mitarbeiter zunächst am Lehrstuhl für Öffentliches Recht und Steuerrecht von *Hermann Soell* in Regensburg. Drei Jahre später wurde er mit einer von *Dieter Medicus* betreuten Arbeit zu dem damals durchaus gewagten Thema „Das persönliche Eigentum des Bürgers der DDR"[1] promoviert. Nach dem 1975 abgelegten Assessorexamen wollte *Dieter Birk* eigentlich in die bayerische Arbeitsgerichtsbarkeit eintreten. Seine Bewerbung scheiterte jedoch am damaligen „Radikalenerlass", nur weil er sich während seiner Promotionszeit zu Forschungszwecken einer Fachschaftsreise in die DDR angeschlossen hatte. Nach kurzer Anwaltstätigkeit fand *Dieter Birk* zum Steuerrecht. In München wurde er zunächst Assistent bei *Hans Spanner*, dann bei *Klaus Vogel*, wo er 1981 mit einer Schrift zum Thema „Das Leistungsfähigkeitsprinzip als Maßstab der Steuernormen"[2] habilitiert wurde. Ausgezeichnet wurde diese Arbeit mit dem damals erstmals vergebenen Albert-Hensel-Preis. Bis heute prägt diese Arbeit die verfassungsrechtlichen Maßstäbe für die gesetzliche Auferlegung von Steuern. Die hier formulierte Unterscheidung zwischen „vertikaler" Steuergerechtigkeit (als Frage der sozialstaatlichen Verteilungsgerechtigkeit) und „horizontaler" Steuergerechtigkeit (als Frage nach der Zulässigkeit von Ungleichbehandlungen insbesondere zu Lenkungszwecken) ist fester Bestandteil der Formel, mit der das Bundesverfassungsgericht in ständiger Rechtsprechung die Verfassungsmaßstäbe für Steuernormen formuliert. Vieles von dem, was das Bundesverfassungsgericht später zum subjektiven Nettoprinzip und zur verfassungsrechtlichen Kontrolle von steuerlichen Lenkungssubventionen entschieden hat, war hier bereits angelegt.

1982 wurde *Dieter Birk* als Nachfolger von *Paul Kirchhof* an das Institut für Steuerrecht der Westfälischen Wilhelms-Universität Münster und damit an das

---

1 Das persönliche Eigentum des Bürgers in der DDR, Dissertation Regensburg 1973.

2 Das Leistungsfähigkeitsprinzip als Maßstab der Steuernormen. Ein Beitrag zu den Grundfragen des Verhältnisses Steuerrecht und Verfassungsrecht, Köln 1983 (Habilitationsschrift)

älteste, 1934 von *Ottmar Bühler* gegründete deutsche Institut für Steuerrecht berufen, das er bis zu seiner Pensionierung im Jahr 2011 leitete. Rufe an die Goethe-Universität Frankfurt am Main und an die Humboldt-Universität zu Berlin lehnte er ab und blieb bis zu seiner Pensionierung in Münster. Dort verband *Dieter Birk* seine wissenschaftlichen Interessen immer mit praktischer juristischer Arbeit. So vertrat er ab 1983 die damals noch junge und aufmüpfige Fraktion „Die Grünen" in einem Organstreitverfahren vor dem Bundesverfassungsgericht, in dem es im Wesentlichen um die Beteiligungsrechte der parlamentarischen Opposition bei der Verabschiedung der Haushaltsansätze für die Geheimdienste ging. In mehreren Gutachten[3] äußerte er sich zu Fragen des Haushaltsrechts.[4] Auch Themen der Finanzverfassung beschäftigten ihn in der Folge regelmäßig. So kritisierte er die (vor der „Schuldenbremse" weitgehend ineffektive) Rechtsprechung des Bundesverfassungsgerichts zum Staatsschuldenrecht.[5] In verfassungsgerichtlichen Verfahren vertrat *Dieter Birk* – oft erfolgreich – die Beschwerdeführer in Verfah-

---

3 Zur Vereinbarkeit des nordrhein-westfälischen Haushalts 1984 mit Art. 83 Satz 2 Landesverfassung, in: Schriftenreihe des Bundes der Steuerzahler Nordrhein-Westfalen e.V., Heft 13, 1984 (zusammen mit Michael Wolffgang) sowie Zur Verfassungsmäßigkeit der Inanspruchnahme der nach § 18 Abs. 3 Satz 1 LHO NW fortgeltenden Kreditermächtigungen, in: Schriftenreihe des Bundes der Steuerzahler Nordrhein-Westfalen e.V., Heft 14, 1984 (zusammen mit Michael Wolffgang).

4 Aus dem Bereich des Haushaltsrechts wählte Dieter Birk das Thema seines Habilitationsvortrages: Die Rechtsfolgen verfassungswidriger ausgabenwirksamer Gesetze im Bereich der Finanzverfassung (Habilitationsvortrag) in: Bayerische Verwaltungsblätter 1981, S. 673 ff. Später dazu: Steuerung der Verwaltung durch Haushaltsrecht und Haushaltskontrolle, in: DVBl. 1983, S. 865 ff; Haushaltsplanung und Haushaltsvollzug, in: Festschrift für Werner Hoppe, hrsgg. von Erbguth/Oebbecke/Rengeling/Schulte, 2000, S. 285; Das Budgetrecht des Parlaments in der Rechtsprechung des nordrhein-westfälischen Verfassungsgerichtshofs, in: Festschrift zum 50-jährigen Bestehen des Verfassungsgerichtshofs Nordrhein-Westfalen, 2002, S. 339

5 Die finanzverfassungsrechtlichen Vorgaben und Begrenzungen der Staatsverschuldung, in: DVBl. 1984, S. 745 ff.; Stärkung der Eigenstaatlichkeit der Länder und Finanzierung der Deutschen Einheit, in: Staatswissenschaften und Staatspraxis 1993, S. 85 ff.; Die verfassungsrechtliche Rahmenordnung des kommunalen Finanzausgleichs, in: DVBl. 1993, S. 1281 ff (zusammen mit Michael Inhester); Die Treuhandanstalt im System der Finanzverfassung, in: Gegenrede. Aufklärung – Kritik – Öffentlichkeit, Festschrift für Ernst Gottfried Mahrenholz, 1994, S. 473 ff.; Volksgesetzgebung über Finanzen – Zur Reichweite der Finanzausschlußklauseln in den Landesverfassungen, in DVBl. 2000, S. 676 (zusammen mit Rainer Wernsmann); Sparen auf Pump? – Darf der Staat Kredite zur Verwendung in späteren Haushaltsjahren aufnehmen? in: Staat, Wirtschaft, Finanzverfassung, FS für Peter Selmer, 2004, S. 589; Der Anspruch eines Landes auf Sanierungshilfen des Bundes – Zur Stellung der Bundesergänzungszuweisungen im System des Länderfinanzausgleichs – in: DÖV 2004, S. 868 (zusammen mit Rainer Wernsmann); Beteiligungsrechte des Parlaments bei der Veräußerung von Staatsvermögen, in: DVBl. 2005, 1 (zusammen mit Rainer Wernsmann).

ren zum Recht der Vorzugslasten und Sonderabgaben.[6] *Dieter Birk* befasste sich früh mit dem Zusammenhang von Steuerrecht und Umweltschutz[7] und war an den Entwürfen zur ökologischen Steuerreform durch ein verfassungsrechtliches Gutachten („Steuerreform unter ökologischen Aspekten" von 1999)[8] beteiligt.

Die für seine Arbeit typische Verzahnung von Wissenschaft und Praxis kam auch in seiner Arbeit als Richter im Nebenamt am Finanzgericht Münster von 1985 bis 1997 zum Ausdruck. Die Erfahrungen, die *Dieter Birk* in der Praxis gewann, setzte er immer wieder in seiner Lehre und in seinen wissenschaftlichen Veröffentlichungen um.[9] Nach seinem Ausscheiden aus der Finanzgerichtsbarkeit trat *Dieter Birk* 1997 (Of Counsel) in die Kanzlei von Pöllath + Partners ein, die von seinem früheren Münchner Assistentenkollegen *Reinhard Pöllath* gegründet worden war.1998 wurde er als Steuerberater, 2013 auch als Rechtsanwalt zugelassen. In dieser Funktion führte er zahlreiche Verfahren vor den Finanzgerichten, dem Bundesfinanzhof und dem Bundesverfassungsgericht.[10]

Das wissenschaftliche Werk von *Dieter Birk* behandelt nahezu alle Aspekte des deutschen Steuerrechts mit beeindruckender Präzision und in klarer Sprache. Nach einigen Arbeiten zum Verwaltungsrecht, insbesondere Baurecht, beschäftigte ihn zunächst das allgemeine Staatsrecht und dort insbesondere das Parlamentsrecht.[11] Danach wandte er sich ganz überwiegend dem Steuerrecht zu, wo er sich schon 1986, also lange vor dem grundlegenden Urteil des Bundes-

---

6 Dazu „Vorteilsabschöpfung" durch Abgaben – Eine neue Kategorie nichtsteuerlicher Umweltabgaben, in: Festschrift für Wolfgang Ritter zum 70. Geburtstag, Köln 1997, S. 41; Staatsfinanzierung durch Gebühren und Steuern, in: Sacksofsky/Wieland (Hrsg.), Vom Steuerstaat zum Gebührenstaat, 2000, S. 54 ff (zusammen mit Rolf Eckhoff)

7 Steuerrecht als Mittel des Umweltschutzes, in: Natur und Recht 1985, S. 90 ff.

8 Steuerreform unter ökologischen Aspekten: Rechtliche Rahmenbedingungen, (Gutachten im Auftrag des Umweltbundesamtes, veröffentlicht vom Umweltbundesamt), Berlin 1999 (zusammen mit Rolf Eckhoff).

9 Zum finanzgerichtlichen Verfahren: Verfassungsfragen bei der Gewährung einstweiligen Rechtsschutzes im finanzgerichtlichen Verfahren, in: Festschrift für C.-F. Menger zum 70. Geburtstag, Köln/Berlin/Bonn/München 1985, S. 161 ff.; Einführung in: Birk (Hrsg.), Die Situation der Finanzgerichtsbarkeit, Überbelastung, verfahrensrechtliche Entlastungsmöglichkeiten, Reformvorschläge, Münsteraner Symposion 1988, Köln 1989, S. 5 ff.; Effizienz im finanzgerichtlichen Verfahren – Überlegungen zum FGO-Änderungsgesetz 1993 – in: StuW 1993, S. 296 ff

10 Zehn Jahre P+P Pöllath + Partners – Sechzig Jahre Reinhard Pöllath. Beobachtungen, Anmerkungen, Eindrücke in: Birk (Hrsg.), Transaktionen, Vermögen, Pro Bono, Festschrift zum zehnjährigen Bestehen von Pöllath + Partners, 2008, S. VII ff.

11 Mehrheit und Repräsentation, in: Betrifft JUSTIZ 1986, S. 296 ff.; Gleichheit im Parlament, in: NJW 1988, S. 2521 ff.; Neue Formen der Parteiarbeit, in: DÖV 1991, S. 481 ff (zusammen mit Michael Wolffgang); Die Rechtsstellung von Abgeordnetengruppen im Parlament, in: Betrifft Justiz 1991, S. 157 ff.

verfassungsgerichts von 2002 mit der Notwendigkeit einer Neuordnung der Besteuerung der Alterseinkünfte im Sinne einer nachgelagerten Besteuerung befasste.[12] Das Thema der Besteuerung von Altersbezügen[13] und insbesondere auch der betrieblichen Altersvorsorge[14] beschäftigten *Dieter Birk* über lange Zeit besonders intensiv.

Neben einigen Arbeiten zum Besteuerungsverfahren[15] beschäftigten *Dieter Birk* vor allem Fragen des Ertragsteuerrechts: Dort setzte er sich mit den Grundlagen der Steuerwissenschaften[16] und mit den Methodenfragen des Steuerrechts[17] auseinander. Unter dem Stichwort der „Steuergerechtigkeit und Transfergerech-

---

12 Steuergerechtigkeit und Rentenbesteuerung – Überlegungen zu verfassungsrechtlichen Grundfragen der Neuordnungen der Rentenbesteuerung, in: Deutsche Rentenversicherung 1986, S. 129 ff.; Besteuerung der Alterseinkünfte – Grundfragen, Systemmängel, Reformvorschläge, in: Schriftenreihe der Gesellschaft für Versicherungswissenschaft, Bd 12, Köln 1987, S. 4 ff.

13 Rentenversicherung und Steuerrecht, in: VDR/Ruland (Hrsg.), Handbuch der gesetzlichen Rentenversicherung, Festschrift aus Anlaß des 100jährigen Bestehens der gesetzlichen Rentenversicherung, 1990, S. 347 ff.; Die Reform der Besteuerung der Alterseinkünfte, in: Steuerberaterkongreßreport 1990, S. 39 ff.; Die Besteuerung der Alterssicherung in ihren verschiedenen Formen, in: Cramer/Förster/Ruland (Hrsg.), Handbuch zur Altersversorgung, 1998, S. 833 (zusammen mit Rainer Wernsmann); Objektives Nettoprinzip und Altersvorsorge, in: Festschrift für Franz Ruland zum 65. Geburtstag, 2007, S. 425 ff.; Die Besteuerung der Aufwendungen für die Altersvorsorge und der Alterseinkommen, in: Ruland/Rürup (Hrsg.), Alterssicherung und Besteuerung, 2008, § 9, S. 228 ff.

14 Vgl. etwa Die Besteuerung der betrieblichen Altersversorgung – Reformbedarf und Gestaltungsmöglichkeiten des Gesetzgebers, DB 1999, S. 166 (zusammen mit Rainer Wernsmann); Nachgelagerte Besteuerung in der betrieblichen Altersversorgung – Eine verfassungskonforme Alternative für den Gesetzgeber? in: StuW 1999, S. 321; Nachgelagertes Verfahren bei der Besteuerung der Alterseinkünfte, in: DB 1999, S. 2285 (zusammen mit Rainer Wernsmann); Private und betriebliche Altersvorsorge zwischen Sicherheit und Selbstverantwortung, in: Verhandlungen des 65. Deutschen Juristentags in Bonn 2004, München 2004, S. 57.

15 Rechtsprobleme der EDV im Besteuerungsverfahren, in: Informatik und Recht, 1988, S. 195 ff.; Sachverhaltsermittlung und Kontrollbefugnisse der Verwaltung im Besteuerungsverfahren, in: StVj 1991, S. 310 ff; Der Ablauf der Festsetzungsfrist bei Maßnahmen der Steuerfahndung, in: DStR 2003, S. 349 (zusammen mit Hans-Peter Naujock); Das Gebot des gleichmäßigen Gesetzesvollzugs und dessen Sanktionierung – Zum Urteil des Bundesverfassungsgerichts vom 9. März 2004 – 2 BvL 17/02 – FR 2004, 470, in: StuW 2004, S. 277; Die Finanzverwaltung als steuerlicher Berater – Die verbindliche Auskunft als kostenpflichtige Hilfestellung bei der Steuerplanung, in: Birk (Hrsg.), Transaktionen, Vermögen, Pro Bono, Festschrift zum zehnjährigen Bestehen von Pöllath + Partners, 2008, 161 ff.

16 Zum Stand der Theoriediskussion in der Steuerrechtswissenschaft, in: StuW 1983, S. 293 ff. Vgl. auch Ordnungsmuster im Steuerrecht – Prinzipien, Maßstäbe und Strukturen, in: Spindler/Tipke/Rödder, Steuerzentrierte Rechtsberatung, Festschrift für Harald Schaumburg zum 65. Geburtstag, 2009, S. 3 ff

17 Verfassungskonforme Auslegung im Steuerrecht, in: Steuern und Wirtschaft 1990, S. 300 ff

tigkeit“[18] diskutierte er schon 1979 Fragen der Verzahnung (und Alternativität) von Steuerrecht und Sozialrecht, die wesentlich später die politische Diskussion mit prägen sollten. Im Bereich des Einkommensteuerrechts diskutierte *Birk* Grundfragen des geltenden Rechts, aber auch Alternativen zur gegenwärtigen Form der Einkommensbesteuerung[19] sowie Fragen der Besteuerung der Arbeitnehmer[20] und der Zinsbesteuerung. Hier betonte er die verfassungsrechtlichen Vorgaben für eine tatsächlich zu vollziehende Besteuerung von Kapitalerträgen.[21] Prägend war u. a. sein Beitrag zur Unternehmensteuerreform von 2001,[22] in dem er diskutierte, warum und inwieweit das Leistungsfähigkeitsprinzip nicht nur für die Besteuerung natürlicher Personen, sondern auch für die Unternehmensbesteuerung und deren Reform verbindliche Maßstäbe schafft.

Ein weiterer Forschungsschwerpunkt betraf die Einwirkung des Europäischen Rechts auf das Recht der direkten Steuern in Deutschland. Bereits 1995 gab *Dieter Birk* ein „Handbuch zum Europäischen Steuer- und Abgabenrecht“[23] he-

---

18 Steuergerechtigkeit und Transfergerechtigkeit – Zum Problem der Einwirkungen der Transferleistungen auf die gerechte Steuerverteilung – in: Zeitschrift für Rechtspolitik 1979, S. 221 ff. Zum Verhältnis zum Sozialrecht auch Steuerrecht oder Sozialrecht – eine sozialpolitische Alternative, in: Sozialrecht und Steuerrecht, Schriftenreihe des Deutschen Sozialrechtsverbandes, Bd 32, Wiesbaden 1989, S. 104 ff.; Zuschüsse und Ersatzleistungen zur Sicherung von Rentenzahlungen, in: DStZ 1998, S. 74.

19 Verfassungsrechtliche Grenzen der Konsumbesteuerung, in: Manfred Rose (Hrsg.), Konsumorientierte Neuordnung des Steuersystems, Berlin/Heidelberg, 1991, S. 351 ff.

20 Umlagen und Sonderzahlungen im Bereich der Zusatzversorgung und deren lohnsteuerliche Behandlung, in: FR 2003, S. 441 (zusammen mit Benedikt Hohaus); Sanierungsgelder des Arbeitgebers an die Versorgungskasse kein steuerpflichtiger Arbeitslohn, in: DB 2004, S. 1579 (zusammen mit Benedikt Hohaus); Arbeitnehmerrabatte im Konzern – Neue Überlegungen zu einem alten Thema –, in: Festschrift für Arndt Raupach zum 70. Geburtstag, 2006, S. 423.

21 Das Element der Freiwilligkeit bei der Besteuerung. Zur „endlosen“ Geschichte der Zinsbesteuerung, in: FS für Stree und Wessels, 1993, S. 1173 ff.; Neuregelung der Zinsbesteuerung – Zur verfassungsrechtlichen Problematik des Zinsabschlaggesetzes, in: StVj 1993, S. 97 ff.; Zur Vereinbarkeit einer Abgeltungssteuer mit dem europäischen Recht, in: Gerhard Schick (Hrsg.), Veranlagung – Abgeltung – Steuerfreiheit, Besteuerung von Kapitalerträgen im Rechtsstaat, 2003, S. 23.

22 Das Leistungsfähigkeitsprinzip in der Unternehmensteuerreform, in: StuW 2000, S. 328. Außerdem in diesem Bereich: Beschränkung der Realisierung des Körperschaftsteuerguthabens als verfassungswidriger Zwangskredit, in: DB 2003, S. 1644 (zusammen mit Marc Desens); Rückzahlbare Steuern und hinausgeschobene Steuererstattungen – Zur kompetenzrechtlichen Zulässigkeit des sog. Körperschaftsteuermoratoriums, in: Gedächtnisschrift für Christoph Trzaskalik, 2005, S. 345.

23 D. Birk [Hrsg.], Handbuch des Europäischen Steuer- und Abgabenrechts, 1995, darin: Verteilung der Finanzhoheit, S. 109 ff.; Das Haushaltsrecht der EG, S. 153 ff.; Gemeinschaftsteuern, S. 293 ff.; Steuern der Mitgliedstaaten auf gemeinschaftsrechtlicher Grundlage, in: D. Birk [Hrsg.], Handbuch des Europäischen Steuer- und Abgabenrechts, 1995, S. 303 ff.

raus und veröffentlichte zahlreiche Aufsätze zu unionsrechtlichen Beschränkungen der Besteuerung bei Zuzug und Wegzug von Körperschaften, zum Steuerwettbewerb in der Union und zum Grundrechtsschutz im Steuerrecht in Europa.[24] In seinem Vortrag zur „Besteuerungsgleichheit in der Europäischen Union" vor der Deutschen Steuerjuristischen Gesellschaft im Jahr 1995 zeichnete *Dieter Birk* als Folge der fehlenden Kompetenzen der Union im Bereich der direkten Steuern ein stark fragmentiertes Bild der Besteuerungsgleichheit in Europa, das mit dem Begriff der „Kästchengleichheit" ein einprägsames und bis heute gültiges Etikett trug.[25]

Ein zentraler Gegenstand seiner Forschung blieb – aufbauend auf seiner Habilitationsschrift – stets die Einwirkung des Verfassungsrechts, insbesondere der Gebote der Gleichheit und der Gesetzmäßigkeit auf das Steuerrecht.[26] Das Verhältnis von Finanzierungszwecken und Lenkungszwecken der Steuernormen in einem verfassungsmäßigen Steuersystem (etwa im Bereich der Erbschaftsteuer) hat ihn auch nach den grundlegenden Ausführungen dazu in seiner Habilitationsschrift weiterhin beschäftigt.[27]

---

24 Fiktive Gewinnausschüttung durch Zinszahlungen an Ausländer und steuerfreie Inländer? – Die Gesetzesvorschläge zu § 8 Abs. 3 KStG in verfassungsrechtlicher Sicht – in: StuW 1980, S. 141 ff. (zusammen mit Reinhard Pöllath); Wegzugsbesteuerung und Europarecht, in: Steuerrechtsprechung, Steuergesetz, Steuerreform, Festschrift für Klaus Offerhaus, 1999, S. 163; Rahmenbedingungen des Grundrechtsschutzes im Steuerrecht in Europa, in: Festschrift für Klaus Vogel zum 70. Geburtstag, 2000, S. 157; Zuzug und Wegzug von Kapitalgesellschaften – Zu den körperschaftsteuerliche Folgen der Überseering-Entscheidung des EuGH, in: IStR 2003, S. 469; Das sog. Europäische Steuerrecht, in: FR 2005, S. 121; Finanzhoheit und Steuerwettbewerb in der EU, in: Festschrift für Hans-Georg Ruppe zum 65. Geburtstag, 2007, S. 51 ff.

25 Besteuerungsgleichheit in der Europäischen Union, in: M. Lehner (Hrsg.), Steuerrecht im Europäischen Binnenmarkt, DStJG 19 (1996), S. 63 [77].

26 „Besteuerung nach Wahl" als verfassungsrechtliches Problem, in: NJW 1984, S. 1325 ff.; Die verteilungsgerechte Einkommensteuer – Ideal oder Utopie? in: Juristenzeitung 1988, S. 820 ff.; Gleichheit und Gesetzmäßigkeit der Besteuerung. Zum Stellenwert zweier Grundprinzipien in der Steuerreform 1990, in: StuW 1989, S. 212 ff.; Verfassungsrechtliche Aspekte des Steuerentlastungsgesetzes 1999/2000/2002, in: FR 1999, S. 433; Der Schutz von Ehe und Familie im Einkommensteuerrecht, JZ 2001, 218 (zusammen mit Rainer Wernsmann); Steuerrecht und Verfassungsrecht – Eine Analyse ausgewählter Entscheidungen des Bundesverfassungsgerichts und des Bundesfinanzhofs zu verfassungsrechtlichen Grenzen der Besteuerung, in: Die Verwaltung 2002, S. 91; Verfassungsfragen im Steuerrecht – Eine Zwischenbilanz, in: DStR 2009, 877 ff.

27 Finanzierungszwecke und Lenkungszwecke in einem verfassungsmäßigen Steuersystem, in: Grundrechtsschutz im Steuerrecht, Rechtsstaat in der Bewährung, Bd 35, 2001 S. 67.

Neben dem Ertragsteuerrecht behandelte *Dieter Birk* auch Fragen des Umsatzsteuer- und Verbrauchsteuerrechts,[28] der Erbschaftsteuer,[29] der Möglichkeit einer Vermögensteuer[30] und Fragen der Kirchensteuer.[31]

Daneben trat er als Kommentator auf. Grundlegende Kommentierungen verfasste *Dieter Birk* zunächst zum Investitionshilfegesetz.[32] Die Vorschriften der Finanzverfassung wurden im „Alternativkommentar zum Grundgesetz“[33] behandelt. Im Großkommentar zur Abgabenordnung von Hübschmann/Hepp/Spitaler erläuterte *Dieter Birk* die grundlegenden Normen der Abgabenordnung.[34] sowie im materiellen Steuerrecht zentrale Vorschriften des EStG im Großkommentar von Hermann/Heuer/Raupach.[35] Vor allem die umfassende Kommentierung der einleiten-

---

28 Kompetenzrechtliche Grenzen des Gesetzgebers bei der Regelung der Verbrauchsteuer, Beilage Nr. 17 zu Heft Nr. 30 DB vom 26. Juli 1985 (zusammen mit Jutta Förster); Die Umsatzsteuer, in: Paul Kirchhof /Manfred Neumann (Hrsg.), Freiheit, Gleichheit, Effizienz – Ökonomische und verfassungsrechtliche Grundlagen der Steuergesetzgebung, 2001. Praktische Fragestellungen führten ihn hier auch zu entlegeneren Rechtsgebieten wie den Fragen der Glückspielbesteuerung: Umsatzsteuerbefreiung von Glücksspielen nach der 6. EG-Richtlinie und Gestaltungsspielraum des nationalen Gesetzgebers, in: UR 2002, S. 289 (zusammen mit Christian Jahndorf); Glücksspielrecht – Steuerrechtliche Grundlagen, in: Dietlein/Hecker/Ruttig, Glücksspielrecht, 2008, S. 395 ff.

29 Übergang von Betriebsvermögen im Wege vorweggenommener Erbfolge, in: FR 2001, S. 764 (zusammen mit Andreas Richter); Die Begünstigungstatbestände des Erbschaftsteuergesetzes auf dem verfassungsrechtlichen Prüfstand, in: ZEV 2002, S. 165; Die Erbschaftsteuer als Mittel der Gesellschaftspolitik, in: StuW 2005, 346; Erbschaftsteuerfreiheit bei Unternehmensfortführung? in: ZRP 2006, S. 209 (zusammen mit Reinhard Pöllath).

30 Rechtfertigung der Besteuerung des Vermögens aus verfassungsrechtlicher Sicht, in: Birk (Hrsg.), Steuern auf Erbschaft und Vermögen, Veröffentlichungen der Deutschen Steuerjuristischen Gesellschaft, Bd 22, 1999, S. 7.

31 Kirchensteuerpflicht trotz fehlender Kirchenmitgliedschaft? Zur Verpflichtung des Arbeitgebers zur Zahlung pauschaler Lohnkirchensteuer für Arbeitnehmer, die nachweislich keiner erhebungsberechtigten Kirche angehören, in: Steuer und Wirtschaft 1995, S. 103 ff (zusammen mit Christian Jahndorf); Erhebung pauschaler Lohnkirchensteuer bei nicht kirchenangehörigen Arbeitnehmern, in: Betriebsberater 1995, S. 1443 (zusammen mit Christian Jahndorf).

32 Kommentierung des Investitionshilfegesetzes, in: Herrmann/Heuer/Raupach, Kommentar zum EStG und KStG Köln 1983 (zusammen mit Bernhard Bals, Uwe Clausen, Wolfgang Kumpf); Investitionshilfegesetz verfassungswidrig, in: Hermann/Heuer/Raupach, Kommentar zum EStG und KStG, 144. Erg.-Lfg. November 1984 (zusammen mit Bernhard Bals, Arndt Raupach).

33 Kommentierung der Art. 104 a – 108 GG, in: Kommentar zum Grundgesetz für die Bundesrepublik Deutschland (Reihe Alternativkommentare). 2. Aufl., Bd 2, 1989.

34 Beginnend mit der Kommentierung des § 1 AO; in: Hübschmann/Hepp/Spitaler, Kommentar zur Abgabenordnung und Finanzgerichtsordnung, Lieferung 132, März 1991.

35 Kommentierung des § 8 EStG, in: Herrmann/Heuer/Raupach, Einkommensteuer- und Körperschaftsteuergesetz mit Nebengesetzen, Loseblatt, 19. Aufl., Lieferung 164, Köln 1990 und erneut in der Lieferung 225, 2006 (zusammen mit Jan-Hendrik Kister); § 11 EStG, ebenda, Lieferung 169; § 3c EStG, ebenda, Lieferung 200, Dezember 2000 (zusammen mit Christian Jahndorf).

den Vorschriften der Abgabenordnung haben dabei prägende Wirkung auf die Rechtsprechung der Finanzgerichte und die Praxis der Besteuerung entfaltet. Von 1992 bis 2014 war *Dieter Birk* Mitherausgeber der wichtigsten deutschen steuerrechtlichen Zeitschrift „Steuer und Wirtschaft".

Zur internationalen Sichtbarkeit des deutschen Steuerrechts trugen die Teilnahme an internationalen Tagungen[36] und zahlreiche Kontakte zu Steuerrechtlern in der ganzen Welt bei. So gründete Birk das „Academic Committee of European Taxation" (ACET), das später in der „European Association of Tax Law Professors" (EATLP) aufging. Forschungsaufenthalte führten ihn zu Auslandsstudien in die USA (1990),[37] nach Großbritannien (1994/95),[38] nach Frankreich (1999) und nach Japan (2000).[39] Seit 1998 lehrte er jedes Jahr als Gastprofessor für Europäisches Steuerrecht an der University of Florida.

Dieter Birk hat zahlreiche Veranstaltungen angestoßen und wissenschaftliche Foren begründet, auf denen das Steuerrecht diskutiert und fortentwickelt wurde: Da das Institut in Münster anfangs noch recht spartanisch ausgestattet war, gründete er 1988 einen Förderverein, den „Westfälischen Steuerkreis", der zum Vorbild für viele andere „Steuerkreise" (unter anderem in Regensburg, Leipzig und Trier) wurde. Der Westfälische Steuerkreis hat es sich zum Ziel gesetzt, die steuerrechtliche Forschung und Lehre an der Westfälischen Wilhelms-Universität finanziell, aber auch durch Vortragsveranstaltungen, Seminare und Symposien zu aktuellen Fragestellungen des Steuerrechts zu fördern. In den „Münsteraner Sym-

36 Rechtliche Rahmenbedingungen der Umweltschutzfinanzierung in der Bundesrepublik Deutschland, in: Ante Kutle, u.a., Financiranje u zastiti okolisa (Umweltschutzfinanzierung), Zagreb 1999 (ISBN 953-97087-9-6); Das Leistungsfähigkeitsprinzip im Ertragsteuerrecht, in: Verhandlungen des Vierzehnten Österreichischen Juristentags, Wien 2001, S. 53 ff. Italien: II/106, 79, 84

37 Rechtsschutz in Steuersachen in den USA, in: StuW 1991, S. 263 ff.; Das Verfahren vor dem US-amerikanischen Finanzgericht (Tax Court). Darstellung wesentlicher Verfahrenselemente und Überlegungen zur bevorstehenden FGO-Novelle, in: StuW 1991, S 337 ff

38 Besteuerungsverfahren und Rechtsschutz des Steuerbürgers in Großbritannien, in: Festschrift für Klaus Tipke zum 70. Geburtstag, Köln 1995, S. 555; Tribunals in Steuersachen – Das Verfahren vor dem General oder Special Commissioners in Großbritannien, in: Festschrift für Karl-Heinrich Friauf zum 65. Geburtstag, Köln 1996, S. 898; Familienbesteuerung in Großbritannien und Deutschland, in: Dieter Birk/Paul Kirchhof/Moris Lehner (Hrsg.), Steuern im Verfassungsstaat, Symposion aus Anlaß des 65. Geburtstags von Klaus Vogel, München, 1996, S. 65; Tax Protection Procedure in Germany, in:Albregtse/Arendonk (ed.), Taxpayer Protection in the European Union, London (Kluwer), 1998, S. 55 ff.

39 Steuerrecht und Verfassungsrecht, in: OITA University, Economic Review, Vol 49, No. 3/4, November 1997 (Vortrag vor der Oita University am 11. 7. 1997, ins Japanische übersetzt von Prof. Hideki Nagata); The European Union and Tax Law, in: Kurume Daigaku Hogaku, Journal of Law and Politics, No. 31, March 1998, S. 153 ff (Vortrag an der Universität Kurume am 9. 7. 1997).

posien zum Steuerrecht“ wurde der „Niedergang oder (die) Neuordnung des deutschen Einkommensteuerrechts“ (1985),[40] die „Situation der Finanzgerichtsbarkeit“ (1988), das Verhältnis von Steuerrecht und Verfassungsrecht (2009) sowie die Frage diskutiert, ob es noch ein „inneres System“ von Einkommensteuer und Erbschaftsteuer gibt (2008). An der Universität Münster begründete *Dieter Birk* 1999 mit anderen den „Summer Course International Taxation“. Drei Jahre später etablierte er das Postgraduierten-Programm der Rechtswissenschaftlichen Fakultät und insbesondere den berufsbegleitenden Masterstudiengang „Steuerwissenschaften“ in der von ihm initiierten JurGrad gGmbH, einer Organisation zur wissenschaftlichen Fort- und Weiterbildung an der Westfälischen Wilhelms-Universität Münster. 2002 war *Dieter Birk* Initiator und erster Vorsitzender der „Berliner Steuergespräche“, die für Vertreter aus Politik, Wirtschaft, Rechtsprechung, Wissenschaft, Verwaltung und Beratung zum wichtigsten Forum für die Diskussion aktueller steuerpolitischer Themen in der Hauptstadt wurden. Mit einem Symposion zur „Leistungsfähigkeit des Steuerrechts“ wurde *Dieter Birk* 2011 aus dem aktiven Hochschuldienst verabschiedet. Seine Münsteraner Abschiedsvorlesung behandelte „das Ungerechte an der Steuergerechtigkeit“ und knüpfte so an das Thema seiner Habilitationsschrift von 1981 an. Eine besondere Würdigung erfuhr er, als er zu seinem 70. Geburtstag mit einem Symposium in den Räumen des Bundesfinanzhofs geehrt wurde.

Als Hochschullehrer hat *Dieter Birk* neben einer Fallsammlung zu „Verfassungsrecht und Verfassungsgerichtsbarkeit“ (1983, zusammen mit *Heinrich Scholler*) zunächst zwei Auflagen eines Lehrbuchs zum Allgemeinen Steuerrecht (1988 und 1994) vorgelegt. 1998 folgte das seitdem jährlich neu erscheinende Lehrbuch zum „Steuerrecht“, in dem er bis zur 19. Auflage (2016) aktiv mitgearbeitet hat. Vor allem durch dieses Lehrbuch, das inzwischen von *Marc Desens* und Henning Tappe fortgeführt wird, hat *Dieter Birk* die Ausbildung im Steuerrecht in Deutschland nachhaltig geprägt. Seit 2006 wurde es durch einen „Klausurenkurs im Steuerrecht“ ergänzt. Den nachhaltigsten Eindruck hat *Dieter Birk* bei denen hinterlassen, die ihn persönlich als Lehrer[41] erleben durften. In seinen Vorlesungen zum Steuerrecht und zum Staatsrecht haben Generationen von Münsteraner Studie-

---

40 Einführung zu: Raupach/Tipke/Uelner, Niedergang oder Neuordnung des deutschen Einkommensteuerrechts, Münsteraner Symposion Band I, Köln 1985, S. 1 ff.

41 Zu Fragen der Juristenausbildung im Steuerrecht: Vom Vertiefungsstudium zur Stoffhuberei – Sinn und Unsinn des Wahlfachgruppenstudium, in: stud.jur. 1987, S. 34 ff; Steuerrecht in der Juristenausbildung, in: SteuerStud 1989, S. 2 ff (zusammen mit Marcus Mick); Der Stellenwert des Steuerrechts bei der Juristenausbildung. Zum Grundlagenbeschluß des Deutschen Juristen-Fakultätentags vom 25.05.1990 zur Effektivierung des Studiums und Verringerung der Studiendauer, in: StuW 1992, S. 88 ff.

renden ihren Weg in diese Rechtsgebiete gefunden. *Dieter Birk* hat sechs seiner Schüler (*Rolf Eckhoff, Christian Jahndorf, Rainer Wernsmann, Heinrich Weber-Grellet, Marc Desens, Henning Tappe*) habilitiert und mehr als 120 Doktorandinnen und Doktoranden betreut. In Doktorandenseminaren, die er regelmäßig, seit 2011 auch mit den Doktorandinnen und Doktoranden seiner Schüler veranstaltete und bei denen auch Ehemalige von ihren Erfahrungen während und nach der Promotion berichten konnten, hielt er den Kontakt zu den (früheren) Münsteranern. Diese gemeinsamen Seminare werden in seinem Sinn fortgeführt. Allen, die daran teilnahmen, wird *Dieter Birk* als eine ungewöhnlich bescheidene, liebenswürdige, empathische und beeindruckende Persönlichkeit in Erinnerung bleiben.

https://doi.org/10.1515/9783110767032-027

XX
Walter Berka (1948–2021)

Harald Stolzlechner und Kurt Schmoller

I. Lebensweg

Walter Berka wurde am 29.3.1948 in Saalfelden am Steinernen Meer im Salzburgischen Pinzgau in eine Kaufmannsfamilie hineingeboren.[1] Er verbrachte eine behütete und sorglose Kindheit bis zu dem Zeitpunkt, als er sich bei einem Badeunfall schwere Verletzungen zuzog, die ihn für lange Zeit ans Bett banden. Während dieser Zeit verschlang er unzählige Bücher, dem Alter entsprechend namentlich Abenteuer- und Reiseliteratur. Diese für den heranwachsenden Knaben schwierige Zeit war zugleich prägend für ihn, zunächst für seine Liebe zum Buch und seine Gründlichkeit in der Lektüre, sodann für seine (später hervorkommende) Reiselust auch in ferne Länder und sein Interesse am Meer im Allgemeinen und am Segel- und Tauchsport im Besonderen.

Nach Absolvierung der Volks- und Hauptschule in Saalfelden ging die weitere Ausbildung zunächst in Richtung Lehrberuf. *Berka* besuchte von 1962 bis 1967 die Lehrerbildungsanstalt (LBA) in der Stadt Salzburg, zur damaligen Zeit die zentrale Ausbildungsanstalt für angehende Volks- und Hauptschullehrer. Nach der mit Auszeichnung abgelegten Matura an der LBA luden ihn seine Eltern zur Rückkehr und zum Eintritt in das eigene Handelsunternehmen ein. Der junge Mann hatte jedoch anderes vor. Die Stadtluft hatte ihn frei gemacht und so bekundete er seine Absicht, ein akademisches Studium zu absolvieren. Die Eltern respektierten den Wunsch ihres begabten Sohnes und dieser nahm unverzüglich das Studium der Politikwissenschaft und der Publizistik sowie „nebenbei"[2] auch der Rechtswissenschaft an der Universität Salzburg auf. Das berufliche Interesse *Berkas* zu dieser Zeit ging eher in Richtung Journalismus und journalistische Tätigkeit; nicht nur, dass er das Politik- und Publizistikstudium mit Eifer betrieb, sondern der begabte Student praktizierte auch während seines Studiums mehrmals als freier Mitarbeiter beim ORF in Wien. Beides zusammen, ernsthaft betriebenes Politik- und Publizistikstudium und praktische Journalistentätigkeit,

---

1 Für nützliche Hinweise über Kindheit, Jugend und Studium von *Walter Berka* haben wir der Witwe, Mag. *Gabriele Berka*, zu danken.

2 So die Auskunft der Witwe.

bildeten zweifellos die geistigen Wurzeln für das später hervorkommende Interesse an allen Aspekten des Medien- und Rundfunkrechts. Im weiteren Studienverlauf hatte *Berka* freilich zunächst mit seinen Lehrern wenig Glück. Er studierte Politikwissenschaft namentlich beim Rechtsphilosophen René Marcic und Publizistik bei Günter Kieslich, dem ersten Professor des an der Universität Salzburg neu eingerichteten Publizistikstudiums. Marcic übernahm die Betreuung seiner (politikwissenschaftlichen) Dissertation, kam jedoch 1970 bei einem Flugzeugunglück auf der Rückreise von Australien ums Leben. Hierauf übernahm Professor Kieslich die Betreuung der Dissertation von *Berka*; auch er verstarb überraschend schnell an einer Krebserkrankung. Da er durch den rasch aufeinanderfolgenden Verlust seiner beiden wichtigsten Lehrer irgendwie „in der Luft hing", konzentrierte sich *Berka* in der Folge auf das Rechtsstudium und promovierte 1972 zum Doktor der Rechtswissenschaft an der Universität Salzburg (eine schriftliche Dissertationsarbeit war damals noch nicht erforderlich). Das Jahr 1972 brachte weitere wichtige Weichenstellungen: Knapp nach Studienabschluss, im Herbst 1972, wurde *Berka* Assistent von *Hans-Ulrich Evers*, der ein Jahr zuvor von der TU Braunschweig als vierter Professor an das (damalige) Institut für Verfassungs- und Verwaltungsrecht der Universität Salzburg berufen worden war. Ebenfalls 1972 heiratete *Berka* die Mittelschullehrerin Mag. *Gabriele Hasler*. Der Ehe entstammen drei Kinder. Die Familie war für *Berka* stets wichtiger Rückzugsort; sie verschaffte ihm Ablenkung von seiner wissenschaftlichen Tätigkeit, überdies gab sie ihm Halt, auch in schwieriger Zeit.

Evers galt, namentlich zu Beginn seiner Tätigkeit an der Universität Salzburg, aufgrund seiner „preußischen" Wesensart als menschlich schwierig, jedoch kam *Berka* mit dessen direkter, aber ehrlicher Art gut zurecht. *Evers* erkannte seinerseits rasch das enorme Entwicklungspotenzial des begabten jungen Juristen und band ihn früh in seine eigene Forschungs- und Gutachtenstätigkeit sowie in seine Verwaltungstätigkeit als Institutsvorstand und Dekan ein. *Berka* nützte diese Zusammenarbeit und konnte erste Erfahrungen als wissenschaftlicher Schriftsteller[3] und wichtige Einsichten in die Funktionsweise universitärer Selbstverwaltung gewinnen. Diese „Lehrjahre" wurden prägend für ihn als Forscher und engagierter Universitätslehrer: Er übernahm von seinem Lehrer ein nachhaltiges Interesse an der Beschäftigung mit dem Planungs-, Bildungs- und Schul- sowie dem Kommunikationsrecht, ferner mit dem Schutz der Privatsphäre, das *Berka* letztlich zu einem umfassenden Interesse an den Grundrechten insgesamt vor-

3 Vgl den Abschnitt „Verantwortliche Mitarbeit" im Schriftenverzeichnis, in Feik/Winkler (Hrsg), Festschrift für Walter Berka (2013) 667.

bildlich erweiterte.[4] Ebenso ist das starke Engagement von *Berka* in der universitären Selbstverwaltung zu einem nicht unerheblichen Teil auf den Einfluss von *Evers* zurückzuführen. *Berka* war sich stets bewusst, wie viel er für seine Entwicklung als akademischer Lehrer und Forscher *Hans-Ulrich Evers* zu verdanken hatte, „je reifer er wurde, umso mehr".[5] Aber auch umgekehrt hielt *Evers* von den menschlichen und fachlichen Fähigkeiten seines Schülers viel; davon zeugt nicht zuletzt der Umstand, dass er *Berka* als alleinigen Vollstrecker seines Testaments eingesetzt hat, und dieser sich um die Witwe *Evers* bis zu deren Lebensende aufopferungsvoll gekümmert hat. Naheliegend war es daher, dass *Berka* Jahre später als Professor den an der RW-Fakultät der Universität Salzburg eingerichteten Evers-Marcic-Fonds und die spätere Evers-Marcic-Stiftung leitete und viel Gutes für die RW-Fakultät tun konnte.[6]

Bereits in seiner Assistentenzeit trat *Berka* – ganz in der Tradition seines Lehrers *Evers* – mit Aufsätzen zum Planungs- und Raumordnungsrecht, zum Schulrecht sowie mit einer ersten umfangreichen Arbeit zum Grundrechtsthema in Erscheinung (Die europäische Menschenrechtskonvention und die österreichische Grundrechtstradition, ÖJZ 1975, 365 ff., 428 ff.).[7] 1982 habilitierte er sich mit einer Arbeit über „Medienfreiheit und Persönlichkeitsschutz. Die Freiheit der Medien und ihre Verantwortung im System der Grundrechte" und erhielt die Lehrbefugnis für die Fächer „Allgemeine Staatslehre, Verfassungs- und Verwaltungsrecht". 1992 erfolgte der Ruf auf eine ordentliche Professur für Öffentliches Recht an der Universität Linz. Obwohl er dort hervorragende Verhältnisse vorfand, war und blieb *Berka* „leidenschaftlicher" Salzburger; überdies vermisste er als „Familienmensch" seine Frau und seine Kinder. Nach dem überraschenden Ableben von *Kurt Ringhofer* nützte die RW-Fakultät an der Universität Salzburg die Möglichkeit, *Berka* zurückzuholen, und berief ihn 1994 auf die ordentliche Professur für Allgemeine Staatslehre, Verfassungs- und Verwaltungsrecht. Er bekleidete von 1998 bis 2004 das Amt des Dekans und war maßgeblich an der Modernisierung und Weiterentwicklung der Fakultät beteiligt. In diesen Zeitraum fällt z.B. die Gründung der Salzburg Management Business School, an der er jahrelang als wissenschaftlicher Leiter eines Universitätslehrgangs wirkte.[8] *Berka* entfaltete in den nächsten Jahrzehnten eine fruchtbare, weithin anerkannte wissenschaftliche Tätigkeit, die wesentlich zum hervorragenden Ruf der Salzburger Rechtsfakultät

4 In diesem Sinn auch *Feik/Winkler*, Curriculum Vitae von Walter Berka, in FS Berka, 649.
5 So die Formulierung der Witwe *Berka*.
6 Vgl *Feik/Winkler*, Curriculum Vitae von Walter Berka, in FS Berka, 650.
7 Vgl Schriftenverzeichnis, in FS Berka, 654, 655.
8 Vgl *Feik/Winkler*, Curriculum Vitae von Walter Berka, in FS Berka, 650.

beitrug. Er emeritierte 2016 und ist im Juni 2021 viel zu früh einer heimtückischen Krankheit erlegen.

II. Universeller und innovativer Forscher, Universitätslehrer und Vortragender

Berka begann bereits als junger Assistent wissenschaftlich zu arbeiten, hat dann in seiner Zeit als aktiver Professor Anzahl und Umfang seiner wissenschaftlichen Publikationen erheblich gesteigert und war mehr als vier Jahrzehnte (1975–2021), buchstäblich bis zu seinem letzten Atemzug, als wissenschaftlicher Autor tätig. Er hinterlässt ein umfangreiches wissenschaftliches Werk von beachtlicher thematischer Breite und dogmatischem Tiefgang. Sein Schriftenverzeichnis (bis zum Jahr 2013)[9] umfasst 15 selbständige Werke, 15 Herausgeberschaften, 164 Aufsätze sowie zahlreiche Urteils- und Buchbesprechungen. Die Emeritierung bedeutete für *Berka* keine Zäsur, im Gegenteil, frei von Lehrverpflichtungen konnte er in seinem letzten Lebensabschnitt wichtige Werke vorlegen bzw neu auflegen. Verwiesen sei etwa auf die achte Auflage des Lehrbuchs Verfassungsrecht (2021) kurz vor seinem Tod, sodann auf die (gemeinsam mit Binder und Kneihs herausgebrachte) zweite Auflage des Handbuchs der Grundrechte (2019) sowie den anlässlich der jüngst erfolgten Neuorganisation der Sozialversicherung federführend von ihm herausgegebenen Sammelband „Die Neuorganisation der Sozialversicherung in Österreich" (2019).

Unbeschadet einer beachtlichen Themenvielfalt, die das Werk von *Berka* auszeichnet, lassen sich dennoch Schwerpunkte seiner wissenschaftlichen Tätigkeit ausmachen, die er immer wieder aufgriff und deren wissenschaftliche Durchdringung er in besonderem Maße beeinflusst hat. Es geht um sein „Lebensthema", die umfassende und nachhaltige Beschäftigung mit praktisch allen Aspekten der Grundrechte, um Medien- und Rundfunkrecht, um Wissenschafts- und Bildungsrecht sowie um Raumordnungs- und Planungsrecht. Diese Themen hat *Berka* immer wieder aus unterschiedlichen Gesichtspunkten und Interessenlagen sowie mit unterschiedlichen Querverbindungen (z.B. zum Unionsrecht) neu behandelt und die Rechtsentwicklung maßgeblich vorangetrieben. Bereits in seiner Habilitationsschrift „Medienfreiheit und Persönlichkeitsschutz. Die Freiheit der Medien und ihre Verantwortung im System der Grundrechte" (1982) konnte er zwei

9 Vgl das von seinen Schülern *Feik* und *Winkler* zusammengestellte, 29 Seiten umfassende Schriftenverzeichnis, in FS Berka, 653–672.

seiner bevorzugten Themen (Grundrechte und Medienrecht) in vorbildlicher Weise zusammenführen und eine für die Entwicklung einer modernen österreichischen Grundrechtsdogmatik wegweisende Arbeit vorlegen. Der erste Teil der Arbeit über „Bestimmungsgründe einer allgemeinen Grundrechtsdogmatik des österreichischen Verfassungsrechts" ist Grundsatzfragen (z.B. Grundrechtsverständnis, Normstruktur von Freiheitsrechten) gewidmet. Im Mittelpunkt stehen Überlegungen zur bis heute schwierigen Rechtsquellensituation mit den beiden nebeneinander geltenden Grundrechtskatalogen (Staatsgrundgesetz 1867, EMRK) und sonstigen Grundrechtsverbürgungen (z.B. BVG über die persönliche Freiheit) und zu Möglichkeiten, „die äußere Zerrissenheit der Grundrechtslandschaft" zu überwinden. Im Kapitel „Elemente einer allgemeinen Grundrechtsdogmatik" behandelt er für den damaligen Stand wegweisende Themen; so entwickelt er das für Eingriffe in EMRK-Grundrechte vorgesehene Verhältnismäßigkeitsprinzip weiter in Richtung eines allgemeinen, auch für die ältere Grundrechtsschicht (StGG etc.) geltenden Eingriffsmaßstabs, wobei eine Orientierung am deutschen Schrifttum erkennbar ist.

Im zweiten Teil „Kommunikationsfreiheit und freiheitliche Kommunikationsordnung: Zur Dogmatik der Meinungs-, Informations- und Medienfreiheit" geht es *Berka* um Entfaltung der bereits im 19. Jahrhundert entwickelten Meinungs-, Rede- und Pressfreiheit hin zu einer modernen Meinungs-, Informations- und Medienfreiheit unter Einschluss grundrechtlich abgesicherter Grundprinzipien einer freiheitlichen Kommunikationsordnung. Eng verbunden damit stehen Überlegungen zur Beschränkung der Kommunikationsfreiheit (149 ff.). *Berka* bekennt sich zu einer inhaltlich orientierten „Schrankensystematik" und entwickelt als einer der Ersten in Österreich (unter Anlehnung an dt Grundrechtslehren) Kriterien der Grundrechtsbeeinträchtigung am Maßstab der Eingriffsintensität (Zensur, Postverbote etc.); dies alles vor dem Hintergrund der erst im Ansatz vorhandenen Auslegung des materiellen Grundrechtsvorbehalts von Art 10 Abs 2 EMRK. Im dritten Teil „Die Verwirklichung der Kommunikationsfreiheit im Rechtsgüterkonflikt mit den Persönlichkeitsrechten des Einzelnen" verlässt *Berka* die grundrechtstheoretische Fundierung seines Themas und wechselt über zum zentralen praktischen Problem, nämlich der Lösung vielfältiger Konflikte zwischen öffentlicher Kommunikation und Persönlichkeitsrechten, normativ grundgelegt in den straf- und zivilrechtlichen Ehrenschutztatbeständen (z.B. § 1330 ABGB). Der darin begründete Rechtsgüterkonflikt gibt *Berka* die Gelegenheit, sich richtungweisend mit der Anwendung der Grundrechte im Verhältnis von Privatpersonen untereinander („Drittwirkung") und einer damit einhergehenden grundrechtskonformen Interessenabwägung auseinanderzusetzen. Im Kapitel über „Ehrenrührige Tatsachenbehauptungen und Freiheit zur Information" widmet *Berka* dem „grundrechtlichen Schutz der Wahrheit" ein eigenes Kapitel (232 ff.). Heute, knapp 40 Jahre später, in Zeiten überhandnehmender Fake News in sozialen Medien zeigt sich auch darin die Richtung weisende Dimension seiner Habilitationsschrift. Am Rande sei angemerkt, dass sich *Hans-Ulrich Evers* mit einzelnen Aspekten des damals wie heute modernen Themas „Schutz der Privatsphäre" mehrmals beschäftigt[10] und der Lehrer in Walter *Berka* einen kongenialen Schüler gefunden hatte, der seine Überlegungen zum grundrechtlichen Schutz der Privatsphäre, zu Drittwirkung, grundrechtlicher Abwägung und Verhältnismäßigkeitsgebot auf profunde Weise fortentwickelt hat.

Das Thema seiner Habilitationsschrift war ein Startsignal für eine lebenslange Beschäftigung; die Grundrechte ließen *Berka* Zeit seines Lebens nicht mehr los. Er hat das unerschöpfliche Thema immer wieder aufgenommen und die Grundrechte in ihren vielfachen Aspekten zum Gegenstand seiner Forschungen gemacht, seien es Themen der Grundrechtsgeschichte und allgemeinen Grundrechtsdogmatik oder seien es konkrete Auslegungsfragen einzelner Grundrechte, bearbeitet und erläutert in Vorträgen, als Auftragsarbeit oder etwa als Tagungs- oder Festschriftbeiträge. Sein Schriftenverzeichnis ist voll mit grundrechtlichen Arbeiten; die Palette reicht – um nur einige wenige zu erwähnen – von der frühen richtungweisenden Arbeit „Die Freiheit der Kunst (Art 17a StGG) und ihre Grenzen im System der Grundrechte" (JBl 1983, 281 ff.),[11] über Grundlagenarbeiten, wie „Die Gesetzesvorbehalte der Europäischen Menschenrechtskonvention" (ZfÖRVR 1986, 71 ff.),[12] „Das ‚eingriffsnahe Gesetz' und die grundrechtliche Interessenabwägung" (in FS Walter, 37 ff.),[13] „Die Kommunikationsfreiheit, Informationsfreiheit, Freiheit der Meinungsäußerung, Pressefreiheit und Zensurverbot" (Machacek/Pahr/Stadler [Hrsg], 40 Jahre EMRK, 393 ff.),[14] „Probleme der grundrechtlichen Interessenabwägung – dargestellt am Beispiel der Untersagung von Versammlungen" (FS Rill, 3 ff.), „Das allgemeine Gesetz als Schranke der grundrechtlichen Freiheit" (FS Koja, 221 ff.),[15] „Menschenrechte in der Informationsgesellschaft – Neue Medien in der Menschenrechtsgesellschaft" (in Krainer [Hrsg], Internet und Menschenrechte, 7 ff.),[16] „Der Stellenwert individueller Grundrech-

10 Vgl z.B. *Evers*, Privatsphäre und Ämter für Verfassungsschutz (1960) und *Evers*, Schutz des „Privatlebens" durch Art 8 EMRK und durch das Grundrecht auf Datenschutz, in FS Klecatsky I (1980) 177 ff.

11 Vgl Schriftenverzeichnis, in FS Berka, 655.

12 Vgl Schriftenverzeichnis, in FS Berka, 655.

13 Vgl Schriftenverzeichnis, in FS Berka, 657.

14 Vgl Schriftenverzeichnis, in FS Berka, 657.

15 Vgl Schriftenverzeichnis, in FS Berka, 659.

16 Vgl Schriftenverzeichnis, in FS Berka, 660.

te“ (in FS Mantl, 77 ff.),[17] bis hin zum viel beachteten Gutachten für den 18. Österreichischen Juristentag (2012) über „Das Grundrecht auf Datenschutz im Spannungsfeld zwischen Freiheit und Sicherheit“[18] und zur vorbildlichen Kommentierung von Art 7 B-VG und Art 14 EMRK einschließlich der Vorbemerkungen zum Staatsgrundgesetz im Verfassungsrechtskommentar von Rill/Schäffer.[19]

Die skizzierte Fülle gedanklicher Vorarbeit drängte geradezu nach einer umfassenden und zusammenführenden Gesamtdarstellung. Und in der Tat, 35 Jahre nach F. Ermacoras allseits anerkanntem „Handbuch der Menschenrechte und Grundfreiheiten“ brachte *Berka* als Höhepunkt seiner Beschäftigung mit den Grundrechten sein ebenso richtungweisendes Handbuch „Die Grundrechte. Grundfreiheiten und Menschenrechte in Österreich“ (1999) heraus. Das Werk ist in drei große Teile gegliedert: I. Begriff, Geschichte, Funktion und Bedeutung der Grundrechte; II. Allgemeine Grundrechtslehren und III. Die Grundrechte im Einzelnen, untergliedert in Freiheits- und Gleichheitsrechte, politische Grundrechte, Verfahrensgrundrechte sowie soziale und Teilhaberechte. Namentlich auf Grund seiner klaren Systematik und der lückenlosen Darstellung der Grundrechte unter starkem Bezug zur verfassungsgerichtlichen Grundrechtsjudikatur wurde es zu einem Referenz- und Standardwerk der Grundrechtsliteratur. Das Werk liegt inzwischen in zweiter Auflage (2019), erweitert um die Dimension der GRC-Grundrechte, vor, wobei die Neubearbeitung vorrangig durch *Christina Binder* (Universität der Bundeswehr, München) und *Benjamin Kneihs* (Universität Salzburg) erfolgte.

Unermüdlich bezog *Berka* auch in der Folge immer wieder Stellung zu aktuellen Grundrechtsthemen, die ihm im Rahmen von Vortragsverpflichtungen oder Aufträgen vorgelegt wurden. Zu erwähnen ist z.B. das Grundlagenreferat auf der Tagung der Österreichischen Juristenkommission 2018 über „Aktuelle Bedrohungen des Grundrechts auf Privatsphäre“ (ÖJZ 2018, 755 ff.) mit einer kritischen Bestandsanalyse der durch die Informationsmacht einschlägiger IT-Unternehmen „gefährdeten Autonomie des Einzelnen“ und einer dagegen Schutz gewährenden „regulativen Konzeption des Datenschutzes“. Hinzukommen hochaktuelle Arbeiten zur Kunstfreiheit und zu Grundrechtsfragen im Zusammenhang mit Arbeitsrechtskonflikten, wie etwa der auf ein Rechtsgutachten zurückgehende Aufsatz über „Das Verbot ‚szenischen Rauchens‘ und die Freiheit der Kunst“ (JBl 2018, 69 ff.); die arbeitsrechtliche Dimension der Grundrechte wird deutlich z.B. in der Arbeit „Geschlechterklauseln in Gesellschaftsverträgen und

17 Vgl Schriftenverzeichnis, in FS Berka, 660.
18 Vgl Schriftenverzeichnis, in FS Berka, 654.
19 Vgl Schriftenverzeichnis, in FS Berka, 660.

verfassungsrechtliche Diskriminierungsverbote“ (GES 2017, 347 ff.) oder in der grundlegenden Arbeit über „Religion, Weltanschauung und Arbeitsverhältnis“ (DRdA 2017, 247 ff.). Erwähnenswert ist schließlich die Arbeit über „Die Verantwortung des Staates für die medizinische Versorgung“ (ÖJZ 2019, 227 ff.), in welcher der Frage nach einem „Grundrecht auf Gesundheit“ bzw einem auf das Gesundheitswesen bezogenen Verfassungsauftrag nachgegangen wird. Die erwähnten Beiträge aus allerletzter Zeit sind weitere Beispiele dafür, dass *Berka* stets aktuelle Themen aufgriff, mit seinen Arbeiten auf Höhe der Zeit und auch in der Lage war, vernünftige, allgemein akzeptierte Lösungen von Grundrechtskonflikten anzubieten.

Mit dem 1999 vorgelegten Grundrechte-Handbuch und der darin enthaltenen Darstellung des verfassungsrechtlichen Grundrechtsschutzes in Österreich hatte *Berka* auch die Grundlage für etwas Größeres, nämlich für eine (lehrbuchmäßige) Gesamtdarstellung des Bundesverfassungsrechts unter Einschluss des Staatsorganisationsrechts, geschaffen. Er unterzog sich dieser Mühe und brachte 2005 sein viel beachtetes Lehrbuch „Verfassungsrecht“ mit dem als Untertreibung zu qualifizierenden Untertitel „Grundzüge des österreichischen Verfassungsrechts für das juristische Studium“ heraus. Das Lehrbuch zeichnet sich durch klare Gliederung und umfassende Aufbereitung des Rechtsstoffes unter Einschluss wesentlicher Bezüge zum Unionsrecht aus, ferner durch eine wirklichkeitsnahe und lebendige Darstellung zentraler Rechtsfragen des Bundesverfassungsrechts mit einleuchtenden Beispielen aus Staatspraxis und VfGH-Judikatur. Nicht weiter verwunderlich ist daher, dass das Lehrbuch bei Studierenden ebenso wie in der Kollegenschaft rasch Anklang fand und häufig zitiert und benützt wird. Es hat sich einen sicheren Platz in der Lehrbuch-Literatur erobert und innerhalb kurzer Zeit zahlreiche Auflagen erfahren. Die achte Auflage erschien knapp vor *Berka*s Ableben im Frühjahr 2021.

Ein weiteres Forschungsfeld, dem *Berka* seit Studententagen mit großem Interesse verbunden war und dem er erhebliche Lebenszeit widmete, ist das Medien- und Rundfunkrecht.[20] Wie selten sonst passt hier für *Berka* die Beschreibung, dass er diese Rechtsgebiete geprägt hat. Die moderne Medienrechtswissenschaft in Österreich und darüber hinaus hat ihre Fundamente wesentlich in seiner Habilitationsschrift aus dem Jahr 1982 über „Medienfreiheit und Persönlichkeitsschutz“. An diesem grundlegenden Spannungsfeld zeigt *Berka* die Wirkungsweise

---

20 Für wertvolle Hinweise zum Medien- und Rundfunkrecht haben wir Univ.-Prof. Dr. *Michael Holoubek* (WU Wien) zu danken, der gemeinsam mit *Walter Berka* und *Christoph Grabenwarter* das Forschungsinstitut für das Recht der elektronischen Massenmedien begründete und der bis zum heutigen Tag Vorstandsmitglied dieses Instituts ist.

medienrechtlicher Zusammenhänge ebenso auf wie die verfassungsrechtliche Prägung dieses Rechtsgebiets. Das Lehrbuch zum „Recht der Massenmedien" (1989) gibt in der Folge dem Medien- und Rundfunkrecht seine systematische Struktur und ist darüber hinaus Zeugnis vom didaktischen Ausnahmetalent *Berka*. In diesem Zusammenhang dürfen seine zahlreichen Vorträge nicht unerwähnt bleiben, in denen der begnadete Rhetoriker sein Publikum in den Bann gezogen, scheinbar mühelos komplexe Zusammenhänge erklärt und immer wieder auf neue Wege geführt hat.

Berka war aber nie nur Wissenschaftler im Elfenbeinturm. Mit dem gemeinsam mit *Alfred J. Noll*, *Thomas Höhne* und *Ulrich Polley* begonnen Praxiskommentar zum Mediengesetz (2002), 2019 in 4. Auflage erschienen, hat er die medienrechtliche Rechtsprechung begleitet und geleitet. Als Gründungsmitglied und langjähriger Obmann des Forschungsinstituts für das Recht der elektronischen Massenmedien (REM) trug *Berka* über die inhaltliche Gestaltung der jährlichen Symposien und Workshops zur Etablierung dieser wissenschaftlichen Vereinigung ebenso maßgeblich bei wie durch eigene Vorträge, die neue Entwicklungen zu einem Zeitpunkt aufgenommen und rechtswissenschaftlich eingeordnet haben, zu dem die Meisten gerade einmal erst begonnen haben, das Problem wahrzunehmen. Wie überhaupt die besondere Innovationskraft – vom „Rundfunkmonopol auf dem Prüfstand"[21] bis hin zur „Neuvermessung der Meinungsfreiheit in der digitalen Ära"[22] – das rundfunk- und medienrechtliche Oeuvre *Berka*s kennzeichnen.

Zuletzt seien zwei weitere Rechtsgebiete erwähnt, mit denen sich *Berka* Zeit seines Lebens beschäftigte, aus denen er immer wieder Themen aufgriff und nachhaltige Problemlösungen erarbeitete. Es geht um das Bildungs- und Wissenschaftsrecht sowie um das Planungsrecht (in umfassendem Sinn); Themen, die unterschiedlicher nicht sein könnten, die aber den grundrechtlichen Hintergrund gemeinsam haben und die die thematische Spannweite von *Berka* eindrücklich unter Beweis stellen. Dabei mag die Vorliebe für bildungsrechtliche Themen zunächst auf die Ausbildung an der Lehrerbildungsanstalt und die dahinterstehende Absicht, den Lehrberuf zu ergreifen, zurückzuführen sein; in diese Richtung weist etwa seine erste Arbeit über „Die pädagogische Freiheit des Lehrers als

21 *Berka*, Rundfunkmonopol auf dem Prüfstand – Die Freiheit und öffentliche Verantwortung des Rundfunks in Österreich (1988)

22 *Berka*, The free speech debate: Bedarf die Meinungsfreiheit einer Neuvermessung?, in Berka/Holoubek/Leitl-Staudinger (Hrsg), Meinungs- und Medienfreiheit in der digitalen Ära – Eine Neuvermessung der Kommunikationsfreiheit, Band 15 der Schriftenreihe Recht der elektronischen Massenmedien REM (2017) 1.

Rechtsproblem" (JBl 1978, 571 ff.). Sehr bald aber greift *Berka* thematisch weit darüber hinaus und seine Gedanken umkreisen für lange Zeit das Thema „Autonomie im Bildungswesen" (so der Titel einer Monografie aus 2002), bezogen auf die institutionelle Freiheit von den Pflichtschulen über Fachhochschulen, Privatuniversitäten bis hin zur Universitätsautonomie, stets unter Berücksichtigung und bildungspolitisch sinnvoller Gegenüberstellung zur staatlichen Bildungsverantwortung. Genährt und gestützt wurde diese nachhaltige und im Bildungssektor hoch geschätzte Beschäftigung mit Bildungsrecht und Bildungspolitik von einem jahrzehntelangen universitätspolitischen Engagement *Berka*s in zahlreichen Funktionen und einschlägigen Gremien, etwa als langjähriger Dekan der RW-Fakultät, als Mitglied der Akademie der Wissenschaften oder als Mitglied im wissenschaftlichen Beirat der Österreichischen Forschungsgemeinschaft.

Das Planungsrecht als vorrangiges Interessenfeld „erbte" *Berka* ganz offensichtlich von seinem Lehrer *Hans-Ulrich Evers*, der dieses (zum damaligen Zeitpunkt neuartige) Rechtsgebiet von der TU Braunschweig nach Salzburg mitgebracht hatte. *Evers* hat den jungen Assistenten in etliche seiner planungsrechtlichen Arbeiten verantwortlich eingebunden und ihm auf diese Weise ein aktuelles Betätigungsfeld eröffnet.[23] *Berka* seinerseits hat diese Arbeit weitergeführt, namhafte Beiträge zum Planungsrecht geliefert und so die wissenschaftliche Durchdringung des damals neuen Rechtsgebiets nachhaltig beeinflusst. Beispielhaft erwähnt seien die frühe Arbeit über „Rechtsprobleme einer Energiewirtschaftsplanung im Raumordnungsrecht" (in FS Strasser, 13 ff.)[24] und in Fortführung dazu der richtungweisende Aufsatz „Starkstromwegeplanung und örtliches Bau- und Raumordnungsrecht" (ZfV 2006, 318 ff.) sowie in späterer Zeit etwa das große (gemeinsam mit *Andreas Kletečka* erstellte) Gutachten zu Rechtsfragen der Vertragsraumordnung.[25]

Man würde die Aufzählung der schwerpunktmäßig bearbeiteten Rechtsgebiete missdeuten, wollte man daraus schließen, *Berka* habe sich allein und ausschließlich mit den erwähnten Rechtsgebieten beschäftigt; im Gegenteil, er hat Zeit seines Lebens in vielen anderen Rechtsbereichen geforscht und richtungweisende Publikationen vorgelegt. Exemplarisch seien zwei wichtige Veröffentlichungen aus seiner „späten" Zeit erwähnt; zunächst der als kritische Begleitung der jüngsten Reform der sozialen Selbstverwaltung von *Berka/Müller/Schörghofer* herausgegebene Sammelband „Die Neuorganisation der Sozialversicherung in Öster-

23 Vgl die im Schriftenverzeichnis unter „Verantwortliche Mitarbeit" angeführten Arbeiten, in FS Berka, 67.

24 Vgl Schriftenverzeichnis, in FS Berka, 657.

25 In der ÖROK-Schriftenreihe Nr. 191 (2014).

reich" (2019). *Berka* ist darin mit einer Abhandlung über die Ausgestaltung der Autonomie der österreichischen Krankenversicherung (65 ff.) und mit einem lesenswerten Aufsatz über die Reform der Beitragsverwaltung in der gesetzlichen Sozialversicherung (157 ff.) vertreten, in welchem er mit aller Schärfe seiner Gedankenführung gegen die von der damaligen Bundesregierung geplante Zusammenführung der Prüforganisationen des Bundes, der Sozialversicherungsträger und der Gemeinden argumentierte. Der Erstautor war in dieser Angelegenheit für das Bundesministeriums für Finanzen rechtsgutachterlich tätig und insofern Gegner in der Sache. Das Match ging „unentschieden" aus: Zwar erklärte der VfGH die Zusammenlegung der erwähnten Prüforganisationen dem Grunde nach für verfassungskonform, die Weisungsfreistellung des beim Finanzministerium eingerichteten neuen Prüfdienstes gegenüber den Dienststellen der neu gegründeten Österreichischen Gesundheitskasse hielt er jedoch für verfassungswidrig (VfSlg 20.361/2019). Soweit ersichtlich sein letztes Werk ist die (gemeinsam mit dem Strafrechtler *Hinterhofer* verfasste) posthum erschienene Schrift mit dem etwas spröden Titel „Zum Befugnismissbrauch (§ 153 öStGB) bei der Wahrnehmung von Aufgaben im Wege der Privatwirtschaftsverwaltung" (September 2021; FÖDOK Nr 45), in Reaktion auf den „Swap-Prozess", in welchem namhafte Salzburger Lokalpolitiker wegen Befugnismissbrauchs strafrechtlich verurteilt worden waren. Die beiden Autoren schreiben gegen die den Verurteilungen zugrunde liegende Ansicht des OGH an, dass staatliche oder kommunale Organe in der rechtsgeschäftlichen Verwaltung wie „redliche Kaufleute" zu agieren und ohne Bedachtnahme auf öffentliche Interessen den größten Nutzen für die vertretene Gebietskörperschaft zu lukrieren hätten. Die Zukunft wird zeigen, ob der OGH auf Grund der Ausführungen von *Berka/Hinterhofer* zur Änderung seiner Ansicht bereit sein wird.

Neben seiner umfangreichen Forschungstätigkeit hat *Berka* stets auch seine universitären Lehraufgaben mit Freude erledigt. Er war beliebter Lehrer und kein allzu strenger Prüfer, der Studierenden stets mit Respekt begegnete. Seine Lehrveranstaltungen wurden von Studierenden in Regelstudien und Universitätslehrgängen gern besucht, darüber hinaus war er in der Journalistenausbildung und im Rahmen verschiedener Einrichtungen der Erwachsenenbildung und juristischen Fortbildung als Vortragender tätig.[26] *Berka* erwarb sich im Laufe seiner Tätigkeit den Ruf eines brillanten Redners, der auch „trockene" Themen spannend aufbereiten und zum Vortrag bringen konnte. Er erhielt zahlreiche Einladungen, vor wichtigen Institutionen zu referieren; zu erinnern ist etwa an seinen spannenden Vortrag über „Bürgerverantwortung im demokratischen Verfassungs-

26 Vgl *Feik/Winkler*, Curriculum Vitae, in FS Berka, 650.

staat“ vor der Vereinigung der Deutschen Staatsrechtslehrer (1995) oder an sein Grundsatzreferat über aktuelle Fragen des Datenschutzes beim Österreichischen Juristentag (2012). Mehrmals hielt er Vorträge vor der Österreichischen Juristenkommission und am Österreichischen Wissenschaftstag.[27] Hinzu kommen zahlreiche Vorträge bei verschiedenen wissenschaftlichen Gesellschaften sowie eine beachtliche internationale Vortragstätigkeit im Zuge von Auslandsaufenthalten, z.B. in USA, Kanada, Südafrika, Polen, Deutschland, Buthan.[28]

III. Visionärer Akteur in der Universitätsentwicklung und Wissenschaftspolitik

Zusätzlich zu seinen Forschungsleistungen und seiner beliebten Lehrtätigkeit engagierte sich *Walter Berka* in außergewöhnlichem Maß in leitenden universitären Funktionen, in der Österreichischen Akademie der Wissenschaften sowie in wichtigen Gremien zur Beratung und Unterstützung der Regierung in der Wissenschaftspolitik.

Die Salzburger Rechtswissenschaftliche Fakultät verdankt *Berka* viel. Er hat nicht nur durch seine herausragende Forschungs- und Lehrtätigkeit maßgeblich zum Renommée seiner Fakultät beigetragen, sondern vor allem als langjähriger Dekan (1998–2004) in einer Umbruchzeit wichtige, die Fakultät bis heute prägende Weichen gestellt.

Ein entscheidender Schritt war die gemeinsam mit engagierten Fakultätskolleg(inn)en erfolgte Entwicklung einer neuen Studienrichtung „Recht und Wirtschaft“ zusätzlich zum traditionellen Rechtsstudium. Eine Kooperation mit der Universität Klagenfurt ermöglichte eine Verstärkung im wirtschaftswissenschaftlichen Bereich. Da in Salzburg zuvor kein Wirtschaftsstudium angeboten worden war, fand die neue Studienrichtung ab ihrer Implementierung im Herbst 2004 großen Zulauf. Dieser hält bis heute an und verleiht der inzwischen „Rechts- und Wirtschaftswissenschaftlichen Fakultät“ ein besonderes Profil.

Zusätzlich setzte *Berka* innovative Schritte zur Erweiterung des finanziellen Spielraums der Fakultät. Die von ihm maßgeblich gegründete und sehr erfolgreich geleitete Evers-Marcic-Stiftung spielt bis heute eine wichtige Rolle bei der Förderung wissenschaftlicher Projekte an der Fakultät. Eine weitere langfristige Weichenstellung war die Gründung der „Rechtsakademie“ an der Fakultät, die

27 Vgl *Feik/Winkler*, Curriculum Vitae, in FS Berka, 651.
28 Vgl *Feik/Winkler*, Curriculum Vitae, in FS Berka, 651.

Weiterbildungsveranstaltungen für Rechtspraktiker zu aktuellen juristischen Themen organisiert. Sie trägt die an der Fakultät vorhandene Expertise nach außen in die juristische Praxis und erhöht so die Sichtbarkeit der Fakultät in der Öffentlichkeit, zudem versorgt sie die Fakultät mit zusätzlichen Einnahmen. Ferner begründete *Berka* die Kooperation mit der SMBS (University of Salzburg Business School) als Trägerinstitution für die an der Fakultät angebotenen gebührenpflichtigen Universitätslehrgänge. Im internationalen Bereich vertiefte *Berka* maßgeblich die seit langem bestehende Fakultätskooperation mit der McGeorge School of Law der University of the Pacific (Sacramento). Den Umstand, dass diese jährlich eine hochrangige Summerschool an der Salzburger Fakultät abhält, nutzte *Berka* zur Organisation gemeinsamer Vortragsveranstaltungen, zur Konzeption eines gemeinsamen Masterstudiums „International Business Law" (mit Teilen des Studiums in Salzburg und in Sacramento) sowie zur Ausverhandlung einer gebührenfreien Teilnahmemöglichkeit von Salzburger Studierenden an der Summerschool der McGeorge School of Law, an LL.M.-Studien in Sacramento sowie am gemeinsam angebotenen Masterstudium.[29]

Die Wahl von *Berka* zum Mitglied der Österreichischen Akademie der Wissenschaften (2004 Korrespondierendes Mitglied, 2008 Wirkliches Mitglied der Philosophisch-Historischen Klasse) war nicht nur für ihn persönlich und für die Salzburger Juristenfakultät ehrenvoll, sondern erwies sich auch als großer Vorteil für die Akademie selbst. Als *Berka* an die Akademie berufen wurde, befand sich diese in einem Umstrukturierungsprozess, der dazu führte, dass unter dem einheitlichen Dach der Akademie und ihres Präsidiums eine Trennung zwischen einerseits der „Gelehrtengesellschaft" (als Forum für Tagungen, Vorträge und Diskussionen sowie als Expertengremium für gesellschaftsrelevante Themen) und andererseits der Trägerschaft und professionellen Verwaltung der an der Akademie angesiedelten großen Forschungsinstitute erfolgte. Im Rahmen dieser Neustrukturierung konnte *Berka* sein Expertenwissen im Wissenschaftsrecht mit großem Gewinn einbringen und verschaffte sich dadurch hohes Ansehen innerhalb der Akademie.[30] Infolgedessen wurde er im Jahr 2011 in den neu geschaffenen Akademierat (einem Aufsichtsgremium mit teilweisen Zustimmungsrechten) be-

---

29 Die langfristig angelegten Umstrukturierungen der Fakultät durch *Berka* ermöglichten es den nachfolgenden Dekanen, sich auf eine Konsolidierung der neuen Strukturen zu beschränken und diese möglichst in seinem Sinn weiterzuführen (der Zweitautor war unmittelbarer Nachfolger von *Berka* im Amt des Dekans von 2004–2009, er ist zudem seit 2009 dessen Nachfolger als Vorstand der Evers-Marcic-Stiftung).

30 Als der Zweitautor im Jahr 2010 ebenfalls zum Wirklichen Mitglied der Österreichischen Akademie der Wissenschaften gewählt wurde, war *Berka* bereits innerhalb der Akademie eines der angesehensten Mitglieder.

stellt und sogleich zu dessen Vorsitzendem für die Funktionsperiode bis 2013 gewählt. Seine Vorsitzführung im Akademierat erfuhr in so hohem Maß Zustimmung und Anerkennung, dass *Berka* im Jahr 2013 für die damals anstehende Wahl des nächsten Akademiepräsidenten nominiert wurde und große Unterstützung aus unterschiedlichen Wissenschaftsbereichen fand. Nach einem ersten aussichtsreichen Wahlgang unterlag *Berka* als einer der beiden stimmenstärksten Kandidaten erst in der Stichwahl dem auch der allgemeinen Öffentlichkeit sehr bekannten Quantenphysiker *Anton Zeilinger*.

Die große Expertise von *Berka* im Bereich des Wissenschaftsrechts und seine gute Kenntnis der österreichischen Wissenschaftslandschaft machten ihn darüber hinaus zum gefragten Politikberater. Während der Geltung des früheren Universitätsorganisationsgesetzes 1993[31] war das „Universitätenkuratorium" ein aus acht Expert(inn)en bestehendes Beratungsgremium des Bundesministers für Wissenschaft und Forschung. Es hatte Gutachten zur Einrichtung und Auflassung von Studienrichtungen, zur Entwicklungsplanung sowie zur österreichweiten Verteilung von Planstellen, Räumen und Geldmitteln zu erstellen sowie universitätsübergreifende Evaluierungsmaßnahmen zu veranlassen und jährlich einen Tätigkeitsbericht an den Nationalrat zu verfassen.[32] *Berka* war ab 2002 Mitglied dieses hochrangigen Gremiums zur Politikberatung. Im Jahr 2005 wurde *Berka* ebenso in das mit dem Universitätsgesetz 2002[33] geschaffene Nachfolgegremium des zwölfköpfigen „Wissenschaftsrats" mit etwas erweiterten Aufgaben berufen.[34] Diese Funktion übte er als eines der diesem Gremium am längsten angehörenden Mitglieder bis zum Jahr 2015, teilweise als stellvertretender Vorsitzender, aus.

Die „Österreichische Forschungsgemeinschaft" ist seit 1977 ein von Bund und Ländern gemeinsam getragener Verein mit dem Ziel der Wissenschaftsförderung und der Impulsgebung für die Wissenschaftspolitik im Hinblick auf die Qualitätssicherung in Forschung und Lehre sowie insbesondere die Förderung des wissenschaftlichen Nachwuchses. Dem Präsidium der Forschungsgemeinschaft ist ein wissenschaftlicher Beirat beigegeben, der sich aus hervorragenden Wissenschaftler(inne)n zusammensetzt. Der wissenschaftliche Beirat legt die Schwerpunkte und den Umfang der Tätigkeit der Forschungsgemeinschaft fest, entfaltet eigene Aktivitäten der Wissenschaftsförderung und ist für die Vergabe der Förderungsmittel nach ausschließlich wissenschaftlichen Kriterien zuständig. Es überrascht nicht, dass *Berka* infolge seiner herausragenden Expertise in all diesen Bereichen

---

31 UOG, BGBl 805/1993.

32 § 83 UOG 1993.

33 BGBl I 120/2002.

34 § 19 UG 2002.

auch in den Beirat der Forschungsgemeinschaft berufen wurde. Diesem für die Forschungsförderung prägenden Gremium gehörte er durchgehend von 1999 bis zu seinem Tod im Jahr 2021 an und führte einige Jahre dessen Vorsitz (2004–2007).

Sowohl im Rahmen der Universität Salzburg als auch in der Österreichischen Akademie der Wissenschaften und in den Beratungsgremien der österreichischen Universitäts- und Wissenschaftspolitik wird die Lücke, die durch den allzu frühen Tod von *Walter Berka* entstanden ist, nicht leicht zu füllen sein.

IV. Abschließende Würdigung

Walter *Berka* hat sich durch eine beispielhafte, mehr als 40 Jahre währende Tätigkeit als wissenschaftlicher Forscher und Lehrer um Darstellung, Durchdringung und Weiterentwicklung des Öffentlichen Rechts im Allgemeinen, sowie einzelner spezieller Gebiete (z.B. der Grundrechte) im Besonderen hervorragende Verdienste erworben. Besondere Hervorhebung verdient sein nachhaltiges Bemühen um eine harmonische Einfügung der österreichischen Grundrechte in den Kontext der europäische Grundrechtsentwicklung. Aufgrund seiner umfassenden Forschungsaktivitäten und mit Blick auf die Publikation hervorragender Lehrbücher erwarb er sich den Ruf eines führenden österreichischen Staatsrechtslehrers, der weit über die Grenzen hinaus auch in vielen anderen Staaten anerkannt war. Seine wissenschaftliche Expertise war gesucht von Politik, Wirtschaft und Gesellschaft. *Berka* hat sich auch gerne und vielfältig in den Dienst der Allgemeinheit gestellt und seine reiche Erfahrung zum Wohle der Universität Salzburg und aber darüber hinaus der gesamten Universitätslandschaft Österreichs eingesetzt. Überdies war er in zahlreichen Beratungsgremien der staatlichen Bildungspolitik tätig und hat auch dort engagiert, fachkundig und allseits anerkannt gewirkt. In Würdigung all dieser Leistungen und in Anerkennung seiner vielfachen Verdienste wurden *Berka* zahlreiche Preise und Ehrungen verliehen: Förderungspreis des Camillo-Sitte-Fonds (1979), Großer Preis der Wiener Juristischen Gesellschaft (1983), Leopold-Kunschak-Preis (2001), Großes Silbernes Ehrenzeichen für Verdienste um die Republik Österreich (2008) und Österreichischer Verfassungspreis (2012). In der Begründung für die Verleihung des Verfassungspreises findet sich als zentrale Überlegung folgender Satz: „Univ.-Prof. Dr. Walter Berka erhält den Verfassungspreis 2012 für das große Engagement, mit dem er sich in Wissenschaft und Lehre um Schutz und Sicherung verfassungsrechtlich gewährleisteter Grundrechte eingesetzt und verdient gemacht hat." Damit ist das bleibende Verdienst und das Vermächtnis von *Walter Berka* als Lehrer des öffentlichen Rechts, als Bürger des demokratischen Verfassungsstaats und als Humanist auf den Punkt gebracht, nämlich den Inhalt der Grundrechte wissenschaftlich zu entfalten und stets auf die Durchsetzung der Grundrechte in Staat und Gesellschaft zu achten, zum Wohl des Einzelnen und Schutz der Würde jedes Menschen.

Personenregister

https://doi.org/10.1515/9783110767032-028

Bildnachweis

Alle Bilder stammen aus Privatbesitz bzw. aus dem Verlagsarchiv. Verlag, Herausgeber und Autoren danken den Familien und Freunden der Staatsrechtslehrer des 20. Jahrhunderts für die Erlaubnis zum Abdruck ihres Bildmaterials. Für den Fall, dass trotz sorgfältiger Recherche nicht alle Inhaber von abgedruckten Bildern ermittelt wurden, bitten wir die Rechteinhaber, sich zur Klärung etwaiger bestehender Ansprüche an den Verlag zu wenden.

https://doi.org/10.1515/9783110767032-029